本书得到

2018 年国家社科重大项目“构建人类命运共同体国际法治创新研究”

（ 编号 18ZDA153 ）、

2018 年国家社科基金重点项目“‘人类命运共同体’国际法理论与实践研究”

（ 编号 18AFX025 ）

及

2012 年上海市哲学社会科学规划一般课题

（ 编号 2012BFX005 ）

的资助

应对气候变化的技术转让法律制度

马忠法／等 著

上海人民出版社

目　录

摘　要

气候变化是当今人类面对的重大挑战，它给人类带来了诸多灾难和不确定性，而无害环境技术及其转让是应对气候变化的关键。20世纪70年代以来国际社会已经对环境问题有了深刻的认识，并采取行动来保护环境；80年代后半叶，人类开始普遍注意到温室气体排放引起的气候变暖会给人类带来更为可怕长远的不利影响，特别是给沿海国家或小岛国带来越来越严峻的问题，甚至威胁到部分国家的生存。积极寻求对策，是此后20多年来人类社会共同努力的重要内容。然而，全球还在快速升温，它所带来的消极结果之一是穷人和富人之间差距在进一步拉大，彼此间的关系进一步恶化。它促使我们反思：当下以温室气体减排指标分配为核心的应对气候变化策略是否得当。本书认为这是不恰当的。因为温室气体排放是“因”而不是“果”，技术不当使用才是导致气候变暖的根本原因；而今，人类掌握的低碳技术，在很大程度上可以帮助人类有效遏制气候变化，然而由于不公平的贸易制度和技术转让制度本身的缺陷和不足，这样的技术没有通过公平合理的转让被更多的人分享和使用。究其原因，主要是因为这些优良技术往往掌握在私营部门手中，而在应对气候变化的过程中，私营部门的活力没有得到最大程度的释放、作用没有充分发挥出来。笔者认为，如果不能让私营部门有效地参与到应对气候变化的进程中，则一切目标都不可能实现，目前的困境也不会有根本性改变。

为了实现这一目的，本书围绕应对气候变化的技术转让法律制度的建设和完善展开，采取跨法学、环境科学和政治学等多学科研究手段，系统分析与比较研究的研究方法，在对有关理论进行深入探讨和基于有关国际法、国内法等系统分析后阐释现有制度不足及其存在的原因并尝试提出完善现有制度的对策建议。具体说来，本书围绕主题主要从理论基础、实证法律规范、现有制度不足及原因、对策建议等方面进行分析和论证。

在理论基础方面,以应对气候变化这一公共问题为背景,以技术是解决该问题之关键为本书研究的切入点,以技术转让法律制度的实证研究为重点,以私营部门在技术转让中的作用和私营部门促进技术转让的相关法律制度的理论(特别是"私法行为公法化"理论)为基础。该方面的研究为后文研究奠定理论依据,特别是国际层面,分析了国际贸易领域中"私法行为公法化"现象、理论及其对技术转让的影响。

实证法律规范分析方面,评述与气候变化相关的国际法文件对技术转让和帮助发展中国家创新能力形成等规定,及中国国内法的相关规定等,突出了其中关于私营部门在技术转让方面的规定,分析了它们内在的逻辑关系,重在指出它们对应对气候变化所带来的影响与实际效果。具体包括分析研究《联合国气候变化框架公约》等国际法文件与其历次成员方大会(COP)会议决议中涉及的技术转让规定及我国关于技术转让的基础性规范(以知识产权制度为主)、契约性规范(主要是合同法的规定)、竞争性规范、贸易投资性规范和环境保护与税法规范等,为分析存在的问题、探究问题根源及建议对策提供实证基础。

制度不足及原因方面,分析研究现有应对气候变化技术转让法律制度的合理成分与不足,尤其是对私营部门规范的态度及表述。国际层面,探讨阻碍国际技术转让制度的主要不足及原因,重点分析了私营部门没有发挥应有作用是造成目前技术转让现状与困境的根本原因。就中国国内法而言,分析了现有促进私营部门转让技术相关法律规范体系、内容、实施等方面的不足,特别是有关规定如《技术进出口管理条例》(2011 年修订)的第 24 条、27 条、29 条及《中外合资经营企业法实施条例》(2014 年修订)第 43 条等,成为他国指责中国在转让技术方面违背 WTO 规则、损害外国私营部门利益的证据;在分析不足的基础上,结合中国从国际社会获取无害环境技术和在此基础上形成创新能力的现状,指出我国现有规定不足背后的原因,如长期以来计划经济下的政府干预对立法的影响、经济建设压倒一切下对气候变化和环境保护意识的淡漠及地方保护主义等使得私营部门在无害环境技术转让和运用方面的作用没有得到最大程度的发挥。

对策建议方面，运用“私法行为公法化”等理论，针对国际层面法律制度存在的问题及原因，提出国际层面的应对之策，即为发挥私营部门的积极作用，应将技术转让之义务与国际贸易制度挂钩，制定WTO框架下的国际技术转让协定，并论证其可行性。国内层面，针对我国国内现有的法律法规（如对外贸易法、合同法、专利法及技术进出口管理条例、清洁发展机制与PPP法规等）规定之不足、实证中存在的问题及原因，结合我国当下面对的国内国际压力及在政治、法律制度方面的优势，提出并论证我国应对气候变化技术转让方面的国际、国内策略。

相应地，本书在以下四个方面提出自己的独立见解：

第一，系统阐释“私法行为公法化”理论的历史发展及其在国际贸易领域的重大表现，对其概念进行了界定，即私人营利行为披上国家意志的外衣，干预国际贸易，目的在于追求自己利益最大化；其实质是以所谓国家利益与其利益的一致性来扩张一己之利。就其本意而言，私法行为公法化是一个中性词，但目前其消极作用表现明显，客观上造成对与其交易者不公或阻碍某些交易进行，架空政府让其失去维护公共秩序和人类共同、长远利益的职能。如何利用该理论的积极成分，完善国际国内法律制度，让私人在获取自己恰当短期利益的同时，维护人类公共利益（实质上也最终有利于个人的长期利益），以促使私人积极参与技术转让是解决应对气候变化技术转让不畅的根本之所在。这也是本书论述和立论的理论基础。

第二，总结梳理现有的私人参与应对气候变化技术转让的法律规范后认为，现有的法律规范可以分为国际法规范和国内法规范。与私营部门参与应对气候变化技术转让有关的国际法规范散见于各国际条约和国际会议文件中，而相关的国内法规范主要包括知识产权法、贸易投资法、政府干预性法律和节能环保法。在国际层面，目前的技术转让尚无统一的技术转让条约来加以调整，更多的是依靠分散在不同条约及有关软法性质国际法文件中的规定。由此使国际技术转让行为更多地依赖相关国家的国内法进行调整。我国在技术转让方面已经有较为丰富的法律规定,但没有统一的《技术转让法》。

第三,基于对国际国内现有技术转让的规定,本书指出技术转让制度的不足。国际层面的私营部门参与应对气候变化技术转让的法律规范的不足之处在于其缺乏强制性,多为软法性质的规定。而其根本原因则在于发达国家掌握技术的私人主体维护自身利益的意志甚于对人类公共利益和弱国利益的关注。而国内层面的私营部门参与应对气候变化技术转让的法律规范的不足之处在于其结构上不健全、对私营部门利益关照不足、缺乏对私营部门的监管、有关国际技术转移的规范不完善等。

第四,提出私营部门参与应对气候变化技术转让的法律规范的完善路径。在国际层面上,应当完善现有多边、区域性和双边协定,并利用政府和社会资本合作(PPP),吸引私营部门参与应对气候变化;最理想的出路是制定WTO框架下统一的国际技术转让协定,以利用其争端解决机制,促使国内立法将私营部门转让技术与贸易结合起来。而在国内,则应以充分发挥私营部门在技术转让方面的积极作用为宗旨,完善我国的相关技术转让和清洁发展机制(CDM)方面的法律规范,完善知识产权和相关税法制度,顺应"一带一路"倡议,构建和完善相关的国际技术转让制度以促进私营部门间环境友好技术转让,同时还需健全相应的合同法律制度以及公私合作(PPP)制度,以从各个角度发挥私营部门推动和促进技术转让的能动性。

关键词:应对气候变化、私营部门、国际技术转让法律制度、温室气体排放

前　言

一、研究背景、研究现状述评及研究意义

（一）研究背景

由于人类工业化等活动所引发的气候变化已经成为绝大多数人们所公认的、人类面对的较为严峻的公共问题。近三十年来，它是国际社会一直关注的重大公共问题之一，人们也试图在寻求有效方法来应对气候变化，以避免其进一步恶化给人类带来的灾难。环境友好技术是应对气候变化的根本依赖，而技术转让或分享是其作用发挥的重要路径。故自20世纪80年代中期起，在国际层面，技术转让就成为有关环境保护条约（如1985年的《保护臭氧层维也纳公约》、1992年的《生物多样性公约》等）、《联合国气候变化框架公约》（简称《框架公约》，1992）、《京都议定书》（1997）、《巴黎气候协议》（2015）等条约或协定以及具有软法性质的各种国际法文件（如1992年的《21世纪议程》）的重要内容和相关国际会议的主题。近些年来，重要的国际环境会议及《框架公约》历届成员方大会多不同程度地涉及与减少温室气体排放等应对气候变化措施相关的技术开发和转让之内容，甚至某些会议将技术开发和转让作为会议的重大、核心的议题进行讨论，如2001年10月在摩洛哥马拉喀什举行的第7次《框架公约》成员方大会（COP7）、2007年12月在印度尼西亚巴厘岛召开的COP13、2010年11—12月在墨西哥坎昆召开的COP16以及2015年11—12月在法国巴黎召开的COP21等会议。

然而，时至今日，技术在全球并未顺畅转让，其作用也未得到充分发挥。背后原因多种多样，其中与绝大多数环境友好技术掌握在发达国家的私人手中有着密切关系，而在这些国家中，私人手中的技术又被视为私人财产，受到法律严格保护，政府不可能通过公权力的行为将这些技术化为公有进而由他人无偿使用，也不可能通过

强制手段迫使私人企业以特定的商业条件转让技术给发展中国家的企业;结合发达国家的法律又以保护私人财产权为其法律制度的核心与基石,由此导致国际条约等国际法文件中所规定的技术转让在现实中较少得到实施。甚至于在一些技术后进国家技术取得一定进步之后,发达国家怀疑后进国家采取不正当或违反国际法的手段迫使技术权利人转让技术,并祭起国际贸易规则的大旗,对相关国家采取贸易措施,或申诉到世界贸易组织(WTO),以遏制相关国家的技术进步。例如,2017 年 8 月至 2018 年 4 月,美国陆续对中国的企业或中国政府采取的措施就是典型之例。特别是,2018 年 3 月 22 日,美国发布《依据〈1974 年贸易法〉第 301 条规定对与技术转让、知识产权和创新相关的中国法律、政策和实践的调查结果报告》中,指控中国有强制技术转让、知识产权保护不力和通过网络等窃取其知识产权的行为;①并在 2018 年 3 月 26 日美国向 WTO 提起的就"中国知识产权保护相关措施"与中国磋商请求案,更能说明问题。美国在该请求中,认为中国拒绝外国专利持有人在技术转让合同期满后针对中国合资企业一方可以实施其专利权,违反了 WTO 框架下《与贸易有关的知识产权协议》(TRIPs 协议)的规定。它还指责中国施加强制的不利合同款项(如《技术进出口管理条例》第 24 条要求进口技术合同的让与人对按合同约定该转让技术的使用导致的侵权负所有责任,第 27 条要求任何进口技术的改进归属改进一方及第 29 条第 3 款禁止进口技术许可合同限制中国一方改进技术或利用改进技术等),中国限制美国企业转让技术,歧视针对和给予进口外国技术较低待遇,这些均违背了 TRIPs 协议第 3 条规定的"国民待遇"原则。因此,中国剥夺了外国知识产权持有人保护其在中国的知识产权的能力以及自由以市场条件谈判许可和其他技术相关合同的能力。②除此之外,2018 年 4 月 27 日,美国贸易代

① For details, see the Office of the Special Trade Representative, *the Executive Office of the President*: *Findings of the Investigation into China's Acts*, *Policies*, *and Practices Related to Technology Transfer*, *Intellectual Property*, *and Innovation under Section 301 of the Trade Act of 1974*, March 22, 2018.

② For details, see *China-Certain Measures Concerning the Protection of Intellectual Property Rights*, WT/DS542/1, IP/D/38.

表办公室又发布了《2018年特别301条款报告》,将中国列入12个"重点观察国家"名单中,指责中国知识产权保护不力,突出的是技术转让和商业秘密保护方面存在的问题。在这种背景下研究技术转让相关法律制度意义重大,尤其是私营部门在技术转让中的地位和作用发挥的制度等:因为在西方发达国家主导的现有国际贸易规则下,私营部门几乎掌握了90%以上的先进技术,在美国,不论是因为所谓"强制技术转让或许可"发起相关的调查,还是主动自愿地进行技术转让,可以说最终的决定权还是掌握在私营部门的手中。

美国之外的欧盟也在2018年6月1日向WTO就技术转让问题提出"中国—技术转让措施案"①,指控我国更多的与相关技术转让相关的法律法规,如《对外贸易法》(2016修订)、《技术进出口管理条例》(2019年修订)、《技术进出口合同登记管理办法》(2009年)、《知识产权对外转让有关工作办法(试行)》(2018年)、《中外合资经营企业法》(2016年)及其实施条例(2014年)、《合同法》(1999年)及《最高人民法院关于审理技术合同纠纷案件适用法律若干问题的解释》(2004年)、《反不正当竞争法》(2017年修订)、《反垄断法》(2007年)、国家工商行政管理总局—工商行政管理机关《禁止滥用市场支配地位行为的规定》(2010年)、《关于禁止滥用知识产权排除、限制竞争行为的规定》(2015年)、《国务院关于印发中国制造2025的通知》(2015年)、《科技进步法》(2008年)、《关于鼓励技术引进和创新,促进转变外贸增长方式的若干意见》(商务部、发改委、科技部财政部、海关总署、税务总局、知识产权局、外汇局等八部委2006年发布)、《国务院关于加快科技服务业发展的若干意见》(国发〔2014〕)、《技术进出口管理条例问答》(2002年)以及对上述限制施加和管理的未公布措施及任何修改、补充、扩展、替代措施、更新措施、相关措施及实施措施等等(有17个之多,加上一个兜底条款)违背了WTO的有关规定。它指控中国不仅违背了TRIPs协议的国民待遇原则、第28条的规定,还违背TRIPs协议的第33条②、第39.1和第39.2款③以及1994年

---

① For details, see "*China-Certain Measures on Technology Transfer*", WT/DS549/1, G/L/1244, IP/D/39, 6 June 2018.

② 涉及专利保护期限的规定。See Article 33 of *TRIPs Agreement*.

③ 涉及未披露信息的保护问题。See Clauses 39.1 and 39.2 of *TRIPs Agreement*.

《关税与贸易总协定》第 10 条第 3 款(a)项①等和《中国入世议定书》第 2(A)2 段②。可见,欧盟比美国走得更远。

实际上,中国政府也非常重视绿色、清洁的发展模式,尤其是在 2008 年中国成为世界上第一号温室气体排放大国之后,且在其排放占全球比例逐年增加,到 2015 年近 30%之情形下。③面对国际国内的压力,创新开发和转让清洁能源技术成为中国政府的核心任务之一。党的十八大将生态文明建设写入其报告之中,十九大报告明确提出我们要在原来的四大文明建设(物质文明、精神文明、制度文明和社会文明)基础上增加“生态文明”建设,④并通过 2018 年的宪法修正案这一大法将其法律制度化。⑤实际上,我国政府长期以来国内的法律政策与实务也是强调依靠科技来应对气候变化,分别在 1994 年、2007 年、2011 年、2013 年和 2014 年颁布的《应对气候变化国家方案》、《应对气候变化科技专项行动》、《“十二五”控制温室气体排放工作方案》、《国家适应气候变化战略》及《国家应对气候变化规划(2014—2020 年)》等中,它们都将技术转让放在重要位置;不过这些是政策,需要相关法律制度给予实施和保障。当下,我国《应对气候变化法》正在起草和讨论、征求意见之中。自 2009 年起,

---

① 贸易条例的公布和实施:3.(甲)缔约各国应以统一、公正和合理的方式实施本条第一款所述的法令、条例、判决和决定。

② 贸易制度的实施:中国应以统一、公正和合理的方式适用和实施中央政府有关或影响货物贸易、服务贸易、与贸易有关的知识产权或外汇管制的所有法律、法规及其他措施以及地方各级政府发布或适用的地方性法规、规章及其他措施。

③ 从 2008 年开始,中国二氧化碳排放总量超过全球总量的 20%(2008 年、2009 年和 2010 年分别占全球的 23.33%、23.60%和 24.59%),超过美国的 18.11%、17.90%和 17.33%,是世界第一排放大国。中国 2008 年至 2010 年的排放量估计值分别是 70.32、74.63 和 82.41 亿公吨,美国相应年份分别是 54.61、52.73 和 54.92 亿公吨(See *IEA Statistics*: *CO_2 Emissions from Fuel Combustion Highlights 2010 Edition and 2011 Edition*)。2015 年中国(含香港)的排放量达 90.84 亿公吨(占全球 28%),美国为 49.98 亿公吨(占全球 15.41%), See *IEA Statistics*: *CO_2 Emissions from Fuel Combustion Highlights 2017 Edition*, www.iea.org/publications/freepublications/publication/CO_2EmissionsfromFuelCombustionHighlights2017.pdf.

④ 参见习近平:《决胜全面建成小康社会　夺取新时代中国特色社会主义伟大胜利》,人民出版社 2017 年版,第 50—52 页。

⑤ 《中华人民共和国宪法修正案》,《人民日报》2018 年 3 月 12 日。

每年我国均颁布《中国应对气候变化的政策与行动年度报告(中英文版)》①,这对及时了解我国在应对气候变化法律法规实施方面的成绩与不足起到积极的督促作用。此外,自2014年开始,我国每年均有《国家重点推广的低碳技术目录》出台,这对推动无害环境技术的转让和运用有着重大意义。

就中国在国际层面而言,我们提出了构建人类命运共同体理念来应对和解决包括气候变化在内的公共问题。具体路径之一是提出了"一带一路"倡议。在该倡议中,中国如何与沿线国家(2019年起不再限于沿线国家,而对所有有志于参与立法倡议的国家开放)共同走上绿色、可持续发展之路,避免重走老牌的资本主义国家在工业化过程中走过的"先污染后治理"的愚蠢路径,是中国作为一个负责任大国的历史担当:我们既要引进发达国家的技术,同时也会将我们较为先进的技术转让给那些较为落后的国家,帮助它们走绿色发展之路;而这需要有相应的技术转让法律制度和机制。习近平在2018年6月上海合作组织国家元首的讲话中指出:各国要提倡创新、协调、绿色、开放、共享的发展观,实现各国经济社会协同进步,解决发展不平衡带来的问题,缩小发展差距,促进共同繁荣。②这对应对气候变化有着积极意义。上述一切问题的解决及目标的实现均需依赖环境友好技术。

因此,从国际法和国内法的角度看,应对气候变化的技术转让法律制度均是值得研究的重大问题。

(二)国内外研究现状及评述

目前国内关于本课题的系统研究较少,学者多就应对气候变化的技术转让的特定问题进行探讨。如张建平认为应对气候变化的技术转让分为非商业性和商业性两类,对于前者,政府、行业协会和非政府组织可发挥重要作用,对于后者主要依靠市场,政府可通过有关财税和金融法律加以推动。③周冯琦认为技术转让的决定因素

① 最近一个报告是2016年。参见"政策法规",http://qhs.ndrc.gov.cn/zcfg/index.html。

② 习近平:《弘扬"上海精神"　构建命运共同体——在上海合作组织成员国元首理事会第十八次会议上的讲话》,《人民日报》2018年6月11日。

③ 张建平:《气候变化谈判框架下的国际技术转让机制研究》,《国际贸易》2010年第5期。

有能力建设、政策环境、法律制度等。①徐祥民等在环境法的可持续发展、共同但有区别责任等原则中讨论技术转让。②李威认为技术转让的国际法规则存在冲突，建立《框架公约》框架下的“技术机制”和签订 WTO 下的“技术贸易协议”将是协调气候与贸易国际法进程的重要途径；③他还认为应在国际层面设立技术开发和转让专门机构。④

乔晓楠等认为市场机制发挥作用需要东道国宽松的环境政策加以配合，发达国家回避技术支持问题来要求发展中国家执行严格的环境政策实际上是将发展中国家置于两难境地。因此，发展中国家必须坚持不同议题之间互动的谈判策略，在确定技术获得的前提下探讨减排责任的承担问题。⑤张磊认为气候技术的国际转让所代表的公益性是与一般商事性质的技术转让行为所追求的个人利益相冲突的。现行的知识产权制度在气候技术领域出现了利益失衡。建立和完善气候技术国际转让的促进机制是对一般技术转让制度所进行的动态调整，其目的在于推动知识产权制度的变革，实现气候技术领域专利持有人的私人利益与国际社会公共利益的再平衡。⑥李淑娟认为为了促进低碳技术的转让，一方面需对《框架公约》、《京都议定书》和 TRIPs 协议做出调整。另一方面可以利用共同优势，把《框架公约》、《京都议定书》中促进低碳技术转让的理念融入 WTO 中，建立 WTO 框架下《国际低碳技术转让协定》，充分利用 WTO 中的争端解决机制和具体操作执行机制，促进低碳技术转让。⑦吴勇认为在人类面对气候变化威胁和挑战的情况下，知识产

① 周冯琦：《应对气候变化的技术转让机制研究》，《社会科学》2009 年第 6 期。

② 徐祥民、孟庆垒等：《国际环境法基本原则研究》，中国环境科学出版社 2008 年版。

③ 李威：《气候友好型技术转让国际法的冲突与协调》，《南通大学学报》(社会科学版)2011 年第 5 期。

④ 李威：《论中国在气候谈判中有关资金技术的博弈策略》，《绿叶》2009 年第 10 期。

⑤ 乔晓楠、张欣：《东道国的环境税与低碳技术跨国转让》，《经济学(季刊)》2012 年第 11 卷第 3 期。

⑥ 张磊：《联合国气候变化框架公约下气候技术国际转让促进机制研究》，《理论界》2013 年第 10 期。

⑦ 李淑娟：《国际低碳技术转让法律问题研究》，南昌大学法学院国际经济法硕士论文，2013 年。

权制度应当改革，建立起应对气候变化的国际知识产权制度。这种国际知识产权制度应当定位于气候变化技术“全球公共物品”之上，在《框架公约》的法律体系内，建立气候变化技术转让的专门知识产权制度和配套机制。①蒋佳妮等认为各国立法之具体设计并不可能超越国家利益而统一于促进自身核心技术的跨国转移，这导致了气候有益技术 Know-how 至今难以向发展中国家有效转让。②陈淑芬认为中国与跨国技术转让相关的立法长期滞后于实践，且尚不存在国内专门立法。中国应逐步建立并修正相关的法律法规。③黄以天等认为为了促进应对气候变化的技术转让，应当澄清相关原则、结合韧性原则、详述技术规范、加强公众意识和公众参与、加强全球法律框架与区域倡议之间的联系。④陈贻健认为技术机制专门化的推进，需要明确技术机制是基于排放责任产生的技术支持义务的实现机制，它应由发达缔约方对技术支持进一步做出有约束力的法律承诺，并为技术机制提供资金支持；加强技术开发和转让领域的国际合作，尤其是南北合作；在尊重知识产权私权理念的前提下兼顾应对气候变化作为“人类共同关切事项”的属性，充分利用 TRIPs 协议已有的灵活性条款，放宽环境无害技术的知识产权保护，敦促发达缔约方在私营部门和国家层面主动开放无害环境技术的授权，逐步构建专门化技术机制下独立的知识产权制度。⑤

该选题的国外研究在 2015 年 12 月《巴黎协议》制定前的成果较多，之后在我们所能触及的范围内，发现有所减少。这些成果既有宏观阐释，也有具体机制或问题的分析。前者如哈·伊万等（Ha Ivan et al.）认为，技术创新和转让是应对气候变化最具决定性的因

① 吴勇：《建立因应气候变化技术转让的国际知识产权制度》，《湘潭大学学报》（哲学社会科学版）2013 年第 3 期。

② 蒋佳妮、王灿：《气候有益技术 Know-how 转让之知识产权立法障碍及应对》，《兰州大学学报》（社会科学版）2015 年第 1 期。

③ 陈淑芬：《清洁发展机制技术转让法律困境及其应对》，《哈尔滨师范大学社会科学学报》2017 年第 4 期。

④ 黄以天、罗天宇：《气候友好型技术转让与国际法：挑战与应对》，《复旦国际关系评论》第二十一辑 2017 年。

⑤ 陈贻健：《气候变化技术机制专门化的困境及其克服》，《当代法学》2018 年第 1 期。

素,公共政策和法律制度对其起重要作用。①戴维·波普(David Popp)主张该领域技术转让问题的关键在于促进技术向发展中国家转让,国际贸易和对外投资是获取技术的主要路径。②K.勒维·斯里尼瓦斯(K.Ravi Srinivas)和帕特莎·波尼等③认为,创新的核心和纽带在于技术转让,在应对气候变化方面,其表现更为突出;但现有知识产权制度在一定范围内阻碍了技术转让。④沙恩·汤姆林森等(Shane Tomlinson et al.)认为,帮助发展中国家应对气候变化不能仅限于技术转让,还应帮助它们提高创新能力。⑤后者如彼得·埃里克森(Peter Ericson)在相关条约和有关国家国内法等规定的基础上,探讨应对气候变化技术转让的具体渠道有清洁发展机制、绿色基金、技术机制等。⑥《联合国气候变化框架公约》UNFCCC(1998)报告指出技术转让的主要障碍为缺少技术信息、技术能力和转让机制等,对此应建立信息共享平台、完善技术转让法律制度;⑦斯蒂芬·瑟里斯(Stephen Seres)分析研究清洁发展机制中技术转让存在的问题并提出对策;⑧UNFCCC(2006)报告指出,技术转让与资金支持密切相关,须从制度和管理方面保障资金来源和恰当使用;⑨索克拉特斯·凯普里奥斯(Socrates Kypreos)认为应将哥本哈根协

---

① Ivan Haščič, Nick Johnstone, etc., *Climate Policy and Technological Innovation and Transfer: An Overview of Trends and Recent Empirical Results*, OECD Environment Working Papers No.30, ENV/WKP(2010)16.

② David Popp, International Technology Transfer Climate Change and the Clean Development Mechanism, *Rev Environmental Economics and Policy*, Volume 5, Issue 1, 2011.

③ [英]帕特莎·波尼等著:《国际法和环境》,那力等译,高教出版社2007年版。

④ K.Ravi Srinivas, *Climate Change*, *Technology Transfer and Intellectual Property Rights*, http://www.eaber.org/intranet/documents/26/2213/RIS_Srinivas_2009.pdf.

⑤ Shane Tomlinson, etc., *Innovation and Technology Transfer Framework for a Global Climate Deal*, An E3G report with contributions from Chatham House, November 2008.

⑥ Peter Erickson, etc., *Greenhouse Gas Mitigation in Developing Countries Promising Options*, 2009, Stockholm Environment Institute Working Paper WP-US-0903.

⑦ UNFCCC, *Barriers and Opportunities Related to Transfer of Technology*, FCCC/TP/1998/1.

⑧ Stephen Seres, *Analysis of Technology Transfer in CDM Projects(2008)*, http://cdm.unfccc.int/Reference/Reports/TTreport/TTrep08.pdf.

⑨ UNFCCC, *Innovative Options for Financing Development and Transfer of Technologies*, FCCC/TP/2006/1.

议关于技术转让的规定转化为技术转让协定,促使工业化国家向发展中国家转让技术。①玛丽亚·安娜·科瓦格利亚(Maria Anna Corvaglia)强调了发展中国家作为技术创新的源泉而非接受者的作用;相比应对气候变化技术转让的南北合作,南南合作也是有潜力的。②

上述研究多采用跨经济学、法学、管理学等学科的方式进行,揭示了应对气候变化的技术转让的复杂性和跨学科性,它们为应对气候变化的技术转让法律制度的完善提供了一定的理论基础及具体制度设计的参照,具有很高的参考价值。但它们对阻碍技术转让的根本法律障碍的分析、对私营部门在技术转让方面的作用和如何通过法律制度安排让它们发挥积极作用方面的研究需要深入;提出的对策虽具合理性,但在制度完善方面需要加强;而且针对中国国内的法律制度研究很少。目前应对气候变化的形势表明:不论国际国内,如何通过系统有效的法律制度设计促使私人转让技术,是解决该问题的关键;《哥本哈根协定》(2009)、《坎昆协议》(2010)、《德班"一揽子"决议》(2011)及《巴黎协议》(2015)等已明确了该点。总之,现有研究在该选题方面留下了较大的探索空间。

(三)研究意义

基于前述背景,本书研究的理论意义在于根据技术转让从本质上说是一种平等主体间的交易行为,它很大程度上取决于技术供方和受方的双方自愿;由此决定了掌握了绝大部分环境友好技术的私人部门作为供方在技术转让中的地位和作用。由于国际技术转让与人类面对的公共问题解决密切相关,处于技术落后地位的后进国的技术受方,如果完全按照所谓市场经济要求中的"平等主体"自由协商来解决技术转让问题,则受方没有能力与供方在形式上的"平等"基础上做到意思自治进而形成公平条款基础上的技术转让。国家间的协议及国内法有必要通过适当的法律制度,使受方与供方能够真正做到实质上的"平等",以促进人类的可持续发展和

---

① Socrates Kypreos, From the Copenhagen Accord to efficient technology protocols, *Energy Policy* 44, 2012.

② Maria Anna Corvaglia, *South-South Technology Transfer Addressing Climate Change and Its (Missing) International Regulatory Framework*, 2014 CCLR 125(2014).

公共问题的解决。本书运用国际法效力根据的一般原理，通过实证分析和比较研究，提出国际贸易领域中的“私法行为公法化”理论；并结合主要发达国家与我国政治法律制度的差异，将其作为制定世界贸易组织（WTO）框架下国际技术转让协定的理论源头；同时，也将该理论作为我国相关法律制度的完善的依据。

本书的实践价值是在构建人类命运共同体理念指导下及我国“一带一路”倡议的实施中，作为具有既引进技术又出口技术双重身份的一个大国，为政府在应对气候变化的技术转让法律制度方面提供具有较强针对性的对策与建议。人类命运共同体构建，必须以“人类”为最终归宿而非“国家”，由此使在保障人类命运共同体建设中起到保驾护航作用的国际法的主体，不能仅仅限于“国家”及“政府间的国际组织”，还应当含有非国家行为体，特别是非政府组织及以跨国公司为代表的诸多私人主体以及个人等。这其中，应对气候变化及其他公共问题的解决就需要有私人主体的积极参与和贡献。本书意在通过分析相关条约和国内法中涉及的技术转让规定，结合实务，指出存在的问题与原因；提出气候变化背景下完善该方面法律制度的路径及我国的对策，主要是更需要重视私营部门在技术转让中的决定性作用；通过法律制度设计使私营部门在平等自愿原则下，公平合理地转让技术，微观上实现当事人之间的互利共赢，宏观上利于人类公共问题的解决和人类社会的绿色、可持续发展。

二、本书研究的基本概况

（一）本书研究的主要内容、基本思路、研究方法、重点难点、基本观点和创新之处

本书将围绕应对气候变化的技术转让活动中涉及私营部门的法律制度这一主题而展开，主要从理论基础、实证法律规范、现有制度不足及原因和对策建议等方面进行分析和论证。具体来说，其主要内容如下：

（1）在理论基础方面，以应对气候变化这一公共问题为背景，以技术是解决该问题之关键为本书研究的切入点，以技术转让法律

制度的实证研究为重点，以私营部门在技术转让中的作用和私营部门促进技术转让的相关法律制度的理论（特别是"私法行为公法化"理论）为基础。该方面的研究为后文研究奠定理论依据，特别是国际层面，分析了国际贸易领域中"私法行为公法化"现象、理论及其对技术转让的影响。

（2）实证法律规范分析方面，评述与气候变化相关的国际法文件对技术转让和帮助发展中国家创新能力形成等规定，及中国国内法的相关规定等，突出了其中关于私营部门在技术转让方面的规定，分析了它们内在的逻辑关系，重在指出它们对应对气候变化所带来的影响与实际效果。具体包括分析研究《联合国气候变化框架公约》等国际法文件与其历次成员方大会（COP）会议决议中涉及的技术转让规定及我国关于技术转让的基础性规范（以知识产权制度为主）、契约性规范（主要是合同法的规定）、竞争性规范、贸易投资性规范和环境保护与税法规范等，为分析存在的问题、探究问题根源及建议对策提供实证基础。

（3）制度不足及原因方面，分析研究现有应对气候变化技术转让法律制度的合理成分与不足，尤其是对私营部门规范的态度及表述。国际层面，探讨阻碍国际技术转让制度的主要不足及原因，重点分析了私营部门没有发挥应有作用是造成目前技术转让现状与困境的根本原因。就中国国内法而言，分析了现有促进私营部门转让技术相关法律规范体系、内容、实施等方面的不足，特别是有关规定如《技术进出口管理条例》（2011年修订）的第24条、27条、29条及《中外合资经营企业法实施条例》（2014年修订）第43条等①，成为他国指责中国在转让技术方面违背WTO规则、损害外国私营部门利益的把柄；在分析不足的基础上，结合中国从国际社会获取无害环境技术和在此基础上形成创新能力的现状，指出我国现有规定不足背后的原因，如长期以来计划经济下的政府干预对立法的影响、经济建设压倒一切下对气候变化和环境保护意识的淡漠及地方

① 以上条款已于2019年3月由国务院行政法规进行了修正，废除了上述规定。参见《国务院关于修改部分行政法规的决定》（国务院令第709号，2019年）。

保护主义等使得私营部门在无害环境技术转让和运用方面的作用没有得到最大程度的发挥。

(4) 对策建议方面,运用"私法行为公法化"等理论,针对国际层面法律制度存在的问题及原因,提出国际层面的应对之策,即为发挥私营部门的积极作用,应将技术转让之义务与国际贸易制度挂钩,制定WTO制度下的国际技术转让协定,并论证其可行性。国内层面,针对我国国内现有的法律法规(如对外贸易法、合同法、专利法及技术进出口管理条例、清洁发展机制与PPP法规等)规定之不足、实证中存在的问题及原因,结合我国当下面对的国内国际压力及在政治、法律制度方面的优势,提出并论证我国应对气候变化技术转让方面的国际、国内策略。

(二) 本书研究的基本思路

首先论述选题背景及技术转让对应对气候变化的意义,然后在分析、论证相关理论的基础上,沿着国际、国内两条线进行研究。国际层面,以现有条约及相关国际会议文件为基础,分析研究现有相关国际法律制度的形成和发展,结合应对气候变化技术转让的现实,分析存在的问题并探究原因,提出并论证完善国际技术转让法律制度的设想;国内层面,评述我国有关技术转让法律和政策,探究我国现有法律制度的不足及其原因,考虑国际国内情势,提出完善我国应对气候变化的技术转让法律制度策略。

(三) 本书的研究方法

(1) 跨学科研究方法。将经济学、管理学、环境科学和法学等学科的相关研究方法和成果结合起来进行综合性研究,其中法学研究是重点和归宿。因为技术转让虽是一个复杂、跨学科的综合性活动,但它需以建立在法学范式基础上的制度来保障。

(2) 理论研究与实证研究相结合的方法。理论研究将运用国际法的效力根据和"私法行为公法化"等理论,剖解技术转让面对的困境和原因,据此提出完善法律制度的设想。实证研究将分析现有有关技术转让的国际条约、国内法律规定和相关实务,以验证理论观点,帮助找出问题根源,为制度完善提供支持。

(3) 比较研究方法。通过历史与现实的纵向比较和同期国际法、中国国内法文件相关规定的横向比较分析，研究技术转让法律制度的发展、流变与规律；分析“私法行为公法化”在国际国内不同阶段的不同状态及表现形式，探寻其内在规律和本质。比较研究的目的在于为本书提出的应对策略找到基点，提供目标和支持。

（四）本书的重点和难点

本书研究的重点是：(1)以《框架公约》等有关规定为基础，以“私法行为公法化”理论为指导，将技术转让与贸易挂钩，论证制定WTO框架下技术转让协定的可能性及其可能的内容，在国际层面促使私营部门参与到技术转让中。(2)后哥本哈根时代中国技术转让方面的应对策略：在国际层面，倡导并力促国际技术转让协定制定；在国内，完善技术转让法律制度，激励私营部门转让技术。

本书研究的难点有：(1)分析、阐释私法行为公法化理论及论证其是国际技术转让不畅及应对气候变化没能收到预期效果的根本原因。(2)论证制定国际技术转让协定的可能性和其核心内容以及我国相关制度完善的对策。

（五）本书的基本观点

(1) 各国国内均关心环境友好技术的创新、获得及它们在国内的转让和应用(如以促进技术转让和扩散为创新的核心和基点的2011年《美国创新战略》)，并都试图完善相应的法律制度。然而，国际上，并非如此简单。虽然《框架公约》和《京都议定书》已生效多年，但相关技术在全球并未充分、顺畅地转让，发展中国家技术依然较为落后，这直接影响人类共同应对气候变化的效果。中国虽在引进技术方面取得一定成绩，但在环境友好核心技术的创新和转让方面与国家的综合实力和现实需求之间仍有差距。

(2) 从国际法角度看，西方法律制度主导的国际贸易中“私法行为公法化”及多数环境友好技术掌握在跨国公司等企业手中是技术转让不畅的根本原因，再结合现有相关规定自身的缺陷，它们使发达国家政府的承诺与其国内私人行为难于一致，有关国际义务无法得到履行。“巴厘岛路线图”未能执行、哥本哈根会议目标未能实现、坎昆协议和德班“一揽子决议”在技术转让法律制度方面的无所作为，使现有技术转让制度面临更大危机，不利于全球性的应对气候变化。

(3) 在后京都议定书时代,针对国际贸易中“私法行为公法化”现象,依据人类共同利益需求和国家公共职能,应将技术转让与贸易挂钩,向“制定 WTO 框架下的国际技术转让协定”努力,以利用 WTO 争端解决机制,促使发达国家的政府承诺与其国内跨国公司等私营部门的技术转让与合作行为一致。利用现有合理规定,设计出该协定的基本内容有:序言、一般规定和基本原则、当事方义务的内容(含限制性条款、强制许可)、各国内法的实施、对发展中国家的优惠待遇、国际合作、争端解决等部分。

(4) 中国特定的政治、法律制度利于其在气候变化国际应对方面形成优势。面对挑战,它不可能长期以“历史与现实的公平”及“共同但有区别责任”等为由来应对发达国家,而需依环境友好技术来化解压力。为此,我们应完善国内技术转让法律制度,或制定统一的技术转让法,或协调现有相关规定,以促进、鼓励私营部门(特别是跨国公司)转让技术;同时抓住西方国家在应对气候变化方面的要害——技术转让义务一直未予履行,倡导并推动国际技术转让协定的制定,为能够引进环境友好技术并进行消化吸收再创新创造条件。

(六) 本书的创新之处

(1) 提出“私法行为公法化”概念,即私人行为披上国家意志的外衣,干预国际贸易,造成对与其交易者不公或阻碍某些交易进行的现象。其实质是以所谓国家利益与其利益的一致性来扩张一己之利,架空政府,以致它们难以履行维护公共秩序和人类利益的职能。

(2) 提出阻碍技术转让的主要根源是发达国家私营部门掌握主要技术及其国内法律制度过度保护私权利的特点使发达国家的承诺难以实现。据此应将技术转让与国际贸易法律制度挂钩,理想的出路是制定 WTO 框架下的国际技术转让协定,以促使私营部门转让技术。同时提出设想的协定的基本内容。

(3) 提出我国应抓住发达国家在履行技术转让义务方面的薄弱环节,倡导制定相关国际协定,以获得谈判优势;同时完善国内相关法律，如制定《技术转让法》，促进或吸引西方发达国家跨国公司等私人主体主动转让技术，以既利于我国的引进消化吸收再创新的策略，又为国际层面的应对提供支撑。

上述创新点的核心之处是紧紧抓住常被现有研究忽略的“私营部门”在应对气候变化的技术转让中作用这一关键问题，对现有的国际国内法律规范在该方面规定的不足及其原因进行挖掘和分析，以真正从根本上解决长期以来困扰国际社会在技术转让方面存在的问题。

三、本书的基本框架

本书主要分前言、第一章、第二章、第三章、第四章、结束语。

前言主要论述研究的背景、现有研究概况、研究意义和整体框架等。

第一章为“应对气候变化技术转让法律制度理论的逻辑起点：私营部门参与”，主要从应对气候变化技术转让法律制度理论概述、私营部门在应对气候变化技术转让法律制度中的地位和作用及“私法行为公法化”理论与应对气候变化技术转让法律制度之关系三个方面进行论述；该章是本课题的理论基础和支撑，为后面的章节提供理论依据。

第二章为“私营部门参与应对气候变化技术转让的法律规范”，试图从私营部门参与应对气候变化技术转让的法律规范概述、私营部门参与应对气候变化的国际法律规范及中国国内的法律规范等角度，从实证方面分析现有的相关技术转让法律制度，以为下一章探讨其存在的不足与原因及最后一章完善相关制度提供基本材料和分析的对象。

第三章为“现有应对气候变化技术转让法律制度规范的不足及原因”，分为概述、国际层面与国内层面现有应对气候变化技术转让法律制度规范的不足与原因等方面。该章的分析主要结合前面的理论、现有规定等，指出制度的缺陷和原因，为应对气候变化的技术转让在现实中没有收到理想效果找到根源，以为最后一章的制度完善提供“对症下药”的靶子和目标。

第四章为“促进私营部门积极参与应对气候变化技术转让法律制度完善的路径”是本课题研究的最终归宿，基于前文的分析，本章试图从概述、国际法律制度（如多边协议和双边协议等）与中国国内法律层面（如“一带一路”倡议、自贸试验区制度、知识产权制度、合同法律制度、竞争法律制度含反不正当竞争法及反垄断法、PPP法律制度等）等方面论证促进私营部门积极参与应对气候变化技术转让法律制度完善的路径，以助于从根本上促进私营部门在解决应对气候变化的技术转让问题方面发挥积极作用，造福于人类。

结束语是本书的总结，它将本研究的结论进行高度概括并指出本书没有能够深入研究的问题，以为未来研究留下空间。

第一章　应对气候变化技术转让法律制度理论的逻辑起点：私营部门参与

第一节　应对气候变化技术转让法律制度理论概述

气候变化是全球共同面临的公共问题，其整体性意味着任何一个国家无法单独予以有效应对，而是需要全世界各个国家的通力合作、相互协调。因此，该问题的解决是构建人类命运共同体①理论与实务中的重要组成部分。然而，由于南北国家处于不同的发展阶段，各有自己相应的发展诉求，其中，由于技术占有量的分配不均及绝大多数发展中国家欠缺研发技术的能力使技术转让成为应对气候变化的核心举措之一。故长期以来，技术转让是双方关心的核心议题。双方在应对气候变化的技术转让方面虽然形成了一定的共识，并通过相关条约或其他国际法文件给予表述，但实际转让的活动与成功案例并不多。由于掌握技术的一方处于强势地位而技术后进方由于自身的能力及在技术信息的不对称情形下，即使有技术

---

① 在正式文件中首次提出“命运共同体”的是党的十八大报告，其原文是：“这个世界，各国相互联系、相互依存的程度空前加深，人类生活在同一个地球村里，生活在历史和现实交汇的同一个时空里，越来越成为你中有我、我中有你的命运共同体”（胡锦涛：《坚定不移沿着中国特色社会主义道路前进　为全面建成小康社会而奋斗》，《人民日报》2012 年 11 月 18 日）。2013 年 3 月，习近平主席在莫斯科国际关系学院的演讲中，重申这句话（参见习近平：《顺应时代前进潮流　促进世界和平发展》，《人民日报》2013 年 3 月 24 日），第一次向世界传递对人类文明走向的中国判断及中国未来外交与对世界发展的理念，并进行了深刻、系统的阐释。2015 年 9 月 28 日，习近平主席在纽约出席第七十届联合国大会一般性辩论时发表重要讲话时，指出各国应要继承和弘扬联合国宪章的宗旨和原则，构建以合作共赢为核心的新型国际关系，打造人类命运共同体（习近平：《携手构建合作共赢新伙伴　同心打造人类命运共同体》，《人民日报》2015 年 9 月 29 日）。这一理念对应对气候变化的技术转让有着极强的指导意义。

转让的实例，技术转让的效果也不尽如人意。原因有很多，其中重要的原因有：现有国际条约虽对技术转让作出规范，并明确技术转让成为缔约方的基本义务，但由于这些条约等缺少强制性争端解决机制，多数为无牙齿的“规范”。而这种现象的背后缺少对相关理论的明确阐释与构建。因此，探讨应对气候变化技术转让方面的理论，特别是技术转让制度方面双方当事人地位的“平等性”之外，系统论述“公正性”及国际贸易背后的深刻本质，即“私法行为公法化”理论，尤有意义。

技术是应对气候变化问题的核心和关键，其在全球范围内的分享和传播成为现实需要。《联合国气候变化框架公约》以及《京都议定书》明确确认了这一点，认为环境友好技术的转让对于实现温室气体的减排目标具有决定性作用。①国际社会早已开始关注如何建立促进应对气候变化技术在不同发展水平的国家间转移的机制，但是由于多方面原因，时至今日，气候友好技术仍然掌握在少数发达国家的大型跨国公司手中。据2010年9月30日欧洲专利局（EPO）、联合国环境规划署（UNEP）、国际贸易和可持续发展中心（ICTSD）在布鲁塞尔共同发布题为《专利与清洁能源：跨越事实与政策的差距》的联合研究最终项目报告显示，1997年《京都议定书》通过后，在为应对气候变化而大量涌现的清洁能源技术专利中，日本、美国、德国、韩国、法国、英国六国的发明创新约占全世界总量的80%。②2015年11月30日在法国巴黎召开的《联合国气候变化框架公约》第21次缔约方会议提出了国家以“自主贡献”方式参与全球应对气候变化的行动，敦促缔约方充分落实技术开发和转让，更是明确提出要为开发和转让无害社会和环境的技术消除障碍。但是此次会议还是没有讨论应对气候变化的技术转让和知识产权制度关系的问题，要在全球达成利用知识权，特别是专

---

① 吴勇：《论应对气候变化条约体系下技术转让的知识产权制度建设》，载《生态文明的法制保障——2013年全国环境资源法学研讨会（2013年6月4—6日，乌鲁木齐）论文集》。

② 欧洲专利局和联合国环境规划署等联合发布清洁能源技术专利研究报告［EB/OL］，［2013-07-25］。Http://www.most.gov.cn/gnwkjdt/201011/t20101118_83442.htm.

利与专有技术来积极应对气候变化的共识依然任重而道远。这说明各国对于技术转让这一议题的分歧仍然巨大：各国均意识到技术及技术转让对应对气候变化的意义，但在采取实际行动时却又意见各异：表面上是政府谈判代表的分歧，而其背后主要是掌握技术的私营部门对其拥有核心技术获得的竞争优势可能因为技术转让和分享而丧失的担忧，只不过是它们的意志通过谈判代表的言行表达出来而已。

发展中国家无法经由公正、合理、适当的条件获取技术和资金支持，同时要履行国际公约规定的减排任务，处境相当困难。中国在 2015 年 6 月 30 日向联合国气候变化框架公约秘书处提交了应对气候变化国家自主贡献文件《强化应对气候变化行动——中国国家自主贡献》。在该文件中，中国承诺到 2030 年，单位国内生产总值二氧化碳排放量比 2005 年下降 60%—65%。《2010 年中国人类发展报告》指出，中国实现未来低碳经济的目标，至少需要 60 多种核心技术支持，而在这 60 多种技术里面，43 种中国目前不掌握的核心技术需要进口。[①]对于像中国这样具有一定研发能力和科技发展水平的、最大的发展中国家尚且如此，更不用说技术水平、经济发展状况不如中国的广大的发展中国家（特别是那些最不发达国家）。因此，如何构建起切实有效、明确具体的关于应对气候变化技术转让、专利强制许可的国际法律制度成为各界研究的热点问题。有学者指出，因为公共产品的提供会产生国际外部效应，仅仅依靠国家提供就可能导致不能有效和公平地满足全球需求。因为国家体制很容易忽视跨境外部效应，同时又存在政策协调的需要。因此，在国际层面上建立起全球公共产品供应机制就成为当务之急。[②]但如何建立，基于什么样的理论来构建这样的机制？我们必须透过诸多现象，找到事物的本质或规律。为此，相关的理论分析和探究是十分必要的。

---

① 金明浩、闫双双、郑友德：《应对气候变化问题的专利制度功能转变与策略》，《情报杂志》2012 年第 4 期。

② 肖夏：《绿色专利法律问题研究》，武汉大学博士论文，2011 年。

一、阻碍应对气候变化技术国际转让的内在原因与外在原因①

（一）阻碍应对气候变化的无害环境技术国际转让的内在原因

（1）应对气候变化技术的稀缺性。应对气候变化的无害环境技术②多为拥有较强研发实力的跨国企业等私营部门独占，作为大多数的发展中国家由于经济发展水平落后，缺乏足够的资金和人才自主研发相关技术。而在气候问题愈加严重的现实环境下，发展中国家在提高经济水平的同时也有为气候变化问题作出贡献的现实需要。少数发达国家占有技术，大多数发展中国家需要大量技术，技术的稀缺性由此体现。

（2）应对气候变化技术的价值性。气候友好技术具有巨大市场价值。在发达国家，绝大多数的气候友好技术为私人主体所拥有，对利润的追求是私营部门的天然属性，决定了私营部门更希望凭借技术优势获取市场独占地位和经济效益，无疑会排斥向发展中国家以公平合理的价格或无偿转让的可能性，甚至拒绝转让技术。在有关气候友好技术国际转让和专利强制许可的国际公约尚未广泛缔结的情况下，需要获取技术的发展中国家处在极其弱势的地位。

（3）应对气候变化技术的知识产权属性。气候友好技术是一种科技成果，是发达国家的私营部门投入了高成本获取的，当然应被置于国际知识产权法制度保护的范围内。美国联邦最高法院的声明就指出，知识产权的存在只是为了满足生产有使用价值知识产品的经济激励的需要。③凭借专利授予制度及全球专利保护的法规环境，私营部门作为专利权人获得了法律所承认的对于气候友好技术的垄断权和独占权。在哥本哈根会议上，欧盟代表就表示："知识

---

① 这里的原因主要指宏观上的，对于具体法律方面的原因，见本书第三章相关部分的分析。

② 这里的"无害环境技术"有时也被称为"环境友好技术"、"清洁技术"等；至于人们有时使用的"气候友好型技术"，其范围要小于"无害环境技术"，其使用频率也小于"无害环境技术"。本课题所说的"技术"没有特指时，主要指"无害环境技术"。至于"无害环境技术"的定义参见马忠法：《国际技术转让法律制度理论与实务》，法律出版社 2007 年版，第 108 页注释 94。

③ [美]威廉·兰德斯、理查德·波斯纳著：《知识产权法的经济结构》，金海军译，北京大学出版社 2005 年版，第 17 页。

产权不会成为气候变化的障碍,只有对知识产权的不充分保护才会阻碍绿色技术的转移”。①

（二）阻碍应对气候变化技术国际转让的外在原因

（1）有关应对气候变化技术转让国际法文件的软法性。对气候友好技术国际转让的规定大多属于政策性国际文件,具有显著的软法特征。有学者指出,“硬”(强制)国际环境法的缺失常被视为国际环境保护的主要障碍。②《框架公约》、《京都议定书》作为两个最重要的关于气候技术转让的国际法文件,虽然属于国家间通过长期谈判达成的具有约束力的国际条约,但是原则性和宏观性较强,缺乏对应对气候变化技术转让的具体程序、步骤、期限及罚则的规定,正如有的学者指出,《京都议定书》本身具有缺乏明确定义、无强制约束力和义务模糊等诸多先天性不足。③发达国家不太可能基于这些实践性较弱的国际条约去要求本国私人主体向发展中国家转让气候友好技术。

（2）发达国家与发展中国家对于应对气候变化技术转让持有不同立场。在包括中国在内的发展中国家里,大多数学者都认为根据国际法规范,发达国家应当负有向发展中国家转移气候友好技术并给予资金支持的责任,并且必要时,发展中国家有权对为外国主体所持有的相关技术给予专利强制许可。世界知识产权组织(WIPO)就认为,在一定情况下,应对气候变化对技术的需求可采用强制许可制度。④反观发达国家的多数学者,则强烈反对关于气候技术专利强制许可的观点。如2009年8月波恩气候变化筹备会议上,美国明确指出不承认与应对气候变化有关的强制许可,并要求取消知识产权议题。这种基本立场上的巨大分歧,也使得有关应对

---

① 中国专利信息中心:关于应对气候变化中知识产权问题的分析和建议[EB/OL],http://www.cnpat.com.cn./show/news/NewsInfo.aspx?Type=H&NewsId=479.2011-11-25。

② Itaru Nitta, “Proposal for a Green Patent System: Implications for Sustainable Development and Climate Change”, *Sustainable Development Law & Policy*(2005), p.62.

③ 郑书前:《国际环境技术转移中的知识产权问题刍议》,《南京工业大学学报》2013年第12期。

④ Lawrence A. Kogan, *Climate Change: Technology Transfer or Compulsory License?*, Washington, DC: National Press Club, 2010, 7.

气候变化技术的国际转让的具体国家间协定一直难产。

（3）对于应对气候变化技术的性质认识的多元性。大气环境由于其自然属性，对整个人类社会具有整体性，不可能由于各国家的经济发展水平不同或者各国家的地缘状况相异而分割并呈现不同的气候状态。正如格劳秀斯论述海洋的不可分性，不可能为任何君主或者国家独占一样，气候也是全人类的公共产品，任何国家或者族群从事危害气候环境的行为，其结果都将为整个人类社会所承受。气候环境的不断恶化，不仅造成现时的人类可能因此面临生存威胁，也同样为后代人类的生存造成不可逆转的严重威胁。WTO《关于 TRIPs 协定与公共健康宣言》，开启了 TRIPs 协议关于药品专利强制许可的新时代，药品针对的是个体生命健康，而气候是对整个人类社会的现时和未来生存的关键，气候的重要程度长远地看高于药品，既然药品专利的强制许可基于应对公共健康危机得以实现，气候友好技术的专利强制许可也应当在情理之中。气候具备公共产品属性。公共产品的效能不是满足于单个或者某一类人的需求，而是涵盖几乎全部或者绝大部分人的现实或潜在需要，并且该产品对于人类的基本福利具有重大利害关系。公共产品的定义中包含两个特质：非竞争性和非排他性。非竞争性是指一人对该产品的使用不会限制他人从该产品上取得利益的能力。而非排他性是指一个产品并不能禁止未授权人对其加以使用。①药品的公共产品属性在于：（1）人类基于自然属性和生理特征，都有罹患疾病的可能。因此，满足人类健康需要的药品不是满足某一个人或某一阶层的需要。（2）生存权是人类基本权利，疾病的存在可能剥夺人类这一基本权利，而药品则给予人类对抗疾病的可能，药品满足了人类对基本福利的需要，因此也符合公共产品的属性。从这个意义上，那些高档的保健品、滋补食材就不可能具有公共产品属性，现实中也不存在要求这类产品专利强制许可的必要。

在关于气候友好技术的国际转让议题的历次国家间气候会议的讨论中，代表国内跨国企业利益的发达国家政府一直坚持强硬立场，宣称气候友好技术不在专利强制许可范围之内，即使存在药品

---

① 肖夏：《绿色专利法律问题研究》，武汉大学博士论文，2011 年。

专利强制许可的“公共健康宣言”的先例,发达国家仍然认为药品和气候友好技术存在本质不同,主要理由在于药品关乎人类健康,且不具有代替性,因此药品实行专利强制许可有一定合理性,但是气候友好技术具有可代替性,不会出现某一类技术为单独所有者占有,因此不具备专利强制许可的条件。有西方学者认为,气候技术与药品完全不同,除了人道主义因素外,在药品领域往往只有一种药对病症具有疗效,但在气候变化领域往往有许多种专利技术可起到同一效果,甚至包括一些已过专利保护期的技术也可起到替代性的作用。因此,对于气候技术采用强制许可是不适当的。①

这种观点忽视了专利强制许可制度的意义和目的,之所以要在强调私权至上的专利法律制度中规定强制许可制度,恰是为了在保护专利权人的私权和维护社会公共利益之间寻求一种平衡。在高新技术的影响下,知识产权的利益平衡包括了知识产权权利人与使用人之间的平衡,知识产权的私权保护与公共利益维护的平衡,知识产权的效率价值与实现法律公平正义的平衡,知识产权的财产权属性与人的生命健康权的平衡。②

实践中无可避免会存在这种情形:即专利权人基于个体利益不实施专利许可的行为与公众利益要求专利实施及以此增进社会整体福利的目标存在抵触。这种抵触不仅存在于国内法层面,同样存在于国际法层面。专利强制许可存在的意义是调和这种私权主义和公共需求之间的矛盾,而不是仅针对某一类或某几类专利产品。由于医药技术发展的不平衡,现实中催生了个别掌握尖端医疗技术的市场主体,但是人类对于医疗技术的需求是一致的,并不区分发达国家的受众或者不发达国家的受众,正是在这样的前提下,才有必要将医药专利的强制许可变为现实。同样地,就应对气候变化技术而言,其为了改善愈加恶化的气候环境而存在,气候环境关乎全人类的现在和未来,由于气候环境的不可分割性,公共性更为显著,

---

① Matthew Burns, A Sustainable Framework for International Green Technology Transfer, *Colorado Jonrnal of International Environmental Law and Policy*, 2012(2), 427.

② 黄玉烨:《知识产权利益衡量论——兼论后 TRIPs 时代知识产权国际保护的新发展》,《法商研究》2004 年第 5 期。

因此应对气候变化技术专利强制许可是有其天然的理论基础的。

(4)知识产权法体系存在认识及价值缺陷。"一套鼓励技术变化、提高创新的私人收益率使之接近社会收益率的激励机制仅仅随着专利制度的建立才被确立起来"。①必须承认,知识产权立法产生之初目的是为了突出保护专利权人的私权,对平衡权利人私利和社会公共利益存在先天不足,给予权利人知识产品的独占权方能激励更多知识创新和技术进步,这种对知识和技术的垄断会带来负面的外部效应,即能够促进社会整体福利进步的知识、技术的传播与共享受到阻碍。这在气候友好技术的国际转让问题上尤为明显。发展中国家主张气候友好技术的强制许可常显得立法理论依据不足,被国际社会漠视。某种程度上,知识产权,这种特别保护、鼓励信息生产的制度同时又阻碍了实施保护的目标,即阻碍了知识的传播。②

二、国际贸易中的私法行为公法化对技术转让形成了不利影响

近年来,西方学者在研究国际法、国家主权和人权领域议题时,多认为随着时代的发展,国家主权在日趋弱化,私人作用在不断增加。日益深化的全球化和私有化导致国家的权力不断受到侵蚀,包括公司在内的私人行为者的影响力日渐增强。③贸易自由化、经济私有化和放松管制已经实质上减弱了国家对公民日常经济生活影响。当下国际法的主要范式是确保其治下人民的权利和幸福,而这一范式不断受到为回应经济全球化而带来的国家主权碎片化和转化的挑战。④这一趋势使私权利得到了进一步扩张。⑤二战后,私权主义理念回

① [美]道格拉斯·C.诺思:《经济史中的结构与变迁》,陈郁、罗华平译,上海三联书店、上海人民出版社1994年版,第185页。

② [澳]彼得·德霍斯:《知识财产法哲学》,周林译,商务印书馆2008年版,第134页。

③ Jernej Letnar Černič, *Human rights law and Business: Corporate Responsibility for Fundamental HRs*, Europa Law Publishing, 2010, Forward.p.v.

④ Smita Narula, "The Right to Food: Holding Global Actors Accountable Under International Law", 44 *Columbia Journal of Transnational Law*, pp.691—779(2006).

⑤ 人类社会很长一段时间里,在王权、皇权或宗教专制下,私人利益被漠视。这种现象在西方文艺复兴、启蒙运动及宗教改革之后日益遭到唾弃。此后,私权利这个潘多拉的盒子被打开,并在一定时期内被不断张扬。虽然私权利给人类文明发展带来了诸多积极的东西,但也带来了一些消极的因素,特别是它常常披上国家利益的外衣,给人类也带来了灾难,如战争、环境污染、气候变化等。如何正当维护私权利同时又不使其伤害人类整体,是一个迫切需要解决的重大课题。

归，非国家主体的活动范围扩大，在世界事务中的影响力得以提升。尤其跨国公司的渗透力显著增强，对于国际关系和国际秩序影响力也越来越大。

（一）私法行为公法化现象

回顾历史，有学者研究指出，国际法之父格劳秀斯提出著名的海洋自由论并非只为了纯粹的正义，里面还有大量的国家自我利益的成分。后来其他国家的学者认为格劳秀斯自我利益观点符合各自国家利益的需求，才使海洋自由论得到了普遍认可。①时至今日，国际法的这一特点，更为明显，如美欧在贸易中一方面对中国的某些有较强竞争力的出口产品常举起反倾销、反补贴大棒；另一方面，对于自然资源（尤其是不可再生资源）则要求中国加大出口，如果中国采取限制措施，又拿起它们熟悉的申诉武器迫人就范。几年前，欧盟、美国曾因中国的焦炭出口价格过低而对中国出口的焦炭采取过数次反倾销措施，现在又因中国采取焦炭出口限制措施要求中国取消限制，加大出口。这种看似反复无常行为的背后，不变的就是一个原则即私人利益集团控制的“国家自利”而非“互利”。

1. 2012年以来华为、中兴产品在美国遭遇调查或处罚的背后

美国近期日益倾向于采取单边域外措施的态度，就很明显地体现了这种“国家自利”的现实主义思路。2012年10月8日（美国当地时间），美国众议院情报委员会发布了长达52页的针对两家中国通信企业华为技术有限公司（华为）②和中兴通讯股份有限

---

① Gerhard von Glahn, etc., *Law Among Nations: An Introduction to Public International Law*, Pearson, 2010, pp.28—29.

② 华为技术有限公司是一家总部位于中国广东省深圳市的生产销售电信设备的员工持股的民营科技公司，于1987年由任正非创建于中国深圳，是全球最大的电信网络解决方案提供商，全球第二大电信基站设备供应商。在2011年11月8日公布的2011年中国民营500强企业榜单中，华为技术有限公司名列第一，此后至2019年，一直第一。同时华为也是世界500强（2018年和2019年分别排名第72名和第61名，参见“2019年财富世界500强排行榜”，http://www.fortunechina.com/fortune500/c/2019-07/22/content_339535.htm）中唯一一家没有上市的公司，也是全球第一大电信设备供应商。2011年和2012年的年营业额分别（转下页）

公司(中兴)①可能威胁美国国家安全的报告,该报告宣称经过一年左右的调查,认为两家中国公司的产品"涉嫌为中国间谍活动提供便利"②。借此调查结果,该委员会提出以下5条建议,告诫美国的个人、企业乃至政府机构不要购买华为、中兴的产品:(1)美国应该对中国电信公司继续深入美国电信市场持怀疑和谨慎态度,应该强烈鼓励美国的私人实体考虑与华为、中兴开展业务(含设备与服务)合作的长期安全风险。(2)强烈建议美国网络提供商和系统开发商寻求华为、中兴之外的其他供应商开展合作。(3)美国国会内的管理委员会(Committees of jurisdiction within the U.S. Congress)及行政部门的执法机构应当调查中国电信部门的不正当交易惯例,尤其是要注意中国对某些重点企业持续不断的资金支持。(4)中国公司应当尽快变得更为开放和透明,符合西方较高水准透明度的证券交易清单列举要求,提供更为连贯一致、由独立第三方评估机构评估其财务信息和网络安全过程的审查,符合美国信息和证据生产

(接上页)为2 039亿和2 202亿元人民币,员工数为146 000。有关数据来自《华为投资控股有限公司2011年年度报告》(www.huawei.com/ucmf/groups/public/documents/annual_report/hw_126989.pdf),汪小星等:《华为2012年揽2 202亿销售收入》,《南方都市报》2013年1月23日及"华为技术有限公司",baike.baidu.com/view/14877.htm。2018年华为的销售额为7 212亿元人民币,拥有18.8万员工,其中研发人员8万以上,研发投入1 015亿元人民币,业务遍及170多个国家和地区,服务30多亿人口。参见《华为投资控股有限公司2018年年度报告》,https://www.huawei.com/cn/press-events/annual-report/2018?ic_medium=hwdc&ic_source=corp_banner1_annualreport.

① 中兴通讯股份有限公司成立于1985年,是全球领先的综合通信解决方案提供商,是中国最大的通信设备上市公司,是全球第四大手机生产制造商。2011年年营业额为862.54亿元,员工数近7万人。参见"中兴通讯股份有限公司",baike.baidu.com/view/69952.htm#sub6221395。2017年尽管受到美国的制裁,中兴通讯实现营业收入约人民币1 088.20亿元,较上年增长7.49%;但2018年因美国的进一步制裁致中兴通讯停牌两个多月及其他原因,其实现营业收入855.1亿元,有所下降。参见南山:"中兴发布2018年财报:营收855亿,净利润69.8亿元",C114中国通信网,2019年3月28日。

② For details, please refer to *Investigative Report on the U.S. National Security Issues Posed by Chinese Telecommunications Companies Huawei and ZTE*, A report by Chairman Mike Rogers and Ranking Member C.A.Dutch Ruppersberger of the Permanent Select Committee on Intelligence, October 8, 2012; Http://intelligence.house.gov/sites/intelligence.house.gov/files/documents/Huawei-ZTE%20Investigative%20Report%20%28FINAL%29.pdf.

的法律标准,并遵守所有的知识产权法和标准。特别是华为必须变得更为透明并更积极履行美国法律规定的义务。(5)委员会应当考虑可能的立法来更好地防范由与国家有千丝万缕联系的电信公司导致的风险,否则,不应当信任它们来建设关键的基础设施。这种立法可能包括增强私营部门间信息分享及扩大美国外资投资委员会(CFIUS)①的职责,并将采购协议程序也纳入其监督的范围内。②这是思科与华为长期在国际市场上竞争所带来的结果,也是思科意图借助国会遏制华为发展的真实意图的反映。美国国会的这一报告带来的直接结果是,美国国内的电信运营商不愿或不敢使用华为的产品,以致华为到 2013 年 4 月下旬前,其运营商业务在美国几乎颗粒无收。③2013 年 4 月 23 日,在 2013 全球分析师大会上,其轮值 CEO 成员、副董事长、高级副总裁徐直军回答外媒提问时回答:在运营商业务方面,华为未来主要的增长市场是发达国家地区,但不包括美国。④这一观点表达了华为对美国以政治行为干预市场竞争的失望。

2016 年 3 月 8 日,美国商务部指控中兴通讯涉嫌违反美国对伊朗的出口管制政策,对中兴实行禁运,禁止美国公司向中兴通讯销售相关产品和元器件。2017 年 3 月 7 日,美国商务部部长威尔伯·罗斯宣称:中兴通讯同意接受惩罚。根据双方签署的协议,中兴通讯要向美国政府共支付 11.92 亿美元,其中有 3 亿美元是缓期执行,如果在协议签署之后 7 年内未违反协议内容,该笔罚款将被豁免支付。在罗

---

① 美国外资投资委员会(CFIUS)是一个联邦政府委员会,由 9 个政府机构的代表人员组成,美国财政部长担任委员会主席。CFIUS 的代表们来自包括国防部、国务部以及国土安全部等,对可能影响美国国家安全的外商投资交易进行审查。根据 2007 年美国《外商投资与国家安全法案》(FINSA)所颁布的 2008 年相关法规,进一步扩大了 CFIUS 的审查范围,包括外国控制企业对产品与服务涉及国家安全以及重要基础设施的美国企业的收购案。出于《外商投资与国家安全法案》的立法目的,对"重要基础设施"以及"外国控制"的定义都较为宽泛,应根据每个交易的相关事实及具体情况逐一确定。

② See *Investigative Report on the U.S. National Security Issues Posed by Chinese Telecommunications Companies Huawei and ZTE*, A Report by Chairman Mike Rogers and Ranking Member C.A.Dutch Ruppersberger of the Permanent Select Committee on Intelligence, October 8, 2012.

③ 金彧:《华为否认放弃美国市场》,《新京报》2013 年 4 月 25 日。

④ 林曦:《华为:寄望发达国家成为主要市场》,《羊城晚报》2013 年 4 月 25 日。

斯的讲话中，用了极其贬义的词如中兴通讯“令人发指地、蓄意违反美国关于禁止与伊朗进行贸易的规定（egregious，deliberate violations of U.S. restrictions on trade with Iran）”、“有预谋地、极其恶劣地逃避美国法律（premeditated，egregious scheme to evade U.S. law）”及“厚颜无耻地漠视我们的法律既无礼又危险（brazen disregard for our laws was as insulting as it was dangerous）”等。①这是商业贸易领域（非政治或意识形态领域）官方发言中较为罕见的。当地时间 2018 年 4 月 16 日，美国商务部以中兴通讯没有认真执行 2017 年 3 月与美国政府达成协议等为由，如对涉及历史出口管制违规行为的 35 名涉案员工未及时扣减奖金和发出惩戒信，并在 2016 年 11 月 30 日和 2017 年 7 月 20 日提交给美国政府的两份函件中对此做了虚假陈述为由，做出了激活对中兴通讯和中兴康讯公司拒绝令的决定，下令禁止美国公司向中兴通讯销售零部件、商品、软件和技术 7 年，直到 2025 年 3 月 13 日。②

美国的上述调查或处罚，其最终目的很清楚：就是将华为、中兴驱逐出美国，意味着在美国“为外国人提供更少的工作岗位，更少的外商投资，更少的创新和竞争，更高的宽带价格，更紧张的贸易争端”③，造福于美国的部分与华为、中兴竞争的企业。该行为发生在美国总统大选的关键时期，其政治意图或因素不言而喻。美国的多数媒体也承认，华为、中兴被调查之事及调查报告的结果是思科游说的结果。④思科此前付出多年的政治献金在这方面得到了相应的回报。⑤实际上这是美国部分利益集团借助于“政治外壳”在这个关

---

① See Secretary of Commerce Wilbur L. Ross, *Jr. Announces \$ 1.19 Billion Penalty for Chinese Company's Export Violations to Iran and North Korea*, at https://www.commerce.gov/news/press-releases/2017/03/secretary-commerce-wilbur-l-ross-jr-announces-119-billion-penalty.

② See *ZTE Denial Order*, at https://www.commerce.gov/sites/commerce.gov/files/zte_denial_order.pdf.

③ 陈一鸣：《美国众议院认定华为中兴可能危害美国国家安全》，《环球时报》2012 年 10 月 8 日。

④ CECILIA KANG, *U.S. Rivals Lobby against Chinese Firm*, The Washington Post, 11 Oct. 2012; George Leopold, *Cisco, Huawei and trade wars*, October 12th, 2012, www.eetimes.com/electronics-news/4398469/Cisco-Huawei-Trade-Wars.

⑤ 具体内容参见《从政治献金分析思科在华为中兴事件幕后角色》，《中国商报》2012 年 10 月 23 日。

键的选拔代言人时期玩的把戏而已。而且，有证据表明，美国国会中持有思科公司股票的议员多达 73 位。①这种情况下很难保证所谓的美国国会议员不会“假公济私”。私人利益涂上“国家”政治的色彩，在美国这样的资本主义和所谓民主选举的国家，通常是战无不胜。而国家都是抽象的集合体，在其背后操纵的均是以本国跨国公司为代表的私人利益集团。

2. 2017—2018 年美国对华贸易采取单方措施的背后

2017 年 8 月的中美贸易争端实质，也是美国以大资本家和大型跨国企业为代表的利益集团，将自身企业经营行为强行绑架国家政策的又一实例。2017 年 8 月，美国贸易代表办公室宣布对中国发起“301 调查”。美国《1974 年贸易法》第 301 条：该条款授权美国贸易代表可对他国的“不合理或不公正贸易做法”发起调查，并可在调查结束后建议美国总统实施单边制裁，包括撤销贸易优惠、征收报复性关税等。这一调查由美国自身发起、调查、裁决、执行，具有强烈的单边主义色彩。莱特希泽在讲话中指责中国涉嫌所谓“强制技术转移”。罗斯则表示这项举措会促成中美两国协商，而非贸易战。在备忘录签署前，有美国官员透露这次加收关税将涉及 500 亿美元中国进口商品。这一数字比特朗普最终的现场表述低了 100 亿美元。研究报告显示，如果特朗普政府对从中国进口的信息和通信技术产品征收 25%的关税，这将导致美国经济未来 10 年损失约 3 320 亿美元。2018 年 3 月 23 日 0 时 50 分许，美国总统特朗普在白宫正式签署“对华贸易备忘录”。特朗普当场宣布，对从中国进口的 600 亿美元商品加征关税，并限制中国企业对美投资并购。参与签字仪式的有美国商务部长威尔伯·罗斯、美国贸易代表莱特希

① 有资料表明，美国国会 535 名议员当中有 319 名都是百万富翁，其中千万富翁 20 余位，亿万富翁也有近 10 位。这些议员们的投资也都是公开的秘密，主要集中在能源、科技、地产、金融、制造业等美国引以为豪的大型支柱产业。See “*Shares Held by 73 Members of Congress in the United States Cisco Ban Huawei Real Interests Attempt*”, 13 October 2012, http://www.gangtie5.com/2012/10/13/6371.html.美国政治捐献数据库(opensecrets.org)在其网站上公开了 61 名持有思科股票的国会议员名单。转引自《从政治献金分析思科在华为中兴事件幕后角色》,《中国商报》2012 年 10 月 23 日。

泽、总统贸易顾问彼得·纳瓦罗等人。后来尽管双方经过你来我往的几次谈判，但在美国的反复无常和出尔反尔的言行下，最终特朗普政府还是在2018年6月15日宣布对来自中国的500亿美元商品征收25%的高额关税，进一步加剧了贸易摩擦。中国随后根据WTO规则也宣布了对美国的贸易报复措施。

上述可见，美国对华启动301条款调查，并决意实施贸易惩罚，其根本原因在于美国的对华贸易逆差长期未能扭转，中国作为美国最大的贸易逆差来源国，一直是中美贸易摩擦的焦点。特朗普自胜选以来，在对华贸易政策方面频繁打出"双反"（反倾销、反补贴）等常规性贸易救济牌，同时，利用本国贸易法对华发起"337调查"、"301调查"和"201调查"等非常规性贸易救济调查，中美贸易摩擦的阴云一直未散。2018年1月，特朗普政府宣布"对进口大型洗衣机和光伏产品分别采取为期4年和3年的全球保障措施，并分别征收最高税率达30%和50%的关税"。2018年2月，特朗普政府宣布"对进口中国的铸铁污水管道配件征收109.95%的反倾销关税"。2018年3月9日，特朗普正式签署关税法令，"对进口钢铁和铝分别征收25%和10%的关税"。2018年2月27日，美国商务部宣布"对中国铝箔产品厂商征收48.64%至106.09%的反倾销税，以及17.14%至80.97%的反补贴税"。2018年3月22日，特朗普政府宣布"因知识产权侵权问题对中国商品征收500亿美元关税，并实施投资限制"。2018年3月22日，美国总统特朗普在白宫签署了对中国输美产品征收关税的"总统备忘录"；2018年3月23日，中国商务部发布了针对美国钢铁和铝产品232措施的中止减让产品清单，拟对自美进口部分产品加征关税。很多研究者认为，这标志着新一轮中美贸易摩擦的开启。3月23日，中国商务部发布了针对美国进口钢铁和铝产品232措施的中止减让产品清单并征求公众意见，拟对自美进口部分产品加征关税，以平衡因美国对进口钢铁和铝产品加征关税给中方利益造成的损失。其中计划对价值30亿美元的美国产水果、猪肉、葡萄酒、无缝钢管和另外100多种商品征收关税。2018年4月2日起，中国对原产于美国的7类128项进口商品中止关税减让义务，在现行适用关税税率基础上加征关税，对水果及制品等 120 项进口商品加征关税税率为 15%，对猪肉及制品等 8 项进口商品加征关税税率为 25%。现行保税、减免税政策不变。2018 年 4 月 3 日下午，美国贸易代表办公室根据所谓“301 调查”，建议加征关税的自中国进口产品清单，该清单包含大约 1 300 个独立关税项目，价值约 500 亿美元，涉及航空航天、信息和通信技术、机器人和机械等行业。美国贸易代表办公室建议对清单上中国产品征收额外 25%的关税。美国贸易代表办公室在公告中直接提及，对中国产品加征关税是为回应为实现“中国制造 2025”计划对美国企业采取的“胁迫政策”。2018 年 4 月 4 日，中国发布对美国的关税反制措施。中国对原产于美国 106 项商品加征关税。国务院关税税则委员会决定，中国计划对美国的飞机进口加征 25%关税，计划对美国的玉米和棉花、牛肉以及小麦和高粱加征关税。实施日期将视美国政府对我方商品加征关税实施情况，另行公布。2018 年 4 月 5 日，中国就美国进口钢铁和铝产品 232 措施，在世贸组织争端解决机制项下向美方提出磋商请求，正式启动争端解决程序。

2018 年 4 月 27 日，美国贸易代表办公室发布针对外国知识产权保护情况的年度报告——“2018 特别 301 报告”。在长达 84 页的报告中，中国再次续列“优先观察名单”（共 12 个），并在“306 条款监管国家”之中，这是中国已连续第 14 年被列入“优先观察名单”。此外，列入观察名单的国家共有 24 个。在上述 36 个国家中，中国、印度、巴西、墨西哥、阿根廷和俄罗斯等几个较大的发展中国家无一例外位列其中。①

美国贸易代表是政府公务人员，表面上是按照美国政府的施政纲领行事，但是美国的政体决定了美国政府及其政府首脑，必须代表美国的资本家、跨国企业和财团的利益。美国的企业在同中国企业的国际经贸竞争中，因为知识产权问题屡屡向中国发难，原因在于以技术为代表的无形财产是美国企业的最大竞争优势，美国企业希望利用掌握技术的优势，能够最大限度地维护其在贸易中的优

---

① See Office of the United States Trade Representative, *2018 Special 301 Report*, April 2018.

势,最大可能地获取利益。因此,他们才会集体向美国政府施压,驱使美国政府以外交手段,披上国家利益的外衣,不惜损害与中国的大国关系,给两国正常有序的经贸往来蒙上阴影。

美国在对华发起"301 调查"中,美国政府提出了"中国政府直接或者支持未授权侵入美国商业网络系统,对知识产权和商业秘密以及其他财产性信息进行网络盗窃"的主张。而这个主张的背后则是美国知识产权反盗窃委员会极力推动的。该委员会是个由美国知名人士组成的独立的私人部门,为国家安全和外交,学术界和政治领域提供公共服务的独立和跨党派倡议。①其主要职责为:(1)调查对影响美国的国际知识产权(IP)盗窃的原因、规模和其他主要方面进行记录和评估。(2)记录和评估中国和其他侵权者在国际知识产权盗窃中的作用。(3)提出适当的美国政策应对措施,以缓解当前和未来的损害,并获得中国和其他侵权者更多的知识产权执法权力。该机构一直在游说美国政府对海外经济间谍进行制裁,并加强网络安全,对相关国家进行评估和制裁。在 2013 年 5 月发布其知识产权委员会报告后,奥巴马政府和国会采取了几项行动来减少美国知识产权的盗窃。其 2013—2014 年的报告,促成了 2015 年《国防授权法案》(NDAA)第 1637 条的通过。2015 年《国防授权法》第 1637 条的"处理网络空间经济或工业间谍活动"的文本语言,与 2013 年 5 月参议院军事委员会主席参议员卡尔·莱文(Carl Levin)于 2013 年 5 月颁布的"拒绝网络盗窃法"非常相似。该法案共同发起人包括反知识产权盗窃委员会现任主席约翰·麦凯恩参议员。②奥巴马政府采用了其报告中的几项重要的建议,即国会授权总统有权批准涉及知识产权网络间谍活动的外国实体,并让美国实体在联邦法院对其商业秘密的窃取行为采取私人行动。该项议案在 2015 年通过,奥巴马总统签署了 2016 年的"保护商业秘密

① The Commission on the Theft of American Intellectual Property by The National Bureau of Asian Research, *The Report of the Commission on the Theft of American Intellectual Property*(also known as the IP Commission Report) was published in May 2013. This update was published in February 2017.

② Ibid., p.6 para 3.

法”,其中包括根据“经济间谍法”为美国实体创造私人诉讼权。该委员会的另一个建议是加强网络安全。奥巴马政府考虑到了该委员会对网络安全提出的一些建议,并执行了政府的网络安全国家行动计划,签署了 13691 号行政命令来应对网络空间薄弱环节,并加强私营和公共部门在这个问题上的合作。在 2017 年 10 月 10 日美国贸易代表(USTR)举行的关于“301 条款”听证会上,美国知识产权反盗窃委员会理查德·埃林格斯(Richard Ellings)极力游说政府,主张中国政府控制中国企业,运用军方势力网络“入侵”美国企业的网站并“盗窃”美国知识产权及商业秘密等财产性信息。①在 2018 年 3 月 22 日发布的正式“301 调查”报告中,第四个诉求就采信了该委员会关于“网络入侵侵犯知识产权”的提案,遣词造句几乎和该委员会发布的 2017 年报告一模一样。这一切,都是这些私人部门在发挥着实质的作用。

此外,美国商务部与中兴通讯就后者出口产品到伊朗违反美国出口管制法一案在后者作出重大让步、付出惨重代价的前提下②于 2018 年 6 月达成新的和解协议,实质上也与美国高通、英特尔等给中兴通讯提供元器件或其他部件的公司的压力有一定的联系,因为长期制裁或中兴通讯破产停产,本质上对这些公司也不利,会让这些公司失去一定的市场和就业岗位。这些现象背后的实质就是以大型跨国企

---

① Office of The United States Trade Representative, *Section 301 Investigation and Hearing: China's Acts, Policies, and Practices Related to Technology Transfer, Intellectual Property, and Innovation*, October 10, 2017.

② 具体内容:中兴通讯必须再支付 10 亿美元的罚金(罚款总额达到 22.9 亿美元),并在 BIS 将中兴从黑名单上除名之前,额外支付 4 亿美元罚款作为代管金。新协议要求中兴通讯聘请由美国商务部产业安全局挑选并负责的特别合规协调员团队入驻中兴,期限为 10 年。其职责是实时监控中兴是否遵守美国的出口管制法规,对中兴实行双重领导,工资由中兴支付;中兴两家公司的董事会和管理层全部撤换。See *Secretary Ross Announces $ 1.4 Billion ZTE Settlement; ZTE Board, Management Changes and Strictest BIS Compliance Requirements Ever*, https://www.commerce.gov/news/press-releases/2018/06/secretary-ross-announces-14-billion-zte-settlement-zte-board-management. 中兴通讯案应该引起我们的深刻反思,一个没有核心技术的企业,会永远受制于人,处于被动地位,成为他人廉价的加工方,且受到不公平待遇。假设中兴通讯有自己的核心芯片等技术,无须遵守《美国出口管制法》,更不会接受这种屈辱的“协议”。

业等为代表的利益集团将自身企业经营行为强行绑架于政府行为之中,以借助于反映它们意志的国际国内法律规范来确保自己的权益不受损害,但美国国内的诸多消费者可能就成为这场贸易摩擦的受害者。

上述情形可以被概括为"私法行为公法化",即私营部门将其利益与意志附着于国家行为,本属于私法范围内的事项以公法事项的面目出现,混淆了私法行为与公法行为本质上的区别,使得公法行为本应具有的矫正私法主体失灵、背离的公共职能难以体现。在美国这样的发达国家,总统和政府的产生虽然名义上经过民众的普遍选举,但究其实质仍然是被具有庞大资本实力的大企业和财团操纵,任何一届总统或政府都必须在执政时尽力维护这些企业和财团的利益。该方面的相关理论,后文会进行进一步的论述。

(二) 应对气候变化技术转让中的私法行为公法化

私法行为公法化不仅仅是在技术贸易领域,在本篇主旨的气候变化技术领域同样如此,掌握先进气候技术的通常是那些发达国家的跨国公司,由于此类技术的稀缺性,必然带来巨额的经济附加值,于是这些跨国公司对于联合国有关气候技术转让的文件往往持消极抵制的态度,并且通过各自国家政府间接表达其意志,在有关气候问题的国际谈判中施加影响力,造成目前国际气候技术转让并未形成切实有效的长期机制。

发达国家政府在气候会议谈判过程中,始终对发展中国家强烈要求气候友好技术专利强制许可的呼声置之不理,即是因国内掌握技术的跨国企业有保障技术专利垄断和独占的利益要求。2009 年美国众议院就通过决议,要求美国政府采取措施防止哥本哈根气候变化会议削弱美国在风能、太阳能和其他环保技术方面的知识产权。

私法行为公法化对于国际气候友好技术转让和强制许可的法理探讨尤为重要,这并不是发展中国家学者凭空捏造的命题,目前气候友好技术的国际转让实践中,正是诸多作为私营部门的大型跨国企业,将企业利益和意志强行嫁接国家利益和意志,架空国家政府对私营部门不正当行为的干预权能,虚置国家政府对于公共利益的维护权能。在 2018 年美国诉中国关于知识产权保护措施案就是典型例证。特朗普政府宣称,2017 年美中间贸易逆差高达 3 752 亿美元，特朗普还表态称，要将美国对华贸易赤字降低 1 000 亿美元。①美国一方面动用“301 条款”对中国商品追加关税②，另一方面诉诸 WTO 争端解决机制，指责中国在知识产权方面对歧视和针对进口外国技术给予较低的待遇，违反《与贸易有关的知识产权协定》第 3 条国民待遇条款，限制外国知识产权权利人在自由市场上谈判的能力违反《与贸易有关的知识产权协定》第 28 条专利人权利条款。③而推动这一进程的是美国知识产权巨头组建的美国知识产权反盗窃委员会、信息技术和创新基金会，以及相关的企业如美国太阳世界公司、美国超导公司，以及 ABRO 产业等。④这些企业和协会将美国贸易逆差归因于中国对美国技术强制性转移以及对美国投资者所有的知识产权保护不完善，要求美国政府对中国发起“301 调查”。美国政府宣布对中国太阳能产品等应对气候变化技术产品增加重税。⑤这其实就是典型的跨国企业将自身意志与美国国家利益捆绑在一起，对自由贸易市场进行干预的行为。

“如果人们想要在这种根本失灵面前来实现有效率的资源配置，人们就必须探究非市场的选择办法”。⑥公法主体天然有增进社会整体福利、维护经济生活秩序的职能，其运作和行为的基本立场不应当是实现某个私营部门的利益，而是为了发展社会公众的福利。波斯纳认为，一个促成社会幸福的法学理论，应该是以追求“财

---

① 美中贸易逆差的真相，都在这六笔账里了！，载人民网，http://industry.people.com.cn/n1/2018/0408/c413883-29910886.html，2018 年 4 月 8 日。

② “USTR Robert Lighthizer Statement on the President's Additional Section 301 Action”，See https://ustr.gov/about-us/policy-offices/press-office/press-releases/2018/april/ustr-robert-lighthizer-statement，2018 年 4 月 8 日。

③ WT/DS542/1，See https://docs.wto.org/dol2fe/Pages/FE_Search/FE_S_S006.aspx?Query=(%20@ Symbol=%20(wt/ds542/1%20))&Language=ENGLISH&Context=FomerScriptedSearch&languageUIChanged=true#，2018 年 4 月 9 日。

④ 这些协会组织以及企业参与了美国 301 条款调查，作为听证会的一方出席。参见 https://ustr.gov/sites/default/files/enforcement/301Investigations/China%20Technology%20Transfer%20Hearing%20Witness%20List.pdf，2018 年 4 月 9 日。

⑤ 征税商品列表参见 https://ustr.gov/sites/default/files/files/Press/Releases/301FRN.pdf，2018 年 4 月 9 日。

⑥ [美]詹姆斯·M.布坎南：《自由、市场和国家》，吴良健等译，北京经济学院出版社 1988 年版，第 13—14 页。

富最大化”为目标，它应教导人如何透过法律制度的设计，对社会资源做最有效的运用、避免资源的浪费，并产生最大的财富量。[①]如果专利权人不实施专利或者不予许可实施专利已经阻碍或者侵害了社会福利的实现，专利权人可能就构成了对于专利权的滥用，此时专利权人任性的私法行为必须得到调整。

目前联合国大会框架体系内由国家之间达成的有关气候友好技术转让的国际法文件，大多属于宣言类文件，强制力缺失，且产生过程明显带有南北角力的强烈政治色彩，本该属于经济范畴内的问题披上了过多政治问题外衣。由于现阶段各国家间利益多元、历史问题敏感、经济发展程度差别较大，政治问题尤其尖锐和复杂。从国际法实践来看，国家间关涉政治问题协调难度非常大，而经济问题和贸易问题相对比较容易调和。这一点以国际法院与 WTO 争端解决机制的区别可见一斑，国际法院受理案件多为世界范围内重大的安全和军事问题，由于政治事件中不同国家利益纠缠复杂，利益诉求争议大，很难形成一致意见。国际法院的判决难以得到执行，很多国家直接决定不接受国际法院管辖。WTO 争端解决机制则专事成员间经济和贸易问题，由于该类问题往往尽可能去政治化或至少表面上去政治化，单纯的经贸问题仍然在经济和贸易范围内寻求解决，不至于引起成员间的激烈政治对抗。尽管在 WTO 争议解决的历史上，不乏个别成员对裁决结果表达不满，但是从未发展到完全不承认裁决或者拒绝接受争端解决机制管辖的事件，即使 WTO 争端解决机制已明显带有准司法特征，成员国政府仍然大体上表达了遵守的意愿。美国因尼加拉瓜军事行动与准军事行动案件在国际法院败诉，就立刻表示不承认国际法院判决并从此不接受国际法院管辖。但是美国同样在 WTO 争端解决机制中败诉，特朗普之前的政府却从未表示不承认 WTO 的裁决或者威胁退出 WTO。“此外，在联合国框架内，缺少有效的争端解决机制，《京都议定书》等的实施主要依赖于各国及其私营部门的努力和意愿，在缔约方不履行义务时，它们难以受到惩罚或被追究法律责任。而 WTO 成立以

---

① 林立：《波斯纳与法律经济分析》，三联书店 2005 年版，第 14 页。

来所取得的成就表明，它能较为有效地促使成员方将其规则变成国内法，并使私营部门积极参与国际贸易活动。”①国家对于国际法院持有消极态度，却同意接受 WTO 的强制管辖，不仅仅是各国畅通贸易的现实需要，同时也是政治问题和经济问题有着本质区别所致。相较于事关国家民族安全的重大政治问题，经济和贸易问题不至于引发激烈的对抗情绪和民族主义反弹，国家才更愿意在理性及规则的框架内展开博弈。可以想见，如果当年有关药品的专利强制许可不是在 WTO 体系内做出，就不可能有公共健康宣言的诞生。因此，建议有关气候友好技术的专利强制许可还是应当置于 WTO 的框架内予以协调解决，充分利用 WTO 的国民待遇、关税减让等对发达国家形成经贸反制。另外，也要由包括中国在内的气候友好技术需求方联合起来，促成 WTO 部长级会议形成决议，对公共健康宣言进行有权解释，将所谓公共健康危机的外延扩大至气候领域。

目前的研究更多将气候友好技术国际转让的重点着眼于发达国家政府，存在忽略私人部门转而将私营部门所在的国家政府视作技术转让最大障碍的错误倾向，寄望于通过国家间的国际协议来达成技术的国际转移，忽略了应对气候变化技术转让的决定性因素是掌握技术专利权的跨国企业或称为私营部门。

发达国家的专利法规范突出强调专利权人的私权益优先，以保护专利权人的知识权益不被侵害为根本目的，缺乏国家作为公权力主体对私权利主体的私人部门如何行使专利权做出干预的天然基因。如美国的司法实践在一定程度上反映了现有的知识产权制度对专利技术拒绝许可的宽容，美国大多数法院判决认为公司拒绝许可其知识产权无需承担垄断责任。美国法院在“Xerox 案”中指出了专利持有人在合理条件下拒绝专利许可需要承担反垄断法律责任的三种情形：(1)将专利产品与非专利产品搭售；(2)通过欺诈取得专利；(3)虚假诉讼。由此可见，在美国专利持有人仅仅是拒绝许可而不涉及其他因素，其行为是合法的。②现时达成的各种有关

---

① 马忠法：《论应对气候变化的国际技术转让法律制度完善》，《法学家》2011 年第 4 期。

② 张磊：《联合国气候变化框架公约下气候技术国际转让促进机制研究》，《理论界杂志》2013 年第 10 期。

气候技术转让的国际文件如协定、决议、备忘录等，都不可能直接转化为发达国家的国内法，那些私营部门也不可能直接基于国家间的国际协议就同意向发展中国家转让专利技术。“我们认为最为关键的是国际条约对私人并不直接产生法律约束力，而企业是以赢利并非以履行其政府在条约中承诺的义务为自己的行动指南；同时这些国家的法律制度又以保护私人权利为核心，作为私人权利重要组成部分的技术，政府不能以公共权力进行不合法律程序的干预。”①只有在实际的权利义务关系存在且自身经济效益满足的前提下，私人部门才有可能向发展中国家转让应对气候变化技术或者接受专利权的强制许可，因此，这就为在 WTO 框架下用贸易的、经济的手段实现气候友好技术专利的强制许可提供了可能。

WTO 构建并运行了一套有效的贸易争端解决机制，并实际上有利于全球贸易秩序的建立和维护，在这个机制下，全球贸易开展及争议可以极大程度地去政治化，得以在贸易的框架内通过经济手段解决纷争，使得过去国与国之间诉诸军事或军事威胁手段表达贸易诉求的可能性降到最低。发展中国家与发达国家间有关气候友好技术转让的争议完全有理由在 WTO 的框架内得以阐释、调和，发达国家虽然掌握核心的气候友好技术，但是如果缺乏数量占多的发展中国家或者不发达国家在因应气候问题上做出努力，再先进的技术可能都难以真正对全球气候问题作出反应。发展中国家同时在国际贸易体系内承担着原材料、劳动力、消费市场、投资目的地等多种角色，发达国家不可能完全抛却发展中国家在气候技术方面的诉求而甘冒失去市场机会的风险，这对于有着重商主义传统的发达国家来说，无论从政策还是从实际利益上都可谓得不偿失，也不可能得到国内大企业和财团的认可。

贸易的本质是博弈，国家贸易的本质是国家间博弈。在 WTO 体系内通过贸易手段寻求气候友好技术的国际转让或强制许可是明智策略，一味以共同但有区别责任原则或者历史责任等带有明显

① 马忠法：《气候正义与无害环境技术国际转让法律制度的困境及其完善》，《学海》2014 年第 2 期。

政治意味的口号向发达国家施加压力，不仅已为国家间表明收效甚微，同时也缺乏说服力，难以得到国际社会普遍承认。我国作为世界上最大的发展中国家，全球消费人口最多的投资目的地，完全有理由担负起寻求建立气候友好技术转让和强制许可国际机制的倡导者角色，在WTO体系内发起实现有关气候友好技术转让和强制许可的宣言，以新兴市场国家联盟的形象与掌握技术的发达国家基于经贸框架内谈判，最终达成国际气候友好技术国际转让和强制许可的国际协定。

三、促进私营部门参与应对气候变化的技术转让是解决问题的关键

掌握技术优势的私人市场主体实则面临市场决策时的经济效益选择问题，对应对气候变化技术专利的垄断并拒绝以发展中国家能够接受的条件许可专利技术，虽然维护了技术专利可能具有的垄断效益，却同时可能面对失去受让国广阔市场机遇、投资便利的优势，并可能因此遭受道义指责，社会形象因此受损；反之，放弃对技术的垄断，接受受让国的专利许可条件，又面临着投入大量成本获取的技术优势不能实现本该具有的经济利润，同时有可能因专利许可行为招致同行非议。

对于该选择困境，不仅是私营部门应当重新认识气候友好技术专利垄断的个体效益和整体效益的协调，作为受让国本身也应当在国内法制环境、强制许可制度设计、私营部门利益补偿机制方面做出相应安排。

从国内法制环境来说，首先应当完善气候技术专利获取路径和方式，在授予专利方面明确气候友好技术的可专利性，专利制度不是气候友好技术强制许可的障碍。英国伦敦皇家国际事务研究所一份报告表明，很多跨国公司声明东道国知识产权法律保护的完备性是他们是否考虑让渡市场上最新技术的重要原因。对于气候友好技术，在通常的专利申请渠道以外应对此特别设计绿色申请通道，不分国内申请主体或者国外申请主体都可适用，表明受让国对专利制度的尊重以及保护专利权人知识权利的基本立场。

其次，在专利法中明确规定对于包括气候友好技术在内的、对解决环境危机十分迫切且重要的专利技术的强制许可制度。这种强制许可应当标准客观明了、概念清晰，尤其不能作扩大解释，只有那些对当前环境危机具有重大减缓作用且不存在其他替代方式的情况下，方得适用强制许可。从经济学角度来看，强制许可的意义在于，专利权人意识到既然强制许可不可避免，组织技术需求方获得强制许可只会使其增加成本，这反倒更容易促成专利权人与技术需求方达成许可协议。①私营部门接受强制许可，其丧失专利垄断必然产生经济损失，受让国须对其做出补偿安排，例如投资机会的优先给予、资源的优先获取等，该举措系针对放弃技术专利垄断的某具体私营部门，并非以国籍为标准做特殊对待，且在受让国国内法中已做事前规定，因此不违反国民待遇原则，不会引发 WTO 框架下的贸易争端。

对气候友好技术的国际转让和强制许可，必须承认目前最大的障碍来自掌握技术的跨国企业不愿向发展中国家转让相关技术，对于技术共享和强制许可的认识程度必然有一个发展过程。从当前国际法实践来看，不仅《联合国气候变化框架公约》及《京都议定书》中都有关于发达国家向发展中国家转让环境友好技术和提供资金支持的规定，在发达国家内部，也开始逐渐认识到对于专利的强制许可具有增进社会整体福利的重要意义，“需要指出的是，虽然事前立法性质的气候技术强制许可目前遭到西方国家的普遍反对，但在反垄断诉讼中，强制许可被法院采用作为个案救济手段以促进市场竞争却已被很多国家所接受。例如欧盟委员会在微软案中就认为，在该案中采用强制许可的救济手段对整个行业的创新发展所带来的正面推动作用超过了对微软自身创新发展所带来的负面作用”。②未来这样的司法认知如果扩展至气候技术领域，气候友好技术的强制许可就完全有可能得到各国家的普遍认同。

通过对私人在战争或国际贸易制度形成中作用的思考，我们可

① 毛锐：《经济学视角下绿色专利国际转让与许可制度研究》，《经济问题探索》2015年第12期。

② Michael A.Carrier, An Antitrust Framework for Climate Change, *Northwestern Journal of Technology and Intellectual Property*, 2011(2):520.

以得出一个简洁的结论，那就是他们借助于私法行为公法化来实现自己的目标。对一国而言，国际法的最大目的就是：维护本国正当利益，保护本国人权，确保本国人民过上安全、稳定、幸福的生活。对所有国家而言，国际法能维护各国的正当利益，保护各国人民的权益，使世界上每一个人都能过上幸福、安全的生活。要做到这一点，就需要各国间的合作和处理好彼此关系。但我们不得不思考一些问题：人类为什么会有战争？战争的目的是什么？战争究竟为什么样的人服务？战争为什么能够发动起来？如此等等。如果人类没有战争，我们能够节省多少宝贵的资源来提高人民的生活水平，能减少多少对环境的破坏和无穷无尽的灾难，所谓的国防开支、军备竞赛、军工产业等所耗费的资源可以用来发展民用工业，改善基础设施建设。如此则人类整体的生活水平会有很大的提高。发动侵略战争无非是为了维护和争夺表面上看属于所谓抽象国家的“利益”，抢夺他国的资源，剥夺他国的财富，奴役他国的人民，来改善和提高本国人民的水平，但实际上往往只是满足本国一小撮掌握国家权力的人或几个家族的利益，战争中的本国人民往往也生活在水深火热之中。而这一小撮人就是“私人”。这些私人假借国家的外衣，为了实现自己的利益目的，通过国内形成的政治机制，推动战争的爆发。而这些利益往往以“国际贸易”中的利益为集中代表。

实际上，我们从近代以来的历次战争起因中总能发现大公司、大企业（尤其是以股份有限公司形式存在的资本①代言人）的影子，它们分割全球资源和贸易利益的动力与渴望是战争的最终根源。第一次世界大战后的《凡尔赛和约》只带来短期的和平，接着就是

---

① 有人尖锐地指出：资本没有良心，没有后代，它只有“增长”；人类任何要求遏制气候变化的行动都可能触及其背后股东或私人利益；它只顾赚钱而不顾其他；资本不赚钱就像人不呼吸一样，它片刻都无法生存。靠资本主义来解决气候问题不可能。资本主义社会衡量成功的标准是每天、每周、每年卖出多少东西，而不顾及产品对人类和自然带来的伤害，如对空气、水、生态等破坏。资本只顾向自然索取，而不顾回报（利用它们不需支付任何成本）；甚至于将其活动带来的负面东西让空气和水——免费的下水道和垃圾场——来帮助它们解决（“环境服务”——让环境为其污染或破坏性行为买单）。污染不是事件，不是“市场失灵”，而是其制度工作的方式。See Lan Angus, The Global Fight for Climate Change, *Resistance Books*, 2009, pp.209—212.

为分割世界市场和贸易利益而引发的战争。第二次世界大战的结局及其带来的《联合国宪章》等为后来冷战时期的格局定下了基调,但该格局的根本特征是以国家贸易利益为外在形式,以私人贸易利益为本质内涵。进入20世纪中叶以后,特别是“二战”以后的60多年里,尽管局部战争时有发生,但全球性的战争没有再次爆发过。然而,这并不意味着他国,尤其是有霸权意识的大国,对别人的财富不感兴趣,只是它们在变换着获取财富的方式。国际贸易的本质是各国私人之间的贸易,在自由资本主义时期就得到各国政府的支持,甚至武力帮助。在垄断资本主义时期,武力帮助变得更为突出。如果从国际贸易的源头去探究,它最早源于货物贸易,通过战争似乎能够收到效果。但随着被压迫民族和殖民地人民的觉醒与独立,以及战争本身的残酷性,通过战争获得贸易利益被历史所抛弃。借助于技术的进步,贸易自20世纪60年代延伸到国际经济活动的其他领域,如国际投资、知识产权、技术和服务等领域,而相应的制度也因此而诞生。在诸多的所谓国际贸易制度下,剥夺他人贸易利益就由原来的暴力和血腥变得越来越温和、文明与不露声色。它们以掌握国际贸易规则制定和修改的话语权为制高点,以无形的各种知识产权为牟利工具,主要通过跨国公司这个载体和国际贸易这个渠道,在国际市场中大肆掠夺或获取别人的财富,而这种温情脉脉的方式似乎更为有效。它使人们不易像自己的领土被别人军事占领那样,聚集在民族或爱国主义的旗帜下,唤起全民意识来保护自己国家的财富和正当利益。由此带来的结果是,在技术发展的基础上,随着西方主导下的国际贸易规则及知识产权制度在全球的广泛推广和扩散,世界上任何一个角落都自觉或不自觉地卷入经济全球化过程中,在西方话语语系的影响和控制下,当今世界财富两极分化进一步加剧,穷国越穷,富国越富。

因此,我们不要让现代战争减少的现象来掩盖战争背后的真正动因:谋取私人利益。过去是少数利益集团推动通过政治制度选出的代表在国际社会为所欲为,其常态是战争;而今天,这一方式已经改变为用和平的国际贸易制度、知识产权等并假借国家这一外在集合体来牟取利益。通过此类行为我们都可以发现背后私人利益集团作为推手在其中所起到的决定性的作用，笔者将此称为“私法行为公法化”。

第二节　私营部门在应对气候变化技术转让法律制度中的地位和作用

一、私营部门与国际经济活动

（一）私营部门的界定及其特征

1. 私营部门的界定

私营部门[①]虽然在诸多的国际法文件中大量使用，但对于何为私营部门，至今没有一个统一的、权威的定义。从《布莱克法律词典》上看，“私营部门是指免于受政府直接控制的经济或产业的部分”；[②]商业词典认为它是由私营企业组成的国民经济的一部分，包括个人部门（家庭）和企业部门（公司），并负责在经济中分配大部分的资源。[③]从有关的国际法律文件或国内法中看，也较少有文件对“私营部门”作出明确的规定，我们只能根据上下文来试图对其界定作出分析。如在2000年的联合国《千年发展宣言》[④]中，两处使用了“私营部门”：即在说到“发展和消灭贫困”时，它指出政府要“与私营部门与市民社会组织形成密切的合作关系”；在加强联合国作用时，它指出要“给予私营部门、非政府组织和市民社会更多的机会来对联合国目标和项目的实现作出贡献”。[⑤]虽然它没有解释，但根据上下文可以推定其主要指营利性的企业等市场主体。在2000年的联合国经济与社会理事会的部长宣言（《21世纪的发展与

---

① 其英文表述为“private sector”，也有人将其译成“私人部门”。在有些条约或国际法文件中，也使用“私人主体”一词。本书中，三者含义基本相同。

② See *Black's Law Dictionary*（8th edition），West Group Publishing，2004，p.1234.

③ See “private sector”，http://www.businessdictionary.com/definition/private-sector.html.

④ 该宣言提出了到2015年要实现的八大目标，即消灭极端贫穷和饥饿；普及小学教育；促进男女平等并赋予妇女权利；降低儿童死亡率；改善产妇保健；与艾滋病毒/艾滋病、疟疾和其他疾病作斗争；确保环境的可持续能力；全球合作促进发展。其中，私营部门在实现上述目标中的作用是不容忽视的。See *United Nations Millennium Declaration*，Resolution adopted by the General Assembly（A/55/L.2）.

⑤ See *United Nations Millennium Declaration*，Resolution adopted by the General Assembly（A/55/L.2），http://www.un-documents.net/e2000l9.htm.

国际合作:信息技术在全球知识经济背景下的作用》)中,5次使用到“私营部门”,但也没有做出界定,从上下文可以推出,主要是企业或商事组织。①两个报告用的“私营部门”在一定程度上说明在技术领域更需要私营部门。有人认为,一个促进经济发展和创造财富的强劲的私营部门对实现千年目标至为关键;私营部门正对共享的经济、社会和环境进步作出重要贡献,它们通过被称为“包容性商业模式”、“金字塔基层”模式或创造性资本主义等方式,以促进私营部门的创新技术、技艺、产品和技能等形式为东道国和社区创造积极的分享价值。②《联合国和商事部门合作指南》将“商事部门”定义为:(1)以营利为目的的商事企业或组织;(2)商业协会和联盟(跨行业多议题团体,跨行业特定问题倡议组织及行业集中倡议组织等);包括但不限于法人型慈善基金会。③显然,这一定义包含了以营利为目的的企业,还包括为企业服务但并不以营利为目的的商会和慈善机构等。其中,商会等实质上是为企业服务的,但在本质上我们认为将它们视为私营部门有使其含义扩大化的嫌疑,它们自身没有利益追求;至于慈善机构,也不宜视为“私人主体”,可将它们看作是“非政府公共主体”。OECD认识到私营部门,包括跨国企业,可以在为东道国发展基础设施服务提供资金和专门知识方面发挥作用。④这里将跨国企业作为私营部门的典型之例提出。维基网站视私营部门是经济的一部分,有时被称为市民部门,即由私个人或团体经营,通常作为企业获利的手段,不受国家控制。⑤经合组织在另外一个文件中对私营部门给出了非常宽泛的定义,认为它包括“私

① See ECOSOC *2000 Ministerial Declaration: Development and international cooperation in the twenty-first century: the role of information technology in the context of a knowledge-based global economy*, E/2000/L.9.

② See "*The United Nations and Private Sector*", the Global Compact Office, United Nations, September 2008.

③ See para.7 of *Guidelines on Cooperation between the United Nations and the Business Sector*, http://www.un.org/ar/business/pdf/Guidelines_on_UN_Business_Cooperation.pdf.

④ *OECD Principles for Private Sector Participation in Infrastructure(2007)*, http://www.oecd.org/daf/inv/investment-policy/38309896.pdf.

⑤ See Private Sector, at https://en.wikipedia.org/wiki/Private_sector.

人公司、家庭和为家庭服务的非营利机构”；然而，在实践中赋予该术语的含义很清楚：它首先涉及的是私人投资者，即营利性的企业，其次是私人基金会。①还有人基于所有制为标准，认为“私营部门是由私人拥有的经济实体”，包括以营利为目的的私人企业和不以营利为目的的私人组织与家庭；而与之相对的公共部门是指“由政府拥有或控制的非市场实体或团体”，包括政府和公用企业。②这种以所有制为基础的分法有一定的道理，但将非营利组织和家庭包括在“私营部门”之中，范围过宽。《美国国家应急反应框架》将应急主体主要分为政府（含联邦政府、地方政府等）、私营部门和非政府组织三类，③而“私营部门”包括营利性的和非营利性的组织，各种大小企业及重要基础设施和关键资源等。④澳大利亚政府认为私营部门由从小型非正式企业到大型的多国公司等商事企业构成，但发达国家与发展中国家的企业构成很不相同，如在发展中国家几乎50%的私营部门活动由小企业进行。⑤

综上可以看出，尽管不同的人对“私营部门”有不同的解释，但“营利为目的”这一特征是根本。有人认为“私营部门”要以“私人拥有或控制”是其界定的前提，但我们更倾向于“私营部门”不需要以此为前提，关键看它“运营和管理的方式”，看其是否肩负一定的公共职能或公共管理职责。我们比较赞同《布莱克法律词典》的解释，即“私营部门是指免于受政府直接控制的经济或产业的部分”。因此，本书所说的私营部门主要是指由“按照市场规律运营、以营利

① See Trade Union to Guide to Globalization: *The Private Sector and Development Effectiveness* (2014), https://www.ituc-csi.org/IMG/pdf/Private_Sector_briefing_paper.pdf.

② Ian Lienert, *Where Does the Public Sector End and the Private Sector Begin?* IMF Working Paper, WP/09/122, 2009.

③ See *National Level Exercise 2012 Private Sector Participant Guide*, at https://www.fema.gov/media-library/assets/documents/25800#.

④ *Private-Sector Partner Guide*, Febuary 10, 2010, https://www.fema.gov/pdf/emergency/nrf/PartnerGuidePrivateSector.pdf.

⑤ Department of Foreign and Trade Affair of Australia: *Strategy for Australia's aid Investments in Private Sector Development*, October 2015, http://dfat.gov.au/about-us/publications/Documents/strategy-for-australias-investments-in-private-sector-development.pdf.

为目的的、有特定组织形态的企业”所构成的社会主体，包括商个人（含商自然人、个体工商户、个人独资企业等）、商合伙（含普通合伙和有限合伙等）及商法人（主要以公司组织形态出现的企业法人等，但公用、国有企业等不在其中）。在国际经济活动中，由于跨国公司的经济、技术等实力及在经济活动中的影响等，它们是私营部门中最为重要的部分，故本课题所说的私营部门的主体主要是跨国公司。[①]它不同于私人组织或团体，如美国《1974 年贸易法》中说的私人团体或组织可以代表政府、产业、农业、劳工、小企业、服务产业、消费者利益团体和其他。[②]

2. 私营部门的特征

根据上文所给出的私营部门的界定，可以看出它具有以下三个特征：

第一，“私营部门”是按公司法等私法规定设立且作为一个相对独立的市场主体运营、控制的组织，它不履行任何公共服务职能。这是它有别于政府机构等公共部门的最主要的一点。政府等公共部门主要为社会公众提供服务或管理，其运行等按照特定的法律规定进行，而不像私营部门对其运行有较大的自主权。

第二，“私营部门”是以营利为目的的主体，即它自身有营利性活动且以让投资者最终获得利润为宗旨。这使它与虽由私人设立也由私人选出的人员进行管理的行业协会、各种学术团体、环保组织等非政府组织区别开来。其中，行业协会尽管与其有着千丝万缕的联系，并为其服务，如代表私营部门与政府谈判，或对政府部门施加影响，或参与政府组织的对外谈判等，但不能将两者混为一谈。

第三，“私营部门”是以法律上所规定的特定组织形态存在的主体。它分为商个人、商事合伙、商事法人（主要是公司，含有限责任公司和股份有限公司两种形式）三类。这一点使其与其他的社会组织区别开来，如慈善基金会等财团法人，不是以企业或进行商业运营并最终让出资者或内部管理人员进行利润分配的形式而存在的。

---

① 公用、国有企业等不在本课题讨论的范围之内。

② See 19 U.S. Code § 2155-*Information and Advice from Private and Public Sectors*.

按照上述三个特征，各国的国有独资企业或国有控股企业应被排除在私营部门之外。发达国家也有国有企业，只是它们的国有企业所占比例不多，一般在20%左右，主要是那些私营部门不愿投资或投资成本居高的公共领域如基础设施、供水供气供电等；而发展中国家，国有或国有控股企业比重可能较高。在中国，这就是一个现实：我们的国有企业资本占据我国资本的半壁江山甚至更多，虽然它们以国家投资为主，且已经转制为完全符合市场主体的组织形态即公司形式的企业，由于投资者性质，不应当视为"私营部门"，然而，它们应是市场经济活动的主体。①对此，对西方基于其非私有主体投资的本性，对它们在技术转让等贸易活动中，不被视为"私人主体"，进而为西方国家对此类企业采取贸易制裁或保障措施等留下把柄，需进行批驳和论证，以减少贸易摩擦和国有企业的损失，也即中国的损失。美国等西方国家对中国的国有企业动不动发起反倾销调查和征收反倾销税、反补贴税等是站不住脚的。

（二）私营部门与国际经济活动

私营部门在经济发展中的作用有目共睹。据统计，在发展中国家提供的就业岗位约占其国内就业岗位的90%。私营企业家及其营利性活动——无论是大型跨国公司还是当地中小型企业或非正式农民——提供了改善人们生活的关键商品和服务，创造国内税收，它们是刺激经济增长的关键。②同样在国际经济活动中其作用和影响也是无比巨大的。如果它们能遵守法律并积极承担社会责任，则它们对推动人类进步和经济发展起到正面作用；然而，如果它们利欲熏心，违背法律，连最起码的社会责任也不承担，则会给社

① 但如何找出更有说服力的依据，需要进一步研究。如根据《国际不当行为的国家责任》（草案）之规定"如果一个人或一个团体实际上是在代行国家的指令，或在国家指导或控制下实施行为，则该人或该团体的行为应被视为一个国家在国际法下的行为"［See Article 8 of *Draft articles Responsibility of States for internationally wrongful acts*, adopted by the International Law Commission at its fifty-third session (2001)］。这里的"国家指导或控制下的行为"如何界定是十分困难的，国有企业运营能否说明不是在"国家指导或控制下"进行？

② See OECD/WTO(2015), *Aid for Trade at a Glance 2015: Reducing Trade Costs for Inclusive, Sustainable Growth*, OECD Publishing, Paris, http://dx.doi.org/10.1787/aid_glance-2015-en.

会、经济发展带来负面影响。如2001年底至2002年,以美国安然、世界通信等诸巨头公司引发的公司运营中会计欺诈案在全美和全球引起震动,2007年金融次贷危机的爆发引发了新一轮的金融危机、2008年雷曼兄弟的破产(破产前它与美国国际集团AIG等4家公司已陷入欺诈丑闻之中)及纳斯达克前主席伯纳德·麦道夫设计惊人投资骗局的披露先后导致了人们对商业道德、诚信的怀疑,它是资本主义自由发展带来的必然现象,它为资本主义政府提供了干预的借口,以致小布什政府不得不提议的7 000亿美元的救市计划(后来遭到反对未实施),同时还提出要进行立法来保护股东利益和监督公司及公司高管人员的行为,开创了美国新时期通过国家行为干预企业运作的新篇章。这些跨国公司倒闭的背后也有着另外一些跨国公司在操控,为了舍车保帅,它们让一些公司破产,同时也有选择地保护一批公司(如2007—2008次贷危机中,美国政府救助了美国保险业巨头美国国际集团(AIG)、贝尔斯登、美国联邦国民抵押贷款协会(房利美)和美国联邦住宅贷款抵押公司(房地美),而让雷曼兄弟破产)。原因是让那些涉及跨国业务的银行或公司破产等于变相地把损失转嫁给一大批其他国家的民众。再如,在技术转让领域,出于对自己利益最大化的追求及无止境的竞争优势的维持,它们把本可以让人类分享的环境友好技术要么以比较高的价格转让或许可,让穷国付出更多的代价或用不起技术,造成技术的浪费;要么将最核心的技术不申请专利,让人们无法分享到技术成果。这种结果就是跨国公司在这批鳄鱼游戏规则中牺牲自己的一部分来保护大部分的决策顺利推行;至于其他国家的牺牲者仅以市场商业风险、责任自担而一句话带过,这是一种变形的新型财富掠夺方式。这种方法的滥用,会对正常、合理、合法的国际商业行为带来消极影响,危害的是整个世界。因为尽管"自由贸易的规则是西方国家制定的,但即使你完全按照他的游戏规则去做,当他感到利益受到威胁时,他随时也可以改变规则,公开地实行双重标准"。因此,分析国际贸易领域中有关私法行为公法化的典型案例,有助于我们了解发达国家控制下的国际贸易到底意味着什么,它为哪些人服务,又会给哪些人带来灾难;进而让我们深思为何国际技术转让那么艰难。当然分析背后的更主要目的在于发现利于技术转让的法律制度的形成，进而能够对应对气候变化做出有益贡献。

在发达国家，国际贸易中企业的重大行为多会与政府发生联系，任何一家企业无论它是国有还是私营，当他走上国际市场后，都会不同程度地得到本国政府直接或间接的支持。政府对外贸易的政策、行动或措施有很多率先是因企业行为所导致。如欧美等国或地区在中国入世时，利用中国急于加入 WTO 的心理及某些方面的经验不足，在《中国入世议定书》等有关法律文件中留下模糊用语，为在 2006 年 1 月 1 日后继续对中国纺织品进口采取数量限制埋下伏笔，直至演绎成中欧、中美再次谈判，延长解除对华纺织品进口设限期限；或采用“肯定性列举”的方法，对中国有关产品特别是涉及不可再生资源出口采取限制措施做出了明确约定，致使中国在九种原材料①和稀土等战略性资源出口限制和管理方面陷入困境。这些政府行为的背后都是相关利益集团等私人主体凭借自己多年的经验而做出的有预谋的安排，也是中国（特别是中国的企业目前在国际贸易中能够主动提出诉求并帮助政府出谋划策方面还有很长的路要走）由于经验不足而付出的昂贵的学费。2002 年 3 月 5 日，小布什宣布美国将对板坯、板材、长板等进口的主要钢铁品种实施为期 3 年的关税配额限制或高达 8%～30%不等的关税，其主要目的在于给国内钢铁行业几年休养生息的时间，帮助那些依赖钢铁行业生存的人，帮助国内的钢铁生产企业重振雄风。2009 年 9 月，奥巴马上任不久，就违反世界贸易组织规则，基于所谓的特殊保障措施而对中国等轮胎出口企业加征高额关税以保护美国国内的轮胎、钢铁等相关行业的企业利益，尤其是保护芝加哥集团的利益，是私法行为公法化在国际贸易中的赤裸裸的写照。2017 年 1 月，以商人身份当选总统的特朗普上台之后，更是有过之而无不及，处处以“美国利益优先”为指导，对他国大打贸易战，其背后均是反映不同利益集团诉求之结果。上述例子的实质都是企业私人交易行为中的意志

---

① 这九种工业原材料是“铝矾土、焦炭、氟石、锰、镁、碳化硅、金属硅、黄磷、锌等”，See Reports of the Panel on China-Measures Related to the Exportation of Various Raw Materials, WT/DS394/R, WT/DS395/R, WT/DS398/R, 5 July 2011, (11-3179)。

由政府来表达的极端之例。在 WTO 争端解决程序的背后，真正的当事人常常是有关的个人或法人团体，而非代表它们出面的政府。当事人的要求其实就是尽快将权利厘清，在制度上获得利己优势，至于国家是否会因此受到国际经济制裁，至多只是作为一种手段的运用而非最终目的。所以，企业的利益涉及国家利益，在本国企业遭受不公待遇时，政府是其利益的最后保障和最有力的保护者。

二、私营部门与国际技术转让法

有关应对气候变化的国际协议多为政府间协议，其中并不直接体现私营部门如跨国公司的权利义务，是由主权国家依据国际条约的规定、修改或者建立内国法，对私营部门进行约束。近年来，国际社会对于气候变化国际协作的实效性多持批评态度，很大一部分原因在于这些国际文件的执行层面难如人意。其实，透过事物的现象去观察本质，私营部门才是应对气候变化问题的症结所在，因为私营部门掌握先进的气候友好技术，而技术是应对气候问题的关键。由于技术的经济价值性及天然的垄断性，私营部门本质上又为盈利的公司实体，因此，对于技术的跨国转让，尤其是以可能低于私营部门盈利预测的对价进行转让，私营部门多持有消极、抵制的态度。在私营部门所在的国内，由于这些发达国家的知识产权法律体系较为严密，且本着保护私人权益的立法精神，因此也很难强行要求这些私营部门进行技术转让。另外，跨国公司在其本国地位非同一般，常会利用其经济优势，对政府进行操纵，干预有关气候技术转让的国内立法通过。

目前重要的有关应对气候变化技术转移的国际法文件，基本为各国政府间达成，似乎从表面看来，只要拥有公共权力的各国政府间就气候友好技术转让达成了基本一致的协议，它们的跨境转移就不应当存在任何困境。但事实并非如此，各国政府间达成的一致意见对于目前存在的气候技术跨境转移问题，并不能产生实质上得以缓解的效果。因为只要是对西方发达国家的代议制政府运作机制和政治体系有所了解，就会明白西方的政府或者行政首脑的角色及职能究竟如何：他们无法从根本上来决定技术转让还是不转让。现代西方社会是一个各阶层分化、固化比较严重的社会，当然占据社会统治地位的仍然是那些以现代大型企业为表现形式的财团家族和大资本集团，例如美国的洛克菲勒家族，欧洲的罗斯切尔德家族，近邻日本也有三井集团，韩国的三星财团也对韩国政局产生举足轻重的影响力。

上述这些财团和资本家有着巩固自身经济社会地位和财力的现实诉求，但是商人的特殊性决定了他们不能直接走上世俗政治舞台的中央，直接获取政治权力来维护自身利益，因为这样可能产生财富和权力的过度集中，不符合现代民主政体的本质，可能激起普通民众的反感和抗议，引发尖锐的社会冲突，导致民主国家的解体。因此，这些掌握财富的私营部门，通过资助政府和行政首脑候选人的方式，将自身意志附着于政府的施政行为上，就成为解决这一难题的必然选择。美国、英国、日本这样的世界主要资本主义发达国家，虽然他们的总统或者首相是通过普选的方式产生，看似代表了大多数国民的选择，但是须知，正是那些大财团和跨国企业控制人通过大量的资金援助，让总统或者首相候选人获得了必须的竞选资金，因此有条件招募人才进入竞选团队，采取各种先进技术广为宣传，获得在普通民众心目中的优选性，为最终大选获胜奠定了坚实的基础。作为回报，新任政府当然要代表大资本家的利益，为这些资本家所控制的跨国公司参与国内或者国际竞争创造有利条件，必要时要以国家利益为幌子、以国家政策为工具，帮助这些跨国公司扫清障碍。具体到本书的主旨，有关应对气候变化技术的国际转让问题，其实本质也是如此。目前的技术转让困境就在于发展中国家渴望以适当的代价获取它们急需的气候友好技术，而掌握这些技术的发达国家的跨国公司有着现实的经济利益诉求，因此并无转让技术的积极性。归根到底，这仍然是私营部门的问题，因此，主权国家政府层面无论达成多少有关气候友好技术转让的国际协议，只要不对这些私营部门设定切实的技术转让义务，这些国际法文件都不可能真正发挥实效。

从 20 世纪 70 年代开始的《国际技术转让行动守则》谈判的失败到 1986 年—1994 年乌拉圭回合谈判将发达国家在技术转让方面的意志反映在 TRIPs 协议和 TRIMs 协议中。从 1985 年《蒙特利尔臭氧层保护公约》到 2011 年 12 月南非德班应对气候变化谈判中关于技术转让议题的讨论，无论发达国家还是发展中国家都认识到技术转让对保护环境和应对气候变化的重要性,但在国际层面就是难以达成任何有实质性的技术转让协议。即使发达国家在有关条约(如《蒙特利尔公约》)或国际法律文件(如《21 世纪议程》)中承诺技术转让,但由于缺少国内跨国公司等私营部门的同意,这样的承诺也多是毫无意义的。那么,问题的症结究竟在哪里?我们认为就是在私人眼中,其利益高于人类公共利益,而私人行为公法化是其将私人利益凌驾于公共利益之上的理论根基和实现途径。

由于技术无形,并不像有形商品那样可以通过具体措施控制住。对于某些复杂的技术,即使通过合同约定,明确地将有关专利技术内容转让,如果没有相关的专有技术等,这种技术转让也难以收到预期效果。而且,私营部门常在各种维护“国家安全和利益”的幌子下,通过自己的利益代言人,以政府的名义制定限制技术出口的法律法规,或管制与高新技术相关的产品设备。有学者认为,技术不仅仅是一个可以轻易用来交流的信息,其转让需要有学习的能力及相应的投资以将引进的技术融合到公司的生产体系中。这也是为何国际技术转让主要在发达国家企业之间及发展中国家企业之间进行的主要原因,发达国家与发展中国家之间的技术转让相对较少。①这种观点有合理之处,但也有片面之嫌:发达国家与发展中国家技术转让较少还有一个重要原因是因出口管制或限制所致。

与技术转让相关、反映主要跨国公司意志以 TRIPs 协议为代表的国际知识产权制度,在某种程度上也对环境友好技术转让构成了一定的障碍。英国知识产权委员会总结其报告关心的诸多问题中第一个就涉及如何便利向发展中国家转让技术,并在第一章中对此展开论述。②其报告还表明,知识产权对向发展中国家技术转让的影响依赖于发展中国家在经济和技术方面的发展水平、更高的技艺和技术熟练程度、技术学习能力和投资而非所谓的“模仿能力”。

---

① Keith E.Maskus, Jerome H.Reichman, *International Public Goods and Transfer of Technology Under a Globalized Intellectual Property Regime*, Cambridge University Press, 2005, p.23.

② *Integrating Intellectual Property Rights and Development Policy*, *Report of the Commission on Intellectual Property Rights*, London Sept.2002, pp.9—28, http://www.iprcommission.org/graphic/documents/final_report.htm.

几乎毫无例外，发展中国家是技术的净进口国。[①]但能否获得它们所需技术是十分关键的。然而，很多场合，发达国家公司出于利益考量，将处于淘汰边缘的技术或非环境友好技术转让给发展中国家企业，而这又往往决定后者技术的发展方向。此外，有学者认为，对于发展中国家而言，如同发达国家发达之前，内生技术能力的形成已被证明是经济发展和减少贫困的重要决定因素；这一能力决定着发展中国家在多大程度上能够吸收和运用外国技术。很多研究得出的结论是：决定技术转让成功最为显著的单个因素是内生技术能力的初步形成。但问题是，这种内生技术能力如何可以形成。现实是，它们往往先需要从国外引进较合适的技术。这样就形成了一个循环。发达国家公司为永久获得竞争优势，便借助知识产权制度来保护自己的技术权益。因而，有人研究证明知识产权保护是一种机制，能够鼓励通过外商直接投资或许可来转让技术，而其间接影响是技术学习的有效方法；也有人证明，知识产权保护缺失可鼓励技术转让和技术习得（通过模仿和复制）。[②]而最终还是掌握技术的私营部门根据自己的利益需求决定着技术转让的内容，不论是通过国家的法律，还是通过自己与技术受方签订的合同。2002 年 3 月在蒙特利尔，各国政府欢迎“WTO 将发展中国家的需求和利益放到其工作议程的核心位置”；它们也承认发展中国家关心的事情，包括对传统知识和民间文学知识产权保护认识的缺失，知识和技术的转让，用支持公共健康的方式实施和解释 TRIPs 协议等。[③]然而这只是一种“共识”，要变成技术转让的现实，还是最终取决于技术所有人的利益选择。

建立促进私营部门参与有关气候变化问题的国际协议，可以有效改善目前政府间国际文件并不能全面表达私人部门关切的局面。

---

① *Integrating Intellectual Property Rights and Development Policy*, *Report of the Commission on Intellectual Property Rights*, *London September 2002*, http://www.iprcommission.org/graphic/documents/final_report.htm.

② Ibid., p.21, http://www.iprcommission.org/graphic/documents/final_report.htm.

③ *Monterrey Consensus*, March 2002. Source: http://www.un.org/esa/ffd/aac257L13-E.doc.

跨国公司是否成为国际法主体尽管仍有理论争议,但是跨国公司更多地参与到国际事务中是不争的事实。在有关气候变化的问题上,建立跨国公司作为观察员或者专家咨询团的方式参与政府间国际谈判,更能有效促进跨国公司对于技术转让的权衡。

技术市场机制本身问题,不同于一般商品市场——技术无形。但仅仅依赖单纯的合同往往限制了受方公平合理地对其使用,因为其弱势地位,使其难于与供方平等、自由地协商;而其他非合同主体,如政府,如果不对其进行适当地干预,以促成公平合同条款的形成,常常不利于应对气候变化技术的扩散和应用。

三、私营部门的缺位:技术转让的最大阻碍

当下国际技术转让不畅是一个不争的事实,引起这种结果的主要原因是现行应对气候变化国际技术转让法律制度存在明显不足。然而,这只是现象问题,而产生这种现象的背后原因是多种多样,其中最根本的是掌握技术的私营部门将自己的利益通过国家意志在国际法律层面给予体现,而各国私人主体的利益往往与其所在国家的国家利益密切相关。此外,便是保障这种私人与国家利益一致并促使两者竭力维护这种利益的主要发达国家的国内政治、经济和法律制度又进一步固化了这种利益联合体,使国际技术转让顺畅进行的统一国际条约(如《联合国技术转让行动守则》)自 20 世纪 70 年代以来一直在它们的双簧戏中既得不到通过,也让那些零星分散于各环境保护条约或国际法文件中的有关规定得不到真正有效地实施。至于将对这些原因的详细分析,参见本书的第三章。

第三节 “私法行为公法化”理论与应对气候变化技术转让法律制度

近年来,西方学者在研究国际法、国家主权和人权领域议题时,大多认为随着时代的发展,国家主权在日趋弱化,私人作用在不断增加。日益深化的全球化和私有化导致国家的权力不断受到侵蚀,

包括公司在内的私人行为者的影响力日渐增强。①其实,国际法从来就脱离不了私人贸易利益,不论是欧洲三十年战争的起因及后来的《威斯特伐利亚和约》、拿破仑战争,还是第一、二次世界大战,无不打上了私人贸易利益的烙印。②二战以后的国际关系和国际法的发展更是佐证了这一点。其中,世界贸易组织的成立就是私人利益通过国际法调整的最经典、最集中的代表。

实际上,我们从近代以来的历次战争起因中总能发现大公司、大企业(尤其是以股份有限公司形式存在的资本③代言人)的影子,它们分割全球资源和贸易利益的动力与渴望是战争的最终根源。第一次大战后的《凡尔赛和约》只带来短期的和平,接着就是为分割世界市场和贸易利益而引发的战争。第二次世界大战的结局及其带来的《联合国宪章》等为后来冷战时期的格局定下了基调,但该格局的根本特征是以国家贸易利益为外在形式,以私人贸易利益为本质内涵。进入 20 世纪中叶以后,特别是二战以后的 60 多年里,尽管局部战争时有发生,但全球性的战争没有再次爆发过。然而,这并不意味着他国,尤其是有霸权意识的大国,对别人的财富不感兴趣,只是它们在变换着获取财富的方式。国际贸易的本质是各国私人之间的贸易,在自由资本主义时期就得到各国政府的支持,

---

① Jernej Letnar Černič, *Human rights law and Business: Corporate Responsibility for Fundamental HRs*, Europa Law Publishing, 2010, Forward.p.v.

② 在近代以前因贸易而引发的战争也比比皆是。其中最典型的就是成吉思汗原先对花剌子模王国并无侵略意图,只是希望能够自由贸易;但由于后者把前者派去的蒙古商队给屠杀了,结果铁木真开始西征,将后者给消灭了。参见柏杨:《中国人史纲》(下),同心出版社 2005 年版,第 7 页。

③ 有人尖锐地指出:资本没有良心,没有后代,它只有“增长”;人类任何要求遏制气候变化的行动都可能触及其背后股东或私人利益;它只顾赚钱而不顾其他;资本不赚钱来增长就像人不呼吸一样,它片刻都无法生存。靠资本主义来解决气候问题不可能。资本主义社会衡量成功的标准是每天、每周、每年卖出多少东西,而不顾及产品对人类和自然带来的伤害,如对空气、水、生态等破坏。资本只顾向自然索取,而不顾回报(利用它们不需支付任何成本);甚至于将其活动带来的负面东西让空气和水——免费的下水道和垃圾场——来帮助它们解决(“环境服务”——让环境为其污染或破坏性行为买单)。污染不是事件,不是“市场失灵”,而是其制度工作的方式。See Lan Angus, *The Global Fight for Climate Change*, Resistance Books, 2009, pp.209—212.

甚至武力帮助;在垄断资本主义时期,武力帮助变得更为突出。如果从国际贸易的源头去探究,它最早源于货物贸易,通过战争似乎能够收到效果。但随着被压迫民族和殖民地人民的觉醒与独立,及战争本身的残酷性,通过战争获得贸易利益被历史所抛弃。借助于技术的进步,贸易自20世纪60年代延伸到国际经济活动的其他领域,如国际投资、知识产权、技术和服务等领域,而相应的制度也因此而诞生。在诸多的所谓国际贸易制度下,剥夺他人贸易利益就由原来的暴力和血腥变得越来越温和、文明与不露声色,它们以掌握国际贸易规则制定和修改的话语权为制高点,以无形的各种知识产权为牟利工具,主要通过跨国公司这个载体和国际贸易这个渠道,在国际市场中大肆掠夺或获取别人的财富,而这种温情脉脉的方式似乎更为有效:它使人们不易像自己的领土被别人军事占领那样,聚集在民族或爱国主义的旗帜下,唤起全民意识来保护自己国家的财富和正当利益。由此带来的结果是:在技术发展的基础上,随着西方主导下的国际贸易规则及知识产权制度在全球的广泛推广和扩散,世界上任何一个角落都自觉或不自觉地卷入经济全球化过程中,在西方话语语系的影响和控制下,当今世界财富两极分化进一步加剧——穷国越穷,富国越富。通过此类行为我们可以发现背后私人利益集团作为推手在其中所起到的决定性的作用,贯穿这一切现象的理念或理论就是本节将要讨论的“私法行为公法化”。

下文将以此理论为核心展开论述,探讨“私法行为公法化”的形成、发展、该理论的实质特征、表现形式及其带来的影响,并将其与《框架公约》规定的措施和有效控制温室气体减排目标结合起来,为应对气候变化的无害环境技术转让不畅的原因分析、如何促使私人积极有效地参与无害环境技术转让活动等,提供理论基础和依据。

一、私法行为公法化的基本理论

(一)私法行为公法化的含义

1. 私法与公法及其相互关系

公法与以民商法为核心的私法之对立乃近代市民社会与商品

经济之产物。私法是人类社会发展到一定阶段方才产生的,尤以罗马私法为代表,它随着商品经济发展而不断演进。到了商业社会,经由自由资本主义时期与垄断资本主义时期的盛衰阶段慢慢演变成今日民商事领域公法适当干预之形态——私法公法化①。传统的民商法属于私法领域,但随着不正当竞争、垄断、侵害消费者权益等负外部性商业活动出现,民商主体在民商事活动中的自我调节机制存在局限性,社会经济发展需要国家以社会的名义进行整体调节。因此,政府逐渐改变以往的放任态度,对商事活动进行干预成为必然。②特别是在国际贸易领域,公法干预的程度日渐加深,这里的典型之例就是美国出口管制方面的法律体系③,其核心就是控制

① 对私法公法化目前尚无统一的定义,学者多从形式上进行描述。如有学者认为"私法发生了公法化"情形是指"不单使违反限制之个人相互间的法律关系归为无效,且进一步以国家的权力科违反者以公法上的制裁,而依这种制裁的手段去强制其遵守的场合"(参见[日]美浓部达吉:《公法与私法》,黄冯明译,中国政法大学出版社2003年版,第234—235页);还有学者指出,随着资本主义从自由竞争转向垄断,国家对社会、经济生活干预的加强,公私法之分趋于动摇,公法和私法日益渗透,体现了私法的公法化(沈宗灵:《法律分类的历史回顾》,《法学》1985年第6期)。也有学者进行了定义,将私法公法化界定为"为了保护社会公共利益、保障社会弱者权利,国家对社会和经济生活领域的干预突破了传统的公、私法界限,公法原则渗入到私权自治领域并规范私法关系"(田喜清:《私法公法化问题研究》,《政治与法律》2011年第6期)。不论是何种情况,它显然不同于本书将要论述的"私法行为公法化"。

② 参见韦经建、王小林:《论国际经济法与国际商法的学科分立》,《吉林大学社会科学学报》2005年第6期。

③ 出口管制是美国政府维护其国家利益及霸权地位的基本国策。早在1917年美国就颁布了"与敌人交易法"(Trading with the Enemy Act),禁止与敌对国进行贸易往来。二战结束后,美国正式在1949年推出"出口控制法"(Export Control Act,AECA),将出口管制由战时扩充到和平时期,试图从经济上挟制苏联及其盟国在二次大战结束后的重建工作。当1950年朝鲜战争爆发时,美国总统杜鲁门就是采用与"敌人交易法",中断了美国与中朝二国的贸易关系。冷战期间,美国相继在上世纪六七十年代出台了具体的出口管制法规。一方面是"武器出口管制法"(Arms Control Act),针对美国的武器装备、零件及技术的出口进行了明确规定;另一方面是"国际紧急经济权限法"(International Emergency Economic Powers Act,IEEPA),授权美国总统在国际形势必要的时候颁布除武器以外的出口管制规定。此外,在1979年,美国正式颁布"出口管理法"(Export Administration Act),进一步全面推出出口管理制度。不仅如此,美国与其盟国合作在全球范围推行其出口管制。冷战期间,美国与北大西洋上的组织就出口管制通过北约的COCOM(Co-ordinate Committee)进行了广泛的合作;特别在武器禁运方面,美国与北(转下页)

高新技术流向它可能的潜在竞争对手。局部地看,似乎这么做是为了抽象的国家利益,有其外在的合理性。实际上最终还是为了那些控制国家政权的一小部分的私人利益,它们借助于所谓的国家安全等,来确保自己的利益及长久的竞争优势。

在人类法律发展史上,法律第一次分化为公法、私法两个不同部门法源于既体现了商品经济的一般规律又是维护"以所有制为基础的法律的最完备的形式①"的古代罗马法②。它们最初的含义可以用当时著名法学家乌尔比安的话语表达如下:规定国家公务的为公法,规定个人利益的为私法。③这种划分法律类别的理念及最初的含义经过后来的不断演变,形成了今天大陆法系国家或地区的重

(接上页)约的合作成效显著;它在全球推行的对社会主义国家或它认为的敌对国家的经济制裁则大大阻碍了后者的经济发展,也间接阻碍了全球经济的发展。因此,可以认为出口管制法律法规对结束冷战并使美国取得超级霸权地位起到了至关重要的作用。

冷战后,美国仍在不遗余力地继续继续执行出口管制,以遏制像中国、印度、巴西等这些它认为可能威胁其霸权地位稳固的国家,特别是针对快速和平发展的中国,更是没有丝毫放松。20 世纪 90 年代后,美国首先在立法方面,完善了 AECA 和 IEEPA 的二项法案,前者负责军品控制,后者负责民品控制。其次在行政上,它明确了法案对应的行政机构,并提升其级别,扩大其预算,将军品及技术的出口纳入在美国国务院直接管辖,由 DDTC(Directorate of Defense Trade Controls)管理。将民用品及技术的出口纳入美国商务部下的出口管理局(Bureau of Export Administration, BXA),并在 1992 年将 BXA 升级为工业与安全局(Bureau of Industry and Security, BIS)。接着,在管理上,它发布了一系列的详细规定,由国务院的 DDTC 发布国际管制武器规定(International Traffic of Arms Regulations, ITAR),由商务部的 BIS 发布出口管理条例(Export Administration Regulations, EAR)。

通过这些措施,在美国形成了一个出口管制的严密体系,将政府、企业、个人的一切海外联系及业务都列入出口范围,进行无所不包的 Catch-All 出口管制。可以说,任何邮件、信件、包裹和电话等,只要涉及美国技术及产品的都被列入出口管制的范围。任何违反行为都将受行政及罚款制裁,任何明知故犯都将进行刑事制裁。此外,出口管制行为还通过美国财政部的外国资产控制办公室(Office of Foreign Assets Control, OFAC)获得强大支持。一旦个人或企业涉嫌出口违规,OFAC 可通过财政部对金融的强大控制进行专案调查,使任何其所侦办案件的资金流向无所遁形,从而对其所进行的制裁及控制的国家达到真正的管制效果。

① 恩格斯:《反杜林论》,载《马克思恩格斯全集》第 3 卷,人民出版社 1960 年版,第 143 页。

② 参见周枏著:《罗马法原论》(上册),商务印书馆 1994 年版,第 9 页。

③ 同上书,第 83 页。

要的法律特征。虽然英美法系国家至今都不分所谓的公法、私法，但没有这种分类，并不代表它们没有国家对经济活动进行干预的法律。如美国的宪法、行政法、涉及经济活动中国家机关干预经济活动的法律如反垄断法、贸易规制法和关税法等。不论称谓如何，资本主义国家的法律分为“调整国家对经济活动干预或主导的法律”和调整“私人利益的法律”两类。前者的规范是强制性的，当事人必须无条件地遵守，它“不得由个人之间的协议而变更”；后者的规范是任意性的，可以由当事人的意志而更改，其原则是“对当事人来说‘协议就是法律’”。①尽管后来公法、私法经历过不同资本主义时期的改造，如将诉讼法、盗窃、诽谤等涉及私权由私法调整逐渐改为由公法来调整以及根据保护公共利益还是保护私人利益，或根据法律关系主体，或是根据法律关系性质等来划分，②但前述所述各自的性质并没有实质改变。

尽管有学者将公法简洁地界定为“调整服从关系的法”，而认为私法是“调整平等关系的法”，③但公法和私法之间的划分不是一成不变而是发展变化的，它们之间的界限是相对的，公、私两方在不同的阶段相互博弈甚至相互渗透，结果出现了一种介乎两者之间的既不是公法也不是私法的混合法。④

2. 私法行为及其公法化

本书所说的私法行为就是指传统上由私法调整的平等主体间进行的交易等民商事行为，而公法化是指这些私人间的交易等行为日趋渗透着国家意志和公权力的干预，有时甚至就是赤裸裸的公法行为。⑤

---

① 参见周枏著：《罗马法原论》（上册），商务印书馆1994年版，第83—84页。

② 主体标准即双方均为私人或私人团体者为私法，一方或双方为国家或公共团体者为公法；性质标准即规定国家与公民之间权利服从关系的法律为公法，规定公民之间权利对等关系的法律为私法，或规定国家机关之间、国家与公民之间政治生活关系（公权关系）的是公法，规定公民之间以及国家与公民之间民事生活关系（私权关系）的是私法。参阅《法学词典》编辑委员会编：《法学词典》第三版，上海辞书出版社1988年版，第156—157页。

③ 杨紫煊等：《经济法》，北京大学出版社、高等教育出版社2010年版，第49页。

④ 参见王磊：《选择宪法》，北京大学出版社2003年版，第6页。

⑤ “公法化”与“化公法”之区别详见沈宗灵著：《比较法总论》，北京大学出版社1987年版，第98页。

它有两个层面的表现形式，一是私法公法化，一是私法行为公法化。私法公法化是指政府对私法关系逐渐改变以往的放任主义态度而采取积极干预的方式进行调整，①或视之为“不单使违反限制之个人相互间的法律关系无效，且以国家的权力科违反者以公法上的制裁并依该制裁手段去强制其遵守的场合，私法便发生公法化”②，即它主要从立法效力和制裁两个角度看私法、公法之转化与渗透。这是表层的，它与私法行为公法化既相互联系，又有区别。私法行为公法化意指在各国政府加强对市场交易行为干预的背后寻找原因：它们可能是国家主动的干预，也可能是私人意志转化而为，即政府被动式干预，使个人的私利借助于国家公法的干预而予以实现。前者如针对市场主体，主要为公司组织形态，制定了强制性规定，即为私法公法化；而后者如知识产权制度和二战以来在国际贸易领域得到很大发展的各国反倾销、反补贴和技术转让管制等制度及这些制度下的实践，就是本书所指的私法行为公法化之表现。

由于经济发展的历史渊源、制度传统等的不同，企业或私人与政府的关系及企业的地位在各国的表现也各不相同，进而各国的私法行为公法化的程度和影响也就各有差异：发达国家企业的发展历史悠久，企业，尤其是跨国公司，在经济贸易中起主导作用，是政府服务的对象，政府一般会根据企业利益的需求不断调整自己的政策或修改法律，当然这些企业的要求须符合国家整体利益。发展中国家多为政府主导型社会，企业多被动追随政府的政策和立法。这些企业在国际经济贸易活动中的活力、动力和灵活性不如发达国家的企业，对政府过度依赖，与政府的关系不是主动、积极的关系，它们对政府立法和制定政策的影响很弱，较难通过国家行为来维护自己在国际贸易中的利益。一句话，西方国家主导下的国际条约常常是发达国家跨国公司的意志的体现。

实际上国际社会中的法律受国际社会的性质影响决定了其类同于私法上的平等主体间的关系：国际法的主体主要是彼此平等无

---

① 王保树：《中国商事法》，人民法院出版社 2001 年版，第 14 页。

② ［日］美浓部达吉：《公法与私法》，黄冯明译，中国政法大学出版社 2003 年版，第 235 页。

上下级管理关系的国家，约束彼此行为的法律渊源主要是通过国家在平等基础上协议或认可来制定的国际条约和国际惯例，这一点类似于私人间签订的合同或协议，国际法无统一的立法机关和强制执行机构，该点类似于平等的当事人之间发生纠纷后一方无权对另一方采取强制的私法救济。国际法虽有纯国家意义上活动，但更多的还是围绕经济发展和为本国企业服务。这些特点最终使国际贸易中的私法行为公法化更见突出：企业间的利益冲突反映为国家利益及国家意志的冲突。所以在国际经济贸易中私法行为更多地体现了国家的意志，在这一领域，私法行为公法化倾向是更为明显的：小到政府在本国企业在具体案例中用尽当地救济原则得不到补偿时，可以代表企业向有关国家提出救济手段，大到有关国家通过立法和制定有关政策来体现企业的意图等变相干涉企业私人交易。在国际贸易中，如有关国家的反倾销行为及其相应的立法和政策，美国的特殊"301 条款"和"337 条款"及对发展中国家技术转让进行控制等就是典型的例子。

（二）私法行为公法化的特征

1. 私法行为公法化的本质

当下私法行为公法化的本质不是国家积极主动地去干预经济，而是国家为适应私人营利的需求而被动地采取特定行为，主要通过一定的立法形式和执法步骤来完成。其在立法上最典型的表现就是在西方所谓民主政体下，跨国公司或其他私人主体通过选举立法机关成员（议会议员）作为自己的代言人，或通过游说议会成员将自己的议案列入立法程序中；在执法方面，典型的就是美国总统选举，各利益集团都想选出自己的代言人，并在选举中投入巨额资金，以其将来一旦当选能够较好维护自己的利益。

2. 私法行为公法化的特征

私法行为公法化的特征有如下三点：

（1）私人意志披着国家意志的外衣为其营利行为打开方便之道。按照马克思主义观点，国家自诞生以来，就是统治阶级进行阶级统治的工具，是一个成长于社会之中而又凌驾于社会之上的、以暴力或合法性为基础的、带有相当抽象性的权力机构。如果我们将一国之内的诸组成部分依范围大小列一个表,则国家的位置大概是:社会—政治—国家—政府,是由抽象概念到实质概念的过渡中间者。[①]对于一般国家而言,公式“社会—政治—国家—政府”可以进一步延伸“社会—政治—国家—政府—政府治下的人民”;而发达国家的公式可为“社会—政治—国家—政府—选举和掌控政府的跨国公司—政府治下的人民”。在全球化背景下,它是发达国家在全球通过跨国公司触角去获取财富的工具,而操纵这个工具的就是以营利为目的的大大小小的跨国公司。

(2)私法行为公法化的目的必须借助于特定的政府公法行为才可以实现。跨国公司等私人主体的意志成为国家的相关法律只是它们实现目标的一个步骤或前提,它必须借助于政府的公共执法行为才可以完成。这方面最典型的就是反倾销、反补贴和在世界贸易组织争端解决机构(WTODSB)申诉的一些案子。如美国很多公司频频对中国企业发起反倾销之诉,可能不是由于中国企业以低于成本价在美国销售,而是因为美国企业为了将中国产品赶出美国市场。理论上说,中国企业以较低价格出售产品,利于美国的消费者,整体上也利于整个美国;但在一部分私人公司眼中,这会损害它们的利益,于是动用所谓的反倾销、反补贴措施,借助于美国商务部和国际贸易委员会的行为,将中国产品赶出。再如,中国近期在DSB遭诉的经典案例如2007年4月的“中国—影响知识产权保护及执行的措施案”[②]、2009年6月的“中国——与原材料出口相关措施案”[③]及2018年3月和6月美国、欧盟分别就中国强制技术转让等不符合世界贸易组织规则案等即是例子。再如CISCO在幕后操纵,让在前台的美国国会颁布报告,以危害美国国家安全为由,将自己的主要竞争对手赶出美国市场,这更加鲜活地证明私人目的假借国家之名而得以实现在国际贸易中牟利的突出特征。

---

① “国家”,http://baike.baidu.com/view/8426.htm。

② 对于该案的具体分析可参见马忠法等著:《知识经济与知识产权管理》,上海人民出版社2011年版,第5—6页。

③ 具体分析参见马忠法、张啸:《“中国——与原材料出口相关措施案”评析及对我国的启示》,《上海海关学院学报》2012年第2期。

(3)私法行为公法化不仅仅涉及私法领域中常涉及的公法干预之理由——公共利益等,但更多涉及是所谓的"公平竞争"。这一点使其与私法公法化所涉及的公共利益或公共秩序或公共健康或保护消费者利益等有着明显的区别。如各国法律规定公司等经营实体需要在政府指定的机构登记注册并获得营业执照、专利和商标需要经有关权威机构审核与授权并经注册或公告等方可使用等都是私法公法化的体现,但它们不是私法行为公法化。如果说它们与私法行为公法化之间有何关系的话,充其量它们是私法行为公法化的前提和条件。而且即使在使用"公共利益"时,它也多常用"国家安全"、"国家利益"等字眼,以逃避受到"贸易保护主义"之谴责。例如,2004 年前后发生的美国国际贸易委员会分别以危害"美国国家能源安全"和"美国国家经济安全"等为理由拒绝中国海洋石油集团有限公司(中海油)收购美国优尼科公司案与迪拜一公司收购美国的六个港口码头就是例子。私法行为公法化最常用的旗号就是所谓的维护"公平竞争"旗号,或遭受不公平待遇等。实际上使用"公平竞争"旗号比使用"公共利益"或"国家安全"来得更为容易。比如反倾销领域,对所谓"成本价"的认定、"倾销幅度"及"非市场经济国家"等的认定就具有很大的随意性。再如美国的特殊"301 条款"、"337 条款"等的使用,都是以"公平竞争"为藉口而百试不爽、一打一个准的"妙方"。

(三)"私法行为公法化"对气候变化技术转让的积极作用

在本书中,"私法行为公法化"被当做一个中性词来使用,只不过是在目前体制下,它被滥用,当做了私人实现个人利益的理论。我们也可以充分发挥其积极作用。如公司应对气候变化三种最为重要的驱动力是成本节约、社会责任和声誉,它们与公司长远成功的愿望密切相关;①有些跨国公司由此可将其社会责任理念反映到有关国内或国际立法中并在实践中的落实。②再如,发展中国家推

① [美]安德鲁·霍夫曼等著:《碳战略:顶级公司如何减少气候足迹》,李明等译,社会科学文献出版社 2012 年版,第 38 页。

② 其中最典型的就是杜邦公司。具体内容参见[美]安德鲁·霍夫曼等著:《碳战略:顶级公司如何减少气候足迹》,李明等译,社会科学文献出版社 2012 年版,第 150—172 页。

动的 WTO 多哈回合谈判旨在纠正 1947 年以来的阻碍发展中国家贸易的多边贸易机制的不平衡性,[①]这背后也有私营部门的作用。这些均是例子。因为当今世界的任何问题的解决,尤其是环境保护和气候变化应对等,没有跨国公司的参与和支持是难以完成的。在应对环境污染和气候变化方面,成功达成的《蒙特利尔臭氧层保护公约》中,私营部门发挥的积极作用是大家公认的。[②]孟德斯鸠曾言,“每个个人都会增进公益,然而在他行动时,他实际上考虑的只是如何增进自己的利益”。[③]我们认为这一观点过于绝对,或如果这样,则显得人类对自己的整体行为过于被动。现实中,很多人的自利行为并未产生公益效果,反而损害了公共利益,如环境污染问题;而如果对人的自利行为不加以适当制度引导,产生公益的效果会十分有限。因此,如何通过适当的法律制度,充分发挥私法行为公法化理论的积极因素,让私主体的自利行为与公益行为一致,是我们寻求应对气候变化中技术转让法律制度的根本之道。

我们认为,人的自利性可以分为长远利益和近期利益。实际上,只要跨国公司等私营部门认识到今天的技术转让、环境保护等行为是为了人类的长远利益,也是它们的长远利益,应该是可以找到共同点的。因为,这个星球的生态系统的破坏、环境的恶化,并不因为国界线的存在而让发达国家逃离消极结果的影响,我们同在一条船上,需要共同努力,以遏制将我们(不论是穷人还是富人,穷国还是富国)可能带向灾难边缘的行为。这在现实中不是没有先例的。1985 年的《蒙特利尔议定书》的成功签订就是例子:发达国家在发展中国家对“补偿正义”原则的坚持下,被迫让步,因考虑到发展中国家如果进一步排放洞穿臭氧层的气体,他们将跟着一道遭殃;与其这样,不如合作,一道共同努力来阻止情况的恶化。20 世纪 80 年代的唯一亮点是关于臭氧层的蒙特利尔公约确立了补偿正

① Donatella Alessandrini, *Developing Countries and the Multilateral Trade Regime: The Failure and Promise of the WTO's Development Mission*, Hart Publishing House, 2010, p.12.

② See Erich Vranes, *Trade and Environment*, note 3, pp.353—354.

③ Spirit of the Laws, I, p.25.

义原则，这个只是在此前的会议宣言中出现过。在该条约谈判中，发展中国家附带获得了一定的回报：环境帮助、技术援助和技术转让，作为它们履行义务的条件，或有助于他们履行义务。因为发展中国家要发展，要实现现代化，向空气中排放有关损害臭氧层的气体不可避免，而要减少气体排放，发达国家不给予技术转让或资金支持是困难的。印度当时的环境部长马妮科·甘地说：我们没有而是你们破坏了臭氧层。你们西方有能力和资金来恢复被你们破坏了的臭氧层。①西方在这件事屈服了，后来还制定了《蒙特利尔议定书》。但布什说以后的环境谈判中下不为例，他反对并拒绝承认"补偿正义"作为环境问题处理的一般原则。他说"我们不是敞开的钱袋子"。②此后南北国家间相互信任江河日下，2002 年后进一步加剧，以致 2002 年 6 月到 2012 年 6 月间，没有再召开过所谓的环境峰会。在相互极不信任的条件下，建立环境领域的全球有效治理是不可能的。③

因此，我们认为，如果能够使跨国公司等私营部门发挥私法行为公法化方面的积极作用的话，将对国际贸易和技术转让发挥巨大的推动作用，进而对应对气候变化和控制环境污染作出积极贡献。

二、"私法行为公法化"与气候正义理论

在应对气候变化背景下，在经济全球化的国际范式中，国家的政治、经济、文化等利益仍是各国关注的焦点，但同时也加上了环境利益。在以高新技术（特别是清洁能源技术）为竞争武器的知识经济时代，在围绕温室气体减排这一国际性斗争中，清洁能源技术的获取无疑成为各国最想得到的王牌。在私有制的国家，这些技术往往为私人控制，但为了使自己利益最大化，这些私营部门又常常让技术贸易行为与国家行为挂起钩来。因此，尽管技术贸易的主要形式为许可贸易，表面上看是当事人之间的私人交易行为，并通过以

① Susan Sell, *North South Environmental Bargaining: Ozone, Climate Change, and Biodiversity*, *Global Governence*, 1996, 2(1):102, 97—118.

② Hartford courant, 1992, June 8, p.A2.

③ Najam Adil *the Case against a New International Environmeanal Organization*, *Global Governence*, 2003, 9:370.

意思自治为基础的合同体现出来,但从技术转让的内容到程序,私人主体都借各种各样的机会以各种各样的形式打上了国家意志的烙印,让自己的利益最大化。其主要体现就是技术转让——由内向外,由外向内及在一国范围内——在多数国家都是政府管理与管制的目标。①如美国出口管制法及出口管制部门主要管制的就是技术及与技术相关的产品。而其实质及背后实际上都是私人利益集团在操纵。

技术受方通过各种法律规定鼓励引进发展所需技术,限制进口不合本国经济发展或重污染、高能耗的技术;而技术供方国通过自己的国内法控制其认为涉及国家根本利益和安全或为保持竞争优势的技术的扩散。与此相关的 TRIPs 协议也“主要是跨国公司实现主导贸易政策的事情”②,佐证了 WTO 规则签订者——政府——背后的私人行为。因此,国际技术转让领域私法行为公法化现象客观上奠定了国际技术转让协调的理论基础。

(一) 气候正义理论

气候正义早先是一个将气候变化作为法律和道德问题及考虑其产生和影响与正义概念(尤其是社会正义与环境正义)关系如何的词语而经常使用的,如审查与气候变化相关的平等、人权、集体权利和历史责任等议题。不过,其本质更多地是法律意义上的。多数人认为意识到这样一个事实,即对气候变化责任最小的国家或其他主体正在(并将继续)经历和承受着气候变化带来的最大影响,是气候正义的中心问题。③现在它更多地是在与法律制度相关的层面使用,即在气候变化领域,通过法律的适用和完善来实现正义。④

正义是一个永恒话题,到底什么是“正义”至今没有一个统一

---

① See Michael Z.Brooke and John M.Skilbeck, *Licensing—The International Sale of Patents and Technical Knowhow*, Gower Publishing Limited, 1994, p.261.

② See Steve Lohr, New Economy—The Intellectual Property Debate Takes a Page from 19th Century America, *The New York Times*, C4, Oct.14, 2002.

③ See Kofi A.Annan quote, 1 October 2009—http://blogit.realwire.com/?ReleaseID=13791; globalissues.org, *Climate Justice and Equity*, http://www.globalissues.org/article/231/climate-justice-and-equity.

④ See *Climate Justice Programme*, http://www.climatelaw.org/.

的认识。如柏拉图认为，人们按自己的等级做应当做的事即各尽其职就是正义；乌尔比安认为，“正义就是给每个人以应有权利的稳定的永恒的意义”；凯尔森认为，“正义是一种主观的价值判断”；马克思主义认为，正义与否的客观标准主要在于其行为是否符合社会发展的要求与广大群众的利益；当代最具代表性的观点是罗尔斯的“作为公平的正义”之理论，他认为正义是一个社会的首要美德，正如同真理之于思想体系，①其核心点是分配正义。而我们认为，宏观上，衡量正义的客观标准是一个人（包括组织或国家）的观点、行为、思想是否促进社会进步，是否符合社会发展的规律，是否满足社会中绝大多数人最大利益的需要；而微观上正义就是指一个人得到他应该得到的，包括利益和责任。从法律上说，人们的通识是：正义是人类社会普遍认为的崇高价值，是法律的终极追求。正义的最低要求是分配社会利益和承担社会义务不是任意的，而是遵循一定的规范和标准；而其普遍性的要求是按照一定的标准进行平等或是量的均等，或是按人的贡献平等或按身份平等等来②分配社会利益和义务。其中，分配社会利益和义务者要保持中立，并依据一个社会或特定组织约定的标准进行分配。

从历史累计来讲，工业化国家要对排放负主要责任，77%的二氧化碳都来自工业革命以来燃烧的化石燃料。③当下，24%的人为温室气体排放来源于发电业；畜牧业占18%，交通与工业各占14%，建筑和其他能源消耗占13%，航空业2%。④这些是发达国家较为强势的行业，排放依然占较大比例；但发展中国家在有些领域也在大规模实施工业化，温室气体排放也在逐渐增加。如果能够获得发达国家的相应技术，减排会收到较好效果。因此，除了排放发达国家要尽更多的义务外，在帮助发展中国家走可持续发展之路、技术转让

---

① John Rawls, *A Theory of Justice*, Oxford University Press, 1999, p.3.

② 参见“正义”，http://baike.baidu.com/view/9243.htm#sub7031623。

③ Michael R.Raupach et al., “Reversal of the Trend in Global Anthropogenic Sulfur Emissions,” *Global Environmental Change*, pp.207—220, 2006. Http://www.pnas.org/cgi/content/abstract/0700609104v1.

④ ［瑞典］克里斯蒂安·阿扎：《气候挑战解决方案》，杜珩、杜珂译，社会科学文献出版社2012年版，第11—12页。

方面也应尽到最大义务,以取得双赢之效果。这一点我们可以从气候正义的角度进行一定的探讨。

和平与社会正义而非权力是人类存在的关键,①在气候变化应对领域更是如此。但并非所有的人都赞成这一观点,甚至于他们认为承认现实然后再屈从于现实权力的影响来应对气候变化。美国芝加哥法学院学者埃里克 · A.波斯纳(Eric A.Posner)和戴维 · 维斯巴克(David Weisbach)教授认为,为有效解决气候变化问题,国际社会应达成一个气候条约,这将有助于穷国的人民,也赞成从富国到穷国的再分配,但是他们拒绝接受这一主张:即正义在该条约中应当起主要作用。讨论气候变化时,四个方面需作为重点加以关注:

一是向前看而非向后。他们认为各国应当从向前看的实用主义角度来解决气候问题,反对多数人认为的气候条约应当反映矫正正义和分配正义,将气候谈判视为解决世界上最严峻问题——南北国家财富分配不均和殖民主义体系的遗毒徘徊不去等——的一次机会。这些论点将遭遇原则上的坚决反对。他们还威胁让气候变化协议变得更为不现实,不同国家不同的价值观和利益将会毁掉解决世界上所有或部分问题的努力。这些论调实际上最终不利于穷国。如果向富国要求太多,富国是不会合作的(drag one's feet)。

二是谈到道德论点时,不能一味地强调国家的理性行动,个人行为也是需要加以重视的。现在人们谈到气候变化时多将国家视为独立的当事人(代理人),引起损害并被损害着,可以惩罚并对其他国家承担更多的道德义务。虽然从国际法和国际关系的角度看,这很重要;但它却掩盖了背后的道德问题。气候变化是一个问题,是因为它损害的是个人并非国家。人们在道义上通常不对国家政策带来的损害负责,但当规范个体行为的道德原则——诸如矫正和分配正义——适用于国家时,个人必须得到关注。

三是国际帕累托主义和可行性问题。任何一个条约必须符合国际帕累托主义原则:所有国家都必须认为作为气候条约的缔约

---

① Malcolm N.Shaw, *International Law*(5th edition), Cambridge University Press, 2005, p.15.

方,站在它们的角度它们都是较好受益者。该原则不是一个道德原则而是一个实用的制约:在国家体系中,除非所有国家同意,否则条约是不可能的,而且国家只加入那些服务于自己利益的条约。当然,可以确定的是,国家可能受道德观点的影响,但历史上鲜有这样的事例,即为满足其他国家的道德诉求,国家采取与其可以预见的利益而相悖的行为。实际上真实的情况,是国家通常会在保护本国人民福利的语义下界定它们的利益。因此,国际帕累托主义的实用限制与有限而又重要的道德观相一致——各国合作地促进本国人民福利的提高,由此全球人民同意控制温室气体排放。可行性排除了很多人认为的巨大财富的再分配是基于矫正和分配正义而提出的道德要求,但它没有排除全球福利的提高。可行性与福利主义是成功的气候条约的两个基石。

四是全球最佳减排和地方变量问题。最佳条约应能基于对减排的所有效果之考虑,将全球温室气体浓度控制在一定水平。该水平的设定必须充分考虑到排放不为人所知的风险,以使减排成本与避免的损害更为接近。由于对不同的国家,气候变化带来的不利影响有很大的不同,全球最佳水平可能会高于一些国家的适当水平。为确保减排过程中第一集团国家的合作,对它们做出额外的支付是必要的,而第二集团的国家必须对此予以买单。我们怀疑减排负担的分配部分地会转向国家讨价还价的谈判能力上,但我们认为道德因素会起一定的作用。符合国家最优帕累托原则的条约将产生一个附带品——气候利益冲抵的减排成本——它在道德要求基础上,能以信用或各国货币支付等形式分配。但是尽管谈判能力最终决定附带利益的分配,看各国及其人民是否因条约而获益也很重要,它是足以支持气候变化条约的道德原因。①

对于上述观点,我们认为有些可以赞成,有些未必成立。如强调以实用主义要求各国放弃所谓历史因素造成的结局,要求发展中国家接受这个事实,不要以此要挟;强调如果发展中国家不明智地

① See Eric A. Posner & David Weisbach, *Climate Change Justice*, Princeton University Press, 2010, pp.5—7.

一味坚持自己的观点，带来的结果就是：发达国家的不合作。这种典型的要挟主义反映了西方国家的强势心态，根本无视自己的历史责任，有违历史公正。当然，它强调用实用主义原则来解决问题的观点值得借鉴；它还认为，气候变化问题不解决，最终对穷国不利，这也是事实。主张不能够仅停留在国家层面，个人对气候减排也应尽到自己的义务，有其合理成分。这一点在应对气候变化的技术转让领域，显得特别重要。主张通过一个气候变化条约来提高全人类的福祉也有其积极意义。我们认为，正义原则在气候应对不同领域，重点有所不同；不能为了所谓的“实用”效果而否认条约的正义原则，否则，这样的条约将会带来极其不公的结果。作者承认气候正义的一定作用，但认为实用主义和国际帕累托原则更为重要。基于这些情况，在气候正义原则下寻求应对措施是必须的，其中不可缺少的就是分享和转让应对气候变化所依赖的环境友好技术。

（二）气候正义理论与私法行为公法化的结合

在上述正义含义下，气候正义可被理解为“在分配应对气候变化领域的利益和责任过程中，有关主体必须得到公平公正的对待”，即每个主体得到它应当得到的待遇，权责要相当。私人主体借助于国家意志在国内层面和国际社会曾经实现了自己的经济目的，故它们也对今天的气候变暖负有相应的责任。借助于私法行为公法化中性之含义及它们理应承担的社会责任，在气候正义原则下，需要它们做出相应的贡献和努力。

在今天应对气候变化过程中，既要考虑到当今气候变化的历史形成，也要兼顾当代各国发展对气候变化的影响；既要考虑到各国发展水平的差异，也要考虑到全球化下各国发展的共同目标；既要考虑到当代人的生活水平和资源耗费，也要考虑到后代的生存与发展。在这一前提下，“共同但有区别责任”的原则是“气候正义”的集中表现，①也是当今各国共同努力的产物。这一原则在有关国际条约中的具体体现有两点：一是《京都议定书》规定的其附件一中

① 王灿发、陈贻健：《中国气候政策立场：以气候正义为基础》，载中国日报网，http://www.chinadaily.com.cn/micro-reading/dzh/2011-12-08/content_4622579.html，2011年12月8日。

有关发达国家及转型国家承担减排义务而诸多发展中国家在2012年之前不承担减排义务；二是《框架公约》及《京都议定书》中关于发达国家向发展中国家转让环境友好技术的规定。实际上，今天的气候变化之形成，是工业化以来200多年发展的结果；对发达国家多年来尽享红利而给全球带来了环境污染、气候变化等，如果按照美国、加拿大等国要求发展中国家与它们今天一样承担同样义务，这种看起来似乎公平的现实正义，显然有悖于“利益和责任相适配”的正义原则。因为未发展的国家在为历史上享受过多利益者买单，这是历史的不正义。对多数发展中国家而言，由于处于工业化发展阶段，能源耗费不可避免地会大量增加，如果没有环境友好技术，还沿用早期工业化国家的技术，则无疑会加大温室气体排放。为此，发展中国家获得环境友好技术对其而言十分重要，而获得技术无非两种路径：自主研发或从国外引进；但对无科技实力或科技实力薄弱的国家而言，自主研发也需引进国外技术。现有有关气候变化的国际条约都规定了发达国家在公平合理的条件下向发展中国家转让技术，并帮助它们形成技术能力，这是实现应对气候变化领域的实质正义之表现。玻利维亚总统莫拉莱斯言“只讨论全球变暖的影响而不讨论其成因是伪善的”①，由此我们想说：“只讨论温室气体减排指标而不讨论技术转让和帮助发展中国家形成技术能力这一从根本上可以遏制气候变暖这一议题并采取行动是舍本求末的，也是违反气候变化领域实质正义原则的。”因为在人类已经掌握了、可在一定程度上控制温室气体排放的技术的前提下，②基于各国水平发展的差异及发达国家在环境友好技术方面的优势，为控

① 朱佳进：《还气候一个正义！——不要让资本主义摧毁我们的地球》，at http://eco.guoxue.com/article.php/22197/2，2019年9月30日访问。

② 如有人指出：在过去的20年里，人类借助技术升级，已经能够清除煤炭燃烧过程所排放的硫，借助有效政策，推动这些先进技术的推广和应用……大大降低了硫排放量（参见［美］安德鲁·德勒斯等：《气候变化：科学还是政治》，李淑琴等译，中国环境科学出版社2012年版，第2页）。这一看法在部分国家看来是正确的，但在全球却未必，因为掌握该方面先进技术并拥有知识产权的人，出于依赖技术谋取利益的考虑，在认为技术受方没有付出相应对价的情况下，不会在全球让需要该方面技术的人应用该技术。

制温室气体减排，每个国家都有义务采取积极行动。

三、国际技术转让中的私法行为公法化

（一）知识产权领域与私法行为公法化

现有的知识产权制度在一定程度上是私法行为公法化作用的结果，影响国际技术的转让。但知识产权制度只是影响国际技术转移的一个因素，而非最重要的甚或唯一的因素，其他因素还有外汇、政府规制等，其重要性居于一般或中等位置。①

1. 私法行为公法化下的TRIPs协议

构成当今国际知识产权制度核心的TRIPs协议文本草案最早就是由美国代表制造业、制药业、娱乐业和软件业等跨国公司的12个首席执行官组成的知识产权委员会②提出，随后他们游说美国政

---

① Keith E.Maskus, Jerome H.Reichman, *International Public Goods and Transfer of Technology Under a Globalized Intellectual Property Regime*, Cambridge University Press, 2005, p.228.

② 1986年，该委员会的成员：布里斯托尔—迈尔斯（Bristol-Myers，一家制药公司，建立于1887年；1989年，与建立于1858年的斯奎布公司合并组成布里斯托尔—迈尔斯—斯奎布公司，总部在纽约；See "Bristol-Myers Squibb", at http://en.wikipedia.org/wiki/Bristol-Myers_Squibb），美国哥伦比亚广播公司（CBS，成立于1927年2月，美国三大商业广播电视公司之一，经费来自广告广播收入；原为16家广播电台组成的独立广播电台联盟，后与哥伦比亚唱机唱片公司联合组成哥伦比亚唱机广播公司，于同年9月18日通过16家附属广播电台向全国广播，成为第二个全国性广播网），杜邦（美国大型化学公司；1802年由法国移民E.I.杜邦在美国特拉华州威尔明顿附近建立，以制造火药为主；20世纪，开始转入产品和投资多样化，经营范围涉及军工、农业、化工、石油、煤炭、建筑、电子、食品、家具、纺织、冷冻和运输等20多个行业，在美国本土和世界近50个国家与地区设有200多个子公司和经营机构，生产石油化工、日用化学品、医药、涂料、农药以及各种聚合物等1 700个门类，20 000多个品种；1983年总营业额达353.78亿美元，居世界化学公司年销售额之首），通用电气（制造业），休利特—帕卡特（即惠普公司，总部位于美国加州帕洛阿尔托，创建于1939年，在经过了长达70余年的发展过程后，惠普已经发展成为全球领先的IT技术、解决方案与服务供应商），IBM（International Business Machines Corporation，国际商业机器公司，或万国商业机器公司的简称。总公司在纽约州阿蒙克市，1911年创立于美国，是全球最大的信息技术和业务解决方案公司，目前拥有全球雇员30多万人，业务遍及160多个国家和地区。该公司创立时的主要业务为商用打字机，及后转为文字处理机，然后到计算机和有关服务。2009年总营业收入1 036亿美元，全球雇员约398 455人），强生（美国一家护理、个人卫生产品、医疗器材的制造商，生产及销售产品涉（转下页）

府,并联合欧盟(当初的欧共体)和日本等工业组织推动本国政府,就他们的强项——知识产权(包括专利权、商标权、著作权和商业秘密等)——等保护问题,①提升到国际层面,通过谈判,使他们议定的有关知识产权保护规则成为国际法,让发展中国家去遵守,以维护这些公司在未来全球市场中的利益,并将它们可能的对手扼杀在摇篮之中。可见,TRIPs 协议是私法行为公法化的直接产物,是国际经济活动中私法行为公法化的经典代表。

2. 知识产权领域私法行为公法化发展的产物——《反假冒贸易协定》

《反假冒贸易协定》(ACTA)的谈判与签订是知识产权领域私法行为公法化的另一个典型之例。ACTA 是一个旨在建立全球知识产权执法标准的多边条约,目的在于构建打击盗版物品、基因药品和网上版权侵权等行为的国际法律框架,并在现存国际组织论坛如 WTO、WIPO 和 UN 之外创设一个治理机构。尽管目前尚无证据

(接上页)及护理产品、医药产品和医疗器材及诊断产品市场等多个领域;成立于 1885 年,至 2005 年,强生已在全球 57 个国家建立了 230 多家分公司或子公司,产品畅销于 175 个国家和地区,拥有约 11 万 6 千余名员工,成为目前世界上最具综合性、分布范围最广的健康护理产品制造商和相关服务提供商,生产及销售产品涉及消费品及个人护理产品、医药产品和医疗器材及诊断产品市场等多个领域),默克(是世界制药企业的领先者,总部设于美国新泽西州,是一家以科研为本,致力于研究、开发和销售创新医药产品的跨国制药企业;2009 年默克在全球总共有约 5.52 万名雇员,其中 2.8 万人在美国境内;业务覆盖全球约 200 个国家和地区;全球设有 10 个研究中心、33 家工厂在 25 个国家有 17 个配送中心;2005 年全球销售额 220 亿美元),孟山都(是一家跨国农业生物技术公司,其生产的旗舰产品 Roundup 是全球知名的草甘膦除草剂;主要生产农用产品、医用药品、食品添加剂和化工用品等;该公司目前也是转基因种子的领先生产商,占据了多种农作物种子 70%—100% 的市场份额;创建于 1901 年)和辉瑞公司(制药业,Pfizer,创立于 1849 年,是一家拥有 150 多年历史的以研发为基础的跨国制药公司;它为人类及动物的健康发现、开发、生产和推广各种领先的处方药以及许多世界最驰名的消费产品,其业务包括三个领域:医药保健、动物保健、以及消费者保健品;公司的创新产品行销全球 150 多个国家和地区;它拥有世界上最先进的生产设施和检测技术,其一流的检测分析手段及其完美的质量保障体系,使公司的产品全部达到或超过了中国药典和美国药典标准,公司产品获准出口日本、澳大利亚、菲律宾及欧洲等地)。See Susan K.Sell, *Private Power*, *Public Law*: *the Globalization of Intellectual Property Rights*, Cambridge University Press, 2003, p.2.

① See Susan K.Sell, *Private Power*, *Public Law*: *the Globalization of Intellectual Property Rights*, Cambridge University Press, 2003, p.2.

表明日美提出该条约签订的背后的推力是否是企业，其草案是否由企业提出，但企业在其中的作用是不能忽视的。在该条约谈判和形成的过程中，除了政府积极参与外，谈判代表们就条约草案的内容不断地向基于美国大型跨国公司组成的顾问委员会咨询并听取其建议。数百个顾问中很多成员是不同公司利益的游说者（被视为“cleared advisors”），[①]包括美国药品研究和生产商[②]与国际知识产权联盟[③]［它由商业软件联盟、美国动漫协会（MPAA）、美国录音产业协会、美国出版协会、独立电影电视联盟等构成］。有证据表明下面这些公司的代表或直接是咨询委员会的成员，或收到了在遵守保密协议的前提下有关 ACTA 谈判的草案副本，并要求它们提出反馈意见，这些公司是：谷歌（Google），易贝（eBay），英特尔（Intel），戴尔（Dell），新闻公司（News Corporation），索尼动漫（Sony Pictures），时代华纳（Time Warner），美国移动通信运营商（Verizon）和消费者电子学会等。[④]足见 ACTA 文本本身就充满了对这些全球知识产权大户的意见。

3. 知识产权领域私法行为公法化的国内法体现——“337 条款”

美国“337 条款”是美国企业借助于政府力量表达自己意志、实现自我利益、在反倾销反补贴手段之外的另一大法宝，是私法行为公法化在国内法中的典型表现。因其最早见于《1930 年美国关税法》第 337 条而得名。《美国 1988 年综合关税与竞争法》对其进行了修订，以使其更易于使用并将其约束范围扩大到半导体芯片模板权。《1995 年美国乌拉圭回合协议法》再次对其进行了修订，以使

---

① James Love, *Who Are the Cleared Ddvisors that Have Access to Secret ACTA Documents*? on 13 March 2009, http://www.keionline.org/blogs/2009/03/13/who-are-cleared-advisors.

② 关于其给美国 ACTA 代表的反馈意见可参见 http://www.keionline.org/content/view/193/1PhRMA comments to USTR on ACTA。

③ 国际知识产权联盟（IIPA）是一个行业协会的私营部门联合体，成立于 1984，代表美国版权产业，在双边和多边努力中致力于改善对享有版权的材料的国际保护和实施，并开放因盗版和其他市场准入壁垒而关闭的外国市场。See *the International Intellectual Property Alliance*, at http://www.iipa.com/aboutiipa.html.

④ *White House Shares the ACTA Internet Text with 42 Washington Insiders*, *under Non-disclosure Agreements*, http://www.keionline.org/node/660.

其符合世贸组织规则。“337 条款”主要是用来反对进口贸易中的不公平竞争行为，特别是保护美国知识产权人的权益不受涉嫌侵权进口产品的侵害。其核心内容是：“如果任何进口行为存在不公平竞争方法或者不公平做法（主要指侵犯美国版权、专利权、商标权和实用新型设计方案等知识产权），可能对美国产业造成损害，美国国际贸易委员会可以应美国国内相关企业的申请进行调查。”①与反倾销、反补贴审查和作出裁定程序一样，整个过程充满了审理机构的随意性和先入为主性，申诉企业的诉求多能实现。

（二）国际技术转让领域的私法行为公法化

可以说当今国际技术转让不畅是私法行为公法化最集中表现的领域。鉴于本书重点论述的是私法行为公法化理论应对气候变化的国际无害环境技术转让法律制度研究，本目仅概述一下国际技术转让的总体情况，更为详细的内容散见本书各章节。

从 20 世纪开始的《国际技术转让行动守则》谈判的失败到乌拉圭回合谈判将发达国家在技术转让方面的意志反映在 TRIPs 协议和 TRIMs 协议中，从 1985 年《蒙特利尔臭氧层保护公约》到 2011 年 12 月南非德班会议，再到 2015 年巴黎会议与 2018 年卡特维兹会议上应对气候变化谈判中关于技术转让议题的讨论，无论发达国家还是发展中国家都认识到技术转让对保护环境和应对气候变化的重要性，但在国际层面就是难以达成任何有实质性的技术转让协议。即使发达国家在有关条约（如《蒙特利尔公约》）或国际法律文件（如《21 世纪议程》）中承诺技术转让，但由于缺少国内跨国公司等私人部门的同意，这样的承诺也多是毫无意义的。那么，问题的症结究竟在哪里？我们认为就是在私人眼中，其利益高于人类公共利益；而当下的私人行为公法化就是其将私人利益凌驾于公共利益之上的实现途径。

由于技术无形，并不像有形商品那样可以通过具体措施控制住；对于某些复杂的技术，即使通过合同约定，明确地将有关专利技术内容转让，如果没有相关的专有技术等，这种技术转让也难以收

---

① See Sec. 1337. *Unfair Practices in Import Trade of TARIFF ACT OF 1930.*

到预期效果。而且,私营部门常在各种维护“国家安全和利益”的幌子下,通过自己的利益代言人,以政府的名义制定限制技术出口的法律法规,或管制与高新技术相关的产品设备。有学者认为,技术不仅仅是一个可以轻易用来交流的信息,其转让需要有学习的能力及相应的投资以将引进的技术融合到公司的生产体系中;这也是为何国际技术转让主要在发达国家企业之间及发展中国家企业之间进行的主要原因,发达国家与发展中国家之间的技术转让相对较少。①这种观点有合理之处,但也有片面之嫌:发达国家与发展中国家技术转让较少还有一个重要原因是由出口管制或限制所致。

与技术转让相关、反映主要跨国公司意志以 TRIPs 协议为代表的国际知识产权制度,在某种程度上也对环境友好技术转让构成了一定的障碍。英国知识产权委员会总结其报告关心的诸多问题中第一个就涉及如何便利向发展中国家转让技术,并在第一章中对此展开论述;②其报告还表明,知识产权对向发展中国家技术转让的影响依赖于发展中国家在经济和技术方面的发展水平、更高的技艺和技术熟练程度、技术学习能力和投资而非所谓的“模仿能力”。几乎毫无例外,发展中国家是技术的净进口国。③很多场合,发达国家公司出于利益考量,将处于淘汰边缘的技术或非环境友好技术转让给发展中国家企业,而这又往往决定后者技术的发展方向。此外,有学者认为,对于发展中国家而言,如同发达国家发达之前,内生技术能力的形成已被证明是经济发展和减少贫困的重要决定因素。这一能力决定着发展中国家在多大程度上能够吸收和运用外国技术。很多研究得出的结论是:决定技术转让成功最为显著的单

---

① Keith E.Maskus, Jerome H.Reichman, *International Public Goods and Transfer of Technology Under a Globalized Intellectual Property Regime*, Cambridge University Press, 2005, p.23.

② *Integrating Intellectual Property Rights and Development Policy*, *Report of the Commission on Intellectual Property Rights*, London Sept.2002, pp.9—28, http://www.iprcommission.org/graphic/documents/final_report.htm.

③ *Integrating Intellectual Property Rights and Development Policy*, *Report of the Commission on Intellectual Property Rights*, London September 2002, at 17, http://www.iprcommission.org/graphic/documents/final_report.htm.

个因素是内生技术能力的初步形成。但问题是,这种内生技术能力如何可以形成。现实是,它们往往先需要从国外引进较合适的技术。这样就形成了一个循环。发达国家公司为永久获得竞争优势,便借助知识产权制度来维护权益,防止技术溢出与转让。虽然有人研究证明知识产权保护是一种机制,能够鼓励通过外商直接投资或许可来转让技术,而其间接影响是技术学习的有效方法;但也有人证明,知识产权保护缺失可鼓励技术转让和技术习得(通过模仿和复制)。①不过,现实最终还是掌握技术的私营部门根据自己的利益需求决定着技术转让的内容,不论是通过国家的法律,还是通过自己与技术受方签订的合同。2002 年 3 月在蒙特利尔,各国政府欢迎"WTO 将发展中国家的需求和利益放到其工作议程的核心位置";它们也承认发展中国家关心的事情,包括对传统知识和民间文学知识产权保护认识的缺失,知识和技术的转让,用支持公共健康的方式实施和解释 TRIPs 协议等。②然而,这只是一种"共识",要变成技术转让的现实,还是最终取决于技术所有人的利益选择。

针对与无害环境技术相关的知识产权制度,为便利转让和分析,印度人提出了三点建议:一是减少该类技术的专利保护期,即从专利申请之日起的 20 年减为 10 年;二是撤销已经授权的该类技术专利;三是将该类技术从可专利范围内排除出去。③我们认为这种观点代表了发展中国家的要求,但执行起来比较困难:首先,如何界定无害环境技术?其次,果真如此,发达国家的跨国公司会否积极进行相关技术的开发?我们应在这些观点之外寻求较为好的方法。

四、私法行为公法化理论发展趋势及其应对

私法行为公法化在资本主义制度中早已存在,在国家资本主义

① *Integrating Intellectual Property Rights and Development Policy*, *Report of the Commission on Intellectual Property Rights*, London September 2002, p.21, http://www.iprcommission.org/graphic/documents/final_report.htm.

② *Monterrey Consensus*, March 2002. Source: http://www.un.org/esa/ffd/aac257L13-E.doc.

③ Martin Khor, *Intellectual Property*, *Biodiversity and Sustainable Development*: *Resolving the Difficult Issues*, Zed Books Ltd., 2002, pp.78—80.

阶段表现得特别明显。它是私有制下私人资本为获取自己最大利益的必然表现,它借助于国家等公共组织或机构的形式,将触角延伸到各个领域。它在不同时期、不同国家有不同的体现,但其本质都如前文所分析的那样,是相同的。在当代市场经济条件下,只要资本的性质不变,这种趋势还会延续下去。当下关键问题是如何通过制度设计,利用私法行为公法化,发挥该理论的积极成分,让公司等私人主体在进行私法行为时,发挥积极作用,如承担更多的社会责任,遏制发展的负外部性而增强正外部性的作用,分享人类进步成果,特别是技术领域,为解决人类的诸多危机如环境污染、气候变化、疾病控制和解决贫困饥饿等创造条件。

前文提及,理论上私法行为公法化是一个中性词,用得好,可以推动社会发展,有助于人类应对目前所碰到的诸如环境污染、健康和气候变化等挑战;用得不好,将会加重人类的灾难。现在看来,跨国公司在谋取自己利益方面将该理论无限地使用和放大,而较少顾及它们所应当担当的社会责任。如果听任这种现象继续发展下去,最终人类可能就是葬送在这些极少数的跨国公司手中。为此,如何通过国际社会各个层面(尤其是非政府组织及人类社会的每个成员)的努力,化消极为积极,促使跨国公司承担更多的社会责任,利用自己的强大影响力,促使本国政府和其他企业在应对气候变化、环境污染、减少贫困等方面发挥积极作用,是我们当下最需要研究的。如何寻求到一种道路既满足跨国公司营利的目的,又能够为社会发展尽到自己社会责任,是一个值得研究的根本问题。在恪守正义原则、获取正当利益等条件下,实现人类的可持续发展,是穷国和富国的共同使命。

跨国公司等私人主体的行为对国际协议等的形成的影响在日趋加大,而企业不够发达的发展中国家在这些贸易规则中越来越处于不利地位。尽管如此,美国、日本等发达国家的企业仍不满足,它们还试图通过其他的措施来进一步保护或扩大自己的利益。除了前文知识产权领域的 ACTA 协议外,美国等在国际条约或多边条约实现不了自己的意图后,就通过双边投资协定(BIT)或自由贸易协定(FTA)来实现自己的目的。在这些文件中,美国积极推动投资者——国家(东道国)仲裁制度,让强制许可变成一种例外而非一般规则,扩张可专利主题的范围,取消所有的本地经营要求、强制合资企业和技术转让等。①这些内容与目前达成的有关多边条约或协议相比,对落后国家而言,都较为苛刻。简言之,就是给投资者而非东道国政府以更多的"权利"。同时由于自己实力的强大,积极推行零关税。而发展中国家在这个过程中,多是受害者,或产业链低端的提供者。如果听任这种情况发展下去,我们这个世界会变得更为不平衡,落后国家可能会处于更为不利的地位,最终也会给世界的发展、和平甚至生存带来威胁。如何更好地建立气候变化技术转让法律制度成为亟待解决的问题。

① Ken Shadlen, Exchanging Development for Market Access? Deep Integration and Industrial Policy under Multilateral and Regional-Bilateral Trade Agreements, *Review of In'l Political Economy*, 12(5), 2005:750—775.

第二章 私营部门参与应对气候变化技术转让的法律规范

第一节 私营部门参与应对气候变化技术转让的法律规范概述

一、国际国内法律规范是促进私营部门参与应对气候变化技术转让的主要依据

全球气候变化有三个显著特征。第一,时间间隔性。二氧化碳(CO_2)等温室气体一旦被排放到空气中,就很难减少。而这种变化将经过很长一段时间显露出来。就如同现在的人们正遭受着自工业革命以来肆无忌惮的碳排放积聚带来的全球气候变暖的痛苦一样,后世的人们也将继续忍受我们这代人所排放的陡增的温室气体而导致的极端消极影响。①这种时间间隔性会让我们面临诸多不确定性,全球气候变化验证了经济发展和人类生存环境质量完全是两回事情。第二,紧迫性。全球气候变化的国际治理与国际贸易、国际投资等领域最为明显的一个区别是,后者谈判的策略性拖延和无所作为并不会损害其基础性制度,但是前者,我们拖延和无所作为的每一分每一秒都将提高后期治理的成本,甚至使得人类对缓解气候变化已经作出的努力付诸东流,我们无法等待漫长且拖沓的国际共识之后再采取行动。第三,全球公共性。地球大气层并不区分温室气体来源于哪个国家。来自发展中国家的一吨温室气体与来自发达国家所排放一吨温室气体的具有同样的影响,双方休戚相关,荣辱与共。

---

① United Nations Development Program, Human Development Report 2007/2008: *Fighting Climate Change: Human Solidarity in a Divided World*, Palgrave Macmillan, 2007:4.

全球气候变化这种在空间上的互相依存，在时间上的长期持久和效果上的滞后惰性，使得地球的生态系统无法承载更多的碳排放。世界虽然在权利和财富两极分化，但是共享一个地球的理念，促使减少碳排放成为全体人类的共同利益。联合国副秘书长沙祖康在2008年北京应对气候变化与技术开发和转让高级别会议上表示："我们面临的实质挑战，就是要大大加快技术开发和技术转让的速度。"①

对于减缓和适应气候变化效率的追求，促进国际社会和各国政府将目光放在掌握了技术的私人主体身上，并采取更多市场化导向型政策促进私人主体参与，提高能源效率和促进应对气候变化技术扩散和转移。效率价值体现之一即为技术转移，通过大规模的技术转移，提高能源效率和使用清洁能源技术，实现零排放。法律的指引作用，在这个意义上得以实现。

但需要注意的是，仅仅依靠市场的方式是不够的。尽管很多公司企业已经对国际和国内的压力作出反应，以遏制其二氧化碳排放量并投资于减排，但它们并没有真正参与建设气候适应型社区。它们几乎没有动力去投资一个主要被视为公共利益的领域，而仅仅由于减排项目的商业利益驱使与耦合。对于越来越多的公司来说，可再生能源的成本下降，再加上政策支持，对气候变化技术的投资是有利可图的。以清洁能源发电为例，公司从大部分可再生能源购买合约中获得两个直接的经济利益。首先，它们通常能够实现即时的电力成本节约，从而降低运营成本并改善现金流。其次，它们通常会签署长期的固定价格合同，作为对化石燃料和批发电价波动的对冲。②这种直接经济利益并非是普遍的，仅限于政府重点支持的产业，如清洁能源等电力部门。而农业、医疗卫生等部门，私营部门的投资依然不足。

---

① 参见《北京应对气候变化与技术开发和转让高级别会议联合国主管社会与经济事务副秘书长沙祖康先生主旨发言》，http://www.docin.com/p-932979823.html，2018年3月2日。

② Stephanie Sides, *The Private Sector's Promising Progress on Climate Change*, https://citizensclimatelobby.org/private-sector-promising-progress-climate-change/.

在国际上，对于应对气候变化技术转移和扩散的法律安排，主要体现在国际公约、软法性质的国际法文件（如各种环境保护国际会议的宣言等）和国际性制度安排（如《21 世纪议程》规定的各种机制等）中。在国际环境法中，《蒙特利尔议定书》和《生物多样性》公约中规定了必须以"公平合理和优惠"的条件进行技术转移；在国际知识产权法中，《与贸易有关的知识产权协定》（TRIPs）第 7 条、第 8 条、第 31 条、第 40 条以及第 66.2 款等规定了知识产权的"技术转移"；在国际投资法中，《联合国国际技术转让行动守则》等为跨国公司转移技术提供了指引。各种相关的机制也纷纷建立，如《联合国气候变化框架公约》（UNFCCC）的框架下建立了一些机制如清洁发展机制（CDM）和技术机制（TM）来帮助促进应对气候变化技术的传播与发展；发布"内罗毕工作计划的私营部门倡议"（Private Sector Initiative of UNFCCC's Nairobi Work Programme，简称 PSI），该倡议认识到私营部门独特的专业知识，其创新技术的能力及其财务杠杆，可以极大地促进全球气候变化减缓与适应的进程。因此而建立的内罗毕工作方案，将《联合国气候变化框架公约》与公约之外的相关机构和私营部门的相关进程、资源和专门知识联系在一起。①

各国政府也在通过鼓励应对气候变化技术的转移和扩散，并在国内法中通过合同法、知识产权法、竞争法、税法以及进出口政策进行鼓励和调整。合同法规范气候变化技术转让双方的合同权利和义务；知识产权法对于气候变化技术隐含的知识产权予以确认和加以保护。竞争法对于具有市场垄断地位的行为者进行规制，惩罚损害市场竞争的行为；税法对于高新技术、有益技术提供税收优惠和减税政策，以鼓励技术转移。进出口政策对于相关技术是否可以引进和出口进行管理和规范，其规范的重点涉及环境保护及国家安全（其中气候变化等也是国家安全应该考虑的因素）等。

---

① 参见 Adaptation Private Sector Initiative，http://unfccc.int/adaptation/workstreams/nairobi_work_programme/items/9201.php。访问日期：2018 年 3 月 12 日。

二、国际应对气候变化技术转让法律制度

全球化下,人类试图通过建立相关的国际法律制度来保护环境,其中国际技术转让法律制度是该制度关注的焦点之一。从国际技术转让的立法活动来看,目前尚无统一的相关条约。国际层面的立法成果已形成了包括世界知识产权组织(WIPO)管理下的诸多知识产权条约、①联合国体系下相关机构或组织制定的条约或国际法文件和WTO体制下有关贸易协定等中涉及的技术转让的规定。②国际法中,涉及环境友好技术转让的主要有:

(1)四次国际环境会议的法律文件。1972年的斯德哥尔摩人类环境大会、1992年6月在里约热内卢召开国际环境会议、2002年在南非约翰内斯堡召开的联合国可持续发展世界首脑会议(亦称"地球峰会")、2012年在巴西里约热内卢召开的"里约+20"峰会四次会议,分别通过了《人类环境宣言》(又称《斯德哥尔摩宣言》)、《关于环境与发展的里约热内卢宣言》(简称《里约宣言》)、《21世纪议程》、《约翰内斯堡可持续发展宣言》等文件,其中对于技术转让都多有涉及。

上述四次会议,参加的人数和组织等主体总体上呈不断扩大的趋势,有更多的非政府组织和团体跳出狭隘国家利益的藩篱,关心人类的共同利益,反映了国际民间力量的不断崛起,意图打破政府垄断控制气候变化和环境等涉及每位地球人的事宜,这是一种积极健康的力量。这些会议就技术转让方面的内容而言是一脉相承的,有所发展的,有关观点被不断重申。然而在实务和实质进展方面并无太大建树,在宏观层面,发达国家政府通过会议对技术转让的态

① 本章的"条约"在没有特别说明情形下,是在一般意义上使用,包括宪章、公约、条约、协议/协定、议定书等。

② WIPO体系下的有关条约(包括《巴黎公约》、《伯尔尼公约》等)主要通过确权、保护等规定为技术转让提供前提;联合国体系下的环境保护条约直接规定了缔约国家的技术转让义务,但缺少强制性履行的机制及有效制裁手段;WTO框架下有关协议(如《与贸易有关的知识产权协定》、《与贸易有关的投资措施协议》)主要涉及与贸易相关的技术转让,包括限制权利人的权利滥用与限制性条款等。这方面的具体内容及它们之间的关系可参见马忠法著:《国际技术转让法律制度理论与实务研究》,法律出版社2007年版,第97—131页。

度渐行渐远;微观层面,在落实有关技术转让规定的具体措施方面,2002年及2012年的会议并未触及深层本质的问题,特别是在如何促使私营部门积极参与等方面,它们也未形成任何有针对性的决议。这些必将成为今后有关国际会议或协定亟须解决的最为棘手的问题。

(2) 世界贸易组织(WTO)框架下涉及技术转让的协议主要有《与贸易有关的知识产权协议》(TRIPs协议)、《与贸易有关的投资措施协议》(TRIMs协议)。WTO框架下技术转让的核心内容集中于TRIPs协议序言、第7、8、40、66.2和67等条款。TRIMs协议共有9个条款外加一个附件,其中除了限制企业产品出口或出口销售外,其他四个均涉及技术转让。

(3)《联合国气候变化框架公约》与《京都议定书》。《框架公约》关于技术转让规定的条款,可以说是其他条约、协定或国际法文件中基础性规定或核心内容,《框架公约》之后的有关技术转让国际法文件的规定多重在落实和细化上述规定。《京都议定书》是落实《框架公约》的一个重要协议,其关于技术转让规定的依据主要来自《框架公约》中的相关规定,是对后者关于技术转让规定的细化,并在理想状态下希望主要通过清洁发展机制(CDM)来促进技术转让。

(4) 一般的国际条约中的有关技术转让规定。《维也纳臭氧层保护公约》在技术转让方面显然它要求的内容较为全面,不仅仅是纯粹的技术和知识,还包括设备和人才,故其所提到的技术转让是广义上的"技术转让"。不过,这种规定多属于口号型的,无具体落实的措施。《生物多样性公约》①有一条专门规定"技术获得和转让"②。《关于消耗臭氧层物质的蒙特利尔议定书》1992年在修订时,增加了有关依靠技术和知识来实现保护臭氧层之目的的规定,把技术转让提到了一定的高度。《能源宪章公约》标题为"技术转

---

① 该公约至2013年2月有193个成员。其文本于1992年5月22日通过,6月5日对外开放签字,1993年12月29日生效。See History of the Convention, at www.cbd.int/history/。

② Article 16 of *Convention on Biological Diversity*(1992).

让”的专条规定了技术转让义务。《防治荒漠化公约》关于技术转让的规定也最为详尽。《防治荒漠化公约》是唯一的与可持续陆地管理相关联的环境和发展的有法律约束力的国际协议。它规定,发达国家缔约方除了履行第4条规定的一般义务①外,还承诺促进和便利受影响国家缔约方、特别是受影响发展中国家缔约方获得适用技术、知识和诀窍。更为重要的是,它还设专章规定“技术的转让、获取、改造和开发”。《生物多样性公约生物安全卡塔赫纳议定书》的第20条第1款关于“信息交流与生物安全资料交换所”和第22条“能力建设”等均涉及向发展中国家缔约方、特别是其中最不发达国家和小岛屿发展中国家、经济转型国家、以及属于起源中心和遗传多样性中心的国家等国转让技术和分享信息。②《关于汞的水俣公约》就具体限排范围作出详细规定,以减少汞对环境和人类健康造成的损害。由于汞的生产与添加与制造工艺、生产技术有着密切联系,所以该公约多处涉及技术的问题。

三、中国应对气候变化技术转让法律制度

中国国内法律方面,涉及应对气候变化的国际法律制度主要有:知识产权法、合同法、竞争法(反不正当竞争法及反垄断法等)、对外贸易法、环境保护法、自然资源法、能源方面的法律及税法等。该部分在课题负责人的另一部专著《国际技术转让法律制度理论与实务研究》的书中有较为详细的论述,③这里不再重述。中国应对气候变化的政策措施十分丰富,其内容远远超过有关的法律法规。国内政策部分主要包括各种形式的白皮书、国民经济发展规划、方案等;国际政策主要体现在我国在各种相关国际会议上国家领导人讲话中所阐述的观点和态度等。笔者搜集到的主要有:《1994年白皮书》、国民经济和社会发展“十一五”和“十二五”规划、《中国应对

---

① 该条规定了成员方8项一般义务,核心是各方应当通过合作来有效防治沙漠化,并援助受到影响的发展中国家。

② Article 20 and Article 22 of *Cartagena Protocol Biosatety to the Convention on Biological Diversity*(2000).

③ 参见马忠法著:《国际技术转让法律制度理论与实务研究》,法律出版社2007年版。

气候的政策与行动》、《中国应对气候变化国家方案》(《2007年方案》)和《“十二五”节能减排综合性工作方案》、《关于加快水利改革发展的决定》和《关于加快推进农业科技创新持续增强农产品供给保障能力的若干意见》、《工业领域应对气候变化行动方案(2012—2020年)》及循环经济发展战略及近期行动计划等等。

而在法律法规方面,除了2009年8月27日,十一届全国人大常委会第十次会议表决通过了《全国人大常委会关于积极应对气候变化的决议》以及直接涉及应对气候变化的《大气污染防治法》外,中国应对气候变化方面的法律制度,目前主要是环境保护法方面,条例主要有清洁发展机制方面的规定。至于技术转让,中国尚无该方面的专门法律,更无应对气候变化技术转让的法律。其有关规定散见于一般的法律法规和环境保护方面的法律法规中。而一般法律主要集中于如专利法、版权法等知识产权、对外贸易和税收等方面的法律法规中;对于知识产权、对外贸易方面的法律规定,笔者已在2007年的另一专著中有所论述。①

第二节 私营部门参与应对气候变化的国际法律规范

一、国际条约

目前,尚无国际条约直接提及私人主体参与应对气候变化技术转让的相关内容,有关私人主体在这一领域的法律地位、应当履行的义务在国际条约中尚不能找到直接规定的相关内容。在WTO、世界知识产权组织及联合国体系下其他专门国际组织所管辖的国际条约或其他国际法文件有涉及私营部门参与技术转让的间接规定,限于篇幅,本报告不分析、讨论这些内容。本节主要分析应对气候变化的专门国际条约和相关的国际软法性的文件。

有关应对气候变化最重要的三个国际条约——《联合国气候变

① 马忠法著:《国际技术转让法律制度理论与实务研究》,法律出版社2007年版,第205—220页。

化框架公约》、《京都议定书》以及《巴黎协定》中均有与技术转让相关的内容，但都未直接提及私营部门参与应对气候变化技术转让的相关内容。此外，1994 年的《欧洲能源宪章条约》和 1985 年的《联合国国际技术转让行动守则》（草案）也提及私人主体在技术转让中的重要作用，与“应对气候变化”这一领域同样有紧密的联系。结合应对气候变化技术转让和提及私人主体相关的条款分析可知，针对应对气候变化的技术转让，各国应认识到私人主体的重要作用，促进与私人主体的合作（包括产业合作与合资等），奖励和便利有关私人主体参与应对气候变化的技术转让。

（一）《联合国气候变化框架公约》

1992 年《联合国气候变化框架公约》并没有明确提到关于私人主体参与应对气候变化技术转让的内容，只是从缔约国家这一义务主体的角度规定了有关技术转让的内容。例如第四条第三款提到该公约附件二所列的发达国家缔约方和其他发达缔约方应提供发展中国家缔约方所需要的资金，包括用于技术转让的资金；第五款规定附件二所列的发达国家缔约方和其他发达缔约方应采取一切实际可行的步骤，酌情促进、便利和资助向其他缔约方特别是发展中国家缔约方转让或使它们有机会得到无害环境的技术和专有技术，以使它们能够履行本公约的各项规定。在此过程中，发达国家缔约方应支持开发和增强发展中国家缔约方的自生能力和技术。有能力这样做的其他缔约方和组织也可协助便利这类技术的转让。第十一条第一款还提出要确立一个资金机制，其中包括用于技术转让的资金。①

虽然该公约并未直接提出私人主体在技术转让中的作用，但其中有关技术转让的条款成为后来公约缔约方举行会议的内容基础，相关的会议报告多次涉及对该公约相关条款的履行，其中不乏对私人主体的讨论。因此，在明确私人主体参与应对气候变化技术转让的国际法律规范时，很有必要首先明确《联合国气候变化框架公

① *United Nations Framework Convention on Climate Change*, 1992, Art 4(3); Art 4(5); Art 11(1).

约》中有关技术转让的规定。

(二)《京都议定书》

1997年《京都议定书》是联合国气候框架公约缔约方第三次会议通过的文件,《京都议定书》第十条(c)款规定合作促进有效方式用以开发、应用和传播与气候变化有关的有益于环境的技术、专有技术、做法和过程,并采取一切实际步骤促进、便利和酌情资助将此类技术、专有技术、做法和过程特别转让给发展中国家或使它们有机会获得,包括制订政策和方案,以便利有效转让公有或公共支配的有益于环境的技术,并为私有部门创造有利环境以促进和增进转让和获得有益于环境的技术。[①]此外,CDM (Clean Development Mechanism)清洁发展机制也是《京都议定书》中引入的灵活履约机制之一。该议定书第十二条第九款提到对于清洁发展机制的参与,包括对上述第三款(a)项(即依清洁发展机制未列入附件一的缔约方将获益于产生经证明的减少排放的项目活动)所指的活动及获得经证明的减少排放的参与,可包括私有和/或公有实体,并须遵守清洁发展机制执行理事会可能提出的任何指导。[②]清洁发展机制是一个极好的合作机会,因为这个机制使得发达国家和发展中国家以及公营部门和私营部门能够共同争取减少温室气体,同时力求实现可持续发展目标。

(三)《巴黎协定》

《巴黎协定》是2015年12月12日在巴黎气候变化大会上通过,2016年4月22日在纽约签署的气候变化协定,该协定为2020年后全球应对气候变化行动作出安排。《巴黎协定》第六条第四款[③]提到在作为《巴黎协定》缔约方会议的《联合国气候变化框架公约》缔约方会议的授权和指导下,建立一个机制,供缔约方自愿使用,以促进温室气体排放的减缓,支持可持续发展。该机制应受作为《巴黎协定》缔约方会议的《联合国气候变化框架公约》缔约方会

① *Kyoto Protocol to the United Nations Framework Convention on Climate Change*, 1997, Art 10(c).

② Ibid., Art 12(9).

③ *Paris Agreement*, 2015, Art 6(4).

议指定的一个机构的监督，目的之一奖励和便利缔约方授权下的公私实体参与减缓温室气体排放。此外，《巴黎协定》第十条集中详细地阐述了有关技术开发和转让的要求，并指出缔约方共有一个长期愿景，即必须充分落实技术开发和转让，以改善对气候变化的抗御力和减少温室气体排放。[①]《巴黎协定》也未直接提及私人参与应对气候变化技术转让的内容，但结合上述条款分析可知，该协定建立促进温室气体排放减缓的机制，奖励和便利有关私人主体参与减缓温室气体排放，并强调技术开发和转让的重要性，这其实暗含着私人主体在转让有关减缓温室气体排放的技术中的重要作用。

（四）《欧洲能源宪章》

除上述联合国的三个国际条约以外，1994 年《欧洲能源宪章条约》中也不乏对私人转让技术的规定。该条约第八条（技术转让）规定为实现公约目标并有助于在能源材料、产品和投资等方面有效的能源贸易，缔约方要确保在遵守本国法律和保护知识产权的前提下，基于商业和不歧视条款基础上，促进技术转让和获得，且各国不得在能源贸易方面给技术转让设置或增加任何新障碍等。[②]该条强调了在“知识产权保护前提下”，更利于推动发达国家私营部门转让技术的行为。《能源效率与环保问题议定书》，即欧洲能源宪章会议最终稿的附件三，该文件的序言提到该议定书的缔约国应理解包括中小型企业在内的私人主体在促进和实施节能措施，以及致力于确保针对节能领域的经济上可行的投资行为有一个良好的体制框架。[③]此外，规定一般原则的第三条的第六款提到，缔约国应意识到私人主体的重要作用，缔约国应当鼓励能源公用事业，相关权威机构以及专门的代理机构采取相关措施，在产业和政府间进行紧密合作。[④]该议定书规定国内项目的第八条（这里的国内项目是指各国根据各国国情制定的节能项目）中的第二款规定，这些项目包括

---

① *Paris Agreement*, 2015, Art 10.

② *The Energy Charter Treaty*, 1994, Art 8.

③ *Energy Charter Protocol on Energy Efficiency and Related Environmental Aspects*, Annex 3 to the Final Act of the European Energy Charter Conference, 1994, preamble.

④ *Energy Charter Protocol on Energy Efficiency and Related Environmental Aspects*, Art 3(6).

发展和鼓励私主体的主动性和产业合作,包括合资。促进公共或私人产业或公用事业提供咨询服务及有关节能的方案和技术信息,并协助消费者和企业。①

《欧洲能源宪章条约》和相关文件也并未直接点出私营部门在参与应对气候变化技术转让中的作用,但值得注意的是,能源与环保,与应对气候变化紧密相关,因此相关文件中的有关内容也应纳入考虑。这部分内容不仅强调推动发达国家私营部门转让技术,还从产业合作与投资的角度阐述了私人主体的重要作用。

(五)联合国国际技术转让行动守则(草案)

1985年的联合国国际技术转让行动守则(草案)是专门针对技术转让的文件,虽然该草案并未生效,但仍具有一定的指导意义。草案第一章就指出该草案中的"当事人"包括私法意义上的自然人或法人,包括个人和集体。②第六章提到考虑到发展中国家,尤其是最不发达国家的需要和问题,发达国家政府为便利和鼓励发展中国家建立并加强其科学技术能力以协助并与其合作努力实现其经济和社会目标,直接地或通过合适的国际组织,除其他措施外,应在实际可行的范围内,增进发展中国家获得经私人决定方可转让的技术的机会。③这份尚未生效的草案并不针对应对气候变化,而是单从技术转让的角度来规定,但也并未限制相关的适用领域,其中与私人主体相关的内容同样可以在应对气候变化技术转让领域起一定的参考作用。

二、国际会议文件

虽然尚无国际条约直接提及私人主体参与应对气候变化技术转让的具体内容,但不少国际会议文件对这一部分内容做出了不同程度的规定。尽管这些内容缺乏法律效力,但也为明确私人主体在

---

① *Energy Charter Protocol on Energy Efficiency and Related Environmental Aspects*, Art 8(2).

② *Draft International Code of Conduct on the Transfer of Technology, 1985*, Chapter 1, 1.1(a).

③ Ibid., Chapter 6, 6.1(iii).

应对气候变化技术转让中的法律地位和具体的义务等提供了参考和方向。

（一）联合国气候变化框架公约缔约方会议

联合国气候框架公约缔约方会议每年举行一次，每年的会议报告都涉及技术转让的内容，但内容的多少和侧重点不尽相同。此外，值得注意的一点是，对于下文提到的会议文件，虽然大部分都用到"环境无害技术"这个词，而不是直接说明"应对气候变化的技术"，但因这些会议均是由联合国气候变化框架公约的缔约方召开，会议内容也是围绕气候变化展开的，其中有关技术转让的内容自然也不例外。因此，"环境无害技术"也应包含在"应对气候变化的技术"中。针对私人参与应对气候变化技术转让的情况，联合国气候变化框架公约缔约方会议主要集中讨论同私人主体就技术转让进行合作的问题，私人主体对技术转让进行投资的问题，以及强调私人主体在这一转让过程中的重要作用。

1. 京都会议（COP 3）

联合国气候框架公约缔约方第三次会议于 1997 年在东京举行，会议不仅通过了《京都议定书》，还达成了技术开发和转让的决定（第 9/CP.3 号决定），该决定提到缔约方会议注意到公营、私营部门在开发和传播与缓解和适应气候变化有关的无害环境和经济上可行技术方面的作用，并督促缔约方创造一个扶持环境，帮助进一步鼓励私营部门投资于无害环境技术并转让此类技术。①

2. 布宜诺斯艾利斯会议（COP 4）

联合国气候框架公约缔约方第四次会议于 1998 年在布宜诺斯艾利斯举行，会议第 4/CP.4 号决定规定了在技术转让和开发方面的努力方向。该项决议回顾了有关继续实施联合国大会第十九届特别会议通过的关于转让无害环境技术（下称 EST）的《21 世纪议程》和可持续发展委员会的第 6/3 号决定的项目的相关条款，②并要求发展中和发达成员方应该创造一个有利环境以刺激私营部门

① FCCC/CP/1997/7/Add.1, pp.39—40.

② FCCC/CP/1998/16/Add.1, pp.11, 13.

向发展中成员方的EST和诀窍转让投资，并促进内生的专有技术的实施。该决议为能够有效推进EST转让，制定了一个附件，以起到指导性作用。附件针对便利私营部门发挥适当的作用的事项，提出了技术转让中私营部门发挥何种作用，以及还能发挥何种其他作用，何种障碍阻止其更多参与的问题。此外，针对促进形成利于私营部门参与的环境的事项，提出了何种措施、方案和活动能对利于私营部门投资的良好环境的形成给予最佳帮助的问题。①这份附件提出了私人主体在参与应对气候变化技术转让过程中的具体问题，虽然决定并未给出这些问题的答案，但是为明确私人主体在这一过程中发挥作用可能涉及的问题提供了思考的方向。

3. 马拉喀什会议（COP 7）

联合国气候变化框架公约缔约方第七次会议于2001年在马拉喀什举行，会议第4/CP.7号决定的附件——“为增强《公约》第四条第5款的执行而采取有意义和有效行动的框架”的B部分（总体做法）谈到成功地开发无害环境技术和诀窍要求在国家和部门两级采取国家驱动的综合做法，这应由利害关系方（私营部门、政府、捐助界、双边和多边机构、非政府组织和学术及研究机构）开展合作，包括开展有关技术需要评估、技术信息、扶持型环境能力建设和技术转让机制的各种活动。②第C部分的第5点谈到了技术转让机制，指出技术转让机制是要便利支持开展资金活动体制活动和方法活动的，其目的之一在于使它们开展合作，向不在发达国家缔约方之列的缔约方及未列入附件二的其他发达缔约方，特别是发展中国家缔约方，通过技术合作和伙伴关系（公有/公有、私营/公有和私营/私营）加快开发和传播包括转让无害环境技术、诀窍和做法。③《联合国气候变化框架公约》第四条第五款主要是关于发达国家缔约方和其他发达缔约方应酌情促进、便利和资助其他缔约方特别是发展中国家缔约方转让或使它们有机会得到无害环境的技术和专有技术。这一份决定基于该项条款的内容，强调了在转让无害环境

---

① FCCC/CP/1998/16/Add.1, pp.15—16.

② FCCC/CP/2001/13/Add.1, p.22.

③ FCCC/CP/2001/13/Add.1, p.28.

技术中应与私营部门进行合作。

4. 布宜诺斯艾利斯会议(COP 10)

联合国气候变化框架公约缔约方第十次会议于2004年在布宜诺斯艾利斯举行,会议第6/CP.10号决定,为促进关于为加强《联合国气候变化框架公约》第四条第五款的执行而采取有效和有意义行动的框架的落实,包括建立新的公共和(或)私人伙伴关系,加强与私营部门的合作。[①]《联合国气候变化框架公约》第四条第五款主要是关于发达国家缔约方和其他发达缔约方应酌情促进、便利和资助其他缔约方特别是发展中国家缔约方转让或使它们有机会得到无害环境的技术和专有技术。这一决定也与《联合国气候变化框架公约》第四条第五款的执行有关,与COP 7第4/CP.7号决定的内容相似,也提到了与私营部门的合作。

5. 波兹南会议(COP 14)

联合国气候变化框架公约缔约方于2008年在波兹南举行第十四次会议,这次会议在技术转让方面的成就主要是将全球环境基金通过的《关于技术转让的波兹南战略方案》纳入COP技术转让议题中。波兹南战略的完整名称是"提升EST技术转让投资水平战略项目阐释",该阐释就是全球环境基金(Global Environment Facility)。GEF对COP13会议形成的决议四(这份决议要求全球环境基金详细做出一份提升技术转让投资水平的战略项目,以帮助发展中国家解决他们对EST技术需求的真实情况[②])的回应,基于与有关利益方、国际金融机构、私营金融团体和其他相关多边机构的咨询而做出的。[③]针对私人参与应对气候变化技术转让这一部分,波兹南战略主要是从私人主体有关技术转让的投资水平这一角度切入的。

6. 哥本哈根会议(COP 15)

联合国气候变化框架公约缔约方于2009年在哥本哈根召开了第十次会议,会议通过了《哥本哈根协定》,该协定为促进技术开发与转让,决定建立技术机制(Technology Mechanism),以加快技术研

① FCCC/CP/2004/10/Add.1, p.19.

② FCCC/CP/2007/6/Add.1, p.26.

③ FCCC/CP/2008/7/Add.1, p.3.

发和转让,支持适应和延缓气候变化的行动。该协定在资金上达成意见的高峰,其明确提出资金的具体数目和要求,在实际延缓气候变化举措和实行减排措施透明的背景下,发达国家承诺在2020年以前每年筹集1 000亿美元资金用于解决发展中国家的减排需求。这些资金将有多种来源,其中就包括私人资金。①虽然这里并未直接提及相关资金用于技术转让,而是用于解决发展中国家的减排需求,但解决减排需求离不开相关技术的开发和转让,私人资金的投入可被看作是另一种私人主体参与应对气候变化技术转让的方式。

7. 坎昆会议(COP 16)

联合国气候变化框架公约缔约方于2010年在坎昆召开第十六次会议,此次会议规定了私营部门在技术转让中的主体地位、任务和角色,并强调私营部门积极参与的重要意义。②这些内容对技术转让很有意义,因为技术转让如果没有掌握了绝大部分技术的私营部门的参与,是难以收到预期效果的。2010年12月通过的《坎昆协议》与《哥本哈根协定》相比,在关注私营部门参与技术转让方面有了较多的规定,它强调了私营部门在技术转让方面的重大作用,这可以看作是应对气候变化技术转让方面的一个重大突破。但它还只是一个初步形成的共识,何时可成为有法律约束力的条约的内容,尚难预期。而且,即使它变成对各缔约方有法律拘束力的条约,如果无有效的法律实施制度保障,也很难保证它不像《京都议定书》等那样难以得到有效的执行。

《坎昆协议》确立了旨在促进技术转让、扩散和开发的"技术机制",技术机制的首要目标是厘清和明确以高质量的方式促进环境友好技术开发和转让的重点并加快步伐和扩大范围;它主要通过TEC(技术执行委员会)和CTCN(气候技术中心和网络)来运行和落实(机制的实施构成),TEC的关键职责是考虑和建议促进旨在加快减排和适应行动的技术开发和转让行为,提供技术需求概况,通过利益相关方(包括政府、相关国际和区际组织、私营部门、非营

---

① FCCC/CP/2009/L.7, p.3.

② FCCC/CP/2010/7/Add.1, p.30.

利性组织及支持减排和适应行动的学术和研究团体）的合作加速国际、区际和国家层面的技术线路图或行动计划的发展和利用，其职责类似于原先的技术转让专家组；CTCN 的目的之一是使网络参与者能在以下功能方面有效参与，这就包括通过同私营部门、公共机构以及学术和研究机构的合作，刺激和鼓励无害环境技术的开发和转移，并提供南北、南南以及三角技术合作的机会。此外，《坎昆协议》还规定应该考虑《公约》下关于技术转让和开发方面的优先领域，加强技术开发、应用、推广和转移的公共和私人投资是特别需要考虑的一点。该协议规定，根据《巴厘岛行动计划》的规定，同意为发展中国家缔约方提供的经费可能有各种各样的来源，这其中包括私人的来源。

8. 德班会议（COP 17）

联合国气候变化框架公约缔约方于 2011 年在德班召开第十七次会议，会议完成了技术机制的设计，通过了 CTCN 的职权范围及 TEC 运作模式和程序等具体操作的内容。作为落实上述内容的开始，《框架公约》秘书处已经就建立“气候技术中心和其网络”的建议向全球发出提交建议的邀请，以便确定建立该类中心或机构的主办方，为技术机制能真正完全运作起来创造条件。①会议报告在提及向发展中国家缔约方提供资金、技术和能力建设支助时，强调附件二缔约国应尽可能提供受援国、缓解或适应的目标区域、涉及的部门和来自公共部门或私营部门的技术转让来源的信息。②此外，会议报告也多次提到私人资金在气候融资中的重要作用。

尽管如此，德班会议也留下了诸多遗憾，其最大的遗憾是没有通过任何有法律约束力的协议，连像《哥本哈根协定》和《坎昆协议》这样性质的文件都没有，最后通过的“一揽子决议”只是为以后的艰难谈判留下了一些希望而已。

9. 多哈会议（COP 18）

联合国气候变化框架公约缔约方于 2012 年在多哈召开第十八

---

① FCCC/CP/2011/9/Add.1，pp.23—25.

② FCCC/CP/2011/9/Add.1，p.35.

次会议,会议第1/CP.18号决定——《根据〈巴厘岛行动计划〉达成的议定结果》提到加强供资和投资方面的行动以支持缓解和适应行动及技术合作,向发展中国家缔约方提供的资金可以有不同的来源,其中就包括私人来源。同时,该决定还促请所有发达国家缔约方从各种不同的公共、私人、双边和多边来源中调动更多气候资金。多哈会议的报告虽并未直接提及"技术转让"的字眼,但"技术合作"本身应包含着"技术转让"的情况,报告中有关私人主体参与的内容主要是与私人主体提供资金以支持技术合作有关。①

10. 利马会议(COP 20)

联合国气候变化框架公约缔约方于2014年在利马召开第二十次会议,会议报告附件《资金机制第五次审查技术文件内容提要》提到环境基金促进了技术开发周期各个阶段的技术转让,而且还在波兹南技术转让战略方案范围内提供了技术转让支助。②此外,该份内容提要还提到全球环境基金促使民间社会组织和私营部门高度参与。③根据利马会议的报告,虽然会议未直接提及私人主体如何参与应对气候变化技术转让,但结合全球气候基金在促进技术转让和促使私营部门参与中所采取的措施,至少在资金机制方面,不难理解私人主体的参与对于促进技术转让的积极意义。

11. 巴黎会议(COP 21)

联合国气候变化框架公约缔约方于2015年在巴黎召开第二十一次会议,会议除通过《巴黎协定》以外,第12/CP.21号决定《通过技术机制加强气候技术开发和转让》提到定义和阐明技术机制与资金机制之间联系的目的,是确保为技术开发和转让提供资金。④此外,第7/CP.21号决定《绿色气候基金提交〈公约〉缔约方会议的报告及对绿色气候基金的指导意见》提到申请各种公共和私人来源,包括替代性来源,在整个初次资源筹集进程中提供资金投入。⑤

---

① FCCC/CP/2012/8/Add.1, pp.12—13.

② FCCC/CP/2014/10/Add.2, p.32.

③ FCCC/CP/2014/10/Add.2, p.21.

④ FCCC/CP/2015/10/Add.2, p.28.

⑤ FCCC/CP/2015/10/Add.2, p.12.

2015 年巴黎会议的相关决定也主要是从资金的角度阐述私人主体参与应对气候变化的技术转让,私人来源是为技术转让提供资金的重要来源。

12. 马拉喀什会议(COP 22)

联合国气候变化框架公约缔约方于 2016 年在马拉喀什召开第二十二次会议,会议第 10/CP.22 号决定肯定了绿色气候基金的运作模式支持技术开发和转让,包括便利获得无害环境技术和协作研发。[①]此外,报告第 7/CP.22 号决定《长期气候资金》进一步鼓励缔约方和相关机构在获得资金的途径方面继续努力,以加强从各种不同来源获取资金的途径,这其中就包括私人来源。[②]可以看到,2016 年马拉喀什会议也主要是从资金的角度,说明私人主体提供资金促进技术转让,会议同时对绿色气候基金对技术转让的支持作出了回应,相关内容在 2015 年巴黎会议及 2014 年利马会议中也有广泛涉及。

13. 波恩会议(COP 23)

联合国气候变化框架公约缔约方于 2017 年在波恩召开第二十三次会议,会议第 10/CP.23 号决定提到鼓励全球环境基金进一步加强与私营部门的接触,包括在技术项目方面。[③]这里直接提出了在技术方面,环境基金应加强与私人部门的合作。而会议第 5/CP.23 号决定《气候变化影响相关损失和损害华沙国际机制》提到邀请私营部门,酌情加强与执行委员会就与避免、尽量减少和处理气候变化不利影响(包括极端事件和缓发事件)相关损失和损害等有关的专题开展合作和协作,包括通过伙伴关系。[④]可以看到,波恩会议突出了在应对气候方面应与私人主体加强合作。虽然会议报告没有直接提及"私人主体参与技术转让"的字眼,但在应对气候变化中,与私人主体的合作也包含就技术转让进行的合作,相关内容也暗含着在应对气候变化中,私人主体在促进技术转让中的重要作用。

---

① FCCC/CP/2016/10/Add.1, p.37.
② FCCC/CP/2016/10/Add.1, p.18.
③ FCCC/CP/2017/11/Add.1, p.33.
④ FCCC/CP/2017/11/Add.1, p.21.

(二) 其他国际文件

除联合国气候变化框架公约缔约方会议的文件以外,还有其他与应对气候变化息息相关的国际会议文件,这些文件中有不少关于私人参与技术转让的内容,值得思考。

1.《21世纪议程》

《21世纪议程》是1992年6月在巴西里约热内卢召开的联合国环境与发展大会通过的重要文件之一,是"世界范围内可持续发展行动计划",对环境保护和应对气候变化的国际合作和努力有重要意义。该议程十分重视私营部门在参与应对气候变化和可持续发展方面的作用,在通过贸易为基础的行动促进可持续发展、改变消费模式、人口动态与可持续性、技术转让等方面共60多次提到私营部门的作用,特别是在技术转让和能力建设方面强调了私营部门的重大作用。①下文重点分析其中的两个方面。

该项议程在第九章(保护大气层)第二部分提到,在为促进可持续发展而开展的活动中,各国政府在适当一级上同相关的联合国机构合作,并酌情同政府间和非政府组织和私营部门合作,应促进对各种经过改良的具有能源效率的技术和办法,包括所有有关部门的本地技术进行研究、发展、转让和使用,以及促进对无害环境的能源系统,包括新能源和可再生能源系统的技术和做法的研究、发展、转让和使用,特别要注意发展中国家。②在工业发展方面,各国政府在适当一级同有关的联合国机构、酌情和政府间非政府组织以及私营部门合作,应在发展和转让这种工业技术以及培养管理和使用这种技术的能力方面进行合作,尤其是同发展中国家。③

此外,该议程第三十四章(转让无害环境技术,合作和能力建设)的导言部分就提出技术合作需由企业和政府、技术供应方和接受方共同努力。这种合作是政府、私营部门以及研究和发展设施均需参加的多代过程,以确保技术转让取得最佳结果。在支持和促进获取和转让技术方面,各国政府和国际组织应促进和鼓励私营部门

① *United Nations Conference on Environment and Development, 1992*, Agenda 21.
② Ibid., Section II, 9.12(c)(d).
③ Ibid., Section II, 9.18(c).

提倡有效的模式，通过各种活动来促进获取和转让无害环境技术，这包括创造有利条件以鼓励私营和公共部门创新、销售和使用无害环境技术；在环境与发展充分结合的范围内处理转让私人拥有的无害环境技术的障碍，并采取一般的措施来减少这种障碍，同时制定具体的财政或其他奖励办法，以促进这种技术的转让。同时，这一部分还特别提到了就私人拥有的技术而言，可以特别为发展中国家制订和加强适当的财政或其他奖励措施，以促进各公司向各国特别是发展中国家转让无害环境技术。①

可以看到，《21 世纪议程》较为详细地阐述了私人主体在无害环境技术转让中的重要作用以及国家应为私人转让相关技术提供支持。虽然相关内容并未明确提及应对气候变化的技术转让，但“无害环境技术转让”中的“无害环境技术”可包含应对气候变化的“无害环境技术”。因此，《21 世纪议程》中的相关内容也应纳入考虑。

2.《约翰内斯堡可持续发展宣言》

2002 年南非约翰内斯堡召开的联合国可持续发展世界首脑会议（亦称“地球峰会”）发表了《政治宣言》（即《约翰内斯堡可持续发展承诺》），会议通过的《政治宣言》明确将技术转让作为全球化下永久消除贫穷的重要手段。《约翰内斯堡可持续发展宣言》特别提出私人在环境保护和可持续发展方面的重要作用，明确指出私营部门，包括大小公司，在从事合法活动时，有义务为发展公平和可持续的社区和社会作出贡献；同时私营部门公司有必要加强公司问责制，并应当在一个透明和稳定的制度环境下执行。②这要求私营部门严格遵守营利的同时保护环境，同时也隐含着对穷国或发展中国家应尽到社会责任，包括技术转让的意思。当然，从这份宣言的性质来看，有关内容只是一种呼吁，要将其变成切实可行的义务，还需特定的条约给予规定。

3.《我们想要的未来》

我们想要的未来是里约 20+会议上与会方所形成共识的一个

---

① See *United Nations Conference on Environment and Development*, *1992*; *Agenda 21*, Section Ⅳ, 34.4; 34.18(b)(d)(e)(一).

② See *Johannesburg Declaration on Sustainable Development*, *2002*, p.4.

重要内容,其核心是全人类通过共同努力来实施可持续发展战略。其中在9个重要的段落中,该报告强调了“私营部门”就涉及可持续发展各个方面的积极作用。[①]在有关技术发展和技术转让方面,它提出:在各个国家制定可持续发展的、涉及技术开发及其转让的经济、社会等法律、政策等时,要充分考虑到私营部门与其他相关利益方的合作及他们作用的发挥,特别是在清洁能源的使用、发展中国家能力建设等领域,以便于技术能够快速转让服务于全人类的可持续发展之实施。

第三节 私营部门参与应对气候变化的中国国内法律规范

古罗马有一句格言:“只要有社会就会有法律。”这句格言体现了社会现实对法律的需求,法律制度对于一个社会发展和进步具有非凡的意义。就像博登海默所说,“任何值得被称为法律制度的制度,必须关注某些超越特定社会结构和解决结构相对性的基本价值。在这些价值中,较为重要的有自由、安全和平等。”[②]真正的法律制度会超越其表面的形式而直击人类本性的价值,体现人类共性的追求,比如自由、平等、安全,而这些价值应当服从于社会公益的某些迫切需要。当今世界,全球气候变化成为世界性的难题,如何解决这一难题给人类生存和发展带来的压力是各国试图迫切解决的。然而,应对气候变化是一个系统宏大的难题,需要世界各国和全社会采取各种的措施和手段。其中,技术转移是应对气候变化的关键,这已经成为国际社会的共识。

气候具有全球性和公共物品的属性,这意味着应对气候变化目标的达成需要世界各国的协同合作才能达成实效。虽然,世界各国已经通过一些的国际会议达成了共同但有区别的责任,宣布了各自

---

① See paragraphs 13, 46, 71, 117, 127, 154, 244, 268 & 272 of *The Future We Want*, Resolution adopted by the General Assembly, A/RES/66/288.

② [美]E.博登海默:《法理学:法律哲学与法律方法》,邓正来译,中国政法大学出版社2004年版,前言。

的减排目标。但现实是发展中国家的技术创新能力弱,发展落后,想要落实各自的责任达成减排目标,从发达国家获得应对气候变化的技术是非常重要的途径。否则,发展中国家将面临越来越严重的“技术锁定”效应。①技术锁定一旦达成,会使发展中国家难以放弃高能耗高污染的技术,更有效的应对气候变化的技术不能得到推广应用。以中国为例,有学者预测,如果不对中国进行及时的技术转让,帮助中国的燃煤机组进行及时有效的技术升级,到 2030 年可能造成多排放 60 亿吨二氧化碳的巨额“锁定效应”。②因此,应对气候变化的难题,必须努力促使应对气候变化技术转移的实现。

法律是促进应对气候变化技术转移非常重要的制度工具。“法是借以调节人类行动的理性的某种命令。法不外乎是对于种种有关公共幸福的事项的合理安排,由任何负有管理社会之责的人予以公布。”③所以,我们应当发挥法律制度的作用促使应对气候变化技术能实现更好的转让。

要发挥法律制度作用的前提是要对我国的法律制度有一个清晰的认识,了解我国应对气候变化的技术转让法律制度的合理成分和不足之处。技术转让是一个涉及经济、政治、科学、文化诸因素的复杂过程,而不是一个单纯的技术过程。因此,只有通过专门的法律法规进行调整,才能保证技术转让是一个连续的良性循环系统,从而最有效率地发挥技术转移对应对气候变化的关键作用。

我国没有关于技术转让的专门立法,更不用说专门应对气候变化的技术转让立法了。与技术转让相关的法律法规散见在一般性法律法规中。首先,技术作为一种智力成果与知识产权法律法规联系紧密,而知识产权是私人的权利;其次,技术的转让是一种过程,这个过程与贸易法律法规密切相关,涉及国家和政府对进出口等贸易规则的调控;再次,一些激励性的法律法规比如税收优惠也会影

---

① 技术锁定;根据演化经济理论,技术。经济系统具有正反馈机制的随机性动态系统,这个系统一旦由于某种偶然事件的影响,就会沿着一条固定的路径演化下去,即使有更好的替代方案,既有的路径也很难发生改变。

② 邹骥:《环境有益技术开发与转让国际合作创新机制研究》,经济科学出版社 2009 年版,第 2—5 页。

③ [意]阿奎那:《阿奎那政治著作选》,马清槐译,商务印书馆 1963 年版,第 104 页。

响技术转让行为,税收既是私人的义务,在另一种程度上,对于应对气候变化的技术,税收优惠也是私营企业可以享有的权利。又由于本书的研究对象是应对气候变化技术的转让,所以必然会涉及部分节能环保等法律法规等。所以本书将应对气候变化技术转让相关的法律归入四大类来论述,探讨目前我国应对气候变化技术转让法律制度的大致框架。

一、应对气候变化技术转让与知识产权法律法规

知识产权是私营部门最为重要的资产。应对气候变化的技术是人类知识的重要结晶,也同时是一种重要的知识产权。技术转让,尤其是应对气候变化技术的转让,离不开知识产权保护制度。一项技术依据不同的法律规定会产生多种不同的知识产权。如依据著作权法会产生著作权,依据专利法会产生专利权,依据发明奖励条例会产生发明权,依据有关商业秘密会享有商业秘密的权利。其中最重要的当属专利制度。专利制度在实现低碳发展,促进环境友好技术转让方面具有重要作用。

(一)专利法

专利制度相关的法规有《专利法》(2008)、《专利法实施细则》(2010)。我国现行有效的是2008年版,但随着经济社会的发展,已经越来越难以满足实践中的需要。2013年开始,《专利法》第四次修改已经启动,目前已经形成了修订草案。从最新的修订草案中我们可以了解到最新《专利法》在技术转让方面可能实现的进步。从《中华人民共和国专利法修订草案(送审稿)》的说明中[①]可以看出这次修法的重点包括了专利的实施和运用,而转让正是实施和运用的重要环节。以上详细说明了《专利法》修改的必要性。

从对照可以看到修订稿增加了“专利的实施和运用”一章以促

---

① 参见《国务院法制办就专利法修订草案(送审稿)征求意见》。Http://www.gov.cn/xinwen/2015-12/03/content_5019664.htm.说明稿中提到,党的十八大明确提出“实施知识产权战略,加强知识产权保护”;十八届三中全会强调要“加强知识产权运用和保护,健全技术创新激励机制”;十八届四中全会提出“全面推进依法治国”、“完善激励创新的产权制度、知识产权保护制度和促进科技成果转化的体制机制”。

进专利的实施和运用。主要建议包括:为充分调动发明人、设计人的积极性,促进技术创新,明确职务发明创造的范围,规定利用本单位物质技术条件完成的发明创造的权属适用约定优先原则;为解决国家设立的研究机构、高等院校专利技术转化率低的问题,允许发明人或者设计人根据与单位的协议实施专利技术,并获得相应收益;为解决专利许可供需信息不对称问题,借鉴国外经验,引入当然许可制度,降低专利许可成本;为处理好标准与专利的关系,规定标准必要专利默示许可制度;增加防止专利权滥用的原则性规定。(见修订稿的第六条、第十四条、第十六条、第八十一条至第八十五条)

其中当然许可制度是本次修改中新创设的制度,“专利权人以书面方式向国家知识产权局声明其愿意许可任何人实施其专利,并明确许可费的,由国家知识产权局予以公告”。[①]当然许可制度可以使需求方能够以便捷的方式获得专利许可,可以降低许可人的成本,使专利技术能尽快产业化。这有利于建立一个更为开放的技术转让的社会环境,对于应对气候变化技术的转让来说是非常有利的。

新增的第78条规定:“国家设立的研究开发机构、高等院校自职务发明创造获得专利权之后合理期限内,既未自行实施或者作好实施的必要准备,也未转让和许可他人实施的,在不变更专利权属的前提下,发明人或者设计人可以与单位协商自行实施或者许可他人实施该专利,并按照协议享有相应的权益。”科研机构和高校是专利发明创造的重要来源,但一直以来存在转化率低的问题使得其作用没有得到充分的发挥。打破了职务发明的限制,给予允许发明人和设计人在一定情况下更多的自主权,将有利于发明创造尽快地进入流转领域发挥其作用。

关于职务发明,2015年4月向社会公开征求意见的《职务发明条例草案》值得关注。虽然《专利法》等法律法规有关于职务发明的基本规定,但规定的较为原则,缺乏可操作性,现实中单位忽视和侵害发明人权益的现象时有发生,严重挫伤了发明人的积极性。因

① 送审稿第82条。

此一部专门规范职务发明的法规的出台，将有利于改善职务发明的创造和转移环境，完善职务创新成果的权利归属和利益分配制度，从而调动科技人才及其所在单位进行科技创新和转化运用的积极性。

（二）促进科技成果转化的法律

科技成果的转化与技术转移息息相关，我国因此专门实施了《促进科技成果转化法》，并于 2015 年对其进行了全面的修改。新法的第二条增加了对科技成果的定义并明确了职务科技成果："本法所称科技成果，是指通过科学研究与技术开发所产生的具有实用价值的成果。职务科技成果，是指执行研究开发机构、高等院校和企业等单位的工作任务，或者主要是利用上述单位的物质技术条件所完成的科技成果。"从中也可以开出，明确职务科技成果是新一轮知识产权法律法规修改的一个重要方面。

新法要求国家努力建设有利于科技成果转化的良好环境，"国家对科技成果转化合理安排财政资金投入，引导社会资金投入，推动科技成果转化资金投入的多元化。"同时要"为科技成果转化创造良好环境"。①

新法新增了四个法条，要求国家鼓励研究开发机构、高等院校通过转让、许可、作价投资等方式向企业或其他组织转移科技成果。②另一方面又鼓励政府帮助企业获取所需要的科技成果，鼓励研究开发机构、高等院校与企业相结合，联合实施科技成果转化。③科技人才和技术转让平台是科技创新和转化的重要环节，新法增加了有关科技人员交流、培养的规定，以及技术市场、中介服务、信息平台的建设。

总的来说，新颁布的《科技成果转化法》，从三个方面进一步细化和补充了原有条文的不足，包括明确国家鼓励研发机构、高等院校向企业或其他组织转移科技成果；激励科技成员创新创业；创造科技成果转移转化良好环境。同时新法更加明确关注了应对气候变化有关的技术成果，对于"能够合理开发和利用资源、节约能源、

---

① 《促进科技成果转化法》(2015)第 4 条、第 5 条。

② 《促进科技成果转化法》(2015)新增了第 17、18、20、21 条。

③ 《促进科技成果转化法》(2015)第 24 条。

降低消耗以及防治环境污染、保护生态、提高应对气候变化和防灾减灾能力的”科技成果转化项目，国家通过政府采购、研究开发资助、发布产业技术指导目录、示范推广等方式予以支持。①这将使应对气候变化的技术转让得到更好的国家和社会的支持。

国务院办公厅在2016年还专门印发了《促进科技成果转移转化行动方案的通知》（国办发〔2016〕28号）②进一步落实科技成果转化，加快推动科技成果转化为现实生产力。其中应对气候变化的技术转让也是其中非常重要的一部分。

综合来看，目前我国知识产权法律制度体系和法律修改的大方向是有利于技术发明和成果转让的，应对气候变化技术转让也能从中有所裨益。但遗憾的是虽然气候变化已经成为全世界的议题、法律生态化也慢慢体现在新一轮的司法改革中，但目前知识产权法律体系中还是仅停留在知识产权本身的层面，与气候变化相关的绿色环保理念还并没有得到很充分的体现。

二、应对气候变化技术转让与贸易投资法律法规

技术转让是一个过程，会通过转让、许可、投资作价等方式实现，在过程中会涉及很多贸易投资法律法规。比如技术转让必然会签订技术转让合同，此时就会受《合同法》、《技术合同法》等调整市场经济秩序的法律影响；而涉及跨国技术转让，就会受《对外贸易法》及根据该法制定的《技术进出口管理条例》③等相关法律法规的影响；当跨国技术转让以投资的形式实现时，会受投资法律法规和企业法的规制。接下来简单论述下实务中对技术转让影响较大的法律法规。

（一）技术贸易法律法规

贸易作为技术转让实现最传统的一种方法，已经有了较为完善

① 《促进科技成果转化法》（2015）第12条。

② 国务院办公厅关于印发促进科技成果转移转化行动方案的通知。

③ 《技术进出口管理条例》于2001年公布，根据2011年1月8日国务院令第588号《国务院关于废止和修改部分行政法规的决定》修订将《中华人民共和国技术进出口管理条例》第八条、第三十一条中的“有对外贸易法第十六条、第十七条规定情形之一的技术”修改为“有对外贸易法第十六条规定情形之一的技术”。

的法律法规对其进行调整。在技术进出口贸易方面主要有《对外贸易法》和《技术进出口管理条例》。《对外贸易法》是关于技术贸易的基础性法规,第 2 条规定,本法所称对外贸易,是指货物进出口、技术进出口和国际贸易服务,因此技术进出口自然是属于对外贸易法所规范的一项贸易内容。其中第三章专门规定了货物进出口与技术进出口,第五章专门规定了与对外贸易有关的知识产权保护。《技术进出口管理条例》是在原《技术引进管理条例》及其施行细则(已废止)的基础上,对技术进出口进一步规范的行政法规。

该条例对技术进出口进行了分类别的一体化管理,简化了程序,调高了整个管理体系的效率。根据条例,技术进出口行为是指跨境转移技术的行为,包括许可和转让两个方面,具体内容包括专利权转让、专利申请权转让、专利实施许可、技术秘密转让、技术服务和其他方式的技术转移,方式可以是贸易、投资或者经济技术合作。①在技术进出口管理模式上,我国对技术进出口实行统一管理制度,同时由对外经济贸易部门及其各省、自治区、直辖市的外经贸主管部门负责全国及各行政区域内的技术进出口管理工作。②

概括来说,条例对技术进出口采取三种技术、登记加审批的制度。将技术分为禁止进出口、限制进出口、自由进出口三类,有对外经济贸易部门会同国务院有关部门制定、调整并公布禁止或限制进出口的技术目录。③登记加审批的制度是指对属于禁止进出口的技术,不得进口或出口;对属于限制进出口的技术,实行许可证审批管理;对属于自由进出口的技术,实行合同登记管理制度。如果通过投资经济技术转移,设立外商投资企业,外方以技术作为投资的,该技术的进口,应当按照外商投资企业设立审批的程序进行审查或者办理登记。④为了运作方便,商务部公布了《中国禁止进口限制进口技术目录》(2007 年)和《中国禁止出口限制出口技术目录》(2008 年修订),另外,商务部还根据《对外贸易法》和《技术进出口管理条

---

① 参见《技术进出口管理条例》第 2 条、第 3 条。
② 参见《技术进出口管理条例》第 6 条。
③ 参见《技术进出口管理条例》第 8 条、第 31 条。
④ 参见《技术进出口管理条例》第 22 条。

例》专门颁布了《禁止出口限制出口技术管理办法》对禁止进口和限制进口技术进行了更具体的管理规范。而许可证目录也一直在更新,商务部、海关总署于2015年发布了最新的《两用物项和技术进出口许可证管理目录》。

除了部分禁止限制出口的技术外,大部分的技术转让都是通过合同登记方法来进行管理,技术转让合同是非常关键的。不但涉及《民法通则》、《合同法》等一般性法律和《技术合同认定登记管理办法》、《技术合同认定规则》等部门规章,也有专门与技术进出口合同相关的《技术进出口合同登记管理办法》(2009年)。技术合同是《合同法》第十八章专章规定的有名合同,其中第三节规定了技术转让合同包括专利权转让、专利申请权转让、技术秘密转让、专利实施许可合同,简要规定了技术转让合同的形式和当事人的权利义务及违约责任。技术进出口合同的管理依据《技术进出口合同登记管理办法》,技术进出口合同包括专利权转让合同、专利申请权转让合同、专利实施许可合同、技术秘密许可合同,同时还包含技术服务合同和含有技术进出口的其他合同,①范围比《合同法》列举得更为广泛。

商务主管部门是技术进出口合同的登记管理部门,由各行政级别的商务主管部门对本行政区域内的自由进出口技术合同进行登记管理。《管理办法》对技术进出口合同的生效时间规定,自依法成立时生效。②同时实行网上在线登记管理,在商务部政府网站上的"技术进出口合同信息管理系统"进行合同登记,持相关申请文件到商务部主管部门履行登记手续。③自由进出口技术的合同登记内容如包括:合同号、合同名称、技术供方、技术受方、技术使用方、合同概况、合同金额、支付方式、合同有效期。另外,国家对自由进出口技术合同编号实行标准代码管理。其编制技术规则可在《技术进出口管理条例》查询。进出口技术合同遗失或因故中止、解除,经营者应持登记证等及时向商务主管部门公开挂失或备案。④此外,

---

① 《技术进出口合同登记管理办法》第2条。
② 《技术进出口合同登记管理办法》第3条。
③ 《技术进出口合同登记管理办法》第8条。
④ 《技术进出口合同登记管理办法》第10条、第11条。

为了更好地掌握自由进出口技术的情况,商务部负责对全国技术进出口进行统计并定期发布统计数据,各级商务主管部门负责本行政区域内的技术进出口情况的统计。①

可以说这些法律法规为我国的技术进出口实现了一套完善的管理规制和流程,同时也有利于掌握我国技术进出口的历史和现状,了解其动态的过程,可以为引导环境友好技术的跨国转让提供更精确的背景信息。

（二）技术投资法律法规

技术转让除了技术进出口贸易外,投资和经济技术合作也是非常重要的方式。很多技术是通过投资企业和货物设备贸易来完成。为了引进先进技术和先进管理经验,三资企业法将国际合作和技术交流或引进作为立法目的之一,鼓励外方将先进技术作为出资形式之一或作为外方的义务。②《中外合资经营企业法》和《外商投资企业法》在具体的实施条例中均明确规定了造成环境污染的企业不予批准。可见,在引进外资和先进技术的过程中隐含着引进先进的环境无害技术的诉求,发展是不能以环境污染为代价的。《外资企业法实施细则》(2014 年修改)就明确表明,设立外资企业必须有利于国民经济发展,国家鼓励外资企业采用先进技术和设备,可能造成环境污染外资企业申请不予批准。③外国投资者以工业产权、专有技术出资的,该工业产权应当为外国投资者所有,原来的规定对其有限制,该工业产权、专有技术的作价应当与国际上通常的作价原则相一致,其作价金额不得超过外资企业注册资本的 20%, 2014 年法规修改后,删除了该数额的限制,有利于鼓励外国投资者以先进技术投资。《中外合资经营企业法实施条例》(2014 年修改)在出资方式中也允许外国合营者以工业产权或专有技术出资,但必须符合的条件之一就是能显著节约原材料、燃料、动力。该实施条例还列专章对引进技术进行了规定,合营企订立的技术转让协议,应当报

① 《技术进出口合同登记管理办法》第 17 条。

② 《合资经营企业法》第 1 条、第 5 条;《中外合作经营企业法》第 1 条、第 4 条;《外资企业法》第 1 条、第 3 条。

③ 《外资企业法实施条例》第 3 条、第 5 条。

审批机构批准,采取的是批准制度。[①]与一般自由转让技术转让协议的登记制度不同。在《技术进出口合同登记管理办法》中规定了中外合资、中外合作和外资企业成立时作为资本入股并作为合资章程附件的技术进口合同按外商投资企业有关法律规定办理相关手续。[②]所以外资企业设立过程中订立的技术转让协议,根据相关企业法的规定采取的是批准制度。

2019 年 3 月我国通过的《外商投资法》明确规定,在遵循给予外国投资者国民待遇的原则下,技术合作合同应遵循公平原则,当事人平等协商确定合同内容,行政机关不得干预。[③]对此,《技术进出口管理条例》对涉及技术进口合同部分条款也相应进行了修改,即删除了行政干预技术合同内容的条款。具体如下:条例修改的重点内容为删除了第 24 条第 3 款、第 27 条、第 29 条的规定,删除了对技术进口合同中对让与人的限制性规定。但《外商投资法》同时规定在中国境内进行投资活动的外国投资者、外商投资企业,应当遵守中国法律法规,不得危害中国国家安全、损害社会公共利益;[④]其中的“国家安全”、“社会公共利益”应该包括环境安全、生态安全及环境、生态保护所带来的公共利益等。

可见,无论是通过贸易、投资还是其他方式来实现技术转移,我国目前的法律法规中对技术的环境要求都开始加强,对环境有害的技术转移设置了诸多限制,努力引导应对气候变化有利于环境的技术进行转让。

三、应对气候变化技术转让与税收及竞争法律法规

(一) 税收法律法规

1.《企业所得税法》及其实施条例

为了促进环境友好技术的转让,特别是鼓励私营企业积极进行技术转让,国家实施了大量奖励性法律法规,尤其是各种税收优惠

---

① 《中外合资经营企业法实施条例》第 43 条。

② 《技术进出口合同登记管理办法》第 16 条。

③ 参见《外商投资法》(2019 年)第 22 条。

④ 参见《外商投资法》(2019 年)第 6 条。

政策,主要是促进资源节约型、环境友好型社会建设的税收优惠政策和促进科技进步和自主创新的税收优惠政策。主要规定在《企业所得税法》、《企业所得税法实施条例》等法律法规中。包括对企业从事符合条件的环境保护、节能节水项目所得实施“三免三减半”的政策,即符合条件的企业从取得经营收入的第一年至第三年可免交企业所得税,第四年至第六年减半征收。①对符合条件的资源综合利用产品,如特定建材产品、风力发电、抽采利用煤层气等,及其企业以《资源综合利用企业所得税优惠目录》规定的资源为主要原料,生产国家非限制和禁止并符合国家和行业相关标准的产品取得的收入,实施了增值税免征、即征即退、先征后返,免征消费税和企业所得税减计收入的政策。②对企业购置并实际使用符合规定条件的环境保护、节能节水、安全生产等专用设备的,该专用设备的投资额的10%可以从当年的应纳税额中抵免;当年不足抵免的,可以在以后5个纳税年度结转抵免。对低排量、环保型汽车的消费税给予优惠税率。这些税收优惠政策的目的在于促进资源节约型、环境友好型社会发展,在这个过程中有利于促使企业积极开发引进环境友好技术。

技术转让离不开技术发明,为促进技术进步和自主创新,形成有利于自主创新的环境,国家也会通过税收优惠政策来引导。企业为开发新技术、新产品、新工艺发生的研究开发费用,未形成无形资产计入当期损益的,在按照规定据实扣除的基础上,按照研究开发

---

① 参见《中华人民共和国企业所得税法》第27条第三款;《中华人民共和国企业所得税法实施条例》第88条、第89条;《财政部 国家税务总局 国家发展改革委关于公布环境保护节能节水项目企业所得税优惠目录(试行)的通知》(财税〔2009〕166号);《财政部 国家税务总局关于公共基础设施项目和环境保护节能节水项目企业所得税优惠政策问题的通知》(财税〔2012〕10号)。

② 参见《中华人民共和国企业所得税法》第33条;《中华人民共和国企业所得税法实施条例》第99条;《财政部 国家发展和改革委员会 国家税务总局关于印发〈国家鼓励的资源综合利用认定管理办法〉的通知》(发改环资〔2006〕1864号);《财政部 国家税务总局 国家发展改革委关于公布资源综合利用企业所得税优惠目录(2008年版)的通知》(财税〔2008〕117号);《财政部 国家税务总局关于执行资源综合利用企业所得税优惠目录有关问题的通知》(财税〔2008〕47号);国家税务总局关于资源综合利用企业所得税优惠管理问题的通知=(国税函〔2009〕185号)。

费用的50%加计扣除；形成无形资产的，按照无形资产成本150%摊销。对从事文化产业支撑技术等领域的文化企业，开发新技术、新产品、新工艺发生的研究开发费用，允许按照税收法律法规的规定，在计算应纳税所得额时加计扣除。①承担科技重大专项项目的企业和大专院校、科研院所等事业单位进口项目所需国内不能生产的关键设备（含软件工具及技术）、零部件、原材料，免征进口关税和进口环节增值税。科技重大专项项目是指列入《国家中长期科学和技术发展规划纲要（2006—2020年）》的进口科技重大专项，其中包括水体污染控制与治理。②

毫无疑问，税收优惠法律法规对于鼓励先进技术发明和转让，尤其是应对气候变化技术的转让与创新，起着至关重要的引导作用。我国在这一方面已经形成了较好的税收优惠激励环境。

2.《环境保护税法》

走过6年立法之路、历经两次审议，《环境保护税法》于2016年12月25日由十二届全国人大常委会第二十五次会议通过，自2018年1月1日起施行。该法全文5章、28条，分别为总则、计税依据和应纳税额、税收减免、征收管理、附则；它是一部主要针对私人主体排放相关污染物等而进行税务征收的一部法律，它一改中国过去针对污染行为收费的做法，有利于推动我国的环境保护。其中，包括了针对温室气体排放的征税内容，这必将有利于应对气候变化方面的工作。其立法目的是“为了保护和改善环境，减少污染物排放，推进生态文明建设”③。适用对象为“在中华人民共和国领域和中华人民共和国管辖的其他海域，直接向环境排放应税污染物的企事业单位和其他生产经营者为环境保护税的纳税人”，它们如果有上述排放行为应当依照该法律规定缴纳环境保护税。④该法所称应税污

① 参见《中华人民共和国企业所得税法》第30条；《中华人民共和国企业所得税法实施条例》第95条；《财政部　国家税务总局　科技部关于完善研究开发费用税前加计扣除政策的通知》（财税〔2015〕119号）；《财政部　海关总署　国家税务总局关于继续实施支持文化企业发展若干税收政策的通知》（财税〔2014〕85号）第4条。

② 参见《科技重大专项进口税收政策暂行规定》第2条、第3条。

③ 《中华人民共和国环境保护税法》（2016）第1条。

④ 《中华人民共和国环境保护税法》（2016）第2条。

染物,是指其后所附的《环境保护税税目税额表》、《应税污染物和当量值表》等所规定的大气污染物、水污染物、固体废物和噪声。[①]其中大气污染物的税额为1.2—12元/污染当量,[②]大气污染物主要有二氧化硫、一氧化碳、氮氧化物、二硫化碳等44种,[③]但二氧化碳并不在其中。在计税依据方面,应税大气污染物是按照污染物排放量折合的污染当量数确定;[④]应税大气污染物的污染当量数,以该污染物的排放量除以该污染物的污染当量值(依照该法所附《应税污染物和当量值表》执行)计算。[⑤]每一排放口或者没有排放口的应税大气污染物,按照污染当量数从大到小排序,对前三项污染物征收环境保护税。[⑥]应税大气污染物的排放量按照下列方法和顺序计算:(1)纳税人安装使用符合国家规定和监测规范的污染物自动监测设备的,按照污染物自动监测数据计算;(2)纳税人未安装使用污染物自动监测设备的,按照监测机构出具的符合国家有关规定和监测规范的监测数据计算;(3)因排放污染物种类多等原因不具备监测条件的,按照国务院环境保护主管部门规定的排污系数、物料衡算方法计算;(4)不能按照本条第一项至第三项规定的方法计算的,按照省、自治区、直辖市人民政府环境保护主管部门规定的抽样测算的方法核定计算。[⑦]大气环境保护税应纳税额的计算方法为:应税大气污染物的应纳税额为污染当量数乘以具体适用税额。[⑧]为了鼓励相关当事方减少排放,该法规定:纳税人排放应税大气污染物等的浓度值低于国家和地方规定的污染物排放标准30%的,减按75%征收环境保护税;浓度值低于国家和地方规定的污染物排放标准50%的,减按50%征收环境保护税。[⑨]

---

① 《中华人民共和国环境保护税法》(2016)第3条。

② 参见《中华人民共和国环境保护税法》(2016)附表一《环境保护税税目税额表》。

③ 参见《中华人民共和国环境保护税法》(2016)附表二《应税污染物和当量值表》。

④ 《中华人民共和国环境保护税法》(2016)第7条。

⑤ 《中华人民共和国环境保护税法》(2016)第8条。

⑥ 《中华人民共和国环境保护税法》(2016)第9.1款。

⑦ 《中华人民共和国环境保护税法》(2016)第10条。

⑧ 《中华人民共和国环境保护税法》(2016)第11条。

⑨ 《中华人民共和国环境保护税法》(2016)第13条。

上述规定，对企业、事业等单位，特别是企业，环境友好技术的转让、转化等使用会带来积极影响：先进技术的使用，将直接减少污染物的排放，减少纳税额，进而客观上降低企业的生产和经营成本。因此，上述法律规定对企业使用环保技术会产生巨大的动力和压力，将大大降低污染物，这在客观上将有利于技术转让和扩散。

（二）竞争法律法规

目前技术转让的主体有研究开发机构、高等院校、企业等组织以及个人等，而转让的方式主要是通过市场来进行。而通过市场进行技术转让，难免需要受到竞争法律法规的调整。技术转让过程中可能会存在不正当竞争。我国规范市场不正当竞争的法律主要有《反不正当竞争法》(1993)和《反垄断法》(2008)。

垄断行为在技术转让中主要是通过合同签订限制性条款产生的。它是一方当事人或双方当事人为谋求对技术市场的控制或垄断，而在技术转让合同中采取一些不合理的限制性做法，这些作为严重违背了公平贸易原则，限制了合理正当的竞争。《反垄断法》作为保护市场公平竞争的专门法律，对于规制技术转让限制性条款有原则性的规定。“经营者依照有关知识产权的法律、行政法规规定行使知识产权的行为，不适用本法；但是，经营者滥用知识产权，排除、限制竞争的行为，适用本法。”①即知识产权的滥用行为可以由《反垄断法》进行规制，并规定了违反的标准是“限制、排除竞争”。

《反不正当竞争法》是1993年实施的，而随着我国经济市场化程度大幅提高，经济总量、市场规模、市场竞争程度和竞争状况都发生了极为广泛而深刻的变化。现行法的滞后性逐渐显现出来，诸如法律内容狭窄陈旧、法律空白点多、条款缺失、行政执法分散、执法标准不统一、法律责任制度不完善、处罚力度过弱等，因此必须对其进行修改。2016年2月，国务院法制办公布了《反不正当竞争法(修订草案送审稿)》，修改内容涉及现行法33条中的30条，其中删除7条，新增9条，共35条。在修订稿中，对反不正当竞争的执法

① 《反垄断法》第55条。

体系实现了统一，在总则部分明确工商行政管理部门对不正当竞争行为的一般管辖权，同时规定了相关部门也可以依照法律、行政法规的规定进行监督检查。同时对不具有市场支配地位但在交易中具有相对优势地位经营者的不公平交易行为进行了规范，[①]并明确了相对优势的含义。现行法中关于“商业贿赂”的概念一直为学者所诟病，修订稿中，采用概念加列举的方式明确商业贿赂概念及典型的商业贿赂行为，有利于正确区别商业贿赂和经营者之间的利益折让，鼓励和促进公平竞争。[②]此外，针对现行法监督手段不足，违法责任偏轻等问题，修订稿完善了执法机关的监督检查权限和职责，赋予执法机关查封扣押权等行政强制措施。同时增加了当事人配合调查的义务以及对拒不配合、拒绝接受调查的当事人规定了责任追究，拒绝阻碍调查最高可处20万元罚款。一旦新的《反不正当竞争法》通过，将更好地保护公平竞争，制止不正当竞争行为，也能更好地与国际反不正当竞争法律接轨，在跨国技术转让方面更好地应对其他国家的反垄断反商业贿赂的审查。

总体而言，我国的竞争法律制度已经越来越与当前的市场经济状况接轨，也是对作为垄断权的知识产权的一种外部平衡，能更好地应对我国促进应对气候变化技术转让的需求。

四、应对气候变化技术转让与节能环保法律法规

在应对气候变化的大环境下，技术转让离不开相应的节能环保等相关法律法规。这部分法律法规有部分涉及应对气候变化技术转让的相关问题。

（一）环保法律法规

2014年新修订的《环境保护法》是我国关于环境保护的综合性法律，其中明确了保护环境是国家的基本国策。国家支持环境保护科学技术研究、开发和应用。[③]国家促进清洁生产和资源循环利用，政府要推广清洁能源的生产和使用，企业要优先使用清洁能源和资

① 《反不正当竞争法修订送审稿》第6条。
② 《反不正当竞争法修订送审稿》第7条。
③ 《环境保护法》第7条。

源利用率高的技术。[①]国家对严重污染环境的工艺、设备和产品实行淘汰制度。任何单位和个人不得生产、销售或者转移、使用严重污染环境的工艺、设备和产品。禁止引进不符合我国环境保护规定的技术、设备、材料和产品。[②]这也意味着，根据《环境保护法》，应对气候变化的技术是目前国家要求推广使用和引进的。

有关环境保护具体的法律法规主要可以分为自然资源保护法，如《森林法》、《草原法》、《渔业法》、《矿产资源法》、《水法》、《水土保持法》、《气象法》等；污染防治法，如《水污染防治法》、《大气污染防治法》、《海洋环境保护费》、《固体废物污染环境防治法》，其他类法律，如《环境影响评价法》、《清洁生产促进法》、《循环经济促进法》等。事实上，环境保护法律体系是个很庞杂的体系，要实现自然资源的保护和污染的防治，离不开环境友好技术的创造和转移。在环保法律体系中与技术转让最为相关的是《清洁生产促进法》和《循环经济促进法》。

《清洁生产促进法》自2002年开始实施，2012年修改。该法规定国家鼓励开展有关清洁生产的科学研究、技术开发和国际合作，组织宣传、普及清洁生产知识，推广清洁生产技术。[③]在推行清洁生产方面，国务院应当制定有利于实施清洁生产的财政税收政策。各级政府应当制定有利于实施清洁生产的产业政策、技术开发和推广政策。[④]国务院和省、自治区、直辖市人民政府的有关部门，应当组织和支持建立促进清洁生产信息系统和技术咨询服务体系，向社会提供有关清洁生产方法和技术、可再生利用的废物供求以及清洁生产政策等方面的信息和服务。[⑤]此外，该法还试图促进缺少实施能力的中小企业实施清洁生产，规定了在依照国家规定设立的中小企业发展基金中，应当根据需要安排适当数额用于支持中小企业实施清洁生产。[⑥]

---

① 《环境保护法》第40条。
② 《环境保护法》第46条。
③ 《清洁生产促进法》第6条。
④ 《清洁生产促进法》第7条。
⑤ 《清洁生产促进法》第10条。
⑥ 《清洁生产促进法》第32条。

《循环经济促进法》是由政府主导鼓励发展循环经济，而循环经济的实现也离不开相应的科学技术的研究、开发、推广和国际合作。国家设立发展循环经济的有关专项资金，支持循环经济的科技研究开发、循环经济技术和产品的示范与推广、重大循环经济项目的实施、发展循环经济的信息服务等。[①]国家通过税收优惠、信贷支持、价格政策、政府采购等激励政策鼓励循环经济发展。

总的来说，环境保护相关的法律法规中虽然没有直接关于应对气候变化技术转让的相关规定，但这些法律法规在实际生产中的实现都离不开相关技术的推广和实施。我国的环境法律制度总体来说是鼓励支持应对气候变化的技术的创造与转让的，各种激励措施在一定条件下也同样适用于应对气候变化技术转让。

（二）节能提效法律法规

能源利用相关法律法规是应对气候变化技术转让法律制度的重要组成部分，因为能源的合理使用，对于我国实现节能减排，应对气候变化有着非常积极的作用。目前与节能提效相关的法律法规有《电力法》(1995)、《煤炭法》(1996)、《节约能源法》(2016)、《可再生能源法》(2009)以及一些具体实施方案。

《节约能源法》是关于节能的基础性法律，1997年施行，2007年修订，2016年对其进行了第二次修改。但仅修改了固定资产投资项目节能评估和审查制度方面的内容。其他内容未做改动。该法明确了节约资源是我国的基本国策。国家鼓励、支持节能科学技术的研究、开发、示范和推广，促进节能技术创新与进步。

但涉及技术转让的主要内容集中于该法的第四章“节能技术进步”和第五章“激励措施”中。

《可再生能源法》的立法目的是“为了促进可再生能源的开发利用，增加能源供应，改善能源结构，保障能源安全，保护环境，实现经济社会的可持续发展”。国家将可再生能源开发利用的科学技术研究和产业化发展列为科技发展与高技术产业发展的优先领域，纳入国家科技发展规划和高技术产业发展规划，并安排资金支持可再生能源开发

① 《循环经济促进法》第42条。

利用的科学技术研究、应用示范和产业化发展，促进可再生能源开发利用的技术进步，降低可再生能源产品的生产成本，提高产品质量。①②

此外，为了促进和规范清洁发展机制项目在我国的有序开展，我国还出台了专门的《清洁发展机制项目运行管理办法》（2011 年修订），该办法明确规定了清洁发展机制项目合作应促进环境友好技术转让，在中国开展合作的重点领域为节约能源和提高能源效率、开发利用新能源和可再生能源、回收利用甲烷。③清洁发展机制项目是国际社会应对气候变化技术转移的一项重要的国际合作。该办法为清洁发展机制项目在中国的开展规定了基本的管理体制和申请实施程序以及违反办法应承担的法律责任，为联合国气候框架公约下的清洁发展机制项目在我国的顺利开展奠定了良好的基础。

无论是环境保护法律法规还是节能提效法律法规，都能帮助我国更好的应对全球气候变化带来的影响。而要实现污染防治和节能提效，必然离不开技术的发展和创新。因此，无论是污染防治的各种法律，还是促进节能生产的法律中，都明确了国家鼓励相关技术的科学技术研究、开发、示范和推广，同时规定了相应的管理体制，一般都是由国家部门统筹，然后下放到各政府层级，同时设置了相应的监督机制。此外国家会通过财政、税收、信贷、政府采购等方面的激励措施来促进相应技术的研究、开发、示范和推广的实现。实施上，我国独特的政治体制和管理体制对于实现应对气候变化技术的转移是相当有利的。政府对有利于环境和节能的气候变化技术转让的态度是比较积极鼓励并支持的。

此外，有关公私合作的法律法规及部门规章，中国截至 2017 年年底有 160 余个，其中法律有预算法（2014 年修正）、《政府采购法》（2014 年修正）及《招标投标法》（1999 年）等三部，行政法规有 49 个，包括《国务院关于推进国际产能和装备制造合作的指导意见》（2015 年 5 月 13 日）等涉及私人主体的技术转让等。这些规范客观上对私营部门在技术转让过程中作用发挥也能够起到积极作用。

---

① 《可再生能源法》（2009）第 12 条。
② 《可再生能源法》（2009）第 1 条。
③ 《清洁发展机制项目运行管理办法》第 4 条。

第三章　现有应对气候变化技术转让法律制度规范的不足及原因

第一节　应对气候变化技术转让法律制度规范的不足及其原因概述

前文分析了应对气候变化技术转让法律制度国内、国际两个层面的内容，全球技术实力的差距所导致的技术转让主要在发达国家与发展中国家之间进行，然而现有制度的不足使成功地应对气候变化的技术转让在现实中并不多见。本章将对现有制度的不足及其原因做简要分析。

一、现有应对气候变化技术转让法律制度不足概述

首先，从现有国际技术转让的立法活动来看，其目前明显的不足是全球尚无统一的国际技术转让条约。国际层面的相关立法规范分散于 WIPO 管理下的知识产权条约、联合国体系下的多边环境保护条约或国际法文件和 WTO 体制下的多边协议涉及的技术转让的规定等。

其次，软法的成分较多，各种宣言中倡议性的条款占了较大比重，特别是涉及私营部门的内容，多是建议性条款。

再次，现有制度规定的相关机制或内容，难以在现实中收到预期效果。

最后，现有制度缺少强制履行义务机制及有效的争端解决机制。

以上内容详见本章第二节的相关分析。

二、现有应对气候变化技术转让法律制度不足存在的原因概述

现有制度不足的主要原因是：由于发达国家及其公司均将技术

转让看作在性质上属于“平等主体当事人之间的交易,是一种合同关系”,故交易的具体条款等应由当事人在遵循平等、意思自治等原则下由当事人自主协商来解决,政府应当不进行干预。在这样的理念指导下,当下 WIPO 体系下的有关知识产权国际制度和 WTO 框架中的贸易制度主要反映的就是发达国家及其跨国公司的意志,故对其义务的规范及履行等作出了利于它们的规范。而有关环境保护的条约多数是由非政府组织推动的结果,虽然其中由涉及私营部门对技术转让方面的义务,但多属于道义上的倡导。进一步分析详见本章第三节的分析。

第二节　国际层面现有应对气候变化技术转让法律制度的不足与原因

一、国际应对气候变化技术转让法律制度存在的不足

(一) 现有国际条约规定的内容过于原则、概括和苍白无力

应对气候变化技术国际转让领域的软法规定过多,而现有国际条约规定的有关应对气候变化技术转让的内容又过于原则、概括和苍白无力,其强制执行力较弱。前文分析的有关应对气候变化技术国际转让内容多体现在具有软法性质的各种会议宣言、行动计划和议程等文件中,其中有关技术转让的内容规定较为详细,具有可操作性。[①]但它们不具有强制的法律效力,只是倡导性的;各国表示同意容易,但要各国去具体执行并将其变为本国具有法律约束力的规范性文件较为困难。因此,多数场合下,它们只是一种政治姿态,较难得到实施。

而现有应对气候变化的国际条约或协议等规定和设置的各相关机制多旨在促进环境友好技术转让,特别是要求发达国家向发展中国家转让相关技术,并提供必要的资金援助。但它们过于模糊和灵活,在具体操作机制和落实等方面依赖于各国之间的进一步协商和各国国内法的规定。例如,应对气候变化的技术转让之基础规定

---

① 具体内容详见本书第二章。

之一——《框架公约》——第4.5款规定的内容,没有规定"技术转让"是强制性义务,而是要求各方采取"所有可行"的步骤转让,而这样的义务可能由便利获取应对气候变化技术构成,但这并不必然意味着它是具有很强的或有约束力的责任。①

有学者在分析国际环境保护方面国际环境法的作用时指出,"硬"(强制)国际环境法的缺失常被视为国际环境保护的主要障碍;②就环境友好技术转让而言,该观点同样适用。如《京都议定书》本身具有缺乏明确定义、无强制约束力和义务模糊等诸多先天性不足;③虽然它与《框架公约》均有条款直接规定发达国家在环境友好技术转让方面的义务,但由于它们过于原则,如这些规定中使用了诸如"适当"(appropriate)、"酌情"(as appropriate)、"合作"(cooperate)、"鼓励"(encourage)、"便利"(facilitate)、"促进"(promote)、"尽力"(exert efforts)和"帮助"(assist)等弹性很大的词语,这种无明确约束力的承诺在技术转让方面就给各缔约方留下了很大自由裁量的空间。而且包括《京都议定书》在内的多数国际环境条约还有一个致命弱点是:它们无可强制各方履行自己义务的机制,对不履行义务者无可执行的惩罚措施。虽然就此问题,《京都议定书》曾规定"《框架公约》缔约方会议应在第一届会议通过适当且有效的程序和机制来断定和处理不遵守议定书的情势……依本条可引起具拘束性后果的任何程序和机制应以议定书修正案的方式通过"④,但后来并无下文,2000年11月的波恩会议就此也未达成任何协议。尽管COP7会后成立了技术转让专家组(下文简称EGTT),⑤EGTT也做了大量的工作,但强行履行义务机制的缺失使

① Friedrich Soltau, *Fairness in International Climate Change Law and Policy*, Cambridge University, 2009, p.195.

② Itaru Nitta, *Proposal for a Green Patent System: Implications for Sustainable Development and Climate Change*, V, *Sustainable Development Law & Policy*(2005), p.62.

③ See Klaus Bosselmann, Poverty Alleviation and Environmental Sustainability through Improved Regimes of Technology Transfer, V.2/1 *Law, Environment and Development Journal*(2006), p.29, p.32.

④ Article 18 of *Kyoto Protocol*。

⑤ 它根据COP7会议通过的《马拉喀什宣言》第4/CP.7号决定成立。

议定书的效力，特别是涉及技术转让义务履行的约束力，大打折扣。即使是2015年具有法律约束力的《巴黎协定》也并未提及知识产权，只是提到“必须充分落实技术开发和转让，以改善对气候变化的复原力和减少温室气体排放”，并建立了一项附属科学技术咨询机构和附属履行机构，“为技术机制在促进和便利技术开发和转让的强化行动方面的工作提供总体指导”。环境友好技术转让义务的真实履行最终还是依赖于各国国内法的规定，而各国对此又有很大的灵活处理空间；而且即使在它们不履行议定书规定的真实义务时，也不承担任何强制性的法律后果。

软法内容过多，又无统一的国际技术转让条约，技术转让主要由有关当事方根据意思自治原则进行，这必将置弱者于不利地位。强国的跨国公司借助国内法威力，在具体交易时，利用技术转让过程中的信息不对称性和其他有利因素，抬高价格，附加限制性条款等，使其在技术转让的交易中，处于主导、有利地位，交易的结果就是强弱差距进一步拉大。

现有的有关技术转让规定的条约总体上有利于发达国家，更强化了这种趋势。如前文分析的TRIMs协议的签署与生效，就对技术向发展中国家转让构成了一个重大障碍。京都议定书中涉及的CDM及资金机制等，由于自身的缺陷，都在客观上对技术转让未形成积极效果。CDM的弱点，后文将会详细分析。对于资金机制而言，发达国家常对可以资助的费用类别和内容给予严格的定义，从而使发展中国家的企业因筹资困难而影响技术转让的顺利进行与目标的实现。①没有资金的支持，不少发展中国家支付不了许可使用费，无法使用技术，技术能力也难以形成，从而使多数发展中国家的技术发展进入恶性循环之中。

至于《京都议定书》生效后的有关COP会议形成的《巴厘岛线路图》（2007）、《哥本哈根协议》（2009）、《坎昆协议》（2010）以及《巴黎协定》（2015）等四个重要文件，虽然对技术转让作出了一些

---

① 参见张梦衡等：《国际环境保护公约中技术转让障碍问题的探讨》，《自然资源学报》2001年第3期。

实质性规定,并有所突破,但由于它们均停留在各国形成的“共识”阶段,没有进一步成为有法律约束力的条约。因此它们关于技术转让的规定更是难以得到实施。

此外,在应对气候变化的国际条约涉及的环境友好技术转让领域,相应的核查与监督机制也严重匮乏,而且就这一问题试图通过国际谈判来加以解决,也是一件十分艰难的事情。

TRIPs 协议对技术转让只有原则性规定,而无强制性标准,可执行的硬性规定太少,相反技术所有人的权利则规定得较为明确具体,故其目的易被架空。其他国际条约也只有原则性的而无具体可操作性的或制裁性的规定,即应然的内容多。这样操作的随意性大,是否愿意执行及执行到何种程度,取决于成员方的意志;对于成员方不履行协议,无相应的制裁措施,只有回归到一般国际法上的国家责任,没有强制力作最后一道屏障,其执行难度不言而喻。

有效控制国际经济体制通过执行竞争法来反对滥用与知识产权相关的竞争权与现有的政府处理知识产权及集中威胁措施是一致的。知识产权协议允许成员方政府在其竞争法框架内采取措施控制知识产权的滥用,鼓励成员方间分享信息,允许成员方通过强制许可措施来补救知识产权反竞争滥用带来的消极作用,[①]但规制知识产权的竞争滥用并不是成员方的义务,而是成员方的权利,因为协议中用的词是“may”而非“should”。

就人权保护角度而言,气候变化权利与第二、三代人权有密切关系,[②]经济文化权利包括健康权及拥有健康环境权,第三代人权涉及自然资源自由使用权。但第二、三代人权与公民政治权利相比,又往往较少能够得到实施。原因如下:首先它们多是在缺少约束力的国际法文件中表述出来的。如《经济社会文化权利公约》要求每一缔约国家承担“尽最大能力”个别“采取步骤”或经由国际援助和合作,特别是经济和技术方面的援助和合作,“采取步骤”,以便用一切适当方法,尤其包括用立法方法,逐渐达到本公约中所承

---

① Clauses 1, 2 & 3 of Article 40 of *TRIPs*.

② William C. G. Burns and Hari M. Osofsky, *Adjudicating Climate Change*, Cambridge University Press, 2009, p.182.

认的权利的充分实现。①而公民政治权利公约规定：本公约每一缔约国“承担尊重和保证”在其领土内和受其管辖的一切个人享有本公约所承认的权利，不分种族、肤色、性别、语言、宗教、政治或其他见解、国籍或社会出身、财产、出生或其他身份等任何区别。②可以看出，用词是有很大差别的。而且第二、三代人权通常都很明确地以难以进行裁判(nonjusticiable)的词语进行规定，如很多宪法中规定的在不同部分难以裁判的权利类型。如多数国家宪法中规定的环境权，法院就难以裁判。而公民政治权利存在了很多年，司法实践也较为丰富，得到法院广泛的认可和承认，所以常被认为比经济人权等更具可执行性。有时环境权不得不套上公民政治权利。因此如果将气候权利植根于政治权利，不论从词语上还是法律上看，都似乎更为有效。在气候变化背景下，传统政治权利所蕴含的价值和关注将尤其突出。③

技术转让作为气候变化应对中十分重要的一环，有关人权条约规定的性质及内容无疑也会涉及其执行的有效性。在里约+20的会议最终文件中，与会各方再次敦促发达国家履行其政府的正式发展援助承诺，要求发达国家以优惠条件向发展中国家转让环境友好技术，帮助发展中国家加强能力建设。④这从另一个角度说明有关技术转让在现实中执行的不尽人意。因此，如何使条约中已有承诺通过具体、可操作的规定，得到有效执行，是应对气候变化的国际合作中需要着力解决的问题。

应对气候变化面对的最重要的挑战是缺乏技术倡议和合作的资金支持。对资金的估算表明，至2030年，每年所有国家用于减缓技术的融资需要在目前的水平上增加2 620亿至6 700亿美元。其中，每年发展中国家需要40%—60%的融资(约为1 050—4 020亿美元)。⑤

---

① Article 2(1) of *International Covenant on Civil and Political Rights 1966*.

② Art 2(1) of International Covenant on Economic, Social and Cultural Rights 1966.

③ William C. G. Burns and Hari M. Osofsky, *Adjudicating Climate Change*, Cambridge University Press, 2009, pp.183—184.

④ The Future We Want, Resolution adopted by the General Assembly (A/66/L.56), 66/288.

⑤ 颜昕：《气候变化知多少之四：应对气候变化的技术革命》，《中国气象报》2010年11月18日。

而目前没有任何一个条约能够迫使发达国家对此承担强制义务。2009年《哥本哈根协定》只是规定了一个政治意向，并无强制执行力，而且其规定的资金也相当有限。

（二）发展中国家环境友好技术国际转让真正诉求在国际条约中难以得到准确表述

1. 发展中国家的自身能力的问题

发展中国家由于缺乏基本统计技术、有效的政府管理措施，对自己在技术转让领域的情况难以真实准确的把握，这会直接影响到其诉求的内容。而且，由于经济条件的限制，技术人才的严重不足及国际谈判人员的匮乏和参与国际谈判时间过短及谈判经验的有限等，使多数发展中国家不知道如何准确表达自己的诉求。加上由于历史原因，发展中国家在有关国际规则的制定中，参与的程度、对国际立法经验的缺乏、彼此间意见的不统一和本身发展水平的限制等，①它们未能对规则的形成带来积极影响，故现有的规则更多地体现了西方国家的意志，即使对那些反映了自己意志的规定，由于前面一条所述原因，实施和执行起来也变得十分艰难。在现有的谈判中，发展中国家遇到了一些挑战：（1）发展中国家在原先历史责任立场上失去了优势，由于不存在一个客观的公式和计算标准（比如每单位碳的经济产出、气候带、人口密度等为基础的计算公式），所以发展中国家在国际条约下免于承担责任反而被发达国家责难为不负责任，不公平。比如布什政府在拒绝加入《京都议定书》时发言称："我反对京都议定书因为它排除了世界上80%的人口的遵守义务，包括中国和印度。京都议定书在处理全球气候变化问题上是不公平并且效率低下的。"②自此开始，国际气候谈判开始转而强调"共同义务"。人们开始甚少关注"发达国家因为其历史排放应当承担多少责任"，转而不断追问"发展中国家能够做什么"。以欧盟为代表的发达国家在推进国际气候变化谈判中不断要求发展中

---

① See *World Intellectual Property Organization Licensing Guide for Developing Countries 1977*, pp.17—18.

② See Letter to Member of Senate on the Kyoto Protocal on Climate Change, 37(11) weekly comp. of pres.doc.4441001.3.13.

国家做出减排的承诺,美国更是指责中国和印度不承担责任的搭便车做法。(2)气候变化谈判受政治影响程度非常深,国际谈判中大部分努力在争取发达国家通过协定,以致发展中国家利益诉求被边缘化,最易受伤害和脆弱性的国家的利益没有得到应有的重视。

2. 发达国家的问题

发达国家不允许或不同意真实反映发展中国家意志的内容在条约中有所表达。由于在国际谈判和有关规则制定中的话语权分配的严重不均,发达国家基本上掌握了制定相关规则的主导权。对于反映发展中国家意志或利益的内容如果与发达国家的利益发生冲突,则根据国际法的本质及其特征,即它是各国之间意志的协调或妥协,这些内容往往难以"协调",也就不可能成为条约或协议的内容。

我们可以从两个角度来分析国际条约对国际技术转让带来的影响。首先是条约对相关主体行为带来的直接影响,它表现为约束国家等行为,要求它们履行国际义务,并通过国内法的制定或直接实施条约等来完成。条约条款如果规定得越具体、越明确,则履行义务的刚性就越强。其次是缔约主体为响应协议而调整其内部行为时对私人主体带来的影响。由于技术大多掌握在私人手中,这一影响可能表现得更为重要。在谈判制定应对气候变化的条约时,发展中国家希望涉及技术转让义务的条款,规定得越具体、明确并具有可操作性就越好,而发达国家希望越模糊、笼统就越好,甚至不加规定。原因很简单,越明确、具体和具有操作性,可能对发达国家越不利:本国政府不仅在国际层面要付出努力,还需对私人主体提出要求,敦促它们转让技术,而这往往是困难的。由此带来的结果是:针对技术转让的国际条约规定,发达国家有能力规定得详细、具体和明确,但它们未必去那样规定。而发展中国家虽然想设置出具体条款,但缺乏能力来制定规范国际技术转让程序在公平互利的方式下完成的内容;或即使设计出详细、具体的规定,由于对发达国家会直接产生约束力,也难于被通过。

比如,前文分析的《框架公约》和《京都议定书》中涉及技术转让规定的模糊性和抽象原则就是典型的例子。下文以今天有约束力的与国际技术转让相关的、最重要的国际条约 TRIPs 协议中的相关规定为例来进行详细分析,以说明发展中国家诉求反映在国际条约中的不易。

除双边投资条约为外,TRIPs 协议是最为广泛接受的保护知识产权的国际约定,也是 WTO 一揽子协定中最为重要的条约之一,为发达国家为在全球建立一个普遍的知识产权制度模式创造了有利条件。发达国家技术性地通过"一揽子"的方式让最不发达国家接受这个协议。看起来它有一些利于发展中国家的条款,如强制许可、过渡期、弹性条款等。但是从给发展中国家过渡的时间来加入该机制、调整国内政策等角度看,时间是不充分的,更不用说有利于发展中国家条款的实施和执行了。加入 WTO 后,最不发达国家可以享有 2—10 年的调整期,不实施知识产权制度,与经济快速发展的韩国所需的时间差约为 20 年左右,何况韩国还受到了美国大量的资金和军事支持,而最不发达国家在这种情况下不可能做到。印度发展也花了很长时间,它们的发展也是在不实施知识产权制度,采取限制投资和贸易政策等情况下获得的。①所以这些国际协议是不合理的,对最不发达国家技术转让构成重大障碍。我们推测,如果最不发达国家当初意识到这一点,它们可能不会加入。这些规定实质上约束了它们与 WTO 成员方的贸易能力。TRIPs 协议大大降低了它们潜在地走从模仿到创新的发展之路的可能性。②TRIPs 协议中,在技术转让领域最为发达国家经常提到的是其第 66.2 款,它们认为这一条款给予了发展中国家以很大的恩惠。实际上,此款是发达国家为换取最不发达国家对国际干预开放其市场及减少它们的恐惧而做出的"给予帮助和保护"的承诺,但我们仔细分析其内容,却发现无实质意义,进而对发达国家也无约束力。无意转让技术对最不发达国家造成了巨大的伤害。开放市场自由贸易而无技术能力提供产品,只有进口并依赖外部技术。研究表明:制造产品而非资源性的商品占最不发达国家(LDC)非能源出口一半以上,但它们的贸易很大程度由石油出口来推动,而非洲的非石油国家在世

① See Sanjaya Lall and Shujiro Urata, Competitiveness, FDI and technological activity in East Asia, Edward Elgar, 2003, pp.47—53.

② Linsu Kim, *Imitation to Innovation*, Harvard Business School Press, 1997.

界贸易中的份额不断地被蚕食。[①]这种情况可以用依赖和幼稚产业保护等理论来解释。

我们以韩国的发展为例,韩国1953年与朝鲜签订停战协定后,从一个贫穷的国家变成工业化国家用了约30年的时间。[②]特别是在1961年至1979年间,其发展速度是前所未有的,在这近20年时间里其GNP增长了4.52倍,年均8.5%,是世界上发展最快的国家。[③]期间韩国采取了极端限制贸易和投资政策,它们并不实施知识产权法,[④]甚至到2009年,它们仍认为自己是发展中国家,主要目的在于规避作为发达国家在温室气体减排和技术转让方面可能承担的义务(UNFCCC和《京都议定书》附件中对发达国家及转型国家有特别要求)。

WTO对国际技术转让程序有不同的影响,因为贸易为最不发达国家提供技术的主要源头(进口资本和商品),其框架下的协议在不同领域对国际技术转让产生这样那样直接间接的影响。加入WTO,受《关税与贸易总协定》(GATT)及其他30个协议和各个承诺的约束,也享有相应的权利。特别《争端解决备忘录》(DSU)具有强制执行规则的功能,处罚违反义务者。然而,至今,在技术转让领域目前没有一个案例,尽管发达国家并未认真履行TRIPs协议等中为它们设定的义务。它说明《争端解决机构》(DSB)在这方面为各成员提供了争端解决的路径,但可能由于最不发达国家运用WTO规则维护自己利益的能力缺乏,或由于有关规定过于笼统和模糊,而缺乏实际可操作性,最终使其在技术转让方面形同虚设。

有人认为,开放贸易是解决发展问题的最好路径。[⑤]然而,实际

---

① *International Trade Center*, International Trade Forum-issue 3/2001.

② For details, see Linsu Kim, *Imitation to Innovation*, Harvard Business School Press, 1997.

③ Kim Hyung-a, *Korea's Development under Park Chung-Hee: Rapid Industrialization, 1961—1979*, Routledge Curzon, 2004, pp.209—211.

④ See Emmett William Redbone Leighton, *The Impediments of International Technology Transfer from Developed to Least Developed Countries*, Publication, Distribution, etc. Seoul: Graduate school of international studies, Korea university, 2010(Chang 2008).

⑤ Kamal Saggi, Trade, *FDI and International Technology Transfer: a Survey*, *World Bank Research Observer*, 17, 2002, pp.191—235; International Technology Transfer to Developing Countries: Economic Paper 64, London.

情况并非都是如此。对韩国、新加坡的经济发展而言，开放贸易是条较好路径：它们国内或境内市场规模狭小，资源短缺，开放贸易后虽然国内市场没有什么吸引力，但它们走的出口导向型经济道路，让它们获得了技术和经济的快速发展。但是，对非洲、拉丁美洲的诸多国家而言，情况就不一样了：拉丁美洲的开放贸易使它们曾经陷入危机之中，技术创新能力和经济发展并未取得预期的效果；对于某些最不发达国家而言，情况就更为糟糕。在这个过程中，国际贸易规则就起到一定的消极作用。如 WTO 协议及 TRIPs 协议对最不发达国家发展造成了一定的伤害，它们追求的统一适用模式战略阻碍了国际技术转让；它们本来意在创设一套规则调整所有缔约方；当中含有一些针对最不发达国家的特别规定，如过渡期、扩大它们发展机会的措施等，以帮助落后国家提高能力参与国际谈判、处理争端和实施技术支持。虽然这些意在使落后者融入世界经济体系中，但实际效果并没有做到。加入条约时，给它们过短的过渡期难以让它们快速发展，远远满足不了它们的要求。除了韩国一直是经济发展较快的国家外，其他国家如中国、印度、亚洲“四小虎”等都未能在 30 年内完成工业化革命，如果强迫它们适用这些条约规定的时间表及给予它们的限制，它们是不可能快速发展的。更为重要的是，这些发达国家可能采用的灵活措施只是建议性质的，几乎无约束力，它们只是为了忽悠落后国家对其他所有条款的同意而已。

就目前的国际条约而言，从落后国家的角度看，它们在促进国际技术转让方面，给予的帮助甚少。虽然国际组织曾开展各种活动试图解决国际技术转让问题，帮助落后国家，但这些活动要么以失败告终（如 70 年代联合国一直组织各方谈判的《国际技术转让行动守则》与《跨国公司行动守则》），要么不成系统，只是零星分散的规定（如 WIPO 成立后在有关条约中写入帮助发展中国家尽力获取技术和知识等条款以及环境保护条约、WTO 框架下协议中有关文件涉及技术转让的各方面内容等）。至今，国际社会尚无一个有约束力的国际技术协议被批准。相反，WTO 及其框架下的协议建立了一种直接阻碍向落后国家转让技术的制度，因为它们试图在所有国家推行一个统一的范式，不论是从实证研究还是从理论分析角度看，这是一个基于完全错误的、试图在贸易、外商直接投资和国际技术转让间存在的生态假设而建立的。不论它们（条约或机制）做出何种努力及当初的意图如何，它们客观上在促进技术转让方面，被证明是失败的，除非跨国公司和有关产业重新审视它们的政策和目标，或者使与《国际技术转让》（ITT）有关的协议变得有法律约束力，在国际条约和所有国家的国内法中构建协调关系。发达国家和发展中国家的政府对当前的阻碍技术转让要承担一定的责任，其中前者要承担更多，因为它们一再地不去纠正技术市场的不公平行为，也不规制技术转让过程及跨国公司行为和投资。①

跨国公司虽然对国际技术转让不畅承担大部分责任，但我们仅仅谴责它们就够了吗？它们受制于它们的股东、董事会成员，只是尽其所能地追求公司利润最大化以满足股东们的要求；同时它们规制于母国的法律，对落后国家进行控制。因此，不仅仅它们，而且它们的股东甚至母国也应当对落后国家的结果承担责任。②国际技术转让的概念要从根本上进行重新认识，定义中要承认扩散和发展是其内容中所必需的。多数学者承认：国际技术转让主要发生在发达国家的跨国公司和发达国家的公司及发展中国家企业之间，而国际协议主要是国家间的，其中在制定国际条约时跨国公司在这个规制环节中被忽略了，除非这一点得到纠正，否则国际技术转让将难有进步。③发达国家不愿实施目前条约中有关技术转让的规定，更不愿有任何基础性的修改来促进国际技术转让，而这背后的最终原因是跨国公司等私营部门的意志在主导技术转让领域。

3. 各个国家集团分歧巨大

发展中国家的数量广大、文化差异、发展水平参差不齐及各

①③ Emmett William Redbone Leighton, *The Impediments of International Technology Transfer from Developed to Least Developed Countries*, Publication, Distribution, etc. Seoul: Graduate school of international studies, Korea university, 2010, p.76.

② *The Oxford Handbook of Corporate Social Responsibility*(Oxford Handbooks in Business and Management C. Andrew Crane (Editor), Abagail McWilliams (Editor), Dirk Matten(Editor), Jeremy Moon(Editor), Donald S.Siegel(Editor), Oxford University Press, USA, 2008.

自与发达国家(多是原来的宗主国)关系不同等,通常使发展中国家内部的分歧广泛存在,这在一定程度上影响着它们在气候变化应对尤其是技术转让方面意志的集中表达。如由于发展中国家本身科学技术、文化教育、经济实力水平的差异,使各国对无害环境技术的要求有很大的不同,各自可能有着自己独特的诉求,一旦该诉求被过于扩大,则在本该形成共同诉求的领域难以形成一致意见。加上发达国家采取不同策略分化、瓦解发展中国家在技术转让方面的凝聚力和共同诉求,使技术转让较难通过具有较强约束力的表达得以通过。发达国家常根据自己全球战略利益的需要,在发展中国家中寻找一些能为己所控的国家,将技术在宽松条件下转让给它们,帮助发展经济,使之成为新兴工业国家,通过它们缓冲与不发达国家、最不发达国家的紧张局势。对自己利益关系不大或短期看来不会有影响的国家,或认为难以驾驭的国家,则打上意识形态的标签,严密封锁技术。这种政策的结果就是今天的富国、新兴工业国及穷国的局面,而这对富国来说最利于自己的生存和地位稳定。这种金字塔式的结构有利于发达国家的统治和控制。这种现象的根源来自发达国家继续统领全球,维持经济、技术绝对优势这一欲望,然而,这却不利于全球的环境保护和气候变化的应对。

(三)国际技术转让法律制度领域缺乏强制制裁机制与机构

国际法的实施一直是国际社会面对的巨大难题,在涉及应对气候变化的国际条约履行方面,该方面的困难更为突出。在现有的国际法律框架下,有关国际条约的履行主要依赖各国的自动遵守和执行,但一般条约会有不履行义务所应承担的法律后果等。如果成员方违反国际义务,传统上它将受到诸如限制主权、赔偿、赔礼道歉、反报和报复等制裁;①但今天可能要求其继续履行义务,停止侵害、保重不重犯,赔偿或报复等等。②不过,由于缺少一个超越国家之上的机构来严格执法,总的来说,很多国际条约执行得并不是很好。

---

① 参见梁西主编:《国际法》,武汉大学出版社2004年版。

② See Articles 28—31 of Draft articles on Responsibility of States for Internationally Wrongful Acts, with commentaries 2001.

而在应对气候变化方面，相关国际条约没有明确规定违反义务者所应该承担的法律责任，其执行情况我们就可想而知。即使我们可以沿用其他领域的国际义务违反者之责任规定，即如果有关国家不遵守义务，我们采用反报、报复等手段，但这只会使气候变化朝更为糟糕的方向发展。如果采用赔偿的方法，问题是：赔偿给谁？而且赔偿后温室气体仍在继续排放，依然不利于控制气候变化。这与有关国际条约的宗旨不相符合。诸如限制主权、赔礼道歉等仍不能在根本上解决不履行应对气候义务履行问题。因此，如何在应对气候变化国际义务违反责任承担方面寻求到一个有效的约定，以迫使各国真正履行减排、转让技术等义务是一个迫切而又艰巨的问题。很多国际环境协议是缺乏牙齿的。这往往取决于道德上的压力。此外，便是两种无关痛痒的压力：不履行自己的承诺，有更多的风险；或更坚信其他国家会履行诺言。①这种机会主义的做法，只会使条约的效力大打折扣。具有弹性的技术转让方面的国际规定之效力更是如此。

详细说来，技术转让领域的总体情况是，发达国家所作出的承诺通常只停留在华丽的辞藻方面，鲜有变成技术转让和获得的现实。②这一点与缺乏强制制裁有很大的关联。各条约有关技术转让的规定，不仅过于笼统和抽象，缺少实施具体程序，③而且就目前涉及履行技术转让义务的所有条约，尚无一个含有特定的制裁机构根据一定的程序来制裁违反条约义务的规定。这是包括《框架公约》、《京都议定书》在内的多数国际环境条约的一个致命的弱点：它们无可强制各方履行自己义务的机制，对不履行义务者无可执行的惩罚措施。虽然就此问题（解决与履行有关的问题），《框架公约》规定“缔约方会议应在其第一届会议上考虑设立一个解决与公

① ［美］安德鲁·霍夫曼等著：《碳战略：顶级公司如何减少气候足迹》，李明等译，社会科学文献出版社2012年版，第136页。

② Gaetan Verhoosel, *Beyond the Unsustainable Rhetoric of Sustainable Development: Transferring Environmentally Sound Technologies*, 11 *Georgetown International Environmental Law Review*, 1998, pp.49—51.

③ Friedrich Soltau, *Fairness in International Climate Change Law and Policy*, Cambridge University, 2009, p.195.

约履行有关的问题的多边协商程序，供缔约方有此要求时予以利用”①，《京都议定书》为实施该条内容也做出了如下规定：“《框架公约》缔约方会议应在第一届会议通过适当且有效的程序和机制来断定和处理不遵守议定书的情势……依本条可引起具拘束性后果的任何程序和机制应以议定书修正案的方式通过”②，但后来实际上并无下文，直至《京都议定书》第一承诺期结束，任何强制执行的实施机制都没有建立起来，以致承诺减排的成员方没有认真履行自己的减排义务之行为，都无法受到任何制裁，更不用说弹性颇大的技术转让等义务履行了。

《框架公约》设有争端解决条款，它规定任何因履行《框架公约》义务而引起的争端一旦发生，有关当事方可以通过谈判或它们自己选择的任何其他和平方式解决，也可向国际法院提起诉讼或通过仲裁路径来解决，还可通过调解来解决。③这一规定实际上还是套用了一般国际争端解决的思路，其最终出路仍是以当事国自愿履行为基础。一般情况下，谈判解决显然是当事方的首要选择，其进展或结果如何，取决于争端当事方。至于司法或仲裁，不论是由国际法院还是通过仲裁来解决案件，其先决条件都是当事各方的同意，如果任何一方不同意，这两种路径是行不通的。至今为止，尽管发展中国家，尤其是海洋小岛国，认识到发达成员方不认真履行减排义务（甚至像美国、加拿大这样的国家公然退出京都议定书，明确表明不履行减排义务）等是违反国际义务的，也束手无策。它们无法向国际法院提起诉讼，更不可能通过仲裁来解决，只能通过国际道义上的谴责来表达不满，但这对于应对气候变化并不能带来任何实质性的影响或积极意义。国际法院至今没有审理过任何一个涉及气候变化的争端，④国际

---

① Article 13 of the *United Nations Framework Convention on Climate Change*, 1992.

② Article 18 of *Kyoto Protocol*.

③ See Article 13 of the *United Nations Framework Convention on Climate Change*, 1992.

④ 国际法院设立后，于 1947 年 5 月 22 日受理了第一个案件，即英国诉阿尔巴尼亚的“科孚海峡案件”，此后至 2019 年 10 月 7 日共有 160 多个案件进入法院的案例清单中，其中诉讼案件 125 件，悬而未决的案件有 16 件，正在审的案件 1 个；咨询案件 27 件。诉讼案件主要涉及领土、海洋区域划分、条约解释、外交等方面，环境方面的争端较少，而气候争端没有。See *List of Cases referred to the Court since 1946 by date of introduction*, at www.icj-cij.org/docket/index.php?p1=3&p2=2.

常设仲裁院[①]或其他仲裁机构也没有处理过任何一个国家间因应对气候变化国际义务不履行而引起的争端，较好地说明了：诉讼和仲裁，这两种方法在解决与气候变化应对国际义务履行相关的争端方面无所作为。至于调解，根据《框架公约》规定，在不影响诉讼或仲裁运作的情况下，如果一缔约方通知另一缔约方它们之间存在争端，过了 12 个月后，有关的缔约方尚未能通过谈判方法解决争端，经争端的任何当事方要求，应将争端提交调解。经争端一当事方要求，应设立调解委员会，而调解委员会应由每一当事方委派的数目相同的成员组成，主席由每一当事方委派的成员共同推选。但调解委员会应作出建议性裁决，由各当事方应善意考虑之。[②]这一规定在实际运作中难度更大，可以说，它与谈判的方法没有实质性的区别，与谈判相比，是一种换汤不换药的争端解决方式。其主要原因是调解委员会由双方组成，且其成员由双方委派。这样形成的调解委员会实际上还是由分歧的双方构成，每方可能都无法放弃自己所代表国家的立场和利益，争端依旧是无法解决。至于《京都议定书》中关于争端解决的内容，只是规定《框架公约》的规定应比照适用于议定书。[③]

COP7 会后成立了技术转让专家组（下文简称 EGTT），[④]EGTT 也做了大量的工作，但这一点（无强制执行力，早期作为 SBSTA 下属咨询机构，仅限于提出一些技术转让开发与转让理念层面的意见，操作层面难有作为；2007 年 COP13 会议后，将其也纳入 SBI 下，希望能在执行层面推动技术转让。但由于其咨询地位无根本改变，加上 SBI 议程繁多，实际效果也不尽人意）的缺失使议定书的效力，特别是涉及技术转让义务履行的约束力，大打折扣。因为环境友好技术转让义务的真实履行最终还是依赖于各国国内法的规定，而各

① 国际常设仲裁法院坐落于荷兰的国际法之都海牙。该院根据第一届海牙和平会议的建议于 1899 年建立，这使其成为世界上历史最为悠久的国际争端解决机构。到 2012 年 11 月止，已经有 115 个国家加入了该院的建院公约。该院基于国家之间或者国家与私人之间的合意，处理它们之间的争端。

② Clauses 14.5 & 6 of UNFCCC.

③ Article 19 of *Kyoto Protocol*.

④ 它根据 COP7 会议通过的《马拉喀什宣言》第 4/CP.7 号决定成立。

国对此又有很大的灵活处理空间，而且即使在它们不履行议定书规定的真实义务时，也不承担任何强制性的法律后果。事实也证明EGTT只能在提供咨询意见领域发挥作用。最终在2010年12月的坎昆会议上决定终止其存在。《京都议定书》规定的具有明确指标的减排任务及其他义务，有关成员方未能完全履行，目前尚无有关主体或关联方要求它们承担何种法律责任的诉求。

UNFCCC下的技术信息共享机制（Technology Information Clearing House）应用不够广泛、与实践脱节，私营部门参与度不高，它们掌握的技术难以准时得到更新，没有起到与其他机制相互协调的作用，在促进技术交易方面没有发挥出应有的作用。[①]

《哥本哈根协定》及后来的坎昆会议和德班会议上日渐形成的技术机制和绿色气候基金组织等，虽然设置了较为详细的技术转让的模式、内容和程序，但由于这一强制制裁措施的缺失，其带来的技术转让效果是可以预见的：与过去相比，可能难以带来明显的实质进步。前不久生效的《巴黎气候协定》其内容在涉及国际义务履行方面也缺少必要的强制措施或有效的争端解决机制（仅仅是适用《框架公约》的第14条[②]），其最终实施的效果如何，我们只能拭目以待。

其他环境保护条约中也多有争端解决条款，其中最为典型的是与《框架公约》一道于1992年6月在里约热内卢环境峰会上开放签署的《生物多样性公约》。[③]该公约规定的内容[④]与《框架公约》相似，主要解决方法有谈判、国际诉讼或仲裁、调解等方式。但该公约规定斡旋或调停的解决方法，即如果有关缔约国无法以谈判方式达成协议，它们可以联合要求第三方进行斡旋或要求第三方出面调停。[⑤]它把传统的一种重要的解决争端方式引用过来有一定的意义，至少比《框架公约》多了一种路径。此外，该公约还通过附件的

---

① 邹骥、王克、傅莎等著：《环境有益技术开发与转让国际合作创新机制研究》，经济科学出版社2009年版，第59页。

② 参见《巴黎气候协议》(2005)第24条。

③ 《生物多样性公约》之外的其他环境保护国际条约中关于争端解决的规定限于内容与其相似，这里不一一列举分析。

④ See Article 27 of Convention on Biological Diversity.

⑤ See Clause 27.2 of Convention on Biological Diversity.

形式将仲裁与调解两种方法的运作模式和程序做出了规定，具有一定的可操作性。①显然，因不履行该公约国际义务的重要组成部分——技术转让——而引起的争端，可以适用这一争端解决条款。然而，如前所述，任何上述一种解决方式都需要各方同意这一前提条件，使它们在强制性方面大打折扣。

（四）国际层面的知识产权法律制度的重保护、轻转让立法价值取向及其实施对环境友好技术转让构成一定的障碍

要在保护知识产权前提下，在合理正当的前提下，转让环境友好技术，无疑是正确的。知识产权制度与技术转让关系一直是争论不休的话题，特别是在实施《框架公约》过程中，南北方国家之间在知识产权是不是清洁技术国际转让的一个潜在的重大障碍，或是不是清洁技术开发和有效利用所必需，一直存在重大分歧。②在《框架公约》和《京都议定书》有关技术转让的规定中，没有明确提到知识产权。但是国际技术转让领域的知识产权作用，在发展中国家获得药品专利技术争端中变得日渐突出，也对近几年的关于气候变化应对谈判也造成了影响，该问题日益凸显。有学者认为强知识产权保护有利于技术转让，这一观点的论据有：(1)专利不会成为新兴市场技术创新或转让的障碍，技术扩散与经济增长有关，并依赖于治理、基础设施、产权、教育和其他因素。③(2)专利利于外商投资，进而通过技术许可或技术溢出的方式促进东道国的技术发展。(3)知识产权保护有助于支持向有关国家以市场为基础的专利技术的转让，包括中等收入和新兴经济体，它们有能力进行反向工程、制造和根据国情调整或修改技术，使其本地化。④但也有学者认为，

① See Annex II of Convention on Biological Diversity.

② Thomas J.Bollyky, Intellectual Property Rights and Climate Change: Principles for Innovation and Access to Low-Carbon Technology, Dec., 2009, http://www.cgdev.org/files/1423378_file_IP_Climate_Change_FINAL.pdf.

③ World Bank, *Global Economic Prospects 2008: Technology Diffusion in the Developing World*, the World Bank, 2008.

④ Keith Maskus, Encouraging International Technology Transfer, UNCTAD/ICTSD Project on Intellectual Property and Sustainable Development, Issue Paper No.7(UNCTAD and ICTSD, 2004).

没有证据表明知识产权强保护能够促进技术转让,两者之间没有正相关关系;如单靠专利和其他知识产权不能确保清洁技术的有效需求,政府需要加大对清洁技术的研发。[①]到目前,还看不出知识产权保护制度到底是清洁技术创新和转让的一个重要激励因素,还是一个重大障碍。产生这一现象的原因主要有:全球变暖的主战场将由发达国家转向发展中国家,其中有些国家主要是最不发达国家实施TRIPs协议长期处于过渡期,要求它们实施最低保护标准依然十分艰难;很多第二代生物能和合成燃料可能会以较低的成本复制生产出来;专利保护很重要但可能限制了它们的扩散,特别是向那些有反向工程能力和生产这些技术的国家扩散;如果碳价较高,新的竞争技术或清洁技术可能出现;专利和其他知识产权可能限制一些技术的后续创新;国家环境规制标准的变化会有所区别地利于特定专利清洁技术;如果框架公约体系下建立关于清洁技术的联合或多边研究项目,有必要决定其形成的知识产权的管理和所有权。[②]还有学者认为,强知识产权保护会阻碍技术转让。不论观点如何,有一点不可否认的是:知识产权制度与技术转让有着一定的联系。

如果我们从知识产权制度产生源头及其制度制定的目的来看,无疑它应以促进知识产权应用和转让为其最终归宿。这一点在TRIPs协议的"目标"和"原则"中规定的十分明确。然而,让人感到矛盾的是:尽管它做出这样的规定,但整个协议主要还是以"保护"作为其基本内容和价值评判的依据。整个协议,除了目标、原则、第40条及第66.2款之外,鲜有提及技术转让的,绝大部分条款围绕"确权"、"保护"而展开。换句话说,除了在"目标"与"原则"两条给发展中国家画了一块"饼"及66.2款针对最不发达国家略有一点实质内容以外,在技术转让方面并无可操作的、给发展中国家带来实惠和具体有效的成分。"目标"遥不可及,"原则"过于抽象,不是

① Thomas J.Bollyky, Intellectual Property Rights and Climate Change: Principles for Innovation and Access to Low-Carbon Technology, Dec., 2009, http://www.cgdev.org/files/1423378_file_IP_Climate_Change_FINAL.pdf.

② Thomas J.Bollyky, Intellectual Property Rights and Climate Change: Principles for Innovation and Access to Low-Carbon Technology.

实施的对象,对于最不发达国家即使提供技术,它们也无能为力;对于有限的"限制性条款"规定,基于跨国公司和发展中国家技术能力的差异,技术受方也占不得半点便宜。总体上,TRIPs 协议对商业条件下的技术转让难以起到积极的推动作用。至于非商业条件下的技术转让,如强制许可,可能对 ESTS 转让有一定的积极意义,但其实施的条件过于苛刻,让这些规定在实际中除了起到一点威慑作用外,形同虚设。更何况,在当代技术条件下,专利技术如果不与专有技术结合使用,专利技术往往没有太多价值,这也是很多跨国公司愿意将其专利技术方案纳入标准之中并愿意让他人使用甚至免费使用的根本原因。①

如果我们分析一下与环境友好技术关系极为密切的各国专利法的规定,又可以看出,在国内其专利法律制度基本上是以促进技术转让和运用为目标,并通过具体的制度设计促使这一目标的实现。美国等国的专利法多是将可商业化或产业化作为专利权获取的前提条件,并鼓励进行转让和转化。美国宪法规定国会有权通过立法"保障著作家和发明家对各自著作和发明在限定期限内的专有权利,以促进科学和工艺的进步"②,这一原则性的规定通过其专利法来加以落实。其专利法"联邦政府资助之发明的权利"一章详细规定了国会制定专利法之政策与目标是通过专利制度以推动联邦政府所资助的研究和开发之成果的运用,并且鼓励中小企业全力参与联邦政府资助的研发活动;推动商业团体与包括大学在内之非营利组织间的合作;确保非营利组织与中小企业所完成的发明系用以促进对未来研发不构成阻碍的自由竞争及自由创业;再用以推展美国产业及劳工所完成的发明创造之全面商品化和公众之使用;确保政府获得由其所资助的发明之足够权利以满足政府之需,并保障大众免于受不施行或不正当使用该发明之损害;最后尽可能降低施行该方面政策所需的成本。③该部分内容是 1980 年 12 月 12 日增加的

---

① 参见马忠法:《技术标准与技术许可之关系探究》,《电子知识产权》2007 年第 10 期。

② Article 8 of the *Constitution of the United States of America*.

③ See Section 200 in Chapter 18—Paten Rights in Inventions Made with Federal Assistance of United States Code Title 35—Patents.

并于2000年11月进行了修改。显然美国的专利法制定之初以保护为核心任务,但到了20世纪80年代之后,明确了其政府资助的专利发明之目的在于推动运用和商业化。这样原则性的规定,为美国此后20多部有关技术转让法律的制定和颁布提供了依据。我们再看《日本专利法》(2008年修改),它明确规定:本法的目的是通过保护与利用发明,鼓励发明,以推动产业的发展。①很清楚,其目的不是保护,保护与利用一样,只是手段,其目的在于“鼓励发明,以推动产业的发展”,即将专利技术运用于产业之中,以实现商业价值。德国专利法规定“创新以发明步骤为依据、且可供产业利用的发明,得受新型专利之保护”,可以看出,如果发明不可产业化,是不受专利法保护的;亦即专利制度设立的目的不是保护,②而是产业化;而这需要转化或转让才可以完成。

林肯的“专利制度是为天才之火添加利益之油”③之名言为专利制度的本质和使命也作了一个很好的注解;专利制度的目的在于促进、激发天才的发明家创新的积极性,这种创新的积极性又依赖于利益的实现。利益实现有两种途径:发明人自己使用,并通过专利制度取得合法垄断权来获利,或者发明人通过技术转让来实现。处于不同的时代,技术权利人实现其权利的方法也不同:在早期,技术权利人多通过自己发明、自己应用、自己销售等渠道来实现技术的价值,后来随着社会分工的日益细化,营销逐渐分离出来,企业着重于研发和生产。到了知识经济时代,随着独立研发机构和研发组织的出现,技术似乎也完全可以独立于设备等,成为一种商品;随着研发工作者成为一个独立阶层,技术转让和转化活动会日渐频繁。④因此,处于知识经济时代,专利技术(尤其是高校和科研院所的专利技术)转化往往是离不开技术转让法律制度的;对此,我们不难理解为何美国自20世纪80年代起至21世纪,先后制定、颁布了

---

① 《日本专利法》(2008年修改)第1条。

② 《德国新型专利法》(1998年修改)第1条。

③ See Abraham Lincoln, *Lecture on Discoveries and Inventions*, http://showcase.netins.net/web/creative/lincoln/speeches/discoveries.htm.

④ 参见马忠法著:《国际技术转让法律制度理论与实务研究》,法律出版社2007年版,第309页。

20 多部有关技术转让法律制度。

（五）发达国家对清洁能源和高新技术的管制严重扭曲技术转让路径

某些发达国家常将技术转让与所谓的国家利益、安全等政治问题挂钩，对技术出口进行管制，严重扭曲了正常的技术转让路径。如美国在这方面是典型，美国一直控制高新技术向它所认为的竞争对手或有所谓危险行为的国家出口。2007 年 6 月，美国宣布对华技术出口管制新政策，只有具备“授权合格最终用户”资格的企业才能进口被管制产品列单中的物项，其中包括 20 类 31 种技术产品，有些与节能减排密切相关。如其管制的技术产品“航空燃气涡轮发动机”中的燃气汽轮技术，①是一种高能效、低排放的电力技术，就受到限制。在美国通用电气公司（GE）向中国转让的该类技术中，一级叶片和一级喷嘴等关键技术不在其中，是因为：尽管 GE 在考虑到成本和竞争力情况下愿意转让，但由于受到美国出口管制政策的影响而未予转让。②

技术转让不仅是经济活动，还是政治和外交活动，技术输出国可利用技术转让对他国施加影响。发达国家出于自身的政治、军事和经济利益考虑，常常通过国家法令和行政措施，对本国高新技术出口贸易实行管理和控制，通过设置一些技术贸易政策障碍比如技术贸易许可证、禁止进出口和限制进出口技术管理办法和目录实施技术封锁或出口限制。③

资本主义制度的本质是金钱独裁，它是牺牲人类、自然及资本家自己后代的祭坛。④这一点表现在其对应对气候变化技术转让方面特别明显。一方面，发展中国家急需高新技术让自己走上可持续发展之路，而另一方面发达国家的跨国公司为了自己的私利，通过

---

① 杜元清：《美国对华高技术出口管制新政策正式发布》，《军民两用技术与产品》2007 年第 7 期。

② 转引自邹骥、王克、傅莎等著：《环境有益技术开发与转让国际合作创新机制研究》，经济科学出版社 2009 年版，第 50 页。

③ 参见张建平：《气候变化谈判框架下的国际技术转让机制研究》，《国际贸易》2010 年第 5 期。

④ Lan Angus, *The Global Fight for Climate Change*, Resistance Books, 2009, p.178.

私法行为公法化路径，让本国政府通过法律规定严格控制高新技术的转让与流动，而政府以其所谓的“国家经济安全或国家利益”为由，对这些可能威胁人类生存的不正当的要求予以肯定，导致今天技术转让领域不公情况的出现。

高新技术出口管制一直是西方国家对中国等发展中国家采取的贸易措施之一。跨国公司本来对发展中国家有潜在竞争力的企业有提防之心，但在利益驱动的条件下，有时，它们会适当转让技术。然而，当这一点可怜行为也有可能因本国政府的出口管制而遭受阻碍。

一些有利于减缓气候变化的ESTs商业转让，发达国家也会以影响其竞争力或国家安全等为由设置障碍。发达国家履行技术转让义务的行为与公约等条约要求的差距很大。

除了出口管制之外，WTO框架下的TRIMs协议从一定的程度上说，也严重阻碍了技术转让。①与该协议相关的涉及技术转让活动的主要形式是外商直接投资（FDI），而它主要通过东道国政府和投资国政府的习惯法律政策做出导向。在当今形势下，双边自由贸易协定往往都会涉及投资问题。问题在于，目前很多双边自由贸易或经济合作协定在投资领域的合作约定对技术转让构成一定的潜在障碍。如日本和瑞士双边自由贸易和经济合作协定就含有关于履行要求的直接禁止之内容，它直接将WTO框架下的TRIMs协议自动地纳入其中。②这使鼓励（更不用说要求）清洁技术转让变得更为不可能。③

---

① 具体分析参见马忠法著：《国际技术转让法律制度理论与实务研究》，法律出版社2007年版，第121—122页。

② See Ministry of Foreign Affairs of Japan, *Article 96 of Agreement on Free Trade and Economic Cooperation between Japan and the Swiss Confederation* (2009), available at: http://www.mofa.go.jp/region/europe/switzerland/epa0902/agreement.pdf (last visited April 30, 2011) ("Determined, in implementing this Agreement, to seek to preserve and protect the environment, to promote the optimal use of natural resources in accordance with the objective of sustainable development and to adequately address the challenges of climate change...")

③ Daniel M.Firger, Michael B.Gerrard, Harmonizing Climate Change Policy and International Investment Law, in Karl P.Sauvant, ed., *Yearbook on International Investment Law & Policy* 2010—2011, 2012.

发达国家当初为何急于将与投资相关的贸易措施纳入 WTO 框架下，其意图就是在有关元器件或核心部件(包括涉及环境保护、节能减排等部分)中所含有的技术能够长久控制在自己手中，以规避本地成分要求所带来的技术外泄。这种方式控制技术的主动性、道德性等远胜于技术出口管制。它实际上是 OECD 国家在 1998 年试图通过的取消“向东道国转让技术”条款及 80 年代试图通过的《跨国公司行动守则》和《国际技术转让行动守则》中发达国家观点的延续，并通过国际条约的形式使其合法化的重大步骤。其背后推手实际上是掌握了很多技术的跨国公司。跨国公司为幕后推手、发达国家政府走在前台，这出双簧戏短期看让发达国家及其跨国公司实现了自己的战略意图，限制了可能的竞争对手；但长久地看，它们不仅仅损害的是发展中国家的利益，损害的也是全人类包括它们自己在内的所有国家的利益。

有学者认为，当下气候政策中的趋势——特别是那些与气候资金和技术转让相关的——突出了解决气候困境的外商直接投资(FDI)的重要性，而国际投资协议(IIAs)正在进行的重大转型能更好地反映出投资者权利和东道国需求之间的平衡，以保持一定的灵活性来促进公共福利，包括采取的减排和应对气候变化的具体行动。①这是一种比较理想的状况，实际上目前看来，不仅达成 TRIMS 协议之外、利于促进技术转让的 FDI 的多边国际投资协议十分困难，而且即使形成的是双边投资协定，对涉及环境友好技术转让的 FDI 也未产生过什么积极影响。有些条约中约定的义务可能包括详细的集中于低碳投资等“投资促进”的规定，或具体涉及清洁能源技术的技术转让等规定；②但大量的实证研究表明，鲜能见到真正有效的环境友好技术转让的成功案例。

2007 年 12 月 COP13 通过的“巴厘岛路线图”，再次确认了发达

① Daniel M.Firger, Michael B.Gerrard, *Harmonizing Climate Change Policy and International Investment Law*, in Karl P.Sauvant, ed., *Yearbook on International Investment Law & Policy* 2010—2011, 2012.

② UNCTAD, World Investment Report 2010: Investing in a Low-carbon Economy, Sales No.E.10.II.D.2(New York and Geneva: United Nations, 2010), p.137.

国家和发展中国家在应对气候变化问题上“共同但有区别的责任”的原则。在会上重点讨论的减缓、适应、技术转让和资金四大问题中,最难落实的技术转让是重中之重,讨论旨在加强国际社会的长期合作行动,并争取尽早取得积极成果,作为实现《框架公约》目标的关键一步。2010年的《坎昆协定》达成了控温2摄氏度的目标,确定了《京都议定书》第二期的减排目标。在该会议上,各缔约方肯定了技术发展和向发展中国家转移技术的重要性,并为此建立了一个“技术机制”(TM)。长期合作行动友好工作组也提交了一份报告参考了发展中的南方国家在知识产权方面的建议。这些建议包括,利用TRIPs的弹性条款,附件二的发展中国家可以对于清洁能源技术可专利性做出限制,成立专利联盟或者免费的强制许可,公共基金资助的知识产权成果放入公有领域等。①但是坎昆会议拒绝将在这些建议纳入协定并且暗示知识产权议题应当放入现行的国际知识产权体系中解决。印度认为知识产权问题是实现减排目标的基石性问题,要求将知识产权议题纳入2012年的德班会议,建议建立一个“公平合理透明”的技术转移机制。但是该提议并未被采纳。2014年的利马会议上,技术机制发布首次年报,阐述其已经对于发展中国家的技术需求进行识别下一步需要转化为具体项目。利马会议对知识产权议题未置可否,仍旧纳入特设工作组的未决之列以待下次会议讨论。2015年具有法律约束力的《巴黎协定》提到“必须充分落实技术开发和转让,以改善对气候变化的复原力和减少温室气体排放”,并建立了一项附属科学技术咨询机构和附属履行机构,“为技术机制在促进和便利技术开发和转让的强化行动方面的工作提供总体指导”。

然而,利于减缓温室气体排放的清洁能源技术研发都需要投入大量时间和资金,多数发展中国家因没有较强的研究开发团队与人才,缺少应对气候变化的技术和开发能力。这就要求发达国家应拿出实际行动,以优惠条件向发展中国家转让环境友好技术。但是现实是,不论是发达国家政府还是其企业为保持竞争优势和所谓的国

---

① J.D.Sarnoff, The Patent System and Climate Change, Va. JL & Tech., 2011, 16:301.

家利益,以知识产权保护为借口,通常采取种种措施防止此类技术转让。如2008年在北京国际车展上,发达国家向中国转让的汽车技术几乎都是与国际社会倡导的减少温室气体排放要求相背离的技术,它们不愿意转让它们在汽车制造领域已经广泛使用的节能减排最新技术。实际上,它们完全可以在公平合理的商业条件下,向发展中国家转让已经成熟的常规的节能减排技术;而对于尚处研发阶段的前沿新技术,也可以与发展中国家合作研发,这样既可以解决知识产权保护的问题,又可以让发展中国家能够尽快掌握并推广使用新技术。①这对双方、对人类而言是一个多赢的局面。但在私人狭隘、局部利益的引导下,在政府的配合下,通过技术转让控制和限制,走向了反面。

在过去的20多年(从1992年里约热内卢全球环境峰会算起)里,一个不可否认的事实是:由于缺乏实现现有环境友好技术充分传播和转让的有效机制,加上发达国家政府有意识的限制,多数发展中国家因难以获得和使用环境友好技术,它们还在重复传统工业化的老路,经济发展和基础设施建设仍在走高污染、高排放的老路。如不尽快解决技术转让机制问题,这种不可持续的发展之路会使有关国家的减排努力化为乌有,气候可能会进一步恶化,给世界会带来更多的不稳定和气候难民,进而影响整个人类的福利、和平、安宁与幸福,那些更易受气候变化不利影响的发展中国家会给世界带来更多的不确定性、动乱甚至战争。

（六）现有的技术转让的具体机制或制度未能发挥应有作用

一般国际技术转让的形式有多种,如建立合资企业、许可、模仿、分包、外国购买者、贴牌加工(OEM)②、非正式途径、公司获取、战略伙伴等。③然而,在应对气候变化方面,相关国际条约有一些独特的机制。其中典型的机制就是《京都议定书》中所创设的"京都

---

① 杨文利:《应对气候变化技术转让遭遇瓶颈》,《中国高新技术产业导报》2008年4月28日A2版。

② 该方面内容详见马忠法著:《国际技术转让法律制度理论与实务研究》,法律出版社2007年版,第333—349页。

③ See Dr. T.Miyake, International Technology Transfer, *CACCI Journal*, Vol.2, 2005.

灵活三机制”和“资金机制”,而它们尤以清洁发展机制当初最为人们所称道,而重要的制度是 TRIPs 协议项下的强制许可制度。在《京都议定书》生效后的 7 年中,事实证明清洁发展机制等在温室气体减排方面,可能取得了一定的成就,但在促进清洁技术转让方面可谓乏善可陈。而自 1995 年 1 月 1 日,TRIPs 协议生效后,少有专利技术领域(更不用说清洁能源专利技术领域)的强制许可案例的发生。其中原因很多,但主要还是机制或制度本身设计方面的缺陷及掌握技术的私人部门缺乏诚意来推动或促成技术转让。

1.《京都议定书》规定灵活机制及资金机制存在的问题

(1) 清洁发展机制

清洁发展机制(CDM)被确定为《京都议定书》中唯一一个涉及发展中国家在减少温室气体排放方面有所行为的弹性机制,是促进发展中国家进行温室气体减排的主要工具。①CDM 目标的背后,意在鼓励发展中国家通过该机制与发达国家合作,充分利用世界上已有的环境友好技术,实现可持续发展之路,而这一路径就是技术转让。②但这一预期目标由于京都议定书对 CDM 规定的过于原则,使其在实际运作中带来的弊端如下:发达国家可能为了从发展中国家处获取减排量,鼓励本国跨国公司利用后者技术落后等条件与发展中国家企业合作;而跨国公司在追逐利润最大化的驱动下,常不转让较为先进的技术而将设备等销售给发展中国家企业。

根据有关 CDM 项目的统计数据,截至 2011 年 3 月 29 日,在 CDM 理事会注册的项目有 2 937 项(分布于 71 个国家),预计其中的 2 934 项到 2012 年及之后被认证的减排量为 19.6 亿公吨,③但这些项目有多少含有环境友好技术转让,并无具体的统计数据。大量事实也证明 CDM 并没有带来显著的环境友好技术转让。有些学者

---

① World Bank, *World Development Report 2010: Development and Climate Change*, at http://go.worldbank.org/BKLQ9DSDU0, p.265; 2010 年 12 月 26 日访问。

② See Stephen Seres, *Analysis of Technology Transfer in CDM Projects(2008)*, p.4; UNFCCC 网 http://cdm.unfccc.int/Reference/Reports/TTreport/TTrep08.pdf; 2010 年 12 月 26 日访问。

③ The database is available at http://cdm.unfccc.int/Statistics/index.html. 2011 年 3 月 12 日访问。

分别分析 2 293 个待注册项目和 644 个已注册项目后，发现这些项目涉及的技术转让比率分别为 39%和 43%，①且这些项目对环境友好技术的发展和转让带来的积极效果到底如何还有待证明。相关研究也表明，声称涉及技术转让的 CDM 项目百分比不高②，在 2008 年《框架公约》CDM 执行理事会等待注册的 3 296 个 CDM 项目中，声称涉及技术转让的比率为 36%。③根据世界银行 2010 年的报告统计，只有 1/3 的 CDM 项目有技术转让，它们通过设备、专有技术或两者的结合来完成，其中，纯粹知识或技术转让的为 15%，32% 的项目为设备的买卖，53%为设备与知识的结合。④此外，CDM 项目转让技术的比率呈逐年下降趋势，这一结论在 CDM 项目最多的三个国家——中国、印度和巴西——得到了验证。中国的各个项目都具体注明了是否包含技术转让，调查结果显示 2004 年和 2005 年规划的项目中有超过 90%的项目利用了技术转让，而在 2009 年和 2010 年的规划项目中这一比例只有 14%。⑤有学者尖锐地指出，CDM 项目更像是国外相关领域企业扩展和占领中国市场的一种手段，而没有发挥出对中国技术发展的促进作用。⑥

上述国际国内 CDM 项目中技术转让的现状清楚地说明了以下问题，即 CDM 项目中的技术转让比率较低，即使有所谓的“技术转让”，其质量都不是太高；而且越是在发展中国家需要的高技术含量领域，CDM 项目中的技术转让项目比率就越低。在中国发生的情况可以说有一定的代表性。这些与 CDM 制度设计的目标有较大的

① See Antoine Dechezleprêtre, Matthieu Glachant, Yann Ménière, Technology transfer by CDM projects: a comparison of Brazil, China, India and Mexico, 37(2) *Energy Policy* (2009), pp.703—711.

②③ See *Stephen Seres*, *Analysis of Technology Transfer in CDM Projects*, 2008, UNFCCC 网 http://cdm.unfccc.int/Reference/Reports/TTreport/TTrep08.pdf, 2010 年 8 月 10 日访问。

④ Supra 22.

⑤ UNFCCC: *The Contribution of the Clean Development Mechanism under the Kyoto Protocol to Technology Transfer*, http://cdm. unfccc. int/Reference/Reports/TTreport/TTrep10.pdf, p.11. 2011 年 3 月 10 日访问。

⑥ 邹骥、王克、傅莎等著：《环境有益技术开发与转让国际合作创新机制研究》，经济科学出版社 2009 年版，第 60 页。

偏离。是什么原因导致这种情况的出现呢？为此，我们必须对清洁发展机制的目标、其运作的关键环节和程序等对环境友好技术转让的影响进行分析，以找到问题的症结。

有学者指出，造成 CDM 项目技术转让率低的障碍有知识产权障碍、项目业主动力不足、人力资源、新方法学瓶颈、国内外技术价格差和融资等问题。①世界银行 2010 年报告也指出，CDM 制度有如下缺陷：CDM 项目产生的额外性②确定的模糊性、对可持续发展作用的微弱、执行理事会(EB)治理乏力和运营低效、分布的不均衡性及激励不足和 CDM 的持续性等。③但我们认为 CDM 目标设置的先天不足是导致其预期(促进技术转让)与实际效果(更多地被看作是融资的有效工具)背道而驰的根本原因；此外，还有一些其他方面的原因。具体分析如下：

① CDM 机制目标设置的先天不足。

我们认为 CDM 机制的致命弱点在于其设定的两个目标中，一个(帮助发展中国家实现可持续发展)过于弹性，无法体现出其金钱价值，难以通过具体的、可以量化的、强制性的行为加以实现；④另一个(通过特定的交易、合作，项目效果可以作为获取的减排认证)易于衡量和操作，并可带来确实利益，即通过每吨的温室气体减排量使业主和合作外方获得实际收益。这样其直接目标常被理解为落实通过交易来完成的减排任务而非促进可持续发展(核心是环境友好技术转让)，故 CDM 机制被当作一个具有明显的"短期性和

---

① 中国—欧盟清洁发展机制促进项目(2008)，《中国 CDM 项目中的技术转让》第 16—18 页，http://www.docin.com/p-54189804.html。

②③ 根据《京都议定书》关于联合履约(JI)和 CDM 规定中的定义，额外性是指 CDM 项目、联合机制(JI)活动所产生的减排量相对于基准线是额外的，即这种项目活动在没有外来的 CDM、JI 支持下，存在诸如财务、技术、融资、风险和人才方面的竞争劣势和/或障碍因素，靠国内条件难以实现，因而该项目的减排量在没有 CDM、JI 时就难以产生。反言之，如果某项目活动在没有 CDM、JI 的情况下能够正常商业运行，那么它自己就成为基准线的组成部分，那么相对该基准线就无减排量可言，也无减排量的额外性可言。后来根据这一定义引申出资金、投资、技术和环境等额外性。如技术额外性是指项目活动中使用的技术，对东道国而言是最容易获得和最为有利的。

④ B.Pearson, Market Failure: Why the Clean Development Mechanism Won't Promote Clean Development, *Journal of Cleaner Production*, Vol.15, 2007, pp.247—252.

功利性”的工具，它允许发达国家用最便宜的方式在全球投资或推销设备来实现其减排目标。[①]在实际合作中，发达国家获取减排指标的目标被放在首位，而技术转让虽然也被看作是其使命，但它扮演的是补充性或辅助性角色。简言之，CDM 在实务中不是以技术而是以核证减排量的成本和预期收益为驱动力。所以，清洁发展机制在 2005 年《京都议定书》进入生效、实施阶段后，被很多投资人看作未来发展营利的一个关键因素而非一个转让环境友好技术的机制。

在功利目标的指引下，不论是东道国的合作者，还是发达国家的跨国公司，往往更多地关注得到 EB 认证的温室气体减排数量（CER），双方都缺乏驱动力来实现真正意义上的技术转让，不关心拥有所有权的技术分享问题，而关注一个特定项目的运营和管理方面的专有技术或技术秘密。学者研究表明，虽然京都议定书促进了一般意义上的技术创新，但并没有加快技术的流动。如此它就不会在真正意义上帮助发展中国家来实现可持续发展，提高技术能力，以在根本上为温室气体减排创造条件，其短期行为的特征十分明显，它只是试图局部解决问题，既治不了标，更治不了本。

就东道国合作方而言，其目标是赢利，不是做慈善，只要能得到一个政府批准的 CDM 项目，并最终通过 EB 核证得到 CER，它们便可实现目标（得到本国政府的支持和诸多的优惠政策以及跨国公司的资金或设备等方面的资助）；至于技术是否转让，它们可能漠不关心。它们从现实角度出发，通过“技术转让”得到 CER 的快捷方法是：从合作方购买现成设备，得到运行和维护的基本知识即可（多数发展中国家的法律认可这是“技术转让”）；至于研发或购买技术，或与合作方共同开发技术，对它们而言是一个投入多、周期长的过程，得不偿失。

就跨国公司而言，它们更热衷于将其设备卖给东道国的合作方，至于设备之后的那些建立自己竞争优势的核心技术及设备本身的制造技术，它们是不会轻易转让给发展中国家；因为它们对其知

---

① M.Grubb, “*The Economics of the Kyoto Protocol*”, *World Economics* 4(3) (July-September 2003), p. 159. Http://www. econ. cam. ac. uk/rstaff/grubb/publications/J36.pdf.

识产权这个法力无边的无形资产不愿意轻易付出；在交付设备或出一部分资金而不需付出核心技术就可得到 CER 减排指标的情况下，技术转让是不可能发生的。更有甚者，外国公司只买设备给发展中国家企业，关于设备的使用技术等则由其设立或与其关联的独立公司来提供，而后者往往要价不公平；对此，东道国企业往往没有更多的选择，被迫接受对方的要价。这种情况，不仅实质技术没有得到，还付出了更大的代价。

② 政府有关政策规定的不明确及执行的不严格为 CDM 技术转让率低开了方便之门。

到今天为止，全球还没有对“技术转让”的统一定义，“设备买卖”、“维护和运行基本常识”、“供方技术人员”等是否属于“技术转让”目前也没有统一的说法，很多国家的法律对技术转让也无明确的界定，这就为 CDM 项目中的所谓“技术转让”操作留下了无比广阔的空间。不少场合下，东道国为了得到外国公司的合作，政府有关部门在考量技术转让这一条件时，可能较为宽松，这为质量不高的 CDM 项目提供了方便。由于国际法和国内法上缺乏统一权威的定义，每个项目都根据自己的解释或需要对“技术转让”进行界定，从目前有关 EB 注册和等待注册的项目统计看，压倒多数的项目参与人认为“技术转让”是对东道国所没有的设备或知识的运用。[①]而且，许多 PDD 中并无技术转让的动机描述。

只要东道国签字批准，承认某项目能给本国带来共同利益，并与其优先发展的产业范围相符合，则它通常会被认为是对“可持续发展有益”的。该处的“共同利益”（不同于资金支持下的碳排放交易）通常包括三类：技术转让和扩散、促进就业和经济发展及环境和社会的可持续发展。虽然很多批评者接受了这一宽泛的定义，一些非政府组织发现了在承认有关项目类型（如水电、棕油种植和工业废气处理等）和执行中均存在漏洞和不足，但它们仍在普遍执行。对进入等待注册的 CDM 项目进一步分析后，有人认为项目文件中

---

① See Stephen Seres, *Analysis of Technology Transfer in CDM Projects* (2008), p.18, [Online] Available: http://cdm.unfccc.int/Reference/Reports/TTreport/TTrep08.pdf.

涉及的可持续发展均为粗线条的轮廓，不具可操作性，项目的开发者只是展示了一下他们对可持续发展的基本关心或是对这个概念有所了解而已。如此一来，有些国家，为了争得他国的支持和合作，在 CDM 项目审核批准方面，会较为宽松，对技术转让内容的审核往往走形式，根本不可能进行认真审查，尽管有法律规定，也不会认真执行。这样，CDM 中的技术转让多会停留在概念"炒作上"，其实际效果无疑会大打折扣。

此外，CDM 机制只对减排给予奖励而对减排增加无任何惩罚措施，[①]由此使其成为减排的补贴，这有可能诱发公司的负面激励，即短期内提高排放量以得到长期的减排信用。由此诱使合作双方在合作期内没有动力投入耗时长、见效慢、技术含量高的开发项目，追求短平快。这方面最典型的就是外方供应设备、东道国提供不需太高技术要求的自然资源如水、风等发电项目。这种 CDM 实际上难以带来实质上的应对气候变化技术转让。

③ CDM 的短期性及其未来发展的不确定性影响了技术转让。

根据规定，《京都议定书》的有效期是至 2012 年底结束，作为《京都议定书》三机制重要内容之一的 CDM 机制，到期后会否继续存在？如果存在，会以什么样的方式存在？在取代《京都议定书》的新条约中，会否把技术转让当作 CDM 的决定性条件？类似问题的答案目前很不明确。这种短期性在一定程度上影响了技术转让。

《京都议定书》制定之后，人们对技术转让和资金机制一直给予关注，其中资金问题在 2009 年的《哥本哈根协定》中已有明确的交代。它规定，为加强实施《框架公约》，发达国家在技术发展和转让等方面应对发展中国家提供帮助，在 2010—2012 年快速启动阶段将提供 300 亿美元，2020 年增加到每年 1 000 亿美元的短期和长期资金援助计划来帮助发展中国家适应气候变化和进行温室气体减排；会议决定成立"哥本哈根绿色气候基金"以作为《框架公约》

① J-M.Burniaux et al., "*The Economics of Climate Change Mitigation: How to Build the Necessary Global Action in a Cost-Effective Manner. Economics Department Working Papers No.701*",(6 June 2009) p.41. Http://appli1.oecd.org/olis/2009doc.nsf/linkto/eco-wkp%282009%2942, 2010 年 5 月 20 日查阅。

资金机制的运作实体来支持与减排有关的发展中国家的项目、政策和其他活动,包括能力建设、技术开发和转让等方面。[①]但对于技术转让只是提出建立技术转让机制,具体如何运作,没有明确的方法,也无具体的时间表;它只规定为了加强技术开发和转让,会议决定建立技术机制以加快技术开发和转让,该机制将由各国主动实行,并基于各国国情确定优先顺序。[②]其隐含之意有以政府驱动方法为指导,并以国家政治、经济、法律等条件和优先考虑为基础。这些内容的规定,为后哥本哈根时代的国际技术转让提供了新视角,但最终如何落实仍是一片迷茫,因为只有有效的资金机制而无实际可操作的技术开发和转让机制,难以收到预期的温室气体减排效果,这已经被《京都议定书》生效以来的实践所证实。2010 年 4 月和 6 月的波恩会议上,人们又对年底的坎昆会议在技术转让方面制度安排寄予了厚望。

④ EB 注册、认证的法律程序中存在的问题对技术转让产生一定的消极影响。

一个 CDM 项目要在联合国气候变化框架公约的 CDM 执行理事会注册,首先要获得国内主管部门的批准(如中国是国家发改委),[③]然后经过 EB 认定的经营实体[④]进行审核,如果审核通过,便获得买方国家的批准函;然后该项目可提交 EB 申请注册,EB 进行完整性检查,如无问题则在 EB 网上公示,公示期如无异议,则注册成功。但是注册仅仅是一个方面,最为关键的是项目的减排效果要经过 EB 审核签发 CER 后,才有可能产生结果和最终交易的完成。如至 2010 年 5 月 12 日中国发改委批准的项目为 2 537 个,在 EB 注

---

① See Articles 8, 10, 11 of *the Copenhagen Accord*, http://www.thedailystar.net/newDesign/news-details.php?nid = 118437.

② See Articles 11 of *the Copenhagen Accord*, http://www.thedailystar.net/newDesign/news-details.php?nid = 118437.

③ 此前需完成 PDD 材料及附加材料收集和 PDD 编制两个阶段的任务。

④ Designated Operational Entity,缩写为 DOE,目前经认可的运作机构有 30 多个,其中中国有两家:国家环保总局环境认证中心下属的中环联合认证中心和国家质量监督检验检疫总局设立的中国质量认证中心。See *List of DOE*, http://cdm.unfccc.int/DOE/list/index.html.

册为 864 个,但得到签发证书的不到 200 个,被拒绝认证的理由多数是因为“额外性”有问题,但其中也有一部分是不明就里的被拒绝认证。

CDM 的独特性在于规范由私人主导的市场交易,但其交易的 CER 计算方法及产生市场财富的项目则由 EB 来批准同意。如此一来,CDM 机制的可信度主要依赖于法律框架的强健有力和私营部门对该机制提供机会的信任和充满信心,①现实中人们对 EB 作出决定的过程缺乏透明度和可预见性的持续缺乏及审查时间日渐延长等抱怨越来越多,②项目被拖延 1—2 年时间很正常,这些已经对 CDM 的持续成长形成严重制约。

如果有关国家因为 EB 程序上问题而对 CDM 产生怀疑,则将直接影响有关东道国和发达国家企业间的合作,进而影响到应对气候变化技术的转让。

⑤ CDM 项目相关人力资源的短缺对技术转让构成一定妨碍。

发展中国家目前在 CDM 管理和经营方面进行了很多投入和培训,但在管理、技术及技术转让等方面人才缺乏十分严重,特别是涉及程序复杂、技术含量高的项目。由于 CDM 项目主要在发展中国家,其管理和运营尚在摸索和探讨阶段,相关人才(尤其是相关产业或行业的技术人才)的匮乏是 CDM 项目中技术转让较少的主要原因之一。比如在清洁能源技术中的光伏能、太阳能中的单晶硅、复晶硅等技术领域,很多发展中国家缺少基础教育,新设立这样科目的院系或学校,又找不到合适的高技术人才进行授课和培训,发展中国家只能依赖于设备提供方,这样无形中会影响到技术转让发生的可能性及其质量。而人才培养是一个长期的过程,解决人才短缺问题需要更多更长时间的努力。

上述诸多原因,使 CDM 在实际操作中与其设定的目标相悖,它

① C.Streck and J.Lin, “Making Markets Work: A Review of CDM Performance and the Need for Reform”, *European Journal of International Law*, 19(2), 2008, pp.409—442.

② 如中国在 2009 年 12 月举行的联合国清洁发展机制执行理事会第 51 次会议上,CDM 理事会向来自中国的项目痛下杀手,共有 10 个风电项目被拒。参见耿雁冰:74 个中国 CDM 项目联合国“遭阻”,和讯网。

被更多地看成是投资领域的机制,跨国公司更倾向于把其当作“资金机制”的一个部分。实际上,《京都议定书》专门规定了“资金机制”,且与 UNFCCC 一脉相承,其设置目的之一也是为发展中国家在获取和运用应对气候变化技术方面提供便利:①利用资金在发展中国家开发、促进应对气候变化技术的发展,或用来支付获取技术的许可费等。但最终这一目标在两个机制中都被当作“鸡肋”,跨国公司力图使两者混合,或用资金机制取代 CDM,最终目的都是在回避环境友好技术转让。

CDM 以目前的方式运作下去的话,可能会失去生命力,以致有专家担心:如不对其进行较大改革,2012 年后它将难以存在下去。②CDM 虽然在 2001 年 7 月的《波恩协议》中谈到“设立面向技术转让和支援发展中国家的特别气候变化基金”,以助于其两个目标的实现,③但因美国当时没有参加,该协议并未得到很好的执行,这样的“基金会”至今尚未成立。

可以看出,CDM 只是试图局部而非根本解决问题,既治不了标,更治不了本。它没有发挥其应有的积极作用。CDM 机制的本质是使发达国家排放者可以通过该机制投资项目将在发展中国家的等值减排量视作本国的减排量,进而减轻自己所谓的国际义务。斯坦福大学一项研究表明:2/3 或更多的 CDM 项目的减排信用额度并未在污染方面产生任何减排的效果。CDM 继续存在不是因为其减排,而是因为通过买卖减排信用能够获得利益。其动机本来是利用市场机制促进技术转让和全球的绝对减排,但结果是资本主义营利的本性占了上风。④因此,可以说,如果还是按照现有方式运行下去的话,如果说碳交易制度是饮鸩止渴,那么对 CDM 在技术转让方面的期待是自欺欺人的。

CDM 带来的消极结果还有:投资国可以通过海外投资,使其法

---

① See Article II, 1(a)(iv), Article III, 14, Article X(c) and Article XI(b) of *Kyoto Protocol* at http://unfccc.int/resource/.

② 郑爽:《国际 CDM 现状分析》,《中国能源》2005 年第 6 期。

③ See *Review of the Implementation of Commitments and of Other Provisions of the Convention*, at http://unfccc.int/resource/docs/cop6secpart/l07.pdf.

④ Lan Angus, *The Global Fight for Climate Change*, Resistance Books, 2009, p.213.

定减排义务的承诺得到部分“抵消”，即不必在国内开展艰难的减排。此外，该机制产生的“额外性”难以被完全确定，因为它突破了总量控制下排放权交易体系，会产生总量控制的漏洞。为保证CDM项目的额外性所设置的规定让整个系统过于官僚。①

除了从发展中国家企业的角度看，CDM机制存在问题，有的跨国公司也对其表达了失望情绪。如美国第二大化工公司杜邦公司②认为CDM具有“残忍的政治性与复杂性”，其潜能没有充分发挥；其原理是正确的，但实施规则需要微调；它应该鼓励人们使用最佳技术，然而在现实中，它往往不鼓励人们使用最佳可行技术来减少某种产品生产方法所带来的有副作用的副产品。③导致这种情况的出现，主要原因是一些使用CDM机制的企业，出于利益之追求，而只顾眼前放弃未来所致。尽管至2019年5月31日，全球注册的CDM项目已达7 807个，④但鲜有听说成功的技术转让案例。

（2）国际碳排放交易机制、联合履约机制和资金机制的不足

国际碳排放交易机制（IET）的缺点是，它会鼓励一些国家意图通过购买他国排放量指标而无视本国的排放量，从而间接阻碍新技

---

① ［瑞典］克里斯蒂安·阿扎：《气候挑战解决方案》，杜珩、杜珂译，社会科学文献出版社2012年版，第128—129页。

② 杜邦公司（DuPont Company，简称DuPont）是一家美国化工企业，该领域内全球排名第三，提供以科学为基础的产品及服务。它成立于1802年，早期以制造火药为主。20世纪后，开始转入产品和投资多样化，经营范围涉及军工、农业、化工、石油、煤炭、建筑、电子、食品、家具、纺织、冷冻和运输等20多个行业，生产石油化工、日用化学品、医药、涂料、农药以及各种聚合物等1 700个门类，20 000多个品种。它致力于利用科学创造可持续的解决方案，让全球各地的人们生活得更美好、更安全和更健康。其核心价值200多年来一直未变，即谋求解决困扰人类的“安全、环境”和制约企业发展的“以人为本、职业道德”等最基本的问题；它将企业的社会责任感主导的核心价值观转化为自己的核心业务和核心竞争力，以“社会综合价值最大化”为公司的发展战略导向，谋求可持续发展。杜邦公司的业务遍及全球90多个国家和地区，以广泛的创新产品和服务涉及农业与食品、楼宇与建筑、通讯和交通等众多领域。2011年总收入约为380亿美元，全球雇员79 000余人；2012年在财富世界500强排行榜中排名第270位。早在20世纪70年代杜邦公司就已经开始在研发生产过程中注意到气候变化方面的问题。参见“杜邦公司”，baike.baidu.com/view/62322.htm；see “DuPont”，en.wikipedia.org/wiki/DuPont。

③ ［美］安德鲁·霍夫曼等：《碳战略 顶级公司如何减少气候足迹》，李明等译，社会科学文献出版社2012年版，第168—169页。

④ See Stateholder Interaction, at：CDM.unfccc.int/stakeholder/index.html.

术的使用和转让,造成温室气体可绝对减少而不减少;它追求的是短期效用而非永久的减排,最终不是减少排放而是增加。因而这种交易措施遭到一些国家的反对。目前也鲜能发现通过该机制而促进技术转让的成功案例,也很少有人进行这方面的研究。

至于联合履约机制(JI),有关国家出于自身利益的考虑,资金和技术转让会限于特定的地缘范围和特定的领域,对真正需要帮助的地区或开发的领域不予关注;而且,通过这类项目转让技术来获得收益,往往需要很长的时间。至 2011 年 3 月 29 日,全球 JI 项目共有 253 个一类项目(Track 1)和 29 个二类项目(Track 2),分布在 14 个国家,这些国家主要为东欧、中欧的国家,而且尚难发现有关这些项目中的技术转让研究。①

就资金机制而言,除了有关规定模糊、过于原则外,发达国家常对可以资助的费用类别和内容常给予严格的定义,从而使发展中国家的企业因筹资困难而影响技术转让的顺利进行与目标的实现。②没有资金的支持,不少发展中国家支付不了许可使用费,无法使用技术,技术能力也难以形成,从而使多数发展中国家的技术发展进入恶性循环之中。

2008 年波兹南 COP14 次会议上,虽然通过了旨在提升技术转让投资水平、帮助发展中国家解决对技术需要以推动技术转让活动发展的波兹南战略方案(由全球环境基金战略方案),但作为技术转让议题专门资金机制的全球环境基金之资金规模远远满足不了技术转让的实际需求。还有,资金机制缺乏一个有力的协调机构,导致资金的使用目标不够明确(特别是缺乏具体的针对技术转让之特定目标)。而且,资金机制与技术转让市场脱节,资金使用效果评价也没有纳入技术转让机制的统一评价标准下。③

至于《京都议定书》生效后的有关 COP 会议形成的《巴厘岛线

---

① *Project Overview of JI*, at http://ji.unfccc.int/JI_Projects/ProjectInfo.html.

② 参见张梦衡等:《国际环境保护公约中技术转让障碍问题的探讨》,《自然资源学报》2001 年第 3 期。

③ 邹骥、王克、傅莎等著:《环境有益技术开发与转让国际合作创新机制研究》,经济科学出版社 2009 年版,第 59 页。

路图》(2007)、《哥本哈根协议》(2009)、《坎昆协议》(2010)及《德班一揽子协议》等四个重要文件,虽然对技术转让及资金机制作出了一些实质性规定,并有所突破,但由于它们均停留在各国形成的“共识”阶段,没有进一步成为有法律约束力的条约。因此它们关于技术转让的规定更是难以得到实施。

2. 强制许可法律制度存在的问题

尽管有学者认为,强制许可制度不适用于应对气候变化技术转让领域,但我们认为在没有一个更好制度建立之前,强制许可在一定程度上对应对气候变化技术转让有着积极意义。为此,我们需对强制许可制度作适当的分析。

在国际条约中,强制许可制度最早见之于《巴黎公约》的规定,后在 TRIPs 协议中做了较为详细的规定。2001 年多哈回合谈判中为帮助发展中国家克服公共健康等问题,就公共健康领域的强制许可问题,多哈宣言和 TRIPs 协议理事会均做出了相关决定。为了落实这些决定,2005 年 12 月,成员方就 TRIPs 协议的有关规定做出了修正,并对成员方开放签字,本以为至 2007 年 12 月底发展中成员方多数会尽快批准该修正以使其生效(批准数达成员方的 2/3 即可),但这一修订先后延续了四次,每次两年,直至 2017 年 1 月 23 日才生效。

我们分析强制许可的适用条件后,认为其描述过于苛刻,使该制度形同虚设。这可能是在现实中无较多专利强制许可案例和 2005 年修正案至今未能生效的主要原因;即使修正案生效,可能也不会给发展中国家带来过多的实际好处。有关 TRIPs 协议中强制许可制度的不足,作者在《国际技术转让法律制度理论与实务研究》中已有相关分析,本书只是针对 2005 年修正案存在的不足作进一步分析,并就应对气候变化技术转让领域可否参照该修正案实施或作出类似规定作简要探讨。

2005 年 TRIPs 协议修正案与多哈宣言及“TRIPs 协议和公共健康宣言”(公共健康宣言)①密切相关。WTO 经过 6 年多的运转之

① Paras.17 of *Ministerial Declaration, Doha*, WT/MIN(01)/DEC/1, 20 Nov.2001(01-5859).

后被实践证明存在一些不公平的规则导致《多哈宣言》制定和通过。虽然WTO在促进全球经济贸易方面发挥了重大作用,但一个不可否认的事实是:穷国与富国并未能公平地享受到经济全球化、技术和贸易带来的成果,反而是发展中国家特别是最不发达国家在这个过程中与发达国家的差距越拉越大。因而,多哈会议的主旨是在贸易和发展之间如何平衡,并对发展中国家特别是最不发达国家提供帮助,以使它们获得更为有利的发展环境。《多哈宣言》前三段强调了对发展中国家尤其是最不发达国家给予积极帮助,让它们在世界贸易增长中分享到满足它们经济发展所需的份额。而要实现这一点,加强市场准入与平衡之规则及推广有着良好目标、持续资金维持的技术援助和自身能力打造等项目将起到十分重要的作用。①它与促进技术转让内容直接相关的原则性表述是第6段,该段强调了部长们重申在《马拉喀什宣言》中对可持续发展目标追求的承诺;确信坚持、确保一个开放、非歧视多边贸易制度和从事环境保护及促进可持续发展诸目标间能且必须是相互支撑的等。②它为环境保护方面的应对气候变化技术转让要求和国内政策如强制许可等奠定基础。《多哈宣言》专门论述技术转让的集中见"贸易和技术转让"中的规定,即"同意在总理事会领导下的一工作组来审查贸易和技术转让关系及任何在WTO强制性规定范围内可能采取的建议来加快技术向发展中国家流动",③以及"技术合作和能力打造"中的论述,即对发展中国家的政策倾斜以及对最不发达国家的专门规定,其中的技术援助和与技术相关的资金帮助等是主要内容。④而另外一个较为重要的部分就是"与贸易有关的知识产权方面"的规定中所强调的从利于公共健康方式执行和解释TRIPs协议的重要性,以促进对现存药品的获得及对新药品的开发,这一规定

---

① See Paras.1, 2, 3 of *Ministerial Declaration*, Doha, WT/MIN(01)/DEC/1, 20 Nov. 2001(01-5859).

② Para.6 of *Doha Ministerial Declaration*, WT/MIN(01)/DEC/1.

③ Para.37 of *Ministerial Declaration*, *Doha*, WT/MIN(01)/DEC/1, 20 Nov.2001(01-5859).

④ Para.38 of *Ministerial Declaration*, *Doha*, WT/MIN(01)/DEC/1, 20 Nov.2001(01-5859).

实际上蕴含着与技术转让相关的“强制许可”内容。为此，WTO 还专门通过了“TRIPs 协议和《公共健康宣言》”。[①]该宣言尽管是一个表明各国态度的国际法律性质的文件，但它为 2005 年修正案的内容草拟和通过打下了坚实的基础。

《公共健康宣言》的核心内容是“TRIPs 的解释和执行能且应当利于成员方对公共健康特别是对药品的获取的权利的行使，为此成员方可以充分行使 TRIPs 协议中为该目的提供的灵活性规定”。而对药品的获取无非就是药品本身及制造药品的技术的获取。就成本而言，对于发展中国家来说，显然通过强制许可获得制药技术在本国生产的成本要远低于对成药的购买。故 2001 年之后，就公共健康与药品专利技术的强制许可成为 WTO 成员方尤其是发展中成员方关注的重点。2005 年通过的修正案是这一努力的成果。

2005 年修正案由正文和两个附件构成，其中附件是核心内容，尤其是附件 1，附件 2 是对附件 1 及 TRIPs 协议中有关的词语进行解释。附件 1 作为 TRIPs 协议“第 31 条之二”，它规定：(1)一出口成员在第 31 条(f)项[②]下的义务不适用于，在为生产并出口药品至一有资格进口的成员之目的的必要范围内，并在符合本协定附件第 2 段所列的条件下，授予之强制许可。(2)若一出口成员根据本条及本协定附件确立的体制，授予一项强制许可，则该成员须依据第 31 条(h)项[③]支付适当报酬，同时考虑该出口成员授权之使用对于有关进口成员的经济价值。若该有资格进口的成员对同一产品授予一项强制许可，因其报酬根据本段第一句已在有关出口成员支付，该进口成员在第 31 条(h)项下之义务不适用于这些产品。(3)为了利用规模经济以增强药品的购买力，并促进药品的本地生产：若一个发展中或者最不发达的 WTO 成员是 GATT1994 第 24 条以及 1979 年 11 月 28 日《关于发展中成员差别和更优惠待遇、互惠

---

① Paras.17 of *Ministerial Declaration*, *Doha*, WT/MIN(01)/DEC/1, 20 Nov.2001(01-5859).

② 其内容是“任何这样的使用(通过强制许可获得的使用)都应主要是为投放到准许该使用行为的缔约方国内市场而授权的”。

③ 其内容是：在任何情况下都必须向专利权人支付适当的费用，费用的数目取决于该准许的经济价值。

和更充分参与的决定》(L/4903)意义下的区域贸易协定的成员，且该区域贸易协定至少一半以上的现有成员属于联合国最不发达国家名单上的国家，则在确保该成员的一项强制许可项下生产或者进口的一种药品能够出口到有关区域贸易协定下其他遭受共同公共健康问题的发展中或者最不发达成员市场的必要限度内，该成员在第31条(f)项下的义务不再适用。各方理解此规定将不影响有关专利权的地域属性。(4)各成员不得根据GATT1994第23条第1款(b)项及(c)项，对任何与本条及本协定附件的规定相一致的措施提出质疑。(5)本条及本协定附件不影响成员在本协定下享有的在第31条(f)项和(h)项之外的，包括经《关于〈TRIPs协定〉与公共健康的宣言》(WT/MIN(01)/DEC/2)重申的权利、义务和灵活性，以及对其的解释。本条及本协定附件也并不影响依照第31条(f)项规定在强制许可下所生产的药品能够出口的限度。[①]显然该规定的核心内容是第一段和第二段：未经权利人同意情况下的强制许可及被许可方支付相当于该药品专利技术的市场价值的许可使用费等。如果该协议生效，客观上会利于涉及公共健康的药品专利技术的转让：不论是通过专利权人在专利许可这把“克摩达利斯之剑”威慑下的自愿转让，还是由东道国政府通过强制许可的方法。

这一规定是否适用于无害环境专利技术，多数学者认为不适合。但我们认为，从某种意义上说，气候变化带来的恶果远甚于公共健康，因为它不仅涉及发展中国家，还涉及发达国家中那些最贫穷的一部分人；而且，气候变化也会带来诸多的公共健康问题。如果这样，还不如在源头上就对有关技术予以强制许可，这未尝不是一种更为有效的方法。

但让人费解的是：根据修正协议，到2007年12月底如果签约批准的国家达到《马拉喀什协定》规定的生效条件后，该修正案可以生效；结果是2007年底，这一条件没有满足，后又分别延续到2009年、2011年、2013年及2015年底，直到2017年1月生效。发展中国家为此奋斗几年的看似利于它们的修正案，为何真正制定

---

① See Amendment of the TRIPs Agreement, WT/L/641, 8 December 2005.

出来后，它们又犹豫不决，是一个值得深思的问题。这可能与发展中国家本身技术水平有很大的关系，因为有些技术即使提供给它们，可能它们也没有能力使用这些技术；其次是，制药公司如果将最核心的部分没有申请专利而以专有技术的方式持有，则即使通过强制许可手段获得了专利技术，也不能够制造出治疗效果理想的药品。

简言之，如果跨国公司没有诚意对发展中国家给予实实在在的帮助，再好的制度可能也难以发挥预期的作用。这不能不说是一种悲哀。在应对气候变化技术领域，专利技术和专有技术的划分比药品领域更为突出，通过强制许可是否能够达到效果也是一个值得探究的难题。但我们认为：在没有一个更好的制度下，有了强制许可，也许会产生积极效果；有这个制度，总比没有好。

以上是本章对目前环境友好技术国际转让法律制度存在不足的分析，从中可以看出，既存在宏观上的不足，又存在微观上的不足。前者表现为现有制度主要反映的是发达国家的意志；而后者表现为现有制度难以约束私营部门并让掌握技术的跨国公司等积极转让技术，如技术转让制度本身不够系统、全面，某些重要的制度和机构缺少，具体规定可操作性差，没有和私营部门建立有效联系，缺乏对利益相关方的有效激励等。①这为后文相关制度的完善明确了努力的方向。

二、国际环境友好技术转让法律规定得不到实施的根本原因

本书认为，国际技术转让不畅及其制度存在问题的原因有以下四个大的方面。

（一）技术转让不畅的根本原因：发达国家掌握技术的私人主体维护自身利益的意志甚于对人类公共利益和弱国利益的关注

所有关于气候变化问题的争议是一个政治问题，是国家之间的一种博弈，其核心还是国家利益。②而作为政治问题主要是指应对

① 邹骥、王克、傅莎等著：《环境有益技术开发与转让国际合作创新机制研究》，经济科学出版社2009年版，第61页。

② 马煜婷：《周宏春：气候问题的核心是国家利益》，《经济》2012年第1期。

气候变化的组织架构和权力分配、利益的博弈等。[①]在根本上,其实质都是利益之争:国家与国家之间、组织与组织之间、组织与个人之间等的利益之争。发达国家争得的排放权多,意味着剥夺发展中国家的发展权利。我们认为对于发展中国家和发达国家双赢的做法是技术转让。

资本主义制度下,唯利是图是资本的本性;资本家为了追逐利润,没完没了地制造出人类本身并不需要的所谓财富,并引诱人类去追逐,结果带来了环境破坏、气候变化和自然的破坏等。[②]在这种情况下,未来的逐利行为让资本主义制度下的多数跨国公司不会主动减排,反过来倒有可能去争夺所谓的排放权。恰如丁仲礼言,所有关于气候变化问题的争议其实质都是利益之争,都是对未来排放权的争夺。[③]该观点反映了气候变化方面斗争的实质。但这不是解决问题的根本方法,因为争夺排放权是一种消极措施,开发、转让和分享应对气候变化技术才是减少排放的根本之道。利益的不愿意放弃是导致技术转让不畅的根本原因。现有技术转让制度问题的实质是国家利益的较量。当代科学研究表明,年减少5%的温室气体排放十分关键。它需要各部门、阶层的共同努力。然而在大公司的董事会室里,执行总裁们恰恰在担心它们的获利情况。类似于力拓集团这样的特大型污染者却在请求能否成为气候变化立法的例外;大型的商业媒体机构掩盖新的科学证据,贬低科学家,而对那些来自气候变化否定主义者和怀疑者的论调给予高度关注。[④]至于人类公共利益和弱国利益常因自己的利益最大化而受到忽视或故意规避。

发展中国家被他们定位为生产基地和销售市场,而非技术中心。技术和管理是其形成垄断优势取得超额利润的源泉,因此它们

---

① [瑞典]克里斯蒂安·阿扎:《气候挑战解决方案》,杜珩、杜珂译,社会科学文献出版社2012年版,前言第5页。

② 参见程明道:《气候变化与社会发展》,社会科学文献出版社2012年版,第56页。

③ 转自杜受祜:《气候变化及其应对的非气象学思考》,载[瑞典]克里斯蒂安·阿扎:《气候挑战解决方案》,杜珩、杜珂译,社会科学文献出版社2012年版。

④ Lan Angus, The Global Fight for Climate Change, *Resistance Books*, 2009, pp.219—220.

会尽量避免核心技术在我国扩散，于是就会采用“技术锁定”来避免其核心技术的扩散和溢出。它们宁愿出口高新技术产品而不愿转让相关技术。①

上述诸多法律规定方面的不足及现实中技术转让的不畅，从“经济人”本性上说与其追求私人利益为导向的所谓“理性”有着密切关系。从社会制度角度看，是以“资本”形式构成的资本主义制度所带来的必然恶果。有学者指出西方政府处理气候变化问题方面的无能根源于资本主义的基本特征。竞争使资本家用机器取代工人，提高劳动生产力，进而产生超额利润，赢得竞争优势。这种技术租金的竞争，加速技术发展，强化了制度的过于生产进而过于消费的倾向；过度生产和过度消费刺激物质生产的大大增加，发过来对资源的耗费提出更多要求（包括能源），进而生产更多废物。“去物质化（减少制造过程中的物质资料的投入）”、更为有效的资源利用、废物回收等趋势只能减缓不能阻止气候变化。②这些观点可谓直指问题的实质，因此，从理论上说，要有效实施技术转让，控制气候变化，只有从根本上消灭以巧取豪夺“私人利益”为目的股份有限公司为主体构成的资本主义制度，将阶级斗争引入气候变化应对中十分重要。③但大量的事实证明，在科学技术等作用下，短期内要实现这样的目标，是不现实的。我们需要从现有的条件出发，先从现有国际法律条文本身存在不足的原因去探讨，以发现症结，以为后文提出切实可行的对策。高喊空洞的政治口号及仅仅为了“正义公平”等抽象的概念去努力无济于事，我们真正需要的是切实正确的战略和方法。为此，下文主要还是从与现有国际技术转让法律制度本身密切联系的视角来探析原因。

从形式上看，《框架公约》、《京都议定书》等有关国际环境友好技术转让条款自身存在不足是它们难以得到有效执行的原因。通过这种形式，可以发现，它们无法得到实施的进一步原因是发达国

---

① 参见张建平：《气候变化谈判框架下的国际技术转让机制研究》，《国际贸易》2010年第5期。

② Lan Angus, The Global Fight for Climate Change, *Resistance Books*, 2009, p.272.

③ Ibid., p.183.

家政府的承诺与其国内企业的利益需求常常存在着冲突；作为技术供应商的企业之商业行为构成了技术转让的根本障碍。[①]国家有时不愿也无力遵守一些国际规则，尽管其国内法中将它们融入进去，使国际关系无太大改观。一国政府扮演“双层政治”的角色，[②]无疑会受到企业给予其经济利益和行为的胁迫。由于历史等原因，发达国家的企业（主要是跨国公司）掌握了全球90%以上的先进技术（含应对气候变化技术），或可以说90%以上涉及专有知识的现有环境友好技术通常是由跨国公司研发的。[③]而且，出于对市场竞争优势确立的考虑及适应本国应对气候变化政策，诸多跨国公司都十分注重依赖新技术的使用来应对气候变化。[④]而它们在进行技术转让时唯企业利益而非政府的履行国际义务为导向，它们常借发展中国家需要技术的迫切性来抬高技术许可使用费，或提出种种附加条件，或在认为无利可图时则拒绝转让技术。这是强调私权利神圣不可侵犯的发达国家政府所无能为力的，因为不仅它们的国内法律规定知识产权是私权利，它们还通过《与贸易有关的知识产权协议》（TRIPs协议）将这一观点上升为国际性的规范，作为知识产权重要组成部分的应对气候变化技术无疑也是私权利的范畴。如有学者指出，在鼓励和促进技术转移的努力方面，发达国家政府通常受两方面因素的制约：（1）政府自身不拥有大量的环境友好技术；（2）它们不能强迫私人部门转让其拥有的技术。[⑤]因此，发达国家政府在技术转让方面常开空头支票，再加上现有的国际制度在追究有关国

---

① 徐祥民、孟庆垒等：《国际环境法基本原则研究》，中国环境科学出版社2008年版，第310页。

② Robert D. Putnam, “Diplomacy and Domestic Politics: The Logic of Two-Level Games”, *International Organization* 42(Summer 1988):427—460.

③ See Gaetan Verhoosel, Beyond the Unsustainable Rhetoric of Sustainable Development: Transferring Environmentally Sound Technologies, 11 GEO. *International ENVTL. L. REV*.49, (1998), 66.今天，这一情况可能随着金砖国家的研发能力的不断增强有所变化，但总体上发达国家跨国公司掌握了世界上绝大多数的应对气候变化技术的情况仍无根本改观。

④ 参见[美]安德鲁·霍夫曼等著：《碳战略：顶级公司如何减少气候足迹》，李明等译，社会科学文献出版社2012年版。

⑤ See Daniel Gervais: *The TRIPs Agreement Drafting History and Analysis*(3rd Edition), Thomson Sweet and Maxwell, 2008, p.524.

际法主体国际责任方面的无所作为，无以使《框架公约》等直接规定的技术转让得到真正实施。如果我们再进一步深入到西方的政治、经济、法律制度层面，就能够找到目前技术转让不畅的根源是基于资本主义制度的基本特征：即政治上，所谓民主选举制度，金钱控制下的选票选出的代理人维护它们的既得的政治优势并延伸于国际社会；经济上以私有制为基础经济制度及以营利为目的的股份有限公司（跨国公司是典型代表）为主要载体并由它们主导和控制社会的现实；以及法律上以维护私人权利为核心的较为成熟制度等。这三者的结合，是较为健康、利于发展中国家进而利于全人类共同利益维护的国际技术转让法律制度屡遭挫折的根本原因。

我们以现有国际技术转让的条约规定缺乏监督机制所带来的结果为例来说明这一问题。事实表明，如果没有合理、有效的国际技术转让制度，在缺乏实际有效的监督机制下，在发达国家现有法律框架内，政府不可能强制其掌握环境友好技术的私营部门（主要是跨国公司）转让技术，私营部门更不可能以无法实现其商业目标的方式自愿转让技术，这就使发达国家在有关条约中承诺的技术转让的义务变成了一种呼唤式的软性条款，①由此导致的国际环境保护也就不可能朝着预期的目标前进。2006 年 10 月—2010 年 7 月 7 日任《框架公约》秘书处执行秘书的伊沃·德波尔在 2010 年 5—6 月的波恩《框架公约》附属机构会议上预言年底的坎昆会议议题主要是如何让私营部门在技术转让等方面发挥积极作用，如根据《哥本哈根协议》中提到技术转让机制，将成立气候技术中心，而该中心的建立会给政府带来在地区、国家和国际层面与私营部门建立具体伙伴关系明确的机会。②事实证明，他的预言在《坎昆协议》中得到了一定的体现，它规定了私营部门在技术转让中的主体地位、任务和角色，并强调私营部门积极参与的重要意义。③他的语言后来被

① 参见史学瀛：《国际技术转让法新论》，天津人民出版社 2000 年版，第 244 页。

② See Yvo de Boer, *Technologies & Targets on the Road to Mexico*, UNFCCC 网 http://unfccc.int/files/press/news_room/statements/application/pdf/100602_speech_climate_group.pdf, 2010 年 11 月 2 日访问。

③ See paragraphs 7, 116, 119, 121, 123 and Annex IV "Composition and mandate of the Technology Executive Committee" of *Outcome of the work of the Ad Hoc Working Group on long-term Cooperative Action under the Convention.*

坎昆会议的成果所证实,其话语也是切中要害。显然,在经历了气候变化国际合作等重大活动后,德波尔先生对应对气候变化问题的本质认识更为深刻,经验让他抓住了问题的本质,尽管早在21世纪初的有关国际会议和文件中已经提到私营部门参与气候变化应对的重要性,但提到议事日程上并试图建立可行性操作机制的实质行为还是始自坎昆会议(COP16)。监督机制难以建立的根本原因还是由于受本国政治经济法律传统影响的发达国家不愿意通过类似的约定或条约而已。因此,尽管我们认为减排最有效、最根本的方法是在公平的国际技术转让法律制度下使发达国家政府的承诺与私人部门的行为一致,从而使环境友好技术在全球能够得到有效、充分地推广和使用,但在现实世界中要实现这一点,颇为艰难。

实际上,当我们从历史的角度来看,今天发达国家所采取的一些措施显然违背历史公平原则,它们忘记了自己早期在工业化阶段所曾经走过引进—模仿—发展和创新之路。从历史上曾经落后而今天发达起来的发达国家,如19世纪的美国、德国、日本及20世纪的新加坡和韩国的工业化或现代化发展历程中,可以发现,它们多无一例外地是通过走技术模仿、复制或引进消化吸收再创新等捷径而获得成功的。在它们工业化初期,它们或处在较为宽松的知识产权制度的自有资本主义时期,①如美国、德国、日本,或面对技术权利人或技术权利人所在国较为宽松的条件,如新加坡、韩国,容易获取价格低廉的先进技术,借助于有力的国内法律制度引进技术并进行适当的改进和创新,推动各自的经济发展。然而,在等到它们自己的技术和产业足够先进并拥有越来越多的知识产权时,它们忘掉了曾经分享过他人成果的经历,而将强化知识产权保护变成自己利益的核心内容,②不仅在立法上有需求,还将它们反映到国际社会里,并最终将它们变成国际条约。如本书前文提到的TRIPs协议及

① 关于这一时期的国际技术转让制度,参见马忠法:《从自由资本主义时期国际技术转让的特点反思现行国际技术转让法律制度》,《知识产权论丛》第14卷,知识产权出版社2009年版。

② See Steve Lohr, New Economy—The Intellectual Property Debate Takes a Page from 19th Century America, *The New York Times*, Oct.14th, 2002, C4.

2006年以来美、欧、日、韩等曾经秘密谈判并于2011年10月签署的《反假冒协定》(ACTA)等就是典型两个例子。①至于涉及这些国家的国内法律规定，我们这里以美国的版权法为例。19世纪上半叶美国版权立法只保护本国居民权益，英国等国外作者的合法权益在美到处被随意侵犯，其中狄更斯的作品是被盗版最严重的，以至于他不得不到美国的国会进行游说，试图让美国的议员们相信，“长远地看，知识产权国际保护对美国的作者和出版商有着积极意义”，并请求美国保护自己及其他外国作者的版权。然而，这一请求直到1891年当美国的文学和书籍产业获得极大繁荣并需要在国外得到保护时才得到认可，国会通过了版权法案，将保护延伸到外国作品上，目的希望本国的作品在国外得到近似的待遇。②另外，由于种种原因，③美国长期以来游离于《伯尔尼公约》之外，但当它感到基于以下两个原因加入《伯尔尼公约》更利于保护美国人在全球市场中的版权权益时，它便毫不犹豫地加入：第一，世界各国大量需要美国的图书、唱片、电影、计算机软件以及其他一些版权作品；第二，新科学技术的发展如计算机网络，促使了知识产权领域里的保护日益国际化。它在1988年修改了1976年的版权法，并于1989年加入了《伯尔尼公约》。④随着美国的科技和文化活动的发展，它在不断地依据自身利益需要，调整保护水准，以至于在成为世界上最大知识产权输出国的今天，它充当知识产权高水平严格保护的倡导者和实践者，例如现在美国已经将有关作品的保护期限定为作者死后70年或作品发表后70年，⑤而且它们还试图说服它们的贸易伙伴通过双边贸易协议同意这么做。⑥这些事实表明，发达起来的美国早已

---

① 关于ACTA的内容，see “*Anti-Counterfeiting Trade Agreement*”, at http://en.wikipedia.org/wiki/Anti-Counterfeiting_Trade_Agreement。

② See Steve Lohr, New Economy—The Intellectual Property Debate Takes a Page from 19th Century America, *The New York Times*, Oct.14th, 2002, C4.

③ 如版权标记以及版权保护年限等与美国的制度不一致等。

④ 美国版权法的具体发展历程，可以参见蒋茂凝：《美国版权保护制度与政策的调整及趋势》，《中国版权》2008年第5期。

⑤ 如美国这一保护期限的延长也得到美国最高联邦法院在案例Eldred v Ashford, 123Ct.769(2003)的确认。

⑥ Daniel Gervais, *The TRIPs Agreement Drafting History and Analysis* (3rd Edition), Thomson Sweet and Maxwell, 2008, p.235.

经忘记了其发展过程中曾经走过的路,出于自私利益的考虑,试图对发展中国家的发展给予一定的限制,孤立地将自己今天的经济发展模式如同它意图在全球推行的美国民主模式一样,一厢情愿地强加给技术后进国家,将所谓的"自由贸易和高水平知识产权保护"当作各国经济发展的必然之路。这种做法,显然有悖于历史和经济发展的规律:短期地看,不利于发展中国家,但长期地,对整个人类社会造成巨大伤害:知识产权制度对技术转让和分享会造成一定的障碍,影响人类整体的可持续发展,不利于人类环境保护和气候变化的遏制,进而危及人类的长远利益。

发达国家上述制度的本质是旧殖民主义思想的延续和发展,是它们想继续维持对技术后进国竞争优势,以让后者长久听从它们的安排,满足它们的利益。目前全球专利、版权和商标等保护争论的主要焦点是有市场潜力、着眼于未来的诸如计算机软件、新能源、药品和生物技术等高新科技产业①,发达国家欲在已经形成的知识产权有利布局中始终把握主动权,以在国际产业价值链形成过程中,掌握高附加值的技术,处于高端,获取高额利润,而让他国变成低附加值的生产车间。如果发达国家能回顾一下自己工业化发展阶段的所作所为和发展路径,再站在发展中国家现今的立场考虑一下,进而做出客观评价的话,也许它们会反思自己在技术转让方面的制度,并作出适当调整。可惜在社会达尔文主义观点②的支配下,它们很难做到这一点。因为在亚当·斯密所谓经济人理性的旗帜下,技术作为当今市场经济中获取经济利益最为锐利的武器,发达国家及其国内的私营部门是不会轻易让他人分享这一武器的。这一点正是环境友好技术转让不畅在理论上的症结所在。

---

① See Steve Lohr, New Economy—The Intellectual Property Debate Takes a Page from 19th Century America, *The New York Times*, Oct.14th, 2002, C4.

② 美国人把达尔文的生物进化论移植到人类社会生活领域,宣称人类的生存与发展同样受"生存竞争"、"弱肉强食"、"优胜劣汰"等"自然法则"的支配。相关内容参见《文明没有冲突——解析文明冲突论》,http://tlw.3322.net/wmmyct.htm,2004 年 3 月 31 日查阅。

（二）国际环境友好技术转让规定得不到实施的根本制度原因

1. 市场机制下相关交易法律制度的不足

目前主导全球经济发展的机制主要是市场机制，而市场讲究一定的政府调控下的竞争自由和很大程度上的贸易自由。这看起来很合理，但实际上它忽略了一个十分重要的前提，即市场主体们（主要是来自各国的企业）如果在同样的起点、类似的条件如经济发展程度、技术水平、制度建设、雇员素质等情况下，自由竞争和自由贸易必然是共同来推动全球经济的均衡发展。但现实的条件，并非如此。尽管有学者认为，过去50多年的发展经验揭示了贸易自由和日益增长的国际一体化是促进经济发展成功战略的关键部分，①但我们也必须看到贸易自由和经济全球化下带来的两极分化（包括经济发展和技术水平）已经给世界带来了诸多消极影响和不稳定因素：穷国越穷，富国越富，技术差距也在进一步拉大。即使像中国、巴西和印度等发展较快的国家，它们的付出和获得，也是不太成比例的：它们经济获得了一定的发展，但在没有得到本可以让它们以更节能、更环保的技术作为经济发展动力的情形下，由于技术转让等因素的影响，它们多数时间以牺牲环境、资源等为代价的不可持续发展方式来获取经济成就，既伤害了自己，也给全球温室气体的绝对减排带来了负担。因此，在评价一国经济发展时，不能只看静态的经济指标，还需要看这个国家失去和得到了什么，两者之间的关系如何等。更为重要的是，由于各国经济、技术水平的差异，各企业自身的实力、能力、技术创新基础、管理和人力资源等的天壤之别，在形式上的自由、公平原则下，实际上蕴含着更多的不公平、不自由。市场主体以营利为目的，总是以自己为中心“趋利避害”——得到自己的最大利益而将危害、风险和不利益转移给他人，处于强势的一方利用自己的优势和多年的经验在自由竞争和自由贸易的幌子下，将“利”（或绝大部分的“利”）揽到自己怀中，而将“害”（或绝大部分的“害”）留给或转移给实力、经验等与其不对等

---

① Bernard Hoekman, Beata Smarzynska Javorcik, *Global Integration and Technology Transfer*, the World Bank and Palgrave Macmillan, 2006, Foreword, p.xi.

的交易的弱势一方。这也是当下为何富者越富穷者越穷的原因之一。在应对气候变化技术转让领域更是体现了这一铁定法则。

另外,世界银行在促进全球经济发展的旗帜下不断地进行各种努力。世界银行是一个积极鼓励自由贸易以使发展中国家从外国市场尽可能地获得更多东西的鼓动者和支持者,也是一个强调发展中国家对国际贸易和投资市场开放重要性的提倡者。①但我们必须认识到,即便如此,它也是一个在西方主流经济框架、经济理念和意识形态下运作。世界银行自成立至今,行长一直由美国人担任,其首席经济学家多年来多是出身于西方经济学流派。其组织下的有关资料、研究成果和论点,不能排除其有选择、有倾向的选题和发布各种报告和研究成果。如多数报告的研究人员来自发达国家,却在探讨发展中国家的问题,并提出对策建议。这实际上会存在很大风险:他们的背景、经历、资料的搜集等很难保证能准确地反映发展中国家的真实情况和真正需求。

制度设计是需要建立在对一国国情充分把握的基础上。著名的气候变化研究专家之一美国国家航空航天局哥达德太空研究所所长詹姆斯·汉森认为:民主程序预设的是一人一票,但是西方的民主程序最终的结果却变成了金钱比投票更具有决定性的作用,故他在应对气候变化方面对人们感到困惑的情况一点也不感到奇怪:因为民主程序看上去并没有真正地按其实质进行运作。②此语也道出了气候变化中技术转让困境的实质。

创立一个社会,不是为了拥有多少而是为了生活得更好,不是数量增长而是质量的变化。③同样,建立一个制度,应该不是只让一部分人从中获得更多权利或财富,而是为了所有相关相关当事方获得公平的对待;它不应是形式上公平,而是真正的公平;在气候变化应对领域,相关制度造福的应是全人类而非部分。技术贸易和外商

---

① Bernard Hoekman, Beata Smarzynska Javorcik, *Global Integration and Technology Transfer*, the World Bank and Palgrave Macmillan, 2006, Foreword, p.xi.

② David Adam, Leading Climate Scientist: "*Democratic Process Isn't Working*", www.guardian.co.uk/science/2009/mar/18/nasa-climate-change-james-hansen.

③ Lan Angus, The Global Fight for Climate Change, *Resistance Books*, 2009, p.217.

直接投资可以通过允许公司接触全球知识库并从中获益的方式来促进经济发展。进入外国市场和在贸易与投资领域对外开放自己的市场是推动发展中国家经济发展的关键所在，因为它们刺激了国际技术的扩散。政府的适当政策也可以便利技术转让和发展中国家的吸收。开放的贸易制度可以便利知识的扩散，通过含有技术和知识的设备和其他物件如产品等的接触，受方公司可以获得专有技术，技术溢出可以带动本地技术发展。①

本地企业与外商合资的企业不易在技术转让方面获得成功，而跨国公司在东道国设立的独资子公司更利于技术转让。一国对合资公司和外商独资公司采取区别政策最终不利于技术转让。实践证明，试图强迫跨国公司许可技术或建立合资企业，会降低东道国获得的技术的质量，降低外国公司进行全方位投资的积极性。②跨国企业进行的绝大多数的技术扩散并不需要社会性的最佳化，它们更喜欢向它们在东道国本地的供应商转让技术。因此，鼓励本地成为跨国公司零部件的供应地，在促进技术转让方面，比通过立法要求它们向东道国竞争者们许可或转让技术，更容易成功。因为，制造的零部件等要符合跨国公司的要求，就必须提供有关技术、人员培训、产品标准等，这无形中把技术转让过来。③这种观点对小国或地区可以，但对大国而言，显然不适合，它们无法获得更高更完整的技术，可能永远只会成为跨国公司的一个加工厂，无法提升自己创新能力等。

投资和技术转让环境对技术转让的顺利进行很重要。如何通过补贴、减免税、土地使用、劳动力政策等优惠和知识产权制度这些外部因素，来推动技术转让活动一直以来是多数发展中国家所采取的政策，并且它们还通过法律规范来加以确认。然而，仅有这些是远远不够的。如中国、印度等较大的发展中国家在税收减免、土地优惠等方面有一系列成熟的制度，知识产权制度也已符合国际协定的规定，但它们依然在获取先进技术，特别是特定领域的核心技术

① Bernard Hoekman, Beata Smarzynska Javorcik, *Global Integration and Technology Transfer*, the World Bank and Palgrave Macmillan, 2006, Foreword, p.xi.

②③ Ibid., p.xii.

方面,面对着很多障碍,未能获得自己所需的技术,也没有像自由资本主义时期那些技术落后的国家经过30年左右的时间,实现技术的质的飞跃,形成核心竞争力。再如,非洲一些发展中小国,在优惠、知识产权法律制度等方面,也形成了利于技术转让的环境,但它们也未获得自己所需的技术。这些表明,仅有上述政策和相应的法律制度是不充分的,它们可能只是必要条件,还需要其他相应的制度,特别是相关的国际贸易制度,如能够影响拥有技术的跨国公司等转让技术的国际技术转让协议等。

近年来,应对气候变化的国际会议结果表明,《框架公约》如同联合国在处理有关国际和平冲突中地位和作用那样,已经处于危机之中:它确立的共同但有区别责任、代际公平和污染者自负等原则在市场机制下已经遭到破坏;《京都议定书》三机制也被证明是在减排方面的无力和无效。但它们现在仍是谈判的核心。CDM是西方国家有意设定的允许本国污染者避免减排的机制;通过它合作的项目有时不但没有减排,还加速了对自然界的私有化和公司的接管,而这些都是以当地社区和土著居民为代价。①在政府办公室里,忠于公司的政客们正在构架减排指标——如到2020年减排达5%—15%——这无异于告诉大家人类和自然在自杀。这个指标和碳交易制度在未来10年内不可能产生预期的减排需求的。②可以看出,西方国家的所谓法律制度多是由私人公司控制,要想从根本上解决气候变化中的技术转让问题,还得必须从私营部门开始做起。

2. 发达国家知识产权国际保护制度策略的调整

为了满足国家与企业利益的需求,发达国家对知识产权制度在国际上祭起严格保护大旗;它们不仅利用WTO机制下的TRIPs协议,还利用双边自由贸易协定和自由贸易区协定来提高知识产权保护水平,在知识产权保护义务方面出现了所谓的TRIPs+现象;而且,更严重的是,部分发达国家在TRIPs协议之外,另行谈判并通过反假冒协定,以进一步加强全球的知识产权保护水平。

---

① Lan Angus, The Global Fight for Climate Change, *Resistance Books*, 2009, p.156.

② Ibid., p.220.

知识产权战略是20世纪80年代以来，一些技术先进国在“科技立国”、“知识产权立国”等指导思想下开始考虑构建竞争优势的一项长期发展战略，它们意在通过这一战略提升本国及本国企业的竞争力。其中最典型的就是80年代美国出于国家安全和利益考虑启动的“星球大战计划”①及西欧提出的“尤里卡计划”②。其中美国的“星球大战计划”想以高科技为载体挑起新一轮的竞争来获取国家竞争优势，③结果它不仅在科技上获得突破性进展，而且政治上也拖垮了苏联，让美国重获绝对优势。有人评价说：“星球大战计划”的初衷是巩固美国国防实力，用以拖垮前苏联。但实际上却达到了以高技术计划盘活政治和经济格局的“一石三鸟”效果。该计划研究的技术90%可以民用，据当时美国有关方面的模拟计算，“星球大战计划”中的定向能技术开发，每投入1美元即可获利44美

---

① “星球大战计划”的出台背景是在冷战后期，由于苏联拥有比美国更强大的核攻击力量和导弹破防能力，美国害怕“核平衡”的形势被打破，需要建立有效的反导弹系统，来保证其战略核力量的生存能力和可靠的威慑能力，维持其核优势。同时，美国也是想凭借其强大的经济实力，通过太空武器竞争，把苏联的经济拖垮。由于系统计划的费用昂贵和技术难度大，许多计划中的项目，如著名的“X-30”，“X-33”等最终无限期延长甚至终止。加上苏联后来的解体，美国在已经花费了近千亿美元的费用后，于20世纪90年代宣布中止“星球大战计划”。参见中国国际关系学会主编：《国际关系史》第11卷，世界知识出版社2004年版，第8—14页；《经济危机下的美国科技走向》，《科技日报》2009年5月17日；“星球大战计划”，at：baike.baidu.com/view/10279.htm。

② “尤里卡计划”创立，创立于1985年，是一个欧洲工业研究与开发的网络组织，现时有34个正式成员(33个欧洲国家及欧洲联盟)。其宗旨是集中科技研发机构的技术和经济力量，通过促进“市场导向”性的技术研发合作，应用先进的技术及提供有成本效益的产品、加工方法和服务等途径，最终达到增强全球的竞争性和创建更好的生活素质的目的。其宪章规定：“尤里卡计划”是民用性质的；它的研究项目由企业和科研单位自下而上地提出，由有关国家决定；每个研究项目必须有两个以上不同国别的企业参加；资金来自国家基金的部分最多不得超过50%，其余由企业界提供等。其最显著的特点是，它不是一个确立了项目的研究计划，而是一个供欧洲合作的“开放框架”，实行“自下而上”的原则，由基层参加单位自立地选题和确立合作伙伴、合作范围及合作方式。上面只有一个常设秘书处和各国的对口单位负责组织协调。它把企业和科研机构紧密地结合在一起，解决了基础研究与市场脱节的难题。参见方连庆等主编：《国际关系史》(战后卷)(下册)，北京大学出版社2006年版，第589—590页。

③ 参见中国国际关系学会主编：《国际关系史》第11卷，世界知识出版社2004年版，第8—14页。

元,这种科技投入效益极大地刺激了当时技术密集型产业的投资和发展。①高科技让美国在竞争和冷战中获得了胜利,但随着技术基础上不断加深的经济全球化及美国等跨国公司在全球经营活动的纵深拓展,知识产权保护日显突出,并有超越关税障碍等趋势,而当时对知识产权保护标准设定的失望,使美国开始考虑采取战略转换策略来保护自己的技术,因为在诸如 WIPO、UNCTAD 等重大国际论坛上,它将面对一个无法超越的、在数量上占据绝对优势的发展中国家集团,后者会否定它提出的知识产权保护建议而提出它们自己的方案。于是美国转而要求将知识产权保护变为 GATT 框架下的多边贸易谈判的主题。美国在 GATT 这个谈判场所中是唯一的一个最有影响力的谈判方,在美国极其庞大的商业团体的努力下,乌拉圭谈判将知识产权保护列入了谈判议题中,②而且最终的协议内容体现了美国的要求。除了在国际论坛上美国实现自己的意图外,其间美国开始不断完善自己的知识产权制度:在国内,鼓励技术创新,并突出和强调技术转让,促使技术很快变成现实生产力;但同期,在国际上,根据国内跨国公司的需求,提出加强国际知识产权保护的需求,并将该议题纳入到乌拉圭回合谈判之中;进入 90 年代后,最典型的表现就是:1990 年至 1995 年就美国就知识产权保护问题给中国政府施加压力,后经过艰苦谈判于 1992 年 1 月 17 日和双方政府签署了第一个关于知识产权保护的协议,即《中华人民共和国政府与美利坚合众国政府关于保护知识产权的谅解备忘录》,要求中国不断提高知识产权保护水平;1995 年 2 月 26 日,中美双方采用双方换文的方式,并以《有效保护及实施知识产权的行动计划》作为附件达成协议。通过整体国际层面、双边层面及其国内的知识产权制度立体式的努力和推进,知识产权全球保护水平被大大提高,同时也让技术转让面对着更多障碍。

与此相反,发展中国家从 20 世纪 60 年代末开始为技术转让和

---

① 《经济危机下的美国科技走向》,《科技日报》2009 年 5 月 17 日。

② Peter Drahos and Rurb Mayre(ed.), *Global Intellectual Property Rights Knowledge, Access and Development*, Palgrave Macmillam Oxford, 2002, pp.165—166.

限制跨国公司行为进行的艰苦努力及意图通过的《国际技术转让行动守则》和《跨国公司行动守则》等，随着美国等发达国家在日渐认识到科技竞争在国家实力和企业利益竞争中的重大作用及知识产权保护日趋增强的趋势下，付之东流；而且它们提出的修改《保护知识产权的巴黎公约》、《保护文学艺术作品的伯尔尼公约》等基础条约的努力也没有得到足够的尊重。其中，它们对《巴黎公约》提出修改的目的是为了在相对有利的基础上获取跨国间的技术，焦点是对专利技术强制许可进行修改，[①]以获得较为宽松的条件；但后来的发展表明，强制许可条件不但没有放松，反而在 TRIPs 协议中被进一步严格化。在 TRIPs 协议通过第二条将 WIPO 管辖的有关国际条约纳入到 WTO 框架中后，WTO 将制定和颁布知识产权保护的新规则，而 WIPO 将退居第二位置，作为知识产权条约和协议的管理者、技术援助的通过者和次要规则变化的论坛场所，知识产权的权力中心和警察功能由 WIPO 转向了 WTO。[②]虽然根据 WTO 规则，其框架下的知识产权只涉及贸易中知识产权，但知识产权自其一诞生以来就具有的商品性质，使现实中不可能存在与贸易无关的知识产权。虽然知识产权制度客观上能够促进技术和文化成果的分享，但其本质仍是以保护为核心任务，在 WTO 框架下，这一点表现得更为明显。本来 WIPO 可以为发展中国家提供帮助的组织，如其设立的初衷是：致力于在全球形成一个平衡的、可接受的国际知识产权制度，使创造能得到回报，鼓励创新，在保障公共利益的同时有助于经济发展。[③]2008 年 9 月，WIPO 制定的两年一次修改的《项目和预算》中确立的九大目标之首是：平衡发展知识产权的国际规范框架，确保国际知识产权法律制度能够与快速发展的技术、地缘经济、社会与文化环境等保持同步；平衡理念对确保国际知识产权规范框架继续服务于其鼓励创新和创造这一基本目标至为关键，对确保其考

① Peter Drahos and Rurb Mayre (ed.), *Global Intellectual Property Rights Knowledge, Access and Development*, Palgrave Macmillam Oxford, 2002, p.166.

② Frederick M. Abbott, The WTO TRIPs Agreement and Global Economic Development, in Jane Kelsey (ed.), *International Economic Regulation*, Dartmouth Publishing Company Ashgate Publishing Ltd., 2002, pp.305—306.

③ 参见世界知识产权组织网站 www.wipo.int。

虑到处于不同发展阶段国家的利益和需求,包括通过在国际知识产权协议范围内的灵活性来推动各国经济发展至关重要;对确保其平衡投入和回报和创造者、发明人及他们的企业与更为广泛的公众利益之间的利益至关重要。[①]但迫于美国等大会员国及出资国的压力,对TRIPs协议给予发展中国家的制定规则的弹性空间未能及时告知,给予它们因经验缺乏、工业落后等需要制定适合自己发展水平的法律法规的帮助,反而引导它们制定较高标准的知识产权法,间接地把发展中国家送上了发达国家主导的轨道,使其脆弱的民族产业和技术难以发展,只能听命和追随技术大国,久而久之扼杀技术后进国家发展自己技术的机会,仍然只是个附庸。[②]如果发展中国家愿意按TRIPs协议规定的刚性内容履行义务,而置那些弹性条款于不顾,则被保护的知识产权基本上被经济合作发展组织(OECD)国家的企业绝对掌控,在现实状况下,对知识产权的承认逻辑上就意味着财富从发展中国家流向工业发达国家,至少在短期内会如此;[③]因为发展中国家没有太多的知识产权,只能利用其他国家的,但这要付出高昂的代价。所以,不难理解,为何有些发展中国家尽管制定了较高水准的知识产权保护法律制度,它们依然贫穷;那是因为,如果本国市场狭小,资源不丰富,地理位置如果也没有优势,别人不愿去投资,而创新技术等自身又没有,知识产权制定得再好,也不可能能够自动带来本国的创新能力的提升。在市场狭小、资源贫乏的国家中,发展较好的韩国也是在知识产权保护不够充分的条件下,利用其独特的地理位置等发展起来的。

上述两点表明,《框架公约》、《京都议定书》及其他国际环境条约中关于技术转让条款没能得到较好履行,减排效果较差,有关减排指标也没能实现。出现这一问题的原因主要在于:相关条约就技

---

① See *Revised Program and Budget for the 2008/09 Biennium*, http://www.wipo.int/export/sites/www/about-wipo/en/budget/pdf/rev_prog_budget_08_09.pdf.

② 转自王立达:《从TRIPs协定与公众健康争议论专利强制授权之功能与局限》,载台湾《科技法学评论》,第1卷,2004年。

③ Frederick M.Abbott, The WTO TRIPs Agreement and Global Economic Development, in Jane Kelsey(ed.), *International Economic Regulation*, Dartmouth Publishing Company Ashgate Publishing Ltd., 2002, p.307.

术转让的规定的模糊性及对不履约者责任追究制度的缺失，私营企业的赢利行为与政府对涉及全球公共利益的承诺之间存在不一致，技术转让和知识产权保护水平提高之间的矛盾冲突以及西方政治制度下一些政治家们的短视等。至2019年9月联合国已经召开的24次成员方会议（COP1—COP24）及《框架公约》附属科学技术咨询机构（SBSTA）与附属实施机构（SBI）分别召开的五十次会议几乎每次均提到技术转让，①但效果总是不明显，就是原因的最好证明。

（三）国际技术转让主体在转让活动中不同地位和不同作用所带来的障碍，限制了技术转让的顺利进行

世界是有层级的框架，分为核心层、半外围和外围三层。核心者是发达国家，高工资、进口原材料、出口工业品、进行世界上最大部分的投资（美、日、德、英等）；半外围的国家是发展中国家，进口部分原材料和工业品，出口部分“成熟”产品和原材料，中国、印度、韩国等；外围国家是最不发达国家（LDC），进口工业品、出口原材料、难以忍受的低工资等。由此使各国之间的关系是多维而有区别的。如对于半外围国家，在核心国家，由于受到工资增长的压力，为减轻负担，将不再有丰厚利润回报的产业（连同过时的技术）转移给它们。通过有等架构理论的运用，可以解释核心国家与其他国家的关系。②

短期看，外包给发达国家带来最佳利益，但中长期看未必，如技术转让。外包使发达国家短期生产利润最大化，但长期看，发展中国家生产更为便宜的同样产品，销售得比发达国家生产者还要廉价。③发达国家的跨国公司一般不会转让其较为先进的技术，转让的技术多为成熟、过时或废旧的技术，市场的生命力不强，因为它们担心会失去竞争优势。理论上它们拥有技术，可合法追求自身利

① 截至2019年6月，SBSTA与SBI分别开过50次会议。具体会议文件可访问“Subsidiary Body for Scientific and Technological Advice（SBSTA）和Subsidiary Body for Implementation（SBI）” at unfccc.int/process/bodies/subsidiary-bodies/sbsta 和 http://unfccc.int/process/bodies/subsidiary-bodies/sbi。

② Baylis, Smith & Owens（Eds.）, *The Globalization of World Politics*, 2008.

③ Immanuel Maurice Wallerstein, *Geopolitics and Geoculture: Essays on the Changing World-System（Studies in Modern Capitalism）*, Duke Cambridge Univ. Press, 1991, pp.40—49.

益,而不顾它可能给其他人带来的损害或拒绝他人的机会,①很难说它们的动机有错。出于保护其技术的需要,它们常有目的地规避可能降低其竞争优势的技术扩散。所以,它们转让成熟技术,或通过建立子公司进行内部转让以使风险最小化。

从当下的国际条约规定的内容看,国际技术转让的主体似乎是国家,但实际上多数情况下,这只是个表象,因为首先以国家名义拥有的技术不多,特别是在发达国家,其主体的作用常常只是在技术交易的幕后发挥作用,如制定有利的促进技术转让的法律法规或政策。而真正需要关注和全面分析的是另外两个主体,即拥有技术所有权的跨国公司和规制或帮助技术转让的国际组织与其他机构。它们之间制约的相互作用构成了阻碍技术转让的整个画面。

市场经济体制下,企业为了追求利益最大化,在出口贸易、直接投资和技术转让三者之间,技术转让对它们而言只是下下之选,它们对发展中国家的潜在对手多进行技术封锁。往往不会转让较为先进的技术,转让的是行将淘汰的技术。②跨国公司在发展中国家设立越来越多的独资公司而非合资公司的一个重要目的就是避免先进技术的溢出。如在风能技术领域,风机十分关键,丹麦的维斯塔斯(Vestas)、西班牙的Gamesa和美国GE等为代表的风机制造商在中国通过独资企业的方式拥有了大量的市场,但鲜能见到它们将先进技术转让给中国。在燃机技术转让中,GE、三菱和西门子等公司转让给中国公司(如哈尔滨动力、上海电气集团等)的技术,也不包括燃料喷嘴、燃烧室等核心技术;相反,它们在中国成立它们控股的合资公司来生产该类核心部件。这在一定程度上阻断中国企业获得关键技术。③

在技术产品价值形成的等级框架中,处于技术转让链高端的是跨国公司,掌握并控制技术的专业;它们处于通过技术定价、包装和

① Joel Bakan, *The Corporation*: *The Pathological Pursuit of Profit and Power*, Post Hypnotic Press Inc., 2004, pp.1—4.

② 邹骥、王克、傅莎等著:《环境有益技术开发与转让国际合作创新机制研究》,经济科学出版社2009年版,第50—51页。

③ 同上书,第51页。

转让形式等影响着ITT交易的结果。跨国公司的基本目标是为其股东获取最大利润。它们设定从其产品中获取最大利益的首要路径是限制扩散,因为其隐含着模仿过程及可能带来的与它们产品的竞争。[①]最不发达国家是结构中的消费者,它们一般无资本来获得所需技术,多数情况下也无能力了解技术来源和技术信息,这就需要技术转让的中介接入,而中介提供的服务往往不是免费的。这样,在国际技术转让中,在跨国公司和需要技术的最不发达国家之间就产生了以下三个相对独立的主体:发达国家(通常是跨国公司的母国)、国际组织或机构及有一定商业目的的中介机构。不过,这三者各自对技术转让的作用能力和影响有很大的不同,每一种力量都有各自的动机,故而国际技术转让遵循着双层游戏的逻辑[②],其活动涉及的因素是多维的,不仅涉及国内、国际政治力量,还有跨国公司、国际组织和商业组织等。在如此等级框架下,技术转让链中涉及各个主体作用不同,影响不同,对技术转让进行形成障碍还是积极推动等的结果也就不同。

跨国公司追求自身利益,让其有着一个与生俱来的义务:成本外部化和利润最大化,这是当前世界许多发展和环境问题的最终源头。世界银行资助的一项研究表明:发展中国家的污染产业的大幅增加均是由跨国公司行为所致。[③]但在其真正承担跨国义务时,它们常常不会直接成为被追究的对象,反而是国家;而国家为了保护自己的单元国家利益,可能会忽略他国利益和人类公共利益保护的需求,为本国公司提供保护伞。在技术转让领域尤其如此,美国的出口管制法就是典型。这样就会形成一个恶性循环:跨国公司在全球形成的危害(如空气、环境等的污染和气候变化等),自己不承担责任,而让自己选出的代理人(政府)以国家名义在全球为它们开脱;进而它们更是肆无忌惮地进一步从事可能伤害他国和人类利益

① Victor A.Kremenyuk, *International Negotiation*: *Analysis*, *Approaches*, *Issues*, Volume 16, Issue 1, March 2002, p.27.

② Robert D. Putnam, "Diplomacy and Domestic Politics: The Logic of Two-Level Games", *International Organization* 42(Summer 1988):427—460.

③ Patrick Low, *International Trade and the Environment*, by Patrick Low (Editor), 1992, p.159.

的行为，选出更能保护自己利益的政府。如此反复循环，直至人类恶果的出现。

在国际社会中，国际法难以实施或得到遵守，管理或规制跨国公司的行为是不可能的；在一些政府腐败、法治不健全或政府通过不良法律干预等国家，甚至让跨国公司遵守最基本的商业道德或规范都是十分困难的。跨国公司的力量也是无比巨大的，它们的利润空间常远远多于有关国家的GDP，有能力影响一个国家的政府和人民。所以，它不仅在国际组织如何表现方面有作用，对政府如何行为也会产生影响。虽然多年来政府间产生了有关国际组织（如联合国贸易发展会议、世界银行等）、条约或国际法文件来帮助最不发达国家获取技术，并有良好的意图和动机，但它们很少发挥积极作用，多是在道义上提供舆论上的支持；在有关国家不遵守承诺时，也是束手无策。跨国公司治理的原则否定了最不发达国家成为自力更生主体的机会，它们的发展实际上也是对世界的贡献。这些不利因素会阻碍技术转让。

不论是技术供方还是受方的政府在国际技术转让中都应该能起到积极作用，让技术转让关系的各方均受益。其治理不能理解为单位概念，不能像一些机构、公司或组织那样行为或治理，它们应当行使自己的权威。然而现实的情况是发展中国家或发达国家均未能在本地、国际或商业治理中创造一个促进国际技术转让的环境，反而限制了转让，特别是发达国家政府。虽然难以找出国际技术转让项目失败的所有关联因素，因为每一个失败项目都有自己独特的原因，但不能否认的是政府的作用无疑与每一个项目都或多或少有点联系。

发达国家或发展中国家政府干预的角度可能不同，但它们都可以通过积极适当的干预增加技术转让成功的机会，降低客观因素对国际技术转让的障碍。①但有时不当的国际协议反而禁止或限制了技术转让，如前文提及的 TRIMs 协议和 TRIPs 协议。此外，由于发

---

① Timothy Forsyth, *International Investment and Climate Change: Energy Technologies for Developing Countries*, Earthscan and the Royal Institute of International Affairs, 1999, pp.17—19.

展中国家特别是最不发达国家自身的技术能力及水平,会导致技术难以被吸收并创造出预期的效果。如果技术不能吸收,意味着大量的负面结果,影响到未来的国际技术转让,因为在技术阶梯上它们不能更进一步,被落下了。风险提高交易成本,每一次失败都会为新的ITT创造扩大化了的障碍。因此,技术供方、国际组织或中介结构及政府如何帮助技术受方能够将引进的技术吸收并在此基础上再创新,是十分关键的,否则在技术转让领域也会出现恶性循环。

此外,现有制度没有能够对技术转让的主要提供者——企业等作出明确的规定。应对气候变化需要政府、企业、非政府组织和个人的共同努力。这四者中,政府引导,企业是主体,非政府组织起到推动和促进作用,而个人是基础。但在技术转让方面,主要的行动者应该是政府、企业和非政府组织;其中政府和企业之间的合作,尤其是企业自身的主动性和自觉性起主导作用。而现有的法律制度在这方面没有能够充分注意到企业所扮演的角色,政府在有关规制中没有能够对企业的行为给予更多的关注、制约或促进其作用的发挥。气候变化在改变着竞争环境,特别是那些需要高能源耗费的公司如电气设施、钢铁和铝制品、①汽车制造②等公司,以及石油、天然气等能源公司③及相关产业和部门面临更大风险或威胁。当然与竞争对手相比,它们也面临更多机遇。这其中对技术研发和技术转让要求就很高。这些需要政府的恰当引导和企业自身的自觉及它们在立法上的需求。目前在有关的国际条约中,并不能反映出这方面的内容,更多的是在一些软法如环境保护宣言、21世纪议程等中有所体现。政府的立法需要自身积极主动,也需要企业与非政府组织的推动以及个人的参与。如美国2005年前后有34个州强制推

① A.Karmali, "Best Practice in Strategies for Managing Carbon", in Kenny Tang(ed.), *The Finance of Climate Change: A Guide for Governments, Corporations and Investors*, *Risk Books*(July 2005), pp.259—270.

② See John DeCicco, Freda Fung, Automakers' Corporate Carbon Burdens, Update for 1990—2003, New York: Environmental Defense, 2005.

③ Duncan Austin and Amanda Sauer, Changing Oil: Details of the Methodology, Assumptions and Results, *WRI* November 2002, http://pdf.wri.org/changingoil_methodology.pdf.

行或鼓励乙醇替代汽油的做法等行为;①虽然决定使用何种能源由私人主体自愿决定,但涉及公共利益时,政府可以通过立法来解决;同理,通过政府立法,也可以让企业强行进行技术转让。在现有的制度中,我们难以发现类似的规定。

因此,国际协议和组织,包括便利ITT的条约规定、知识产权保护、促进贸易和发展等,它们的作用要充分发挥出来。在条约之外,最重要的是国际技术转让行动守则,尽管它没有生效,但作用不容小觑。发展中国家关心的是通过一个有约束力的条约,以促使发达国家和跨国公司为技术转让提供公平合理的合同条款。②发达国家关心的是保护自己的企业,不想让国家主权受到国际法的腐蚀(具有超越国内法的能力)。1974年通过的国际经济新秩序宣言,集中体现了发展中国家的意愿,其主要目标是为发展中国家创造获取现代科技的路径。③但后来的发展证明,发达国家及其国内的跨国公司根本不愿意在技术转让方面付出努力或将本国政府的承诺付诸实施。联合国、WIPO、WTO及世界银行都曾试图协调与技术转让相关的知识产权协议之间的关系,但无不以发展中国家的愿望落空而告终。就算很多条约涉及技术转让,最终这些条款也变成了橡皮图章。如UNFCCC和《京都议定书》等是与气候变化相关的条约,其中关于技术转让的规定最为集中和突出;然而,它们虽有约束力却无承诺实施的具体方式。而任何用语言表达的形式对解释都是开放的,也没有谁能规定何种有约束力的解释方法或措施是适当的,特别是在国际条约领域里更是如此,所以仅仅想依赖条约规定本身来使条约得到很好的遵守往往是困难的,条约距离成功很远。

(四)发展中国家自身的原因

技术转让是一个十分复杂的过程,在该过程中,障碍因素颇多,

① [美]安德鲁·霍夫曼等著:《碳战略:顶级公司如何减少气候足迹》,李明等译,社会科学文献出版社2012年版,第4—5页。

② K.Rissnaen, *International Code of Conduct for Technology Transfer*, 1979, p.43, at www.cenneth.com/sisl/pdf/27-6.pdf.

③ Adeoye Akinsanya and Arthur Davies, Third World Quest for a New International Economic Order: An Overview, *International and Comparative Law Quarterly*/Volume33/Issue01/January 1984, pp.208—217.

是多维的，有诸多变量，且彼此之间相互关联，如外商直接投资、合资企业和许可等形式均与贸易密切相关，同时贸易也离不开它们。如果它们之间关系处理不畅，会产生很多障碍。以上是从纯粹技术转让领域来谈其不畅原因。技术转让在发展中国家通常都与该国的政治、经济等各方面因素加以综合而予以考量的。这一部分将结合技术转让通常涉及的问题来探究发展中国家自身存在的阻碍技术转让的原因，为后文相应部分的论述做准备。

1977 年世界知识产权组织出版的《发展中国家许可指南》曾经指出发展中国家获得技术存在的八个方面的障碍，在今天看来，依然适用。它将障碍分为三类：一是技术市场不完善带来的障碍；二是发展中国企业或机构在与技术供方签订获取技术协议时的相关经验和技巧缺乏所形成的障碍；三是发展中国家和发达国家涉及技术转让的政府态度、立法和行政等导致的障碍。①八个方面是：技术集中度（集中在少数大公司的手里）和技术所有者是否愿意转让技术（限于技术、商业利益、经济或有时的政治考量，不愿转让）、获取国外技术带来的技术和经济的依赖性、发展中国家在技术方面的信息和专家的缺乏（含构成技术的有效运用、研发活动和技术提升机会的不足、新技术发展信息的不足等）、资金匮乏和高额的技术成本（获得公平的技术价格较为艰难、行业不同技术定价不同、技术价格不仅依赖于已披露的信息还与未披露信息密切相关）、相关原材料的提供及控制产品等给供方带来的间接收入、技术转让交易法律制度的不足、技术转让交易法律方面的技能和信息的缺失以及技术转让商业方面的政府不充分控制和理解的缺失等。②这些不足在今天看来依然是十分准确的。

根据《框架公约》成员方会议形成的决定，技术转让框架一般涉及五个关键问题，即技术需求评估、有利于技术转让的环境、为促进技术转让而进行的能力建设、技术信息或资料和技术转让机制等。③围绕这五个问题，2001 年成立的技术转让专家组又分别就四

① WIPO, Licensing Guide for Developing Countries, 1977, pp.17—18.

② Ibid., pp.18—22.

③ Technology Transfer Framework, unfccc.int/ttclear/jsp/Framework.jsp.

个问题提出建议:创新融资(为向发展中国家转让技术解决资金问题)、国际合作(强调框架公约与其他多边环境条约的合作)、内生技术的开发和合作研发等。其中的重点问题是如何解决发达国家向发展中国家转让技术,而问题的落脚点是私营部门在转让技术方面的作用。

根据上述框架,发展中国家要实现顺畅的技术转让,首先,它们对自己所需要的技术要有较明确的了解和表述,以便于自己能够准确地从技术供方处获得相应的技术。其次,需要有技术信息共享平台,以便于发展中国家了解和获取技术;对此,技术信息需要交流、分享、互通有无。再次,对技术需要充分的评估。然后是通过何种机制来获得技术;对此,供受双方要进行谈判,剔除技术转让的障碍(含制度性与非制度性的),以促使交易的完成。交易完成后,对于受方而言,就是其技术能力的提升,即在消化吸收再创新的能力的培养等。

对照上述问题和过程,发展中国家作为技术受方就要在经济与财政、组织和机构、人力资源及技术资料等方面创造有利的法律制度以便利技术转让的完成。

但由于历史、经济、文化、政治、法律和教育等因素的影响,发展中国家在政治法律制度、自身技术能力、经济基础、市场发展程度、发展经济的管理经验等方面存在很多不利于技术转让的因素。我们可以将这些因素分为宏观和微观两个层面:前者包括政府政策、政府管理经验、政府国际谈判及影响力等,后者主要是企业存在问题,如自身的技术能力、经营规模、国际贸易经验、谈判经验、争端解决经验、合同中谈判的能力等。

对发展中国家而言,了解自己的技术需求、评估获取渠道、准确定位自身的技术水平等十分关键,这是有效获取技术并充分发挥其作用的重要前提。但很多发展中国家对自己的情况并不是非常了解,自己所需的到底是什么,不清楚,这对有效地技术转让及发展本国经济十分不利。

宏观方面,首先多数发展中国家自身存在一些客观上的不足,如本国市场狭小,对投资者或技术许可方而言无利可图。然而,更主要的是政治经济法律方面的原因,即在吸引技术供方转让技术方面,它们有很多工作要做:缺少良好的法律法规、稳定的政治环境和健康的经济运行机制等,供方无法预见转让技术的结果或直接预见到不利后果,转让技术是不可能的。多数发展中国家政府由于缺乏充分的治理,其不当或误导的政策使其进入不发展的一个长久循环之中;善治要求公共部门在所有方面的实际改进,从控制经济的机制和政治互动到管理行政体系和为国民提供物品和服务的各级组织;善治要求政治组织、利益表达公众辩论和政策制定程序的变革。①政府管理水平不高,管理技术、理念和效率存在一定的问题,官僚主义现象较为严重等都会对技术转让带来不足。根据世界银行 2005 年《全球企业经营环境报告:消除经济增长的障碍》的统计数据,可以发现由于法律制度方面的“贫困”,在穷国从事投资经营活动的成本是富国成本的 1.6 倍至 4.2 倍,雇佣一个工人是 1.6 倍,财产注册延误天数是 1.8 倍,破产清算程序的时间是 1.9 倍,启动企业经营的时间是 2.2 倍,合同履行的成本是 3 倍,企业经营最低注册资本是 4.2 倍;而在权利保护方面,合同违约救济成本是富国的 1.4 倍,借贷关系双方当事人得到保护的成本是 1.6 倍,投资者权益受到保护的成本是 2 倍。②而 2004 年的数据显示,在富裕国家开家新企业平均用 6 道手续,支付相当于人均年收入 8%的费用,外加 27 天时间;而在贫困国家或中低收入国家,上述三个指标分别要 11 道手续、122%的费用及 59 天时间。③显然,在这种制度下,交易成本过高,这是跨国公司所不愿意的。此外,发展中国的政策、法律的多变性,也容易让投资者或技术转让者缺乏对类似国家发展的可预测性,这也会让它们敬而远之。例如,根据世界银行的报告,保加利亚自 2004 年之后到 2010 年间,经过 6 年的努力,它在自己行政规章制度等方面取得了长足进步,但其法规的可预见性仍是投资者和公

---

① Merilee Grindle, *Good Enough Governance: Poverty Reduction and Reform in Developing Countries*, 2002, http://www.grc-exchange.org/docs/hd32.pdf.

② *Doing business in 2005: Removing obstacles to growth*, http://rru.worldbank.org/Documents/DoingBusiness/DB-2005-Overview.pdf.

③ *Doing business in 2005: Removing obstacles to growth, A copublication of the World Bank*, the International Finance Corporation and Oxford University Press, 2005, p.18.

司关心的重要问题之一;在政府费用方面,也需要进一步改善等。[①]从某种意义上说,发展中国家上述的不足本身也不是一个很好的事情,是发展中国家可以进行改进和提高的领域,发展中国家应当对此进行改革,而不应因为这个理由来抱怨发达国家跨国公司不转让技术的行为。简单地说,先要在自己的制度上完善,筑巢引凤,才可以实现技术转让的目标。

如果国家内部管理不善,对它们了解真正所需的技术也是困难的;一国只有在有序的情况下,通过对国内实际情况的把握和了解,才有可能对技术需求做出正确排序并将真正需要的技术引进到国内。上述政治、经济和法律制度的完善,也能够在这方面促使技术的顺畅转让。

此外,发展中国家自身在应对气候变化技术引进和研发投入方面也十分重要。根据 1997 年第 19 届联合体特别会议中的表述,在里约会议后的 5 年里,很多发展中国家在技术转让和与技术相关的投资方面,由于受到法律政策等不利影响,来自公共资源和私营部门的资金并不多,没能做到《21 世纪议程》所要求的那样,而这些对它们十分重要。虽然私人资金流向了在某些发展中国家和转型国家的产业和技术领域,取得一定效果,但对多数国家而言,这方面是落后的。[②]虽然,经过 10 多年的发展,今天由于法律政策等差异的继续存在,这种状况依然没有根本性改观,除了中国、巴西、韩国等国家在应对气候变化技术领域有了一些进步以外,绝大多数发展中国家仍然在挣扎之中。

对于它们在国际谈判相关领域的能力缺失、人才不足、谈判经验的缺乏(人类发展史证明没有经历过的事情对新手来说的确存在很多不公)等它们无力短时期内改变和左右的,发达国家应对此持宽容态度,有些国际组织或机构应在这些领域为它们提供帮助,以

---

① *Better Regulation for Higher Growth*: *Bulgaria's Business Regulation-achievements and Recommendations*, The International Bank for Reconstruction and Development/The World Bank.

② Resolution adopted on the Report of the Ad Hoc Committee of the Whole of the Nineteenth Special Session, S-19/2, A/S-19/33, 27 June 1997.

平衡或弥补它们所处的绝对弱势地位。对于目前的发达国家继续基于其自利基础上,运用它们娴熟的谈判技巧逃避减排、资金支持和技术转让等义务的这种行为应当受到谴责和制止。而南方有些国家为了发展不计代价,拿本国人民的根本权利、资源与发达国家做交易应当停止,接纳古巴、委内瑞拉等国家领导人常提醒其他发展中国家的观点:气候条约或协议应不同于贸易条约或协议,①不能拿本国人民后代资源和长远发展的权利来获取短期效益。至于像资源短缺、市场狭小等无法改变的情况,发展中国家更应当发挥自己的优势,利用应对气候变化技术发展本国产业,如同韩国、瑞士等资源贫乏国家改善本国环境和发展经济那样,找到适合自己的路。这在宏观上也需要政府相关制度的完善和改进,以获得对本国应对气候变化技术转让的更多机会。

在微观方面,发展中国家企业在技术转让方面的以下几个问题无法与跨国公司相抗衡,它们需要政府的大力支持和国际组织等的帮助和指导:(1)技术发展水平决定了它们在技术的相关信息获取方面处于极为不利的地位,它们既无法知道技术信息的全部内容,也无法知道哪些是自己最为需要的;对于技术开发的成本及供方的要价更是处于不对称状态,由于某些技术的唯一性、不可替代性和无可比性,无法与对方在讨价还价方面提供有说服力的证据。②最终决定技术转让价格的往往不是传统的研发生产成本加管理营销成本和利润,而是取决于双方对最终可得利益的博弈,其中往往是供方拿走绝大部分利益,而受方只能获得很少部分的利润。(2)经济实力和开拓市场的能力决定了它们在谈判中缺少有力的谈判砝码。发展中国家的企业通常国内市场有限,在国际市场的竞争力不强;而且它们更无可以与跨国公司进行交叉许可的技术,常常在谈判中处于被动的、依赖于对方的境地,在这种情况下很难获得公平的对价。(3)发展中国家企业人才的严重缺失及国际商务谈判经验的严重不足,限制了它们的谈判能力。在市场经济下,跨国公司

① Lan Angus, The Global Fight for Climate Change, *Resistance Books*, 2009, p.156.

② 具体分析参见马忠法著:《国际技术转让法律制度理论与实务研究》,法律出版社 2007 年版,第 351—365 页。

往往更有吸引力将东道国甚至其他国家的优秀人才吸纳到本公司，为它们服务，使本来就人才严重欠缺的发展中国家企业雪上加霜。在经济全球化的市场经济条件下，鲜有靠爱国主义、民族感情及意识形态的内容来留住人才。这也是发展中国家不得不面对的现实：培养大量的优秀人才最终未必会服务于本国的公司，中国、印度和俄罗斯的实践很能说明这方面的问题。笔者 1999—2003 年曾在上海贝尔股份有限公司服务过，其中参与过多次与 IBM、摩托罗拉、CISCO、以色列 ECI 和阿尔卡特等跨国巨头的商务谈判，也曾与国内的一些大型企业谈判，感到最大的差距是：跨国公司通常都会有一个较为完整的谈判团队，它包括技术人员、商务人员、市场人员、财务和法律人员等，而国内的公司通常是没有团队，或即使有，也多是商务、技术人员，至于法律和财务人员经常没有，即使有，也是身兼数职的。这样在谈判中遇到相关问题时，往往缺乏充分的论证就拍板，通常是对国内企业不利。（4）企业自身管理经验的不规范、效率低下及缺乏长远战略眼光等也让它们处于谈判中的不利地位。比如财务管理、成本核算和统计方面，由于人才的缺失和管理不严，多数企业缺少历史数据，在谈判中也会置它们于不利地位。笔者曾经做过美国对华反倾销案例研究，发现多数企业提交给美国商务部的数据要么前后不一，要么没有，这成为中国企业在反倾销案例中败诉的一个重要原因。①中国在发展中国家中还算是市场规范较为完善的国家，尚且如此，那些发展不够充分的发展中国家情况可想而知。在反倾销领域如此，在技术转让领域会涉及更为复杂的问题，问题可能会更加严重。（5）资金是获得技术并保证其能够发挥积极作用的重要保障。但发展中国家普遍缺少资金，这是影响其技术转让进行和取得预期效果的有一个不利因素。发展中国家的企业，如何通过所在国一系列的法律制度、国际领域有关环保和应对气候变化的基金及自身的努力，获得引进环境友好技术所需的资金也是它们应该解决的重要问题。

---

① 参见马忠法：《美国对中国反倾销案例研究：轻工业含家电、电子及纺织品类产品案例》，复旦大学出版社 2009 年版，第 186—188、225 页。

此外，就是发展中国家企业资金不足及自身对引进技术消化吸收再创新的能力不利于技术转让及其效果的实现。一是发展中国家技术需求方企业普遍存在资金障碍。国际技术转让通常需要支付高额转让及人员培训费用，且前期投资大，从技术引进到产品走向市场并获得投资回报通常周期较长，使一般企业难以承受。二是企业高素质人才欠缺，研发能力不强。国际技术转让能否收到预期效果，除了技术本身的质量外，还需要有与引进技术相适应的科技人才队伍。发展中国家普遍缺少这方面的人才。技术受方的多数技术人员多不拥有运用先进技术的基础，技术引进后不能很好发挥作用，难以做到消化吸收再创新。企业研发能力不强，相关技术信息搜集、利用和管理能力较差。①如有一种化学创新产品在欧洲被引进时，日本通过与欧洲的双边贸易通过技术溢出得到高达2.9%的创新成果，而中国只可吸收0.7%的成果，主要原因在于中国较低的技术吸收能力及中欧社会结构相似性较低等。②有些国家技术水平和能力实在有限，加上基础设施、人才匮乏等，对引进的技术没有能力加以吸收、运用，这种情况就需要外部力量的帮助。很多在1950—1975年开发的技术，只有25%的发展中国家能够吸收其中的5%—25%，且它们均是中高收入的国家。③这说明多数发展中国家的技术吸收能力普遍偏低，即使把技术无偿让它们使用，没有一定的技术能力，也难以收到效果。还有一种情况是，由于制度原因，有些国家将技术转让视同一般的货物买卖，没有相应的后续研发制度，创新能力没有明显的提高，导致技术一直靠引进。长远地看，这是一种自杀式的发展模式。早期后进的发达资本主义国家及当代韩国、新加坡和我国台湾的经济发展表明，在引进技术基础上的消化吸收再创新是后进国家与地区走捷径的主要发展模式，而由引进到创新能力的提升一般多在30年左右的时间（当然这需要配套的

① 参见张建平：《气候变化谈判框架下的国际技术转让机制研究》，《国际贸易》2010年第5期。

② 邹骥、王克、傅莎等著：《环境有益技术开发与转让国际合作创新机制研究》，经济科学出版社2009年版，第15页。

③ World Bank, Global Economic Prospects—Technology Diffusion in the Developing World, 2008, p.7.

法律制度和教育水平的跟进)。[①]因此,就发展中国家而言,如何积聚技术能力、选择适合自己技术水平和吸收能力的技术,并在后续研发方面做出更为有利、健康的制度和政策也是十分重要的。

发展中国家缺乏对技术标准和规则的监测和执行力,缺乏有效的经济激励措施及合理适当的知识产权保护制度与其他政策,如税收、补贴、优先发展安排等,不利于引进技术目标的实现。还有,技术引进一般需要经历从技术引进战略选择到技术引进行为社会化、进而实现技术自立的过程,需要通过一系列制度安排来保障,发展中国家在这方面制度比较分散、缺乏系统性。[②]

以上问题,既需要企业自身努力,如需要积累经验,培养、吸引并留住人才,增强企业对国家的社会责任感等,也需要发展中国家政府的大力扶持。韩国的成功经验表明,政府有重点地扶持相关领域和相关企业是其成功的重要原因。[③]

通过以上分析,首先可以看出,技术转让不畅的根本原因是既得利益者想继续占领技术的制高点,保持竞争优势,延续自工业革命以来在全球获取高额利润的态势,不愿与发展中国家分享技术进步带来的成果,进而无视环境、气候变化带来全球公共问题。其次便是它们利用其在国际贸易规则形成过程中所积累的经验和优势,国际上将跨国公司的意志反映到国际层面;而在国内由于政治制度等原因,继续维持跨国公司等私营部门的利益,而将在国际层面形成的有限的承诺置之一边。看上去似乎矛盾的问题,即批准国际条约但又无法履行,理由是技术多在私人手中,它们又注重通过立法保护私人利益,又不能强迫权利人转让技术;实际上它们行为的本质和权力来源是一致的,都是以跨国公司为代表的私人意志的体现,只是表现形式

① 具体分析参见马忠法:《初探技术流转法律制度与建设创新型国家战略之关系》(上),《科技与法律》第4期。

② 参见张建平:《气候变化谈判框架下的国际技术转让机制研究》,《国际贸易》2010年第5期。

③ 具体内容可参见Byung-Nak Song, *The Rise of the Korean Economy*, Oxford University, 1997。

不同而已：国际条约的签署更多地考虑到国际舆论的压力和作秀，以可能得到更多的市场；何况这种承诺在无政府的国际社会，不履行也无大碍。而国内对技术（知识产权）保护才是根本。再次就是发展中国家自身由于历史原因形成的问题也在客观上为技术转让带来了障碍。

近年来，发展中国家也有一部分经过多年的努力，在西方发达国家夹缝中走出一条新路，并逐渐在国际贸易体系中赢得一定的地位，它们的有些经验值得借鉴。但是这些国家通常是国土面积较大，有较为庞大的市场和丰富的资源，如中国、俄罗斯、巴西和南非等“金砖国家”。①然而，尽管这些国家在一定范围内如经济、贸易总量等方面取得了进步，但在很多关键领域（如高新技术领域）仍处于被动地位。这一现象在近期的国际会上得到体现。如在 2012 年 6 月 18—19 日洛斯卡沃斯召开的 G20 墨西哥峰会上，美国一如既往地要求贸易顺差国家，承担更多的责任，发挥主导作用……进一步向贸易逆差国家开放市场。而贸易顺差国家（主要是“金砖国家”靠劳动力密集、资本密集产品获得）则批评贸易保护主义，批评发达国家在高科技产品出口上设限，让它们买不到自己想要的东西和技术；②通过产品出口可以获得技术，③这是多年来的技术进出口

---

① 传统“金砖四国”（BRIC）引用了巴西、俄罗斯、印度和中国的英文首字母。由于该词与英语单词的砖（Brick）类似，因此被称为“金砖四国”。南非加入后，其英文单词将变为“BRICS”，并改称为“金砖国家”。2011 年 4 月，“金砖国家”领导人第三次会晤在中国三亚举行，五国领导人商讨了如何协调应对重大国际问题，如何深化和扩大彼此间合作，如何加强“金砖国家”合作机制等问题。2012 年 3 月，“金砖国家”领导人第四次会晤在新德里举行，提出 IMF 亟须实施配额改革。除经济领域以外，南非加入“金砖国家”合作机制，将有利于五国在全球气候变化问题、联合国改革、减贫等重大全球性和地区性问题上协调立场，更好地建设一个公平、平衡的国际政治新秩序。除经济领域以外，南非加入“金砖国家”合作机制，将有利于五国在全球气候变化问题、联合国改革、减贫等重大全球性和地区性问题上协调立场，更好地建设一个公平、平衡的国际政治新秩序。“金砖国家”走到一起符合国际社会共同利益。与七国集团等发达国家合作机制不同，“金砖国家”不是新的大国集团，不是政治同盟，而是发展伙伴。该机制讨论的问题集中于经济、金融和发展领域，无论是发达国家和发展中国家都普遍关心。可以说，“金砖国家”是全球发展伙伴关系的积极倡导者和实践者，是南北对话与合作的一座桥梁。

② 《G20 峰会：合作才能搬走“经济路障”》，《新京报》2012 年 6 月 18 日。

③ Bernard Hoekman, Beata Smarzynska Javorcik, *Global Integration and Technology Transfer*, the World Bank and Palgrave Macmillan, 2006, p.5.

的一种重要形式。①显然,要想让新兴经济体对世界经济承担更多责任,理应给他们更多话语权,而发达国家不愿意在高技术领域放开是不公平国际贸易制度的体现之一,反映发达国家在现今条件下仍不愿与发展中国家构建公正有序的国际贸易环境。此外,环境的问题和气候变化的挑战虽然继续是国际议程中最紧迫的问题,但是在严重的经济危机和金融危机面前,往往又容易被掩盖;因为前者较长远、对有些国家带来的危害不是直接和现实的,而且往往还可以让他国来分担一些负面的影响;而后者却很现实,就在眼前,且危害结果直接损及本国。如西班牙、希腊和欧洲发生的金融危机的发生让它们捉襟见肘,在2012年里约20+会议上,环境和气候变化问题就不会被这些地区或国家当做头等大事来处理,更不用说有关技术转让问题。这样也会让发展中国家尤其是直接受到气候变化的小岛国感觉到无奈。

从历史累计来讲,工业化国家要对排放负主要责任,77%的二氧化碳都来自工业革命以来燃烧的化石燃料。②24%的人为温室气体排放来源于发电业,畜牧业占18%,交通与工业各占14%,建筑和其他能源消耗占13%,航空业2%。③除了排放发达国家要尽更多的义务外,在帮助发展中国家走可持续发展之路、技术转让方面也应尽到最大义务,以取得双赢之效果。

总体上,我们了解了上述原因之后,可以得知,应对气候变化问题的解决需要全人类各个国家和国际组织及其他组织乃至个人的积极努力,特别是私营部门的积极参与和在公平环境下转让技术的行为,否则,气候变化应对可能永远是一个无法解决的问题。其中

---

① 技术可以包含在物品中,通过不同产品或资本品和设备等的进口进行转让,它们可能通过暴露给外国买方或投资者获得,或通过受到知识产权保护政策支持的合同来获得不需任何物品载体的单纯的知识直接贸易。此外还有特许经营、OEM等方式。有关后两者的分析参见马忠法著:《国际技术转让法律制度理论与实务研究》,法律出版社2007年版,第325—349页。

② Michael R.Raupach et al., "Reversal of the trend in Global anthropogenic Sulfur Emissions", *Global Environmental Change*, 2006, pp.207—220. Http://www.pnas.org/cgi/content/abstract/0700609104v1.

③ [瑞典]克里斯蒂安·阿扎:《气候挑战解决方案》,杜珩、杜珂译,社会科学文献出版社2012年版,第11—12页。

发达国家政府及其私营部门应在减排和技术转让方面等尽更多义务。

第三节　中国现有应对气候变化技术转让法律制度的不足与原因

一、中国应对气候变化技术转让法律制度存在的不足

（一）在法律规范体系层面：以私营部门为着力点的法律规范缺失，规范体系在结构上也不健全

尽管有学者认为，我国应对气候变化的立法体系总体上还是比较完善的，①但是，实际上，平心而论，我国应对气候变化的立法体系即便依据最粗犷的标准，亦差强人意，遑论完善。究其主要原因，笔者以为，我国应对气候变化的立法大多只停留在泛泛而谈、浅尝辄止的地步，至于在规范设计上科学合理、切实有效的控制气候变化的应对之举更是难寻踪影。尤其是在应对气候变化领域，我国法律制定者往往只片面地强调政府、社会环保组织等公法机关或公益组织的作用，长期忽视私营部门在抑制气候变化进程中理应享有的一席之地。

举例来说，如2015年1月1日起施行的《中华人民共和国环境保护法》，第二章通篇所言全是各级人民政府对环境保护负有的监督管理的义务，其他章节的条文亦是与各级人民政府的信息公开、处罚污染环境的个人、企业的职责相关。虽然这部法律也有不少篇幅提及公民、企业等私营部门，但是在相关语境下，公民、企业等私营部门皆是被置于环境保护法律关系的客体之内，而非主体。《环境保护法》的第五章有一些条文涉及公众参与，但是也只限于公民、法人、其他组织等主体发现任何单位和个人有污染环境和破坏生态行为时享有向环境保护主管部门或者其他负有环境保护监督管理职责的部门举报的权利。如此规定，于公众参与而论，未免太过单薄。不仅如此，对私营部门与环境保护技术转让的规定也是无处可寻。

① 郭冬梅：《应对气候变化法律制度研究》，法律出版社2010年版，第152页。

又比如2002年6月29日全国人大常委会通过的《中华人民共和国清洁生产促进法》，尽管全法由五章四十一条（除去附则）组成，但大多数条款都是倡导建议性的，而且规定得过于宽泛，难以发挥实际的功效。如该法的第十八条："新建、改建和扩建项目应当进行环境影响评价，对原料使用、资源消耗、资源综合利用以及污染物产生与处置等进行分析论证，优先采用资源利用率高以及污染物产生量少的清洁生产技术、工艺和设备"。第二十三条："餐饮、娱乐、宾馆等服务性企业，应当采用节能、节水和其他有利于环境保护的技术和设备，减少使用或者不使用浪费资源、污染环境的消费品"等等，皆是该法效力软弱、倡议效力重于规范效力的最好例证。该法的第四章为鼓励措施，旨在促进社会的清洁生产。但是该章虽有五个条文，但皆是简单规定实施清洁生产的企业可以获取国家的财政和资金支持，并未详细设计出切实可行的制度，而且也只字未言对于包括私营在内的企业间转让清洁生产技术的鼓励与扶持。实现清洁生产、减少污染的关键在于技术，这本是无言自明之理。只有清洁技术广泛传播，并得到大规模的运用，清洁生产的目标才有可能完成，可是这部意在促进清洁生产、提高资源利用效率、减少和避免污染物的产生、保护和改善环境、保障人体健康、促进经济与社会可持续发展（该法的第一条）的法律恰恰忽略了问题的根本与关键。

依据当下流行的科学解释，气候变暖的罪魁祸首是温室气体，而温室气体的主要来源则是工业生产的污染排放。就以上因果联系来看，私营部门对气候变暖的结果难辞其咎。常言道："解铃还须系铃人"，然而长期以来，我国相关立法一直迷信政府的管制效力，对促进私营部门主动发挥减少温室气体排放效力的进路视而不见。我国在致力于应对气候变化时，私营部门的参与不可或缺。实际执行政府制定的应对计划，承担最终减排责任的主体也非私营部门莫属。而实现节能减排的目标需要依赖高新技术，但并不是所有的企业都具备自主研发清洁能源技术的能力。要想促进清洁能源技术的传播与流转就必须要通过技术转让的方式。在清洁能源技术转让过程中，一套切实可行的技术转让制度与法律规范亦不可或缺。

观察我国当前应对气候变化的法律规范可得出如下结论：在诸

多法律所构建的法律关系网络中，各级政府等公法机关居于主体地位，私营部门屈居客体，属于从属地位，其积极性、自主性、能动性难以发挥。我国相关法律长期忽视私营部门在应对气候变化过程中的积极影响和理应享有的重要地位，对私营部门缺乏必要的关注。

尽管也有一些中国学者指出中国尚无统一的应对气候变化法，[①]但应对气候变化的法律规定分散于各相关法律法规中，它们之间有着一定的逻辑关系，对于这是否构建了基本法律体系，学者们仁者见仁，智者见智。而且，从法律体系内在的有机统一要求来看，现有的各有关环境保护的单行法中规定技术转让或推广的内容有一定的重复。理论上，如果有一部统一规定技术转让的法律，就不需要再在各单行法中重复规定，既精简有关法律法规的内容，又容易抓住问题的要害。

除了在体系上存在问题，我国应对气候变化法律在效力层级上亦非完善，难以实际影响私营部门的行为。应对气候变化的规范规定大多只是政策，并没有上升到法律规范的高度。相应的技术转让规范也是如此。现有规定缺乏可操作性，包含在法律规范部分中的内容仍停留在纸面之上，没有对私营部门的行为产生影响。可见这些规范对私营部门的意义极为有限，大多只是宣言性规定。如果包含在法律规范部分中的应然内容仍停留在纸上，并不对人的行为产生影响，那么法律只是一种神话，而非现实。[②]我国现有技术转让的规定中，原则、宣誓、口号的内容较多尚无具体的实施条例或细则，政策成分过多。[③]

还有学者以为发展中国家缺乏对技术标准和规则的监测力与执行力，缺乏有效的经济激励措施、合理适当的知识产权保护制度与其他政策，以促进私营部门在应对气候变化事业中发挥积极有效的作用。我国现有的税收、补贴、优先发展安排等措施，不利于实现

---

① 李艳芳、武奕成：《我国低碳经济法律与政策框架：现状、不足及完善》，《中国地质大学学报》（社会科学版）2010 年第 6 期。

② ［美］E.博登海默：《法理学：法律哲学与法律方法》，邓正来译，中国政法大学出版社 1999 年版，第 239 页。

③ 马忠法著：《应对气候变化的国际技术转让法律制度研究》，法律出版社 2014 年版，第 450 页。

引进技术的目标。且技术引进一般需要经历从技术引进战略选择到技术引进行为社会、进而实现技术自立的过程,需要通过一系列制度安排来保障,发展中国家在这方面制度比较分散、缺乏系统性。[①]论者认为发展中国家缺乏激励私营部门的制度安排和法律规范,中国亦复如是。

综上所言,从法律体系方面说,中国应对气候变化技术转让法律最大的不足有五点。其一,我国相关法律长期忽视私营部门在应对气候变化过程中的积极影响和理应享有的重要地位,对私营部门缺乏必要的关注。其二,法律规范的效力等级较低,多出现于行政法规或者部门规章中,即使在立法机关的规范性文件中出现也是间接性的,在该方面尚未形成相对独立完整的法律体系,缺少权威的法律规范。其三,有关应对气候变化的规范、政策、制度安排缺乏系统性与科学性,规定得较为分散。除此以外,在内容上,这些规范也不能控制到私营部门的行为,不会对私营部门产生积极影响,规定过于宽泛、原则,缺少可操作性,法律规定之间也存在着一定的冲突、脱节、重复。其四,政策性的内容丰富,强制性法律规定的内容相对缺乏,罚则偏软。其五,执法方面力度疲软,亟须进一步加强。

(二)在法律规范内容层面:我国应对气候变化的法律规范对私营部门利益的关照不足,对私营部门的激励效应相对疲软

在内容上,国家立法层面规定的最明显的不足是对技术转让的含义没有作出统一明确的界定,如前面多数法律中运用最多的一个词是技术"推广",但各部法律对其又无明确的定义。在实务中,"推广"实质上涵盖了技术许可、转让等内容。但"推广"本身很难说是一个"法律"用语,它更多的是一个政策用语,其在法律中频繁出现,不能不说是一个较为严重的问题。其涉及的相关当事人的权利义务难以界定,有关私人权利主体的作用也可能被忽视。在技术被视为私人财产的情况下,使用"推广"一词容易带来混乱。即使是对那些由公共财政支持的共性技术或应当为公众分享的技术,也容易带来问题。

---

① 解振华:《绿色发展:实现"中国梦"的重要保障》,《光明日报》2013 年 4 月 15 日。

由于对“技术转让”界定不明晰，带来的直接后果是对《企业所得税法》等法律中的税收优惠规定的适用造成影响，进而使优惠对象的适用标准不一等。《合同法》规定了四类合同的内容，技术转让合同是其中之一，但它只对技术转让合同进行了分类，并没有对技术转让给出定义；如果根据合同法的合同分类来界定“技术转让”，则该定义过于狭隘，其他三类合同无法享受技术转让方面的税收优惠待遇（由于税法对技术开发合同另有税收优惠规定，实务中开发合同因其他原因也可享受优惠）。实际上，国际社会通常理解的“技术转让”应当包括技术咨询、技术服务、技术开发等。正是由于这一点，全国很多地方在制定有关技术转移优惠政策时没有明确地将咨询和服务类合同纳入优惠的范围内，导致这类合同在所有技术合同中一直呈低迷状态。还有，税法明确将独资企业、合伙企业排除在外，也是不利于这类企业技术转让享受优惠待遇的。因为独资企业、合伙企业是按个人所得税法来缴税的，而个人所得税法对个人享受的技术转让税收优惠根本没有规定。实际业务中，咨询和服务也多是以独资或合伙方式进行的。而且，税法规定的“技术转让优惠”在有关规章中，仍然缺乏可操作性，如《2010年税收通知》：“技术转让是指居民企业转让其拥有符合通知第一条规定的技术所有权或5年以上（含5年）全球独占许可使用权的行为”的规定中，[①]“全球独占许可使用”一词首先是难以界定，其次是即便明了，要求也过于苛刻，最终可能让相关方根本享受不到优惠待遇。再如该通知规定“居民企业从直接或间接持有股权之和达到100%的关联方取得的技术转让所得，不享受技术转让减免企业所得税优惠政策”[②]，其中“直接或间接持有股权”如何界定？这种规定在实际中难以操作；当然，其后的“100%”倒有可能给实务部门提供较大的灵活操作的空间。但做出这样的规定让人感觉随意性太大，没有太多的实际意义。还有，“境内的技术转让须经省级以上（含省级）科技

---

① 财政部、国家税务总局：《关于居民企业技术转让有关企业所得税政策问题的通知》（财税〔2010〕111号）第1条。

② 财政部、国家税务总局：《关于居民企业技术转让有关企业所得税政策问题的通知》（财税〔2010〕111号）第4条。

部门认定登记，跨境的技术转让须经省级以上（含省级）商务部门认定登记，涉及财政经费支持产生技术的转让，需省级以上（含省级）科技部门审批”的规定，[①]增加了有关当事人享受优惠的成本及有关部门的负担，特别是技术转让所得很少时，是否一定要省级以上科技部门认定登记？对于财政经费支持产生技术的转让，如果不涉及国家或公共利益，不涉及国家机密或安全等，是否一定要经过省级以上科技部门的审批？这种规定，似乎倒退到计划经济时代。类似于上述规定的法律文件并不少见，它们会影响税法等立法本意，最终可能并不能够带来促进技术转让的效果。在实务调研中，有关管理部门就曾经在不同场合多次指出，现有相关技术转让税收优惠的不足及缺乏可操作性给管理部门、企业等带来了困惑。[②]此外，各部门和各地区基于有关法规原则性过强的特点，制定了实施不一的规章或地方性法规，因与税收立法授权的规则相冲突，往往得不到税务机关的支持和认可，也给有关税收法律法规的实施带来很多问题。

另外，有些立法过于陈旧，不能做到与时俱进。如根据《合同法》（1999 年 10 月 1 日实施），国家科技主管部门陆续制订并发布实施了技术合同认定登记、技术市场统计、技术交易和管理、技术合同仲裁等行政规章。目前涉及技术流转合同的主要规章有 2000 年 2 月 16 日发布的《技术合同认定登记管理办法》（国科发政字〔2000〕063 号文）、2001 年 7 月 18 日发布的《技术合同认定规则》（国科发政字〔2001〕253 号文）。前者对技术流转合同登记进行了详细规定，而后者着重对四类合同的认定给予了详细规定。它们曾对指导技术转让发挥了积极作用；但时过境迁，十多年过去了，有些内容已经不能适应时代发展需求了。

尽管在 2017 年 2 月 24 日第十二届全国人民代表大会常务委员会第二十六次会议上通过了修改《中华人民共和国企业所得税

① 财政部、国家税务总局：《关于居民企业技术转让有关企业所得税政策问题的通知》（财税〔2010〕111 号）第 3 条。

② 参见马忠法：《科技成果流转法律制度与上海创新形成建设之研究》，知识产权出版社 2012 年版，第 364—365 页。

法》的决定，但是此次修改只涉及一个条文，只将第九条修改为：“企业发生的公益性捐赠支出，在年度利润总额12%以内的部分，准予在计算应纳税所得额时扣除；超过年度利润总额12%的部分，准予结转以后三年内在计算应纳税所得额时扣除。”①既没有解答对“技术转让”清晰界定的问题，又没有加大对创新型清洁企业以及接受清洁技术转让的企业的扶持力度，对私营部门的促进与激励作用明显缺失，上文提到的问题一直都持续存在。综上所述，我国应对气候变化的法律规范对私营部门利益的关照不足，对私营部门的激励效应相对疲软。

（三）在法律实施层面：缺乏对私营部门清洁能源技术转移的监管，清洁能源技术多流于形式，没有起到真正的效果

法律的生命在于实施。再完美的法律条文如果无法适用实施，也只不过是一纸空文。然而在应对气候变化相关规范的实施层面，执法的力度和严格程度都显然不足。有法不依、执法不严、违法不究的现象在我国应对气候变化、保护环境领域表现得分外突出和明显。

就拿清洁发展机制（Clean Development Mechanism，CDM）而言，该机制主要是《京都议定书》项下针对促进清洁技术转让的措施。在CDM被提出伊始，曾被寄予厚望。我国也制定了配套的规范《清洁发展机制项目运行管理办法》（《CDM管理办法》），此《办法》于2011年修订过一次。《CDM管理办法》规定，CDM项目合作应能促进环境友好技术转让，开展的重点领域应为节约能源和提高能源效率、开发利用新能源和可再生能源、回收利用甲烷；②项目审核理事会审核的重要内容之一是“技术转让情况”③。截至2013年的12月17日，国家发展和改革委员会批准的享有已经有5 002个，④

① 参见全国人民代表大会常务委员会关于修改《中华人民共和国企业所得税法》的决定（2017年2月24日第十二届全国人民代表大会常务委员会第二十六次会议通过），访问网址：http://www.npc.gov.cn/npc/xinwen/2017-02/24/content_2008091.htm。

② 参见《清洁发展机制项目运行管理办法》（2011修订）第4条。

③ 参见《清洁发展机制项目运行管理办法》（2011修订）第20条。

④ 国家发展和改革委员会批准的CDM项目，访问地址：http://cdm.ccchina.gov.cn/NewItemA110.aspx。

至2013年5月31日中国在EB已注册和将注册的项目为3 583项，占全球所有项目(7 511项)的47.70%。[①]国家发展和改革委员会应对气候变化司主办的中国清洁发展机制网[②]还在持续更新签发项目的最新动态,动态截至2017年的8月31日。仅在2017年的8月,主管部门就签发了6个项目,它们分别是贵州务川县沙坝30 MW水电项目、沈阳老虎冲垃圾填埋沼气发电项目、贵州翁元20 MW水电项目、内蒙古辉腾锡勒风电厂100 MW世行贷款项目、深圳南天LNG发电项目、崇礼清三营风电场二期工程。[③]截至2017年8月31日,已获得CERs签发的中国CDM项目有1 557个之多。[④]

乍看之下,CDM项目在我国呈现一派如火如荼、欣欣向荣之态,可是事实并非如此。有关国内研究表明,在中国的CDM项目中,目前虽然约有40%的项目涉及技术转让,但实地案例和调查表明,这些项目中的2/3只是设备输入,而且设备购买也是基于一般商业价格,并无优惠;另外的1/3,只是简单的设备运行和维护培训知识,没有核心的设备制造技术和维护技能的输入。[⑤]

实际上,CDM项目在中国的进展只是表面文章上的热闹,按照严格标准来看,大多数CDM项目牵涉的技术转让根本算不上真正意义上的技术转让。技术转让获取的应该是核心技术方案,或者至少是有助于技术能力形成的关键知识。但是CDM的实际状况距此指标相差千里。这种认识可以从一份来自环保部环境与经济政策研究中心的调查研究报告中找到依据。这份报告指出:"在中国,CDM项目对促进可持续发展发挥了良好的作用,但距《京都议定书》所规定的帮助发展中国家实现可持续发展目标

---

① See Trend of projects registered and registering by Host Party, cdm.unfccc.int/Statistics/Public/CDMinsights/index.html#reg.

② 访问网址:http://cdm.ccchina.org.cn/index.aspx。

③ 参见《中国CDM项目签发最新进展(截至2017年08月31日)》,访问地址:http://cdm.ccchina.org.cn/TableList.aspx?Id=148。

④ 官网上数字目前(至2019年10月23日)仍停留在2017年8月31日;访问网址:http://cdm.ccchina.org.cn/NewItemAll2.aspx。

⑤ 中国—欧盟清洁发展机制促进项目(2008),《中国CDM项目中的技术转让》第15页,http://www.docin.com/p-54189804.html。

还有一定距离,里面问题还是很大,特别是核心的技术转让,没有真正实现过。"①

CDM 项目在我国主要的实施者是私人企业或部门,但是私营部门在承接 CDM 项目时,浑水摸鱼的行为不在少数。就像前文所讲的那样,大部分的技术转让并不是严格意义上的技术转移。外国企业常常通过 CDM 来向中国输出非核心技术,核心技术可谓凤毛麟角。甚至在许多情况下,国外企业向国内企业转移的技术是国外不需要的技术,并且价格不菲。所谓技术转移,设备只是技术的载物,重要的操作方法和人员培训。就 CDM 在我国发展的情况来说,转移的对象主要集中在设备上,设备本身也不是最新最先进的,操作设备的核心技术很少涉及。"授人以鱼不如授人以渔",当前清洁能源技术转移的层级还只停留在"授人以鱼"的低级阶段,还未进化到"授人以渔"的高级阶段。

以上问题相当突出,例如湖南 CDM 中心律师刘钢所熟悉的"技术转让"通常是这样的模式:"在 CDM 项目中,一般的项目设计文件里都会提道:国外买家来开发 CDM 项目时,会派该国专家、顾问来进行简单的指导。签署 PDD 时,他们把这种做法写进去,就算是体现了技术转移的精神了。"②这种形式主义的做法在本质上使外国公司在其不付出核心技术的情况下,通过设备买卖,在获取商业利益的同时,赚取到所谓的 CER,以最小的成本实现自己的多重目的。这种做法,比外商直接投资给予的帮助还要小,因为它连资金都不需付出。反过来是你用现金购买它的设备,还赋予它"支持、合作"的美名,真是"讨了便宜卖了乖"。有些人认为发达国家公司在 CDM 项目中,基本上是走"资金转移"这条路线,不知道指的是什么。如果说是它们转移资金给中国,是有问题的;如果说是中国公司将资金转移给"发达国家公司",也是不准确的,因为中国公司的"资金"是用来支付设备费用的,是给对方的对价。

有效处理和解决这些突出的问题,症结在于促使私营部门严格

---

① 马忠法:《应对气候变化的国际技术转让法律制度研究》,法律出版社 2014 年版,第 454 页。

② 李静:《中国清洁发展机制的冲动与尴尬》,《瞭望东方周刊》2009 年 12 月 23 日。

遵照 CDM 管理办法和 CDM 创始的初衷，填补可以让这些私营部门可以“钻空子”的漏洞，针对私营部门在清洁能源技术转移领域加强法律的执行与监管。

（四）有关国际技术转移的法规，非但没能起到促进私营部门间技术转移的效果，反倒落人话柄，沦为攻击我国知识产权制度的武器

目前先进的核心技术大多都掌握在发达国家跨国公司的手中，跨国公司大多也不情愿将先进的核心技术转移给我国。因而，我国便在法律、法规上设计了一些强制外国跨国公司向我国企业转移的带有管制色彩的法规。不过事与愿违，这些法律、法规沦为了外国攻击我国知识产权制度的武器。

2018 年 3 月 22 日，美国贸易代表办公室公布了对中国进行的 301 条款的调查结果，此次调查是针对中国在技术转移和知识产权保护的法律、政策和行为的。这份报告认为中国的多部法律、行政法规对保护美国的知识产权人不利，认定中国的行为违反了 1974 年美国贸易法下的“301 条款”。随后，美国总统特朗普在华盛顿签署总统备忘录，依据“301 调查”结果，将对从中国进口的商品大规模征收关税，并限制中国企业对美投资并购。基于这一调查结果以及特朗普总统签署的备忘录，美国贸易代表决定对拟征税清单上的中国商品加征 25%的关税，涉及的商品规模约为 500 亿美元。4 月 3 日公布的拟征税清单显示，约有 1 300 种商品被列入清单，涉及航空航天、机械、医药、通讯、电器等领域。

为寻求 WTO 争端解决机制的支持，美国代表团于 2018 年 3 月 26 日，向 WTO 争端解决机构提出与中国代表团磋商的请求。按照 WTO《关于争端解决规则与程序的谅解》（DSU）第四条规定，磋商是要求成立专家组解决纠纷的必经环节。美国请求磋商之举也可视作其寻求 WTO 授权的尝试。

在美方向 WTO 争端解决机制提交的磋商请求书中，美方认为：“中国拒绝外国专利持有人在技术转让合同期满后针对中国合资企业一方可以实施其专利权。中国还施加强制的不利合同款项，歧视针对和给予进口外国技术较低待遇。因此，中国剥夺了外国知识产

权持有人保护其在中国的知识产权的能力以及自由以市场条件谈判许可和其他技术相关合同的能力。”①

美方在文件中，明确指出了《中华人民共和国技术进出口管理条例》第 24 条、27 条和 29 条，以及《中华人民共和国中外合资企业法实施条例》第 43 条，违反了 WTO 体系下的 TRIPs 协定的规定。《中华人民共和国技术进出口管理条例》单独适用或集合与其他所列文件一起适用，单独或与 TRIPs 协定第 28 条第 2 款相关，看来与 TRIPs 协定第 3 条（国民待遇）不符，因为：TRIPs 协定第 3 条第 1 款：“在知识产权保护方面，……每一成员给予其他成员国民的待遇不得低于给予本国国民的待遇。”第 28 条：1. 一专利授予其所有人下列专有权利：（a）如一专利的主题，则防止第三方未经所有权人同意而进行制造、使用、许诺销售、销售或为这些目的而进口该产品；（b）如一专利的主题是方法，则防止第三方未经所有权人同意而使用该方法的行为，并防止使用、许诺销售、销售或为这些目的而进口至少是以该方法直接获得产品的行为。2. 专利所有权人还有权转让或以继承方式转移其专利并订立许可合同。该条例第 24 条给予外国知识产权持有人相比中国知识产权持有人而言较低的待遇，比如，第 24 条要求进口技术合同的让与人对按合同约定该转让技术的使用导致的侵权负所有责任。该条例第 27 条给予外国知识产权持有人相比中国知识产权持有人而言较低的待遇。比如，第 27 条要求任何进口技术的改进归属改进一方。该条例第 29 条给予外国知识产权持有人相比中国知识产权持有人而言较低的待遇。比如，第 29 条第 3 款禁止进口技术许可合同限制中国一方改进技术或利用改进技术。《中华人民共和国中外合资企业法实施条例》单独适用或集合与其他所列文件一起适用，单独或与 TRIPs 协定第 28 条第 1 款（a）项或第 28 条第 2 款相关，看来与 TRIPs 协定第 3 条（国民待遇）不符，因为该条例第 43 条给予外国知识产权持有人相比中国知识产权持有人而言较低的待遇。比如，第 43 条第 4 款规定

---

① See *China-Certain Measures Concerning the Protection of Intellectual Property Rights*, *Request for Consultations by the United States*, WT/DS542/1, IP/D/38.

合资企业的中方在合同期满后有权继续使用技术转让合同下转让的技术。

《中华人民共和国中外合资企业法实施条例》单独适用或集合与其他所列文件一起适用,与 TRIPs 协定第 28 条第 1 款(a)(b)项不符合,因为该条例第 43 条拒绝外国专利持有人的排他权,包括防止第三方未经外国专利持有人许可的 TRIPs 协定第 1 款(a)(b)项 1 下的行为。比如,第 43 条第 4 款合资企业的中方在合同期满后有权继续使用技术转让合同下转让的技术。

在美方明确指出的四条法规来看,其中《中外合资企业法实施条例》第 43 条引起了美方最强烈的不满。尽管有学者认为中外合资企业法及其实施条例属于投资领域,制定法律管制中外合资经营的行为也是中国的主权所能覆盖的区域,不违反国际法。中国有权利为外国投资行为设定条件与门槛,愿意接受条件的外国企业可以进来投资,不能接受条件的可以另寻他国,都是你情我愿之事,何谈强迫。WTO 的职责是促进贸易的自由化,而非投资的自由化。WTO 的争端解决机制是处理贸易有关的纠纷,投资领域的争端不应该由 WTO 解决。这一辩解看似釜底抽薪,剔除了 WTO 的管辖权,可未必能站得住脚,能否说服 WTO 专家组,更亦未可知。因为 TRIPs 协定第 3 条第 1 款第 1 句前半句是非常严格的,是否违反国民待遇原则是要将对外国人的待遇与给予本国人的待遇,进行严格比较后才可判断的。就本次磋商提出的四条规定而言,其中《中华人民共和国技术进出口管理条例》第 24 条是“技术进口合同的受让人按照合同约定使用让与人提供的技术,侵害他人合法权益的,由让与人承担责任”,而与之对应的上位法《中华人民共和国合同法》第 353 条的规定是:“受让人按照约定实施专利、使用技术秘密侵害他人合法权益的,由让与人承担责任,但当事人另有约定的除外。”相较而言,《合同法》第 354 条多了一句“但当事人另有约定的除外”,比起《技术进出口管理条例》第 24 条,《合同法》的规定更利于技术转让方,《技术进出口管理条例》的规定不利于技术转让方,因而美方认为当外国人作为技术转让方时,其所受到《技术进出口管理条例》给予的待遇要低于《合同法》给予本国人的待遇,这是与

TRIPs 协定第三条国民待遇原则相违背的。《技术进出口管理条例》的第 27 条亦是如此。至于《中外合资企业法实施条例》第 43 条授权技术被许可人在技术许可协议期满后继续使用技术的规定，更是对作为技术许可方的外国人的歧视性对待。美方提出的这些控诉在 WTO 的争端解决的体制下来看，并不是空穴来风的无稽之谈。

美国一直指责中国利用国内法律、法规强迫美国企业向中国企业转让技术，在这次磋商提出的《中外合资企业实施条例》的第 43 条可作为美国这一主张的例证。可是，从最终的效果来看，中国根本就没有获取多少来自美国等发达国家的跨国公司转让的技术。重要的核心技术依然牢牢掌握在国外跨国公司的手中，然而他们却装出一副“楚楚可怜”的姿态，大肆指责中国法律对他们不公平，强迫他们转移技术。此种局面之所以会存在，一个重要原因还是我国在制定法律、行政法规的时候，筹谋不足，规划不精，缺乏国际化的视野和长期的展望，只看到了表面的联系，而忽略了深层次的因果。就《中外合资企业实施条例》第 43 条来说，看似可以让中国企业在许可合同期满后获取外方技术，但落到实际操作层面，外方就能很轻易地规避这一法规。尽管中方可以继续使用技术，但是核心的技术方案依旧掌握在外方的工程师的手里。如此规定，中方不仅没有赚到实益，反倒给外人攻击中国知识产权保护制度的把柄。在应对气候变化的技术方面，更是如此。大多数的成熟技术也都由国外的跨国公司垄断，中国利用中外合资企业形式，也只能以中国法人的名义上获得先进的应对气候变化技术，实际上对这些技术遥不可及。

二、中国应对气候变化相关法律制度存在上述不足的原因

（一）中国气候立法思想观点相对滞后，长期以政府监控职能为导向，忽视私营部门在应对气候变化中的能动性

正如上文分析我国应对气候变化立法体系不足时指出的那样，在众多部法律所构建的法律关系网络中，各级政府等公法机关居于主体地位，私营部门屈居客体，属于从属地位，其积极性、自主性、能动性难以发挥。我国相关法律长期忽视私营部门在应对气候变化的积极影响和理应享有的重要地位，私营部门缺乏必要的关注。

笔者以为，这固然跟我国立法思想和导向息息相关。反观美国，为创设有关清洁能源的就业机会、奖励本国清洁能源技术的开发和利用，有效减少空气污染，在奥巴马总统第一个任期内，国会通过了两部具有里程碑意义的法律，分别为2009年《美国清洁能源与安全法案》和2010年《美国能源法案》。2009年《美国清洁能源与安全法案》的核心就是进行能源和能效改革，限制碳排放总量，主要方式是采取碳排放“总量限额与交易制度”的市场化手段，通过设定碳排放上限，对美国的发电厂、炼油厂、化学公司等能源消费密集型企业的碳排放进行限量管理。[①]2009年《美国清洁能源与安全法案》规定向电力和天然气本地配送企业提供排放额度，并明确要求这些额度的价值要用于消费者福利，中低收入家庭还可以得到税收优惠或者退款。排放额度还将分配给能源密集、贸易密集型产业、火力发电和石油炼化企业，帮助他们逐步减少使用化石燃料。2009年《美国清洁能源与安全法案》还规定的碳排放额度退款计划，目的是补偿能源密集型、贸易密集型的制造产业因为遵守碳排放上限与交易制度带来的上涨成本，从而使其能够在商业上与没有实行类似碳排放上限制度的外国企业进行公平竞争。[②]

从此可知，美国立法者抛弃了环境保护应由政府“挑大梁”的陈旧思想，转而寻求利用市场杠杆和利益筹码来驱动和激发作为排放来源的私营部门的积极性和主动性。私营部门通过淘汰高污染的生产流程，改进技术，控制大气污染排放量的途径，从政府获取了经济利益上的回报。经济利益会促使私营部门从被动减排到主动减排的转变，进而在结构上根本改变以往强调政府监管职能、忽视私营部门的积极作用的谬误。一旦私营部门的能动性相继迸发，温室气体和其他污染大气的污染物的排放会急剧下降，清洁能源行业会容纳更多的就业者，政府监督和控制污染企业的管理成本也会大幅度减少。

---

① 兰花：《简析2009年美国气候变化法案——兼论对中国的挑战和借鉴》，《武大国际法评论》2010年第2期。

② 郭红岩：《美国联邦应对气候变化立法所涉重点问题研究》，《中国政法大学学报》2013年第5期。

（二）我国长期以来就存在“经济建设重于环境保护”的错误观念，公众的环保意识淡薄

造成上述不足的原因首先在于改革开放以来很长一段时间内，过分强调经济发展，忽略环境和生态保护。环境方面的守法成本高于违法成本已经是一个不争的事实。由于过去对“经济建设是中心，发展压倒一切”的片面理解，以及地方政府和企业等过度追求经济发展指标，尤其是短期效益和短期指标，法律意识和观念压抑于发展之后，且将发展片面的理解成 GDP 的增长，很多问题被表面的经济繁荣所遮掩，“一俊遮百丑”，使法律成为摆设：规定是规定，执行是执行，执行与否、执行如何无人监督，其带来的后果常与立法的预期目标背道而驰。环境保护法律中的那些强制性规定都难以执行，更不用说其中弹性较大的技术转让规定了。

甚至在今天，还有人依然认为环境方面的工作应当服务于经济建设。①实际上，环境保护至少应当与经济发展同等重要，从某种意义上来说，比经济发展更重要。②发达国家走过的路就证明了这一点：经济发展是为了提高人民的生活质量和福祉的，而环境安全和优美是这方面的重要指标。党的十九大报告就高屋建瓴地提出“建设美丽中国”的宏伟目标，战略性地指出：“我们要建设的现代化是人与自然和谐共生的现代化，既要创造更多物质财富和精神财富以满足人民日益增长的美好生活需要，也要提供更多优质生态产品以满足人民日益增长的优美生态环境需要。必须坚持节约优先、保护优先、自然恢复为主的方针，形成节约资源和保护环境的空间格局、产业结构、生产方式、生活方式，还自然以宁静、和谐、美丽。”③追求 GDP 带来的结果就是在功利主义引导下，注重短期效益、局部利益而忽略长期利益和整体利益。对法律上的有关规定，短期内利于自己的就实施，不利于自己的就采取柔性措施，软化其执行力，甚至根

---

① 任重远等：《明争环保法修订》，《财经新世纪》2012 年第 44 期。

② 马忠法：《应对气候变化的国际技术转让法律制度研究》，法律出版社 2014 年版，第 455 页。

③ 习近平：《决胜全面建成小康社会　夺取新时代中国特色社会主义伟大胜利》，http://www.china.com.cn/cppcc/2017-10/18/content_41752399.htm。

本不执行。

除了一些政府部门过度偏重经济建设的观念根深蒂固,公众环境保护的观点也相对淡薄。全社会对其变化后带来影响及技术转让在该方面重大作用的认识存在不足,法律或政策制定一定程度上脱离中国实际并缺少公众参与,环境立法不能做到与时俱进,技术转让法律制度在利用清洁技术方面的意义尚未得到充分体现。例如,虽然外商投资法规定了引进外资中技术是十分重要的考虑因素,但在现实中,由于各方面对某些行业对环境、气候变化带来的影响缺乏充分的认识,公众对污染等有着少见的宽容态度。而长期以来,有关主管部门在中外合资或外商投资企业的审批或监督中,往往将绝大部分的注意力放到"资金"上,对于外方的技术转让或引进关注不够。实际上,从历史上曾经后进的发达国家的经济发展来看,"引进外资"中的核心内容是技术转让,但我们由于认识上的原因,没能充分利用这一点来良性发展本国的经济。诸多因素使中国改革后很多年成为廉价的商品加工地,在涉及能源耗费巨大的产业,将产品提供给他人,温室气体却留在中国。虽然我们可以指责"西方国家因中国经济的快速发展而把工厂转移到中国,进而也将废气排放量转嫁到了中国"①这种不道德的行为,但作为一个有主权的主体,我们还需从自身去反思并改变这种状况。

（三）地方政府为了自身税收偏袒某些重污染的企业,地方保护主义阻碍中国应对气候变化法律的实施与执行

地方保护主义对阻碍中国应对气候变化法律的实施与执行也起到了推波助澜的效果。②地方政府注重的是政府的税务收入,所以在很大程度上地方政府需要仰仗纳税大户。其中很多纳税大户都是污染大户,加强环境监管会加重这些纳税大户的负担,进而减少政府的税务收入。纳税大户实际上就成了众多地方政府的金主。因此,地方政府就会为这些金主的利益奔走呼号。那些会影响本地税收的环境保护法律,政府便会出面施压以示反对。

---

① 王军:《全球气候变化与中国的应对》,《学术月刊》,2008 年第 12 期。

② See Ma Zhongfa, TRIPs Agreement and Enforcement of Intellectual Property Rights in China, *Journal of East Asia and International Law*, (3)2012.

中国很多法律对技术转让已经做出明确规定，尤其是在环境保护方面的法律法规中，强调环境保护技术、清洁技术的推广和适用，但由于地方保护主义的影响，由于环境法整体得不到较好的实施，其中涉及的技术转让规定无疑也难以得到有效的执行与落实。

第四章　促进私营部门积极参与应对气候变化技术转让法律制度完善的路径

第一节　促进私营部门积极参与应对气候变化技术转让法律制度完善的路径概述

一、促进私营部门积极参与应对气候变化技术转让的必要性

在应对气候变化领域，那些小岛国、沿海国最易受到温室气体排放带来的全球增温的影响，且多数无力靠自己来应对这种变化，而它们并不是始作俑者。真正对温室气体排放负有责任的多数人在享受着美好生活，却让无辜者承担他们过度消耗带来的恶果：只占世界人口的20%，却在消耗着全球2/3的金属和3/4的能源。他们毒化了海洋和河流，污染了空气，洞穿了臭氧层，他们使空气中充满了改变气候的气体，并带来一些我们现在正在遭受的灾难。①这就是我们现在气候变化领域的现状，显然是不公平的。要把它建设为一个公平的社会，我们认为在应对气候变化领域，根本的办法是控制和减少温室气体排放，而非发达国家所设定的碳排放交易。要减少排放同时又不影响各国的经济发展，解决的最终路径依赖应对气候变化技术。多数发展中国家，特别是最不发达国家，无力研发自己的应对气候变化技术，故通过技术转让制度获得这些技术就十分关键。而且从人类资源节约的角度看，也没有必要要求任何国家都进行原创性的技术开发，分享和扩散应对气候变化技术是人类解决气候变化的理想出路。有学者提出提高国际技术转让最为重要且易于实行的措施是尽快把那些进入公有领域或接近产品周期末

① Fidel Castro, Tomorrow will be too late, Fidel Castro at Earth Summit, June 24, 1992 http://www.greenleft.org.au/node/3551.

端但仍有用的技术信息尽可能地让发展中国家能够获得。如在联合国贸易发展会议(UNCTAD)网站上的"clearance site"可以公布。另外一个对南北双方均有利的形式是开放源趋势,这在软件领域已经实行,看可否推行到其他技术领域,尤其是应对气候变化技术领域。南南贸易的增加也会加速技术转让,因为它们可以发现什么样的技术已经成功吸收,以减少不确定性和成本,同时也降低对发达国家的依赖,减少对发达国家技术需求总量,进而根据经济学理论,降低技术价格。跨国公司也应该意识到国际技术转让也能够给其带来潜在收益,不要低估在最不发达国家投资带来的价值,不要忽略它们的市场。这些地区的恰当投资,长期地看,会让双方而非单方受益。我们并不主张上述各技术转让是无代价的,但它们应在合理公平的价格基础上进行。如此,它们将是一种可以考虑的现实且理性的做法。然而,要从根本上解决以上问题,建立一种稳定、可预测的法律制度,才是长久、可靠的。

(一)政企合作作为先导

政府和企业的合作是解决气候变化问题的关键,尤其是在发达国家,这一点尤为突出。发展中国家由于政治体制、经济发展水平、文化传统因素等原因,政府在日常的生活中起主导作用,一般企业依赖于政府的支持,反过来,它们与政府的合作也较为容易。而发达国家,如第一章所述,往往是企业主导政府。因此,政府在国际条约中的承诺,常很大程度上依赖于企业自身的主动行为。为此,在发达国家,这一问题显得尤为突出:发达国家的技术主要是掌握在私营企业的手里,政府应该通过立法或政策引导和支持来促进企业转让技术以帮助政府履行公约里规定的义务。所以这就需要各自很好地发挥各自的作用。这是我们探讨完善国际应对气候变化技术转让法律制度的核心和关键之所在。这种合作可以贯穿于应对气候变化的短期和长期法律措施中。当应对气候变化的技术转让政策法律与公司的利益联系起来时,跨国公司就可能会有技术转让的动力。如以生产消费品为主的保洁公司,当气候与消费者需求联系上且关系到产品开发时就会有动力;而以技术为主要产品的英特尔公司,则只有在气候与制造工艺联系上且关系到工程技术的时候才会去关注该问题。[①]为此，促进私营部门在应对气候变化国际技术转让的积极作用是本章所讨论的核心内容和关键所在。

（二）促进技术转让的激励机制

D.J.蒂斯（D.J.Teece）认为每个国家的经济增长都不可避免地（inextricably）与成功的技术转让密切相连。[②]他主要从经济学的角度分析，集中于转让成本，其理论是肯尼斯·J.阿罗（Kenneth J.Arrow）观点的延续，即信息转移成本是影响国际技术转让的基本特质。[③]他还论及与国际技术转让障碍相关的基本问题，如与东道国研发相关的吸收问题、基础设施、技术转让的形式和技术适宜性（与引进国的技术发展水平相吻合）等等；其成本分析还识别出其他因素。其结论是：国际技术转让是一个相当复杂的事情，要成功需要一系列的基础，包括研发和双方的实践（合作）；要求转让技术的资源（resources）是无比巨大的，而成本在不同领域差别也是很大的。然而，我们认为，技术转让未能收到预期效果的一个重要原因是：对现有的国际转让规定没有很好地实施，对此应该加强。

发展中国家认为技术转让最大的障碍是经济和市场壁垒，特别是缺乏资金。缔约国解决这些障碍的措施包括，增加外来投资；提高私营部门在技术转让中的参与；引入支持政策和法律；促进技术的联合研究和开发；以及提高公众意识。[④]气候技术中心和网络涵盖国家、地区、部门以及国际技术中心、网络、组织和倡议，包括与减缓和适应有关的所有部门。它将为政府在技术转让方面提供实际援助和培训。它也能开发工具和政策，促进公共—私人关系的建立以加快环境技术的创新和传播，激励合作研究和开发。其中如何使

---

① J.Howard-Grenville etc., The Importance of Cultural Framing to the Success of Social Initiatives in Business, *Academy of Management Executive*, Vol. 17 No. 2, 2003, pp.70—84.

② D.J.Teece, Technology Transfer by Multinational Firms: The Resource Cost of Transferring Technological Know-How, *The Economic Journal*, Vol.87, No.346, Jun., 1977, p.242, pp.242—261.

③ Kenneth J.Arrow, Classificatory Notes on the Production and Transmission of Technological Knowledge, *American Economic Review*, Vol.59 No.2, 1969, pp.29—35.

④ 颜昕：《气候变化知多少之四：应对气候变化的技术革命》，《中国气象报》2010年11月18日。

私人积极参与到技术转让中并通过合理条款转让技术是解决问题的关键。

与贸易相关的协议和环境协议中均有国际技术转让的规定，也都对缔约方有约束力。其中，前者还有争端解决机制，可迫使各方遵守协议，但与贸易协议有关的技术转让在WTO下并无一个案例；而在环境保护的技术转让领域则无具体明确的制裁不履行义务的机制或有效措施。后者虽允许模仿创新范式，反对统一模式，以避免阻碍技术转让，但没有具体的争端解决机制，则使有关规定的法律效力大打折扣。亚洲四小龙①及四小虎②的大发展多是在规避国际规范和规则（WTO和TRIPs协议形成的）前提下完成的；而在20世纪90年代后，跨国公司为限制可能的技术溢出和扩散而对国际技术转让施加了越来越严重的影响，此后发展中国家或地区获得技术发展的速度再也没有出现过什么奇迹。

（三）发达国家是主要承担者

不论历史地看还是现实地看，美国等发达国家对今天气候变化的结果都要承担主要责任。如美国6%的人口排出25%左右的温室气体（这还不将其在中国、印度等国加工生产但最终出口并为美国

① 从20世纪60年代开始，亚洲的中国香港和台湾地区、新加坡及韩国推行出口导向型战略，重点发展劳动密集型的加工产业，在20—30年内较短时间内实现了经济的腾飞。所谓“东亚模式”引起全世界关注，它们也因此被称为亚洲“四小龙”。这四个成功发展，位于东亚和东南亚的国家或地区，其极为成功的经济发展过程和经验是发展经济学研究的典型例子。它们利用西方发达国家向发展中国家转移劳动密集型产业的机会，吸引外国大量的资金和技术，迅速走上发展道路，也成为东亚和东南亚地区的经济火车头之一，目前国际社会普遍皆视亚洲“四小龙”的韩国、新加坡为发达国家，中国台湾、中国香港为发达地区。参见亚洲“四小龙”，at：baike.baidu.com/view/34240.htm。

② 亚洲“四小虎”是指泰国、马来西亚、印尼和菲律宾四国。这四个国家的经济在20世纪90年代都像20世纪80年代的亚洲“四小龙”一样突飞猛进，因而为名。可惜的是，随着1997年亚洲金融风暴的打击，这“四小虎”未能像“四小龙”一样打稳经济基础，泰国、印尼和菲律宾欠下国际货币基金会的一大笔债务，马来西亚则实施多项硬性保护国家金融体系的货币管制条例，并在种族问题方面有不平等政策，遂开始固步自封，此后经济发展长期处于低迷状态，被郎咸平称为“四小虎”死了。参见亚洲“四小虎”，at：baike.baidu.com/view/250855.htm，及郎咸平：《亚洲“四小虎”死了　“四小龙”死了2只半》，《经理人》2009年3月12日。

市场所用的商品排出的庞大数量在内)。①它们理应在应对气候变化方面承担更多责任,且不仅仅限于减排,更主要的是,还应包括应对气候变化技术转让等义务的履行。这些义务,它们已经在有关国际条约中加以承诺,并且国内法中也有相关的法律规定,关键在于如何实施与执行。

当今世界上种族屠杀行为和战争减少了很多,但在我们这个星球上,每分钟、每小时和每天都有很多人因为饥饿和贫穷而丧失生命;②每年有成百万的第三世界国家的男女老幼失去了他们的生命,比两次世界大战的任何一次都要多。③这种可怕的后果与气候变化有着一定的联系。气候变化引发了多种灾难和疾病,这些已是不争的事实。而人类实际上已经拥有一定的应对气候变化技术,并且有相应的技术转让国际法规范,尽管它们较为原则,但如果它们能够得到真正的实施,让更多的穷国走上可持续发展之路,则这些死亡会减少很多。主流环境主义者将它们应对气候变化的希望寄托在资本主义可以被"绿色化"之信念上,通过政府的政策或新技术来实现。但他们忽略了资本主义建立在增长和污染基础上这一现实。绿色资本主义与资本主义本身就存在冲突。④按照这种观点,推翻资本主义才是根本之路,但目前看来又不太现实。当今气候变化带来的消极作用,又等不到推翻资本主义那一天的情形下,在现有框架下变革,加强有关规定的实施,也许更为有用。

马克思说过,哲学家只通过不同方法解释世界,而问题是改造世界。言外之意:我们改造世界远比认识和解释世界更为根本,同时在改造世界的过程中也能加强对世界认识和理解。在前文理论铺垫和实证分析的基础上,本节认为促进技术转让领域建立或完善相应的法律制度可能较为容易,这一点实质上就如同解释和认知技

---

① Lan Angus, The Global Fight for Climate Change, *Resistance Books*, 2009, p.191.

② 卡斯特罗语,转自 Lan Angus, The Global Fight for Climate Change, *Resistance Books*, 2009, p.31。

③ Fidel Castro, Tomorrow Will Be Too Late, *Fidel Castro at Earth Summit*, June 24, 1992 http://www.greenleft.org.au/node/3551.

④ Lan Angus, The Global Fight for Climate Change, *Resistance Books*, 2009, p.88.

术转让领域的规律，即认识技术转让世界（认识规律并将规律反映到法律层面，是立法的最高境界）——找到存在的问题及其原因并制定规则，但要真正改造技术转让领域在实践中存在不尽如人意的地方并切实有效地实施这些规定，促进技术顺畅转让，即改造技术转让的世界，则并非易事，而这恰恰是最重要的。

二、促进私营部门积极参与应对气候变化技术转让的可能性

（一）国家特定的职能使其在促进私营部门积极参与应对气候变化的技术转让方面具有可能性

国家的职能分对内、对外职能。其中对内职能主要有政治职能、经济职能、文化职能和社会职能，而涉及应对气候变化的技术转让主要应该与国家的经济职能和社会职能有关。经济职能即组织经济建设的职能，其根本任务是进行现代化建设，以经济建设为中心，大力发展社会生产力，不断满足人民日益增长的物质和文化生活的需要。在社会主义市场经济的条件下，国家的经济职能主要是进行经济调节、市场监管、社会管理和公共服务。社会职能，即为国家发展创造良好的社会环境和自然环境的职能，包括搞好社会治安、保护公共财物、建立和健全社会保障制度、兴办公共工程、保护环境等。

因此，从国家职能及全球相互联系的角度说，作为地球上所有的国家有义务积极努力地来寻求共同应对气候变化的合作和策略。但由于经济实力、教育程度及技术水平及气候变化形成等历史因素（如现有的发达的资本主义国家对当今气候变化的确负有重大责任等），各国遵循“共同但有区别责任”原则来履行各自的义务是合理的。虽然“资本主义制度面对的一个严峻挑战是：我们需要什么来拯救地球”①这一观点将资本主义国家视为应对气候变化的唯一担当者，这看起来似乎有点不妥，但从“在应对气候变化技术转让领域，这些国家掌握了大量的技术而不应与落后国家分享”角度看，这一观点有其合理的成分。

---

① Lan Angus, The Global Fight for Climate Change, *Resistance Books*, 2009, p.184.

有学者认为,在技术领域,三个问题应该要突出强调:主要排放国在重大行动方面形成一致看法,认识到不同规模、范围采取不同的技术战略会不同;考虑到最不发达国的特殊需求和脆弱性,给予技术转让方面的资金支持;具体指向清洁低碳技术的自愿承诺和合作。①这段话体现了该学者对排放大国在技术转让方面的共识、资金和合作的重视。而在我们看来,共识应该已经形成,关键是资金与合作问题,它们之间分歧较大,技术来源(技术提供方)及支持技术转让和应用的资金来源一直没有从根本上解决。②

(二)促进私营部门技术转让的已有实践

要解决它们,就应重视并发挥市场和私营部门在技术转让中的作用。一般认为外商直接投资(FDI)是实践有关技术转让领域国际规定的重要表现,也是发挥私营部门作用的主要渠道。对东道国而言是件好事,故不论其采取何种形式,东道国应接受任何流进的资本。③世界银行及其附属机构也认为:与其他渠道相比,FDI对国际技术转让做出了核心贡献,贸易和FDI对促进发展中国家的经济发展十分关键,因为它们刺激了国际技术扩散。④不过,任何一国都应根据自己的能力全面考虑每一个流向它的FDI项目。尽管FDI被一些学者认为是国际技术转让基石的原则之一,⑤但未必最有利于东道国。或者说,外商直接投资可以促进技术转让,但事实并非

---

① Friedrich Soltau, *Fairness in International Climate Change Law and Policy*, Cambridge University, 2009, pp.226—227.

② 尽管哥本哈根会议通过的《哥本哈根协定》对资金问题提出了框架性建议及坎昆会议后形成的技术机制对技术转让合作设置了更好的运作模式,但它们仍是停留在“自愿性”阶段,尚未上升为国际协定的规定,实际运作起来,问题重重。

③ See Aaditya Mattoo & Marcelo Olarreaga & Kamal Saggi, “Mode of Foreign Entry, Technology Transfer, and FDI Policy”, *Journal of Development Economics*, Elsevier, Vol.75 No.1, 2004, pp.95—111.

④ Bernard M.Hoekman, Global Integration and Technology Transfer, Palgrave Macmillan and the World Bank, 2006, p.xi.

⑤ See Aaditya Mattoo & Marcelo Olarreaga & Kamal Saggi, “Mode of Foreign Entry, Technology Transfer, and FDI Policy”, *Journal of Development Economics*, Elsevier, Vol.75 No.1, 2004, pp.95—111. and Tang yi Shin, *International trade policy for tech transfer: Legal and economic dilemmas on Multilateralism v. Bilateralism*, Wolters Kluwer law &Business, 2009.

总是如此。如在马来西亚，日本跨国公司投资很多，但技术扩散或溢出较少有或几乎没有记录。20 世纪 60 年代，日本的电子企业就开始进军马来西亚，建立本地的合资企业，为本地市场供货，还建立了限制本地合伙的出口导向型公司。这两种合资企业由日本投资者控制，横向或纵向的技术溢出都非常有限。马来西亚政府尝试纠正这些不当做法，实施有关政策阻止劳动密集型产业的投资而促进技术密集型产业。但是近年来，尽管在研发投入和技术升级方面有较大提高，但仍受限于日本人的紧密防护，管理层几乎都是日本人。结果是由于跨国公司的政策和行为，几乎没有溢出或扩散的效果。到 90 年代中期，马来西亚的电子产业知识和技术依然十分有限。这可以看作是一种变相的技术转让障碍。①

在技术转让领域，发展中国家成功的技术转让实施例子也有，其中也多与 FDI 相关。2003 年《成功的全球经济一体化的技术转让》给出三个典型的例子：巴西的飞机制造业，印度的制药业和南非的汽车制造业。发展中国家通过技术转让可以获得自己的竞争优势，参与全球经济竞争。根据国情不同，决定自己技术发展路径（各国有相同点也有不同点）。它们挑战或藐视传统贸易理论，引进外来思想和技术，一般是忽视或规避知识产权，走模仿到创新之路。政府政策演进很务实，根据自己的发展水平逐渐开放自己的市场。印度：70 年代晚期，改革药品政策以培育强大的药品产业；通过本地研发和鼓励满足本地市场的国内生产来夯实产业基础；其调整许可的专利法和专利法细则鼓励反向工程：前者限于方法专利，且专利保护期限最长不超过 7 年，后者支持大批量生产药品而非药品公式，1978 年调整后者，允许生产且限制外国公司在印度经营。南非：政府政策要求在本地生产的汽车需要有很大比例的本地内容（成分）；它集中于 FDI，由于政府政策，技术在南非广为扩散，人力资本和组织发展很快。政府干预、幼稚产业保护和私营部门激励倡议等为促进技术扩散创造了好的环境。

① Franco Praussello, Country Case Studies on Unequal Technology Transfer.pdf. tradein-services.mofcom.gov.cn/…/1219037376938_46305.

（三）发展中国家对于技术环境的构建

技术进步一般是一个台阶一个台阶地向前迈进。根据技术阶梯理论，世界各国根据其技术能力的水平常处于技术阶梯的不同层级，排序越低，技术越不先进。为了进步，技术后进国向楼梯上爬，一次一个台阶，一般实现成功的跨越式发展较为困难。但根据技术的不同类型，也许可以采取不同的攀梯方式，①有时可以省略几个步骤（如技术原创、适应和出口等）。②多数学者认为：技术发展需要基础积累、掌握消化和不断深化巩固，在迈向一个更为先进的技术前，先要掌握基础的成分，③依赖不同类型技术，如先进半导体生产和农业基础技术等，如何转让将决定着在技术阶梯上有无可能跨越一个或几个阶梯。在技术阶梯上迈进，需要相应的能力来吸收消化技术；如无，国际技术转让会失败，东道国也会一无所得。转让和扩散区别在此十分重要，扩散无疑最有价值。能力是技术转让必须攻克的主要障碍。发展中国家产业的成功根本上依赖于企业如何管理掌握、改进适应现有技术和对其提升的进程。④涉及这一障碍的基本问题是教育，当然看上去还有其他很多因素，如人力资本及掌握技能的人力资源，对跨国公司和其他人而言，这比投资环境更有吸引力。⑤实际上，后面这一因素与教育也密切相关。因此，国民教育水平越高意味着获取技术转让成功的几率就越大：会选择适当的技术引进，吸收容易提升机会大，减少国际技术转让障碍，促使有关规定的有效实施。

技术受方的技术能力十分重要，它不仅对国际技术转让某一个

---

① Marcel P.Timmer, Climbing the Technology Ladder Too Fast? New Evidence on Comparative Productivity Performance in Asian Manufacturing, *Journal of the Japanese and International Economies*, Vol.16 No.1, Mar 2002, pp.50—72.

② Vandana Chandra, Technology, Adaption and Exports, pp.1—49, http://siteresources.worldbank.org/INTEXPCOMNET/Resources/Chandra_2006.pdf.

③ See Sanjaya Lall and Shujiro Urata, *Competitiveness, FDI and technological activity in East Asia*, Edward Elgar, 2003, p.60.

④ Sanjaya Lall, Reinventing Industrial Strategy: the role of Government Policy in Building Industrial Competitiveness, Geneva. UN Publication, 2004, p.11.

⑤ Michael Porter, *On competition*, Harvard Business School press, 1st edition, 1988, pp.155—196.

行为的完成重要，对决定一国的技术阶梯等级及其迁升也很有意义。它是技术扩散的基础。经验数据表明，发展中国家的工业化和技术表现与该国有效运用技术的能力直接相关。①能力不足将成倍增加其国际技术转让的障碍或难度，进而影响有关规定的实施。公私机构的网络可以提高能力，能力可能是 ITT 成功的唯一方法。很多实例证明：公私机构合作在特定领域加强研发，否则只有失败。②由于技术含有很多隐性知识，最终用户需要有能力理解它们，故投资必须提升技能、技巧和方法（processors）。③然而，成本和风险是难以预测的，在不同背景下能力形成过程也是不同的，它们也是国际技术转让的成本部分，甚至是很大的部分。

溢出对技术扩散到东道国至关重要，④但跨国公司并不感兴趣，因为它们的目标是利益最大化而不需补偿。它们试图从多个角度对自己的技术转让行为或目的进行解释，施加影响：通过多边或双边的协定或条约反映自己的意志。这些行为包括游说政府并自己直接参与创制国际条约。如美国的创新雇佣和发展联盟（Coalition for Innovation, employment and development）就是其国内的一个游说集团，集中于知识产权议题，由美国商会和其他行业协会、公司和机构组成；保护知识产权的 TRIPs 协议的构建结果就是该组织通过法律渠道扩散的。有些跨国公司通过国家层面有选择地限制 FDI，什么样的投资可弥补自己经济的不足或符合自己发展战略，这样就有可能限制了与 FDI 相关的技术质量。限制技术质量的 FDI 违反了国际条约有关适用最好技术的约定，如《臭氧层蒙特利尔议定书》第 9.1a 项、《框架公约》、《京都议定书》、《21 世纪议程》第 34 章等的规定。一国（主要是发展中国家）更可能从低水平

---

① Mammo Muchie and Angathevar Baskaran, *The National Technology System Framework: Sanjay Lall's Contribution to Appreciative Theory*, 2009, http://dcsh.xoc.uam.mx/eii/globelicswp/wp0901.pdf.

②③ Sanjaya Lall, *Reinventing Industrial Strategy: The Role of Government Policy in Building Industrial Competitiveness*, No.28, April 2004, http://www.g24.org/Publications/Dpseries/28.pdf.

④ Werner Smolnv, Endogenous Innovations and Knowledge Spillover, Physica-Verlag HD, 2000, pp.35—38.

技术转让中获益，因为它们可以提高自己的基础服务，①而这几乎无实质的高水平的技术转让。目前的现实是：FDI 没有流向发展中国家而是流向了发达国家，跨国公司只是选择那些能给它们带来丰厚回报的地区。②这会大大影响有关国际技术转让规定的实施。

三、促进私营部门积极参与应对气候变化技术转让的理性要求

（一）贸易自由与技术转让的关系

贸易是最有争议的问题之一。逻辑上说，它是国际技术转让最简单和最有效率的模式，多数学者认为它是有益的。提倡贸易自由，特别是与 WTO、世界银行和联合国联系起来的时候。贸易是每一个国家的重要部分，③还需考虑到资本与消费物品、产品周期。为了限制国际技术转让障碍，一国贸易开放到何种程度取决于一国本身及其发展水平，决定开放度时，为确保获得最大利益，必须考虑到多种变量。贸易较为复杂，对国际技术转让的影响如何需大量实证数据的分析。总体上，贸易越开放，就越依赖于进口技术；越封闭，技术升级就越慢。而现有的 WTO 等规则实际上是鼓励成员方开放贸易，其关键还是在于如何有效实施这些规定，确实做到让各国，尤其是发展中国家，从开放贸易中获得自己所要的技术、物品，进而提高技术水平，保障本国人民的福利。

以贸易和其他渠道形式进行国际技术转让，跨国公司将国际技术转让解释为零售商—消费者关系，以钱来换取物品、服务和知识。这种误解阻碍了国际技术转让，最终也不利于跨国公司，因为它将流动看作是单向的并低估了整个过程中可能产生的互益双向的价值。产品扩散对跨国公司有潜在利益，如开放源软件运用在计算机和手机商业模式领域取得的成绩就是一例：产品、服务和知识随着

---

① Bernard M.Hoekman & Keith E.Maskus & Kamal Saggi, "Transfer of technology to developing countries: Unilateral and multilateral policy options", *World Development*, Elsevier, Vol.33 No.10, pp.1587—1602.

② Yi Shin Tang, *International trade policy for tech transfer: Legal and economic dilemmas on Multilateralism v. Bilateralism*, Wolters Kluwer law &Business, 2009, pp.5—9.

③ See Global integration and tt, 2006; Chang Ha Hoon, *Rethinking Development Economics*, 2003, Anthem Press, 1st edition.

用户的反馈而不断进步，在开放源模式中，用户可以直接对技术、产品发展做出积极贡献。就此而言，与为开发和适用新技术而投入大量研发费用相比，对跨国公司有潜在利益。最不发达国家通过他们吸收和适应等扩散过程对任何一个技术均可提供低技术和低成本解决方案，如非洲和印度手机产业，它们的低成本模式正在发达国家运用。[①]另一例子是"一个孩子一个手提电脑运动"[②]对设计低成本电脑制造战略做出了贡献，进而在发达国家开启了全新的"笔记本电脑"现象，把像华硕(ASUS)这样的公司[③]快速地送到全球五大计算机制造商的行列。跨国公司现在应当意识到通过国际技术转让能收获潜在的收益，而不应仅仅将其看作是一个单向的流动关系。上述渠道对国际技术转让或多或少地有障碍作用，跨国公司利益最大化的追求让它们保护自己的投资甚于发展。它们在权衡向哪一国投资、以何方式进行等，在一定程度上会阻碍国际技术转让，进而对有关规定的实施会造成一定的消极影响。

另外一个与国际技术转让相关的重要概念是路径依赖。[④]它预示着国家经济发展道路，特别是与碳产业相关的领域，引进与使用的技术周期较长。如火力发电厂技术的引进，其周期至少 50 年，一旦引进了某国技术，就对其有依赖，如果半途再换其他技术，成本太高。所以，它限制了一国发展的路径，这对一国的国际技术转让也构成了障碍。[⑤]一国根据自己的能力来决定引进适当技术，不能好高骛远，如由于自己的教育水平、工人技能和素质等诸多因素决定其只能引进某一阶梯的技术。这就强烈要求本地研发不仅须表明适于本地区的技术创新问题还要说明适于吸收外来技术的情况。[⑥]

---

① Tom Stangage, Mobile Marvels. *The Economist*, Sept.24, 2009.

② *One Laptop per Child*, http://laptop.org/en/participate/index.shtml.

③ 华硕电脑股份有限公司创立于 1989 年，为全球最大的主板制造商，并跻身全球前三大消费性笔记本电脑品牌。参见"ASUS 的由来"，www.asus.com.cn/About_ASUS/Origin_of_the_Name_ASUS/。

④ Gerhard Fuchs, Philip Shapira, *Rethinking Regional Innovation and Change: Path Dependency or Regional Breakthrough*, 2004.

⑤ Arnaud Brohé, Nick Eyre, Nicholas Howarth, *Carbon Markets: an International Business Guide*, Earthscan publications ltd., 2009, pp.38—43.

⑥ Carlos Correa, IP in LDCs: Strategies for Enhancing TT and dissemination. UNCTAD, 2007.

技术阶梯包含了很多对国际技术转让十分根本的诸多因素，一国能在阶梯上进步越高，其国际技术转让的障碍就越少。上述这些现象都会在一定层面影响技术转让规定的实施。

（二）各国采取有效措施促进技术转让是应对气候变化的必然逻辑和理性要求

理论上，最不发达国家从国际技术转让中可能获益最多，它们需积极主动采取措施，如贸易政策、税收、投资法律等的构建应该有利于促进国际技术转让并维护自己的发展战略。但这只是促进国际技术转让活动过程的一半，即营造有利投资环境。更为重要的另一半是与能力——消化吸收再创新的能力——相关的要素，特别是本地研发、技术工人和教育水平，因为这些将最终决定是否还有技术扩散，这是技术转让最为根本的内容。发达国家需要调整其国内法律法规，特别是税法，以鼓励技术出口自由化，支持并鼓励其国内私营部门转让技术给发展中国家或最不发达国家。最为重要的是发达国家应该游说国际组织或机制调整它们对最不发达国家的政策，在有关条约如 TRIPs 协议中对涉及国际技术转让领域问题的，给予它们采取更为灵活的机制的权利。跨国公司成立的目的简单，即利润最大化，①这没错，但应该有所限制、有所节制。在涉及最不发达国家发展时，其最终利润目标到底在哪里？如何履行自己所在国家的国际义务、承担社会责任等也应包含在自己经营活动中，以利于国际技术转让规定的真正实施。

各国在税收法律制度方面，可以落实本国已经制定的优惠制度和措施。如果尚无或不够完善，可以进一步完善或制定。人们对自己消耗能源付出相应的公平代价，可以有助于推动绿色、环保可持续的经济发展，故它们应成为相应政策制定的中心。财政工具可以帮助解决今天最重要的两个问题：(1) 在提高亟须的财政收入方面可以起到关键作用。如在美国，每排放一吨二氧化碳收 25 美元的碳税——即一加仑石油加价 25 美分——能够使 GDP 增加约 1%，

① 准确地说是股东意图利润最大化。参见 Robert W. Hamilton, *the Law of Corporations: in a nutshell*, West Publishing Company, 5th edition, 2000。

或10年左右增加收入1万亿美元。2011年IMF—世界银行G20国报告指出，对国际航空和海事排放收费的话，能满足发达国家所承诺的到2020年，年捐助应对气候变化的1 000亿美元的四分之一之要求。（2）到目前为止，适当的财政目标工具是在各个经济部门减少环境伤害可探索机会的最为有效的路径。环境税同时可以大大刺激私人部门对清洁技术的开发和使用——比如在能源效率和可再生能源方面的投资等。大量的实践已经证明了这一点。①作为实施有关国际规定的一部分，如果有关国家能够制定、通过和有效实施环境税法，则可能会在一定范围内控制温室气体减排，从而有助于《框架公约》目标的实现。

技术转让的受方一般是发展中国家处于弱势地位的企业，它们需要得到本国政府的帮助，特别是技术转让法律制度安排方面。早在70年代末，WIPO许可指南中指出：制定一个清晰的，涉及范围、内容、法律效果等技术转让法律框架不仅对技术受方在技术谈判和签订合同中是不可缺少的，而且对政府官员在本国企业谈判、草拟合同文本或监管控制等方面提供建议时也有着重要意义。②因此，发展中国家制定适当的技术转让法律框架是非常重要的。立法的形式可以是独立技术转让法，也可以是融合到有关知识产权法中，各国可以根据自己的国情加以规定。其中核心是对技术受方获取外国技术受到不正当限制的规范，即控制限制性商业惯例的使用。③这些建议在今天依然有着较强的价值。同时，引进技术必须是符合本国经济发展需求并利于环境保护和气候变化等。

此外，对于哥本哈根协定等规定的发达国家在资金方面努力的承诺，到目前为止，并未真正有效地得到实施，如何通过一整套实施规则来推动这些承诺变成现实，也是国际社会急需解决的难题。

其他方面，发展中国家可以向有关国际相关机构提出其发展经济方面的清洁技术需求清单，发达国家等可以提供该方面的供给清

---

① Min Zhu, Paying the Price for the Future We Want, iMFdirect, June 19, 2012, http://blog-imfdirect.imf.org/2012/06/19/paying-the-price-for-the-future-we-want/.

② WIPO, Licensing Guide for Developing Countries, 1977, p.25.

③ Ibid., pp.131—134.

单,通过一个技术信息平台,为各方找到合作的契机和桥梁,而不是封锁有关技术信息。发达国家应该解除对环境友好技术的出口限制等。①为出口气候有益技术的发达国家企业提供税收豁免或补贴;为与气候有益技术相关出口信贷提供优惠条件,如贸易担保、出口补贴等;提供补贴激励应对气候变化技术的开发与转让;鼓励发达国家企业与发展中国家企业进行技术联合开发。②碳密度的进一步下降在技术上是可行的,但需要各方共同努力。③如果没有相应的激励法律制度和政策,可能不会有大规模的新技术供给(研发和转让)。政府一般只能制定相关的法律政策引导和激励私人主体进行技术研发和转让,让它们根据现有的机会、成本、风险及未来的机会、成本、风险和利益等的预测,来最终发展和部署能源技术的研发等。鼓励私企积极参与对发展中国家的技术转让,促进国际技术转让与合作深入发展。发展中国家政府可通过消除各种障碍来改善技术转让环境,鼓励发达国家企业和研发机构参与国际技术转让与合作,包括完善政策法规、保护知识产权、为私营部门的技术转让提供便利等,促进私营部门的技术向发展中国家转移。④

技术转让是已经"死去"多年的建立国际经济新秩序之诉求的一项根本内容。在应对气候变化方面,这一点依然十分突出。探讨现今条件下应对气候变化技术国际转让法律制度的完善,将为有效促进应对气候变化的技术转让顺畅进行贡献出绵薄之力。

第二节 国际层面促进私营部门积极参与应对气候变化技术转让法律制度完善的路径

一、完善现有多边环境友好技术国际转让规定

国际技术扩散可以通过多种渠道进行。首先是货物和服务贸

---

①④ 参见张建平:《气候变化谈判框架下的国际技术转让机制研究》,《国际贸易》2010年第5期。

② 邹骥、王克、傅莎等著:《环境有益技术开发与转让国际合作创新机制研究》,经济科学出版社2009年版,第19页。

③ [美]安德鲁·德勒斯等:《气候变化:科学还是政治》,李淑琴等译,中国环境科学出版社2012年版,第121页。

易。所有的贸易都承载着一些传播技术信息的可能。通过在生产过程中运用进口的资本物品和技术投入可以直接提高生产力。反过来,通过出口给有技术知识的买方,公司也可以学到相关技术,分享它们的产品设计及生产技能等。其次是外商直接投资(FDI)或项目具体的合资企业。跨国公司通常会转让技术信息给它们的子公司,从而直接影响这些工厂的生产。另外,相关的知识也可以“泄露”给东道国。在贸易和FDI中,技术可能通过演示效果、人员流动、相互输入供应商或反向工程等方式,从国际上获得该技术的公司扩散至同行业或地区的其他公司。再次是通过技术购买或许可的直接的知识贸易。这种形式可以在公司内(如母公司与子公司之间)、合资企业间或彼此无关联的公司间发生;它与FDI经常是相互替代,但也有可能是相互补充。它可能要收取知识产权许可费用,至于技术所有人倾向于采取何种方式,则取决于多种因素,包括知识产权的优势等。①对此,我们可以先从与这些贸易相关的制度入手,完善相关规定。

(一)完善相关的国际知识产权制度,为应对气候变化技术转让创造基础性条件

1. 概述

知识产权制度的直接目的在于促进技术转让,终极目的是提高人民生活福利。为此,我们可以先从现有知识产权制度的完善着手。知识或技术的获取与扩散对经济发展而言非常重要,因为新技术、新机器和新的生产方法的采用是生产增长的关键性决定因素。考虑到多数研发和创新在高收入的国家完成,多数发展中国家必须在很大程度上依赖于作为新生产知识源头的进口技术。这便需要相应的知识产权制度来保障和促进技术所有人转让技术的积极性,以为发展中国家的技术进口创造条件。然而,非常“高”水平的保护在科技基础设施高度发达完备的国家可能利于公共利益,但这并不意味着同样的保护水平在所有发展中国家都适合。②发展中国家

① Bernard Hoekman, Beata Smarzynska Javorcik, Global Integration and Technology Transfer, the World Bank and Palgrave Macmillan, 2006, p.2.

② *Integrating Intellectual Property Rights and Development Policy*, *Report of the Commission on Intellectual Property Rights*, London September 2002, p.8, http://www.iprcommission.org/graphic/documents/final_report.htm.

必须寻求到相应知识产权保护水平的制度，既利于引进技术，又利于通过制度促使本国引进技术的企业提高自身自主研发能力。因为引进技术并不意味着发展中国家不进行研发；基于对全球知识储量的贡献，这些国家已经发生了大量的后续创新和技术适应活动；[①]但目前这些国家做得还远远不够，它们还需要借助于现有完善的国际知识产权制度及相应的国内法律制度来进一步获得技术引进后创新能力的提升。

2. 知识产权制度是促进还是阻碍技术转让的争议

《京都议定书》的生效、巴厘岛线路图、《哥本哈根协定》、《坎昆协议》与《巴黎气候协议》等，引起了人们对知识产权保护与环境友好技术转让的思考：有关环境友好技术的专利或专有技术等可否采取有别于其他知识产权保护的措施？《京都议定书》虽然将《21世纪议程》及有关环境保护宣言中的技术转让内容具体落实到有法律效力的条约中，但与 WTO 下的《与贸易有关的知识产权协议》（TRIPs 协议）相比，其本身的"软法"性质更为突出，无具体的制裁机构和机制，对不履行义务方无有效的手段迫使其履行义务，这无疑会使其效率大为降低。技术转让涉及各方面的利益，人们思维中的知识产权保护会占主导地位：利益是现实的，而气候变化对个人的影响是遥远的；故技术所有人不会放弃自身利益。而根据 TRIPs 协议规定，知识产权是私权利，作为知识产权重要内容之一的技术权利同样是私权利，掌握在跨国公司等私人手中，如无相关法律规定政府不能直接进行干预。目前国家对技术转让的干预主要有两方面：对技术进出口进行管制及对企业技术进出口合同内容的某些方面进行适当干预。对发展中国家而言，由于本国企业谈判能力的弱小和可用的筹码不多，又多数无反垄断法，政府对具体合同的干预不可避免；但这又成为发达国家政府或企业不转让技术的最有力的借口。因此，TRIPs 协议应当作出适当调整，对涉及无害环境的技术，应采取一些不同于一般技术的法律制度，在受益者对技术所

---

① Bernard Hoekman, Beata Smarzynska Javorcik, Global Integration and Technology Transfer, the World Bank and Palgrave Macmillan, 2006, p.1.

有人给予适当对价的前提下，可采取贸易制度下的强制使用策略，以促使环境友好技术的转让；或建立环境友好技术公共知识产权平台，通过一套公平合理的制度，让更多国家分享此类技术成果。

2009年10月时任印度总理辛格在新德里召开的联合国组织的“应对气候变化技术开发与转让高级别研讨会”上指出，气候友好型技术应被视为全球公共产品，应找到适合的机制激励有关新技术的研发，推动新技术以受方可负担的价格在发展中国家应用。[①]这一观点代表了众多发展中国家的态度：在承担合理价格的前提下，通过让发展中国家进入共有领域的技术平台来分享清洁技术，如光伏电池、生物能、风能发电机等，然后进行本地化研发，在本地获得应用；甚至通过后续研发创新，获得全球专利，如中国拥有大多数的太阳能电池技术的专利；[②]进而对全球温室气体减排做出贡献。但是，要把这种一厢情愿的建议变成有拘束力的国际条约的内容十分艰难，要把它变成可执行的实际行动，更为艰难。然而另一方面，理论上，全球要实现减排目标不能只依赖于某一个特定的清洁技术，而是需要一系列清洁技术的组合。而各清洁技术部门之间和内部的竞争会降低知识产权许可成本，以致它们成为清洁技术产品成本的很小一部分；有学者研究认为，现实中，已经在一定程度上做到了这一点。[③]这似乎又验证了辛格的建议在一定程度上的可行性。毫无疑问，要做到这一点，需要全球各国的共同努力和分工合作。

有人认为，知识产权制度对向最不发达国家进行清洁技术转让不畅并不承担责任，因为仅仅提升知识产权保护水平并不能鼓励技术向这些市场转让。清洁技术转让不畅主要受限于不充分的专门技术知识、生产能力、本地吸收技术、不充分的市场规模以使本地生

---

① 中印强调技术转让是应对气候变化关键 http://www.gdrmw.com.cn/new/News_View.asp?NewsID=1820。

② Copenhagen Economics and the IPR Company, *Are IPR a Barrier to Transfer of Climate Change Technology*? Report to Directorate of Trade, European Commission (the European Commission [DG Trade], 2009).

③ John H.Barton, *Intellectual Property and Access to Clean Energy Technologies in Developing Countries: An Analysis of Solar Photovoltic Cells, Biofuel, and Wind Technologies* (International Centre for Trade and Sustainable Development 2007).

产合理化、不充分的资源、获取创新产品的购买能力及有效技术转让和投资治理的缺乏。①为此,有学者建议《框架公约》下的知识产权协议的目标应该是:建立一个框架来管理知识产权,以促进清洁技术的扩散和使用;同时,提供一种必要的保证,允许成员方讨论气候变化中的知识产权问题并能够超越知识产权问题。②但根据目前联合国框架下讨论的主要议题的优先顺序来看,清洁能源技术方面的知识产权问题近期内不太可能会被提到议事日程上。此外,受共同利益驱动形成的专利池,容易违反反垄断法,限制创新;而强制许可由政府强行颁布,又不利于私人投资和创新;因此它们均不适用于应对气候变化的环境友好技术转让。③针对这一观点,有不少学者表示赞同。如辛西娅·坎娜迪(Cynthia Cannady)认为发展中国家获取技术的传统方法,如强制许可、专利联盟、专利数据库和结构性自愿许可等,不是解决问题的根本方法,根源在于它们是基于技术供方和受方之间的恩赐关系而建立的;④弗雷德里克·艾伯特(Frederick M.Abbott)认为强制许可不适用于清洁能源技术,理由是药品行业依赖于强专利保护而清洁能源技术则较少依赖;此外,在环境领域,知识产权给发展中国家带来的危险远小于公共健康领域。⑤对此,我们表示赞同:在当前形势下,要求通过强制许可协议来解决气候变化中的技术转让是不必要的。事实证明,与强制许可相关的国际贸易法已经被证明是相当悲观的,如 2005 年通过的 TRIPs 协议修正案,前后历经十多年才生效,说明对专利制度在理

---

① Keith Maskus, *Differentiated Intellectual Property Regimes for Environmental and Climate Technologies*, OECD Document ENV/EPOC/WPNEP (2009) 6. James Shepherd, The Future of Technology Transfer under Multilateral Environmental Agreements, Environmental Law Review 10547(2007).

②③ Thomas J.Bollyky, *Intellectual Property Rights and Climate Change: Principles for Innovation and Access to Low-Carbon Technology*, Dec., 2009, http://www.cgdev.org/files/1423378_file_IP_Climate_Change_FINAL.pdf.

④ Cynthia Cannady, *Access to Climate Change Technology by Developing Countries: A Practical Strategy*, ICTSD's Programme on IPRs and Sustainable Development, Issue Paper No.25, ICTSD, Geneva, Switzerland, 2009.

⑤ Frederick M.Abbott, *Innovation and Technology Transfer to Address Climate Change: Lessons from the Global Debate on Intellectual Property and Public Health*, ICTSD, Issue Paper No.24, 2009.

论上的期待与落实的需求是有差距的；更不用说，不论在其生效前后，在现实中发生的强制许可案例凤毛麟角，特别是发展中国家发生的案例几乎是零。虽然 TRIPs 协议规定了实施强制许可的条件和程序要求，但它没有规定标的物（技术主题）的限制内容；也就是说，它并没有将强制许可的使用范围限制于疾病治疗如艾滋病、疟疾、肺结核等方面的专利技术，成员方可以在它认为适当的时候，对任何技术领域包括清洁技术领域的专利实施强制许可，只要它按照 TRIPs 协议规定的条件和程序进行即可；这些条件和程序要求并不多，多数也没有进行界定。国家唯一明确的步骤是实施这样的许可时，国家必须与专利人进行谈判；但在国家紧急状态、公共非商业使用和有资格的司法机构断定有反竞争行为时，无需事先谈判。其他条件则是适用于许可自身的范围（非独占、不可转让及主要在颁布强制许可的国家使用）及国家必须给权利人支付相应补偿（适当且接受司法审查）。而要求广泛推行强制许可的多边协议在提高获取清洁技术方面可能会收益甚微，它们将会阻碍外商在新兴市场上（知识产权在这里可以支持此类技术转让）的直接投资和技术转让。而且，强制许可不可能强迫专有技术适应或使用清洁技术所必须的知识转让；而且在穷国，强制许可毫无用处，因为此类技术在那里根本没有申请专利，即使申请了，国内也没有这个能力来生产相关产品。但也有人认为上述观点都有合理的地方，是否这么绝对，需要进一步研究和探讨，以便于最终得出科学的结论。

3. 良性合理的知识产权制度有利于促进私营部门转让环境友好技术

国际技术转让的大量实践证明，过于宽泛的义务承诺难以真正得到实施。WTO 机制下相关贸易协定和多边环境保护条约中的发达国家向发展中国家转让技术的承诺难以实施，及它们在推动技术扩散和使用率及激励方面无所建树，①均是例子。其中最典型的就是 TRIPs 协议第 66.2 款规定的内容，它对穷国几乎无一点实际意

---

① Fredrick Abbot, *Innovation and TT to Address Climate Change: Lessons from the Global debate on IP and Sustainable Development*, Series Issue Paper 24, 2009.

义。由于各国市场发育程度、技术的性质及技术所处的生命周期的不同阶段、参与到价值链中的各企业及它们的目标及相互间的关系和涉及的国家等都会存在很大的不同,因此,任何单一的技术扩散创新或路径的结构都不可能满足在应对气候变化方面所有成员方的需求。应对气候变化的技术种类繁多;这些技术的使用同样会依据各国情况而有很大差异,发展中国家的需求也不可能保持静态的情况,且这些变量难以预测。这种情况下,如果对清洁技术采取强制的事前和使用中的特定技术分享安排会产生不良后果;而自愿的技术分享安排——开放许可方式、基于公共基金资助技术专利分享的专利联盟、资助购买知识产权和以优惠折扣向发展中国家许可等——是有用的,但它们的利用需要具体情况具体对待,取决于所覆盖技术的性质、范围,安排的性质、目的和对参与的知识产权人的激励等。至于将所有涉及气候变化技术的知识产权均由公共的、多边的或联合研发基金来支持和产生,并让它们进入公有领域,或由资助者共同拥有,也需慎重。知识产权有价值并可能激励私人合作方为发展中国家的开发、产业化或提供适应技术,或创造一定的基础来控制清洁技术分布扩散和使用。资助人应当把握一定的灵活度来控制价值,以运用到适当的地方。①这些均需要恰当适宜的知识产权制度。

联合国体系内《框架公约》下就应对气候变化所采取的种种措施和形成的决议说明,要求将知识产权国际规制进行变化的解决方法放在联合国体系内解决将行不通。对框架公约谈判中有关知识产权的诸多现有建议,多是要求对 TRIPs 协议的有关规定进行修正,如将最不发达国家在与气候相关的专利技术之义务免除继续延至 2016 年之后,禁止基因资源、植物和动物多样性方面的专利,因为一定程度上它们对适应气候变化很重要,禁止所有的清洁技术的专利申请等。②由于发达国家的意志和利益在知识产权制度方面已

---

①② Thomas J.Bollyky, *Intellectual Property Rights and Climate Change: Principles for Innovation and Access to Low-Carbon Technology*, Dec., 2009, http://www.cgdev.org/files/1423378_file_IP_Climate_Change_FINAL.pdf.

经有所反映,上述建议主要由发展中国家提出;而考虑自己的巨额研发投入,发达国家是绝对不可能同意上述任何一项建议的。根据美国专利商标局的数据,2009 年美国的知识产权价值为 5 万亿美元,该方面的从业人员高达 1 800 万。①美国上市公司资产的 2/3 以上是无形资产;而全球经济的总体衰退和依然让人谨慎的全球经济形势只会让发达国家更为警觉地保护它们公司的知识产权。放弃或更改现有知识产权制度方面对知识产权权利人有利的某些内容,就意味着利益的放弃,这是发达国家及其私营部门所不愿看到的。而它们坚持自己立场的理由之一是:目前没有足够的证据证明知识产权的国际规制对促进清洁技术转让是必须或有用的。②由此,我们不得不怀疑发达国家在知识产权制度作用方面的两面性:需要知识产权制度保护其利益时,打出符合国际标准的知识产权制度利于引进外资和技术的旗号;不愿意转让清洁能源技术而又面对着发展中国家要求完善知识产权制度时,又说国际知识产权制度似乎又是可有可无的。这一制度在其心目中完全是根据自己的利益需求进行变化,真可谓:“翻手为云,覆手为雨。”

有人认为,如果在没有更为权威和全面的知识产权及讨论或谈判处理知识产权与气候变化关系论坛的话,在多哈回合及处理知识产权和气候变化的多哈类型的宣言的谈判可能是最后的可求路径。巴厘岛会议上巴西外长提议通过一个类似于 WTO 框架下关于知识产权和公共健康的《多哈宣言》的一个关于知识产权和气候变化的声明,以作为框架公约下有关协议的组成部分,得到有关成员方的积极回应。③但该类宣言在应对气候变化方面的用途可能十分有限,因为《多哈宣言》本身的谈判过程是充满矛盾和艰难曲折的。它本身并没有导致 TRIPs 协议灵活条款得到广泛使用,或减少那些试图运用这些条款国家的国际压力;它也没有增加 TRIPs 协议之外

---

① David Kappos, *Remarks to AIPLA Annual Meeting*, October 15th, 2009, available at http://www.uspo.gov/news/speeches/2009/2009oct16.jsp.

②③ Thomas J.Bollyky, *Intellectual Property Rights and Climate Change: Principles for Innovation and Access to Low-Carbon Technology*, Dec., 2009, http://www.cgdev.org/files/1423378_file_IP_Climate_Change_FINAL.pdf.

的任何灵活的内容。它只是帮助减轻了就药品获得进行谈判的压力。因此,它可能会在框架公约下作为最终救济战略一部分的、解决老生常谈的知识产权问题谈判方面会有些作用。这个假想的宣言应该包括这样的构想——国际技术转让中知识产权所带来的重大利益和挑战及需要解决的其与框架公约谈判的法律关系问题等。①例如,关于清洁技术的获取原则,该宣言要有所涉及。《框架公约》虽然没有直接涉及知识产权问题,但目前的谈判中已经论及有关知识产权的提议,并有可能深入下去。清洁技术开发和转让并不仅仅被环境利益所驱动;其研发多由得到一国政府资助的私营部门进行,获得的知识产权常常也由私营部门所有。而这些投资往往受到产业政策和一国国际竞争力考量的驱动。一国政府不可能被指望在国际上发挥类似的作用,即资助其他国家的私人主体进行类似研发。发达国家政府不可能作为法律或政治措施来强行规定其国内的私人公司向发展中国家提供技术。由此使得大量的清洁技术必须在知识产权法律制度下,通过许可或转让等来完成,而发展中国家企业要获得技术,还得遵循着传统的原则。为此,如何通过该类宣言,使政府资助的清洁技术转让突破传统原则,更为顺畅地流转,将变得十分关键。

尽管有些大公司如 IBM 和必能宝(Pitney Bowes)等同意允许别人免费使用 31 个能够减少污染的专利,②但这首先是极少数公司这么做,其次没有制度保障。有学者根据 TRIPs 协议第 66 条的规定,要求发达成员方为便利向最不发达国家转让技术并给予这些国家更大的自由空间,认为该协议没有必要成为应对气候变化技术转让的障碍。③我们认为这个结论过于简单。实际上该条规定理论上应

① Frederick M. Abbott, *Innovation and Technology Transfer to Address Climate Change: Lessons from the Global Debate on Intellectual Property and Public Health*, ICTSD International Centre for Trade and Sustainable Development, 2009.

② Diane Bartz, IBM, Pitney Bowes, Others Give Free Green Patents, *REUTERS*, January 15, 2008, p.1, http://www.reuters.com/article/2008/01/14/environment-patents-dc-idUSN1430042220080114.

③ Elizabeth Burleson, Energy Policy, Intellectual Property, and Technology Transfer to Address Climate Change, *Transnational Law & Contemporary Problems*, Vol.18, p.85.

该产生积极效果,但由于规定过于原则、最不发达国家技术水平较差等,实际上发生有效的环境友好转让并不多见;而且,尽管发达国家并没有很好地履行该方面的义务,但至今也没有一起因为发达国家违反本条规定而在争端解决机构中被申诉处理的案子。能力建设援助应当伴随着环境友好技术的转让以使尖端技术和设备的受方能够学会如何使用这些技术。发展中国家《框架公约》义务的履行很大程度上取决于发达国家条约义务的履行。当下,很多环境友好并没有进入公有领域。近期,技术转移很大程度上留给市场力量和跨国公司关于对外投资、许可协议、采购、合资企业和管理合同等的决策来决定,而这些力量又都优先保护广为传播的环境友好技术。在供方控制之外,需方的限制带来的结果是在实务中,很大程度上转让没能充分进行,如制度性的支撑能力、基础设施和人力资本等的缺失。①这些问题的解决,显然也需要恰当的国际知识产权制度来发挥积极作用。

我们不赞成断然否认知识产权制度对技术转让作用这一观点,否则既无法说明很多问题,也没有必要进行与应对气候变化相关的知识产权制度完善的研究。有学者认为,既然知识产权为应对气候变化技术开发所必须的创新添加了燃料,保护知识产权就带来了应对气候变化技术的进步。②对此,我们表示赞同。但在保护和分享与转让环境友好技术方面需要找到恰当的平衡,该平衡行为应包括对创新者的公平对待和能够激励应对气候变化的环境友好技术全球扩散的能源政策。国家能够消除应对气候变化技术出口的限制,并便利它们通过出口应对气候变化技术获得的收入或销售税的税收减免/回扣来出口技术。③这一点可以通过与支撑国际贸易相一致的方式实现。④至

---

① Gaetan Verhoosel, Beyond the Unsustainable Rhetoric of Sustainable Development: Transferring Environmentally Sound Technologies, 11 GEO. *International ENVTL. L. REV.*49, (1998), pp.66—67.

② Ibid., p.67.

③ Ibid., p.71.

④ See Agreement on Subsidies and Countervailing Measures (ASCM), *Marrakesh Agreement Establishing the World Trade Organization Annex 1A*, April 15, 1994, 33 LL.M.229.

于环境友好技术转让活动和《补贴和反补贴措施协议》(ASCM)规定在何种程度上冲突,相关法律并未解决。国际知识产权法与国际环境法和国际经济法有着重要的核心目标,它们无须相互排斥,这是可持续发展的关键。①例如,转让以太阳灶形式存在的环境友好技术,既能够回应气候变化又能应对对健康造成损害的室内污染。国际卫生组织发现"在23个国家,10%以上的死亡仅归咎于两个环境风险因素:不安全的水,包括恶劣的卫生及用于做饭的固体燃烧物引起的室内空气污染"②。减少烟灰是保持气候稳定的一个重要战略,现有技术也取得了一定成就。③上述诸多事例均与国际知识产权、国际环境和国际经济发展密切相关。此类技术都会以专利形式存在,而它们的充分利用与环境密不可分,减少烟灰就是减少相关化石燃料的使用,进而有助于可持续发展;但它们又都与技术转让挂起钩来,并以技术转让为纽带。

此外,气候变化极可能导致带菌体传染病的风险及地理上扩散的增加,④并导致到20世纪中期2亿到2.5亿人的搬迁。⑤IPCC十分确信地预言:气候变化将带来由于热浪、洪水、暴雨火灾和干旱导致的死亡、疾病和伤害的增加。⑥为避免这种灾难的发生和增加,各国可以谈判达成一个技术协议,作为《框架公约》的补充,或作为一个独立的清洁技术转让条约,来便利风力涡轮机、太阳能电池板、滴流灌溉和其他更为广泛的重要环境友好的转让。可交换许可和清

① Elizabeth Burleson, Energy Policy, Intellectual Property, and Technology Transfer to Address Climate Change, *Transnational Law & Contemporary Problems*, Vol.18, 69.

② Cutting Environmental Hazards Can Save 13 Million Lives Each Year—UN, *U.N. News Serv.*, June 13, 2007, p. 1, http://www. un. org/apps/news/story. asp?NewsID = 22888&Cr=health&Cr1=.

③ V.Ramanathan and G.Carmichael, *Global and Regional Climate Changes Due to Black Carbon*, http://www-ramanathan.ucsd.edu/files/pr160.pdf.

④ U.S. NAT'L SCI. & TECH. COUNCIL, *Scientific Assessment of the Effects of Global Change on the United States*, p.50, http://www.climatescience.gov/Library/scientific-assessment/Scientific-AssessmentFINAL.pdf.

⑤ Megan Rowling, *Climate Refugees in Political Pass-the-parcel*, Reuters, Mar 13, 2008, http://uk.reuters.com/article/2008/03/13/us-climate-refugees-idUKL1084229020080313.

⑥ Climate Change 2007: Impacts, Adaptation and Vulnerability, Edited by Martin Parry, http://www.ipcc.ch/pdf/assessment-report/ar4/wg2/ar4-wg2-intro.pdf.

洁技术转让方面的公平和有效的解决能够实现可持续发展。①但这类技术的转让和分享,离不开相关当事方权利义务的平衡,尤其是技术权利人与需要使用这些技术的其他国际国内主体。控制和适应气候变化,可以通过温室气体减排、资助适应、减排措施和实施广泛的应对气候变化技术转让等手段,但我们认为最为根本的还是后者,因为其他三项从根本上说还是依赖于后者。②而这些必须与完善合理的知识产权制度联系起来,因为它不仅保护现实已存在权利人的利益,还可以通过分享和转让及其他兼顾社会更广大公众的创新积极性,创造更多的创新机会,进而总体上推动社会技术进步,利于气候变化的应对。

4. 建立良性互动的知识产权制度,促进技术转让

TRIPs 协议是北方国家一些技术公司抱怨和游说的结果,它们声称在南方国家由于知识产权保护制度的缺失,他人通过知识产权侵权让它们失去了数十亿美元的财产。这些公司敦促本国政府在 GATT 议题下解决知识产权保护问题,并指出:弱知识产权保护会降低贸易额,扭曲贸易形式,阻止公司向海外转让技术。③这些理由看上去合理,但在 TRIPs 协议实施后的近 20 年里,并未看到较高水平的知识产权保护带来更为有效的技术转让,或说技术转让比没有 TRIPs 协议生效前发生的更为频繁和有效;相反,一定程度上还有所减少,或转让的技术可能在质量上有所下降。多数发展中国家继续抵制强保护知识产权立法制度,是因为它们担心知识产权实施会变成损害国内消费者利益而让外国人获益的政策;而在技术引进和发展方面,未见到预期效果和自主研发能力方面实现重大突破。以美国跨国公司为代表的西方私营部门为降低贸易成本而力促 TRIPs 协议的通过,以便于在南方国家进行投资;由此,有学者认为

① Elizabeth Burleson, Energy Policy, Intellectual Property, and Technology Transfer to Address Climate Change, *Transnational Law & Contemporary Problems*, Vol.18, 93.

② 具体内容参见马忠法等:《气候变化的法律思考及其应对措施》,《上海财经大学学报》2012 年第 3 期。

③ Alireza Naghavi, Strategic Intellectual Property Rights Policy and North-South Technology Transfer, *Review of World Economics* 2007, Vol.143(1), pp.55—56.

这会给南方国家的创新技术带来溢出效果,而会带来多少或多高水平将取决于东道国知识产权制度落实 TRIPs 协议的程度。然而,如前文所述,现实并非如此。当北方国家公司感到在南方国家无利可图时,会重新定位相应研发投资水平的选择以阻碍技术的进入。有学者研究认为,现有文献表明南方国家在福利方面总是能从实施严格的知识产权制度中获得收益,通过吸引较低研发集中的产业的外商投资或通过刺激高技术产业的创新等。①但我们认为,这可能只在诸如韩国(在其成为发达国家之前)等少数国家如此,对大多数发展中国家而言,这不是事实。为此,作者的建议,即"跨国公司有力量来避免它们技术的全球扩散。因此,为了寻求得到新技术,或简单地得到含有技术的大量商品的国家必须付出成本和保护知识产权,以通过吸引外商投资和创造创新激励的机会来促进发展"②,我们对持质疑态度。跨国公司对在中国、印度等发展中国家的投资,越来越多的是以独资公司的方式,目的就在于控制技术的有效外溢,以便于始终将核心技术控制在手中,尽管中国和印度等付出了环境、雇员身体健康、能源和资源等成本及知识产权保护等方面的代价。

有学者通过研究表明,更强的知识产权保护机制可能提升发展中国家公司打入出口市场的能力。拥有高技术的公司会基于当地知识产权政策选择出口或通过许可转让技术作为供应南方国家市场的模式。考虑这一结论,南北双方的公司在两个市场进行古诺竞争。③他们认为,更强的知识产权保护将会加强通过许可的技术转让并减少发展中国家公司的边际生产成本,继而增加它的出口。如果一个发展中国家的吸收能力高(低),则该国的福利就会增加(下降)。但过强的知识产权保护将降低竞争力和减少

---

① Alireza Naghavi, Strategic Intellectual Property Rights Policy and North-South Technology Transfer, *Review of World Economics* 2007, Vol.143(1), p.58.

② Ibid., p.76.

③ 古诺竞争(cournot competition)是由经济学家古诺所提出的一项垄断理论,其精神为"边际收益等于边际成本的垄断均衡"。和谐经济需要破除垄断,营造公平竞争的环境。垄断会破坏正常的市场经济秩序,无法使新的竞争者进入市场,扼杀市场竞争的公平规则,形成市场壁垒,阻碍经济的正常发展。

福利。外商直接投资作为技术转让的一个渠道,似乎验证了上述基本观点。①然而,我们不能否认的一个事实是:作为东道国,打入外国市场的产品常是由外商投资企业出口,且多为技术含量不高的产品;至于技术含量较高的产品,常常是由东道国本国国内的公司出口,而它们常要面对外国公司或政府以倾销、补贴、危害国家安全等为由的剿杀和驱赶。这在中国的国内企业将产品出口到美欧等国家或地区遭受的待遇最为明显。近期的例子就是2012年10月连续发生的华为、中兴产品被美国众议院认定为“危害美国国家安全”及无锡尚德等光伏电池公司遭受美国国际贸易委员会的反倾销制裁等,以此为由意图将它们的产品赶出美国市场等。

也有研究表明,在技术水平相对较低的产业,即使研发效率水平低,仅仅因为发展中国家对外资的需求,也可以让南北双方同时受益。对于研发更为集中的产业,与技术转让相对的创新是南方国家关心保护知识产权的核心所在。南方国家通过以大量的研发为手段阻碍发达国家公司进入相关领域。虽然南方并不模仿复杂技术来与北方竞争,但它从加强了的创新中得到了好处,这种创新是基于保护跨国公司知识产权而引起的。故理性的南方国家从不倾向于违背国际知识产权制度,南方国家知识产权最佳保护水平总是非常高的。②技术转让给南方国家的公司,意味着这些国家公司可以进入市场或分割市场,与己竞争。我们认为,这些观点有其合理成分,但也不乏夸大或不实之词。知识产权保护与技术转让可能有着某种联系,但该联系点的作用如何,还是取决于技术供方对利益的判断,技术受方在这个过程中总是被动和无奈的,在应对气候变化的清洁能源技术领域更是如此。

有关研究报告表明:6个主要工业化国家(日美德韩英法)在清

---

① Lei Yang, Keith E.Maskus, Intellectual Property Rights, Technology Transfer and Exports in Developing Countries, *Journal of Development Economics* 90 (2009), pp.231—236.

② Alireza Naghavi, Strategic Intellectual Property Rights Policy and North-South Technology Transfer, *Review of World Economics*, Vol.143, No.1, 2007, p.75.

洁能源制造方面的专利申请量几乎占全球的 80%。①这是客观事实层面。在制度层面,有学者认为知识产权制度有双重目的,即保护和传播技术。②而这一观点实际上误读了 TRIPs 协议的第 7 条:其实,保护不是其目的,只是一个手段,传播技术是其近期目的,而最终目的却是促进社会经济发展,带来社会进步和福利。基于这样的事实和法律制度,我们认为,在应对气候变化领域,我们必须要有相应的知识产权制度,来促进环境友好技术的转让和分享。现有的知识产权制度有其合理的内容和科学成分,然而也尚有很多地方需要完善。但那绝不是美国等发达国家意图通过所谓的双边投资或自由贸易协定,或所谓的多边自由贸易区协定来提高知识产权保护水平的做法,而是要适当考虑发展中国家尤其是最不发达国家的实际情况及它们对环境友好技术运用的能力与水平。在此,我们想用 10 年前英国知识产权委员会的一段话来概括本节的探讨,尽管 10 年过去了,其评述和建议依然恰当和准确:现存制度对发展中国家的影响还需进一步的思考,其完善还有很多工作要做。我们认为知识产权制度可能带来了扭曲,损害了发展中国家的利益……发达国家应当注意调和它们可见的自我商业利益与它们在发展中国家减少贫困所带来的自身利益之间的关系……尽可能地不要剥夺发展中国家在设计自己知识产权制度时可享有的灵活度,实际上发达国家早期发展中也是这样的;在没有作出对其发展影响的慎重和客观评估之前,不要把较高水平的知识产权保护强加给它们。我们需要确保全球知识产权制度不断演进,以便它们通过激励创新和相关的技术转让对发展中国家的发展有所贡献,同时也让它们尽可能地以最有竞争力的价格获得技术产品。出于发展中国家利益的考量,我们需要确保知识产权制度应便利而非阻碍科技领域快速发展成果的运用。③

---

① UNEP, EPO ICTSD, *Patents and Clean Energy*, *Bridging the Gap between Evidence and Policy*, 2010, p.46, http://ictsd.org/i/publications/85887.

② Ahmed Abdel Latif, Keith Maskus, Ruth Okediji, etc., *Overcoming the Impasse on Intellectual Property and Climate Change at the UNFCCC*: A Way Forward, *Policy Brief*, No.11, November 2011.

③ *Integrating Intellectual Property Rights and Development Policy*, *Report of the Commission on Intellectual Property Rights*, London September 2002, p.8, http://www.iprcommission.org/graphic/documents/final_report.htm.

鉴于上文论述，我们认为，总体上，如同多数学者所认同那样：知识产权制度利于技术转让，但是否是保护越强就越好，有待进一步的实证数据加以证明；但适度保护最好。基于这样的考虑，我们认为完善国际国内知识产权制度应该努力的方向是：给予发展中国家，尤其是最不发达国家，在涉及清洁能源技术方面的知识产权立法以更为灵活的弹性空间；突出从增加社会福利和应对气候变化等角度来促进技术转让的立法宗旨；建立适度可变的知识产权保护制度。只有完善相关的国际知识产权制度，使其符合规律并于技术转让、创新等方面形成良性互动关系，才可以为应对气候变化技术转让活动中促进私营部门的积极参与创造基础性条件。

（二）完善清洁发展机制的建议

尽管 CDM 在其首要的具体目标——让发展中国家获得环境友好技术——实现方面的效果不尽如人意，但目前似乎还没有什么制度能比它更为有效地将私营部门与气候变化应对和《京都议定书》义务的履行结合起来。因此，在总结 CDM 运行的现有效果和经验的基础上，人类应当完善其制度，让私营部门积极参与，使发展中国家真正地在 CDM 引进技术的基础上，提升技术能力，使自己的发展之路可持续，从而为减缓气候变化创造条件。

1. 突出可持续发展目标中的技术转让

发展中国家与发达国家在 CDM 机制中获得的预期效果应当不同，前者最需的是技术，而后者需要的是减排，故技术转让而非资金应作为发展中国家企业与外国企业合作考虑的首要因素。在完善 CDM 制度时，应突出技术转让在促进发展中国家实现可持续发展方面的地位，将减排认证与真正的技术转让挂钩，与 CDM 项目在引进技术基础上的额外性联系起来，以使 CDM 项目区别于一般的商业投资。这一点可以与 EB 审核注册项目和核实 CER 结合起来，从某种意义上说，这一执行程序更为重要，它是 CDM 目标能否实现的重要保障。

为此，EB 应在积累以往经验及近期在运行方面被人们指出其缺点的基础上，完善自身流程，增强审核、注册的透明度，增加对转让技术的审核，以真正发挥积极作用。它应建立严格的审查机制；

在审查过程中,对项目设计文件进行严格审查,确保技术的确被运用到项目的经营活动中;项目参与方要详细描述转让给东道国的应对气候变化技术可能被实施的情况,不能过于模糊。而且在实施过程中,也要有监督和审查程序。在这个过程中,DOE 机构审查及东道国政府批准等都应当对“技术转让”严格把关,对无实质技术转让的项目不予通过,以发挥它们应有的作用。

与此相关的是,国际国内应对“技术转让”作出一个较为狭窄的定义。《京都议定书》签署之后,人们更趋向于在广义上使用“技术转让”,即主体包括国际[①]组织、国内政府、私营实体(企业)、金融机构、非政府组织(NGOs)以及研究/教育机构和个人等;范围包括狭义的技术转让、减缓和适应气候变化的技术诀窍、经验和设备及合作、能力建设等机制;一般的途径包括政府资助项目、直接购买、颁发特别许可、国外直接投资、合资、合作研究、合作生产协议、教育和培训以及政府直接投资等;质量上要求技术转让,特别是由发达国家向发展中国家转让,必须包括软件和硬件,并且在总体上能帮助找到经济方面新的可持续发展途径。[②]但这些只是在理论上为技术转让创造了有利条件,且这种定义过于宽泛,我们认为国际社会应把技术转让限定于涉及环境保护的专利和专有技术方案。

发展中国家必须对技术转让做出明确界定,否则它们就会变成外方设备的推销场所。前文涉及技术转让的 CDM 项目的有关数据如设备进口 32%、设备与知识的交易 53% 等说明,合作的外方在 CDM 合作中主要还是以向发展中国家推销设备和产品为主要任务;即使有纯粹的技术转让,也多是设备维护方面的知识,制造技术方案等几乎没有。所以,DOE 和发展中国家政府部门审查时,应主要看有无技术方案的转让,而不能仅看有无所谓的设备,来判断是否有技术转让项目。

---

① 它涵盖了发达国家、发展中国家和经济转轨国家之间的技术转让过程、以及发达国家之间、发展中国家之间和经济转轨国家之间的技术转让。

② See IPCC, 2000, p.3.或参见《IPCC 第三工作组特别报告:技术转让的方法学与技术性问题决策者摘要》,http://www.ipcc.cma.gov.cn/Website/index.php?ChannelID=15&NewsID=15。

2. 发展中国家须注意区分政府承诺与私人经营行为，发挥私营部门通过 CDM 项目转让技术的主导作用

清洁发展机制如能使私营部门积极参与，意义深远。现今所有涉及国际技术转让的协定履行不成功证明一点：没有跨国公司等私营部门的介入，技术转让难以进行。UNFCCC 计划成立的气候技术中心也不例外，也需要私人企业的积极参与。因此，发展中国家如何采取措施，让更多的私营部门参与到有技术转让的 CDM 项目中，是帮助发展中国家实现可持续发展目标的重要保障。

（1）注意区分发达国家政府承诺与企业私人经营行为的不一致性。

发展中国家经常呼吁发达国家尽快兑现资金和技术转让承诺，①并把这作为自己履行减排义务的前提。②实际上，我们应当看到，尽管发达国家政府作出承诺，但国内企业不行动，政府也是无力的；何况政府也是在利益集团操纵下形成的。技术转让已经成为经久难题，我们应当换一个思路，否则这个死胡同永远走不通。

为了促使 CDM 更好地发挥作用，我们除了要意识到私营部门参与的重要性外，更要区分发达国家与发达国家私营部门的不同，政府层面以批准条约为主要形式的承诺与企业营利行为是问题的不同方面，两者虽然有联系（如政府的法律政策对企业的经营行为有指导和激励作用），但动机不同，行为也不可能一致。政府的承诺最终能否得到实现，很大程度上取决于企业等私营部门的合作和执行。因此，发展中国家不能祈求发达国家政府作出承诺后，就万事大吉，它们还需要与发达国家政府合作在如何促使私营部门对 CDM 中的有关义务的履行作出积极努力。不能要求一国政府做企业的事情，也不能要求企业做政府的事情。一方面，促使发达国家在政府层面开展有效工作，促使它们制定利于本国私人企业转让技术的行为；另一方面，自己在国内可以制定一些利于技术供方的补

① 发展中国家呼吁发达国家尽快兑现资金和技术转让承诺，2009 年 6 月 12 日，来源：新华网，http://news.cqwin.com/news/contents/121/432592.html。

② 史学瀛：《国际技术转让法新论》，天津人民出版社 2000 年版，第 247 页；谷德近著：《多边环境协定资金机制》，法律出版社 2008 年版，第 194 页。

贴或税收优惠政策等。不能把国家和企业在任何场合都绑在一起。常看到发展中国家学者笼统指责"发达国家"不履行国际义务,这种模糊性对 CDM 而言意义不大。实际上多数国家政府是支持 CDM 合作的,否则它们也不会签署、批准《京都议定书》,问题在于很多场合技术是掌握在私人手中,政府不能强迫,只能进行政策引导和激励。所以,CDM 有效运作,最关键的是如何让私营部门与政府(特别是发达国家的)同步,对发展中国家中小企业开展的涉及环境友好技术 CDM 项目,提供法律上的便利。

从某种意义上说,不论是发达国家政府还是发展中国家政府,它们有更多的共性,在处理气候变化这一全球性公共问题时,更容易达成共识。因此,发展中国家对发达国家政府不能只采取"斗争"或"谴责"方式,还应加强与发达国家政府的沟通、交流,建立互信、合作关系,推动或促使发达国家政府制定一些政策、法律鼓励本国私营部门自愿、积极而非被迫、被动地转让技术。认识这一点,对发展中国家采取应对策略时会有所裨益。当然,发展中国家自身在国内 CDM 法律政策方面对企业行为采取促进技术转让的积极措施更为重要。

(2) 通过制度设计,鼓励私营部门的积极参与,是 CDM 项目中技术转让顺畅进行的重要保障。

CDM 本身是采用市场经济方法促进交易的,其两个目标的实现均需要私营部门加入。如何让私人介入这是目前 UNFCCC 下的技术转让工作组及其有关行政机构关注的最为迫切的论题。刚卸任的 UNFCCC 秘书处前执行秘书伊沃·德波尔(Yvo de Boer)①在 2010 年 5—6 月的会议上做的演讲中特别强调了私营部门的积极介入,不论在资金还是在技术转让方面,将是 CDM 能否有效运作的重要保障。他还预言年底的坎昆会议议题也主要是如何让私营部门在技术转让等方面发挥积极作用,如《哥本哈根协议》中提到技术转让机制,将包括成立气候技术中心等(目前多方已达成一致意

① 德波尔先生自 2006 年 10 月—2010 年 7 月 7 日任执行秘书,其继任者为哥斯达黎加的 Christiana Figueres 女士。See Christiana Figueres, *Takes the Helm at UNFCCC*, at http://unfccc.int/2860.php/.

见),以使气候变化应对能取得效果。该技术中心的功能是:开发在支持应对气候变化技术扩散方面国家驱动型计划的工具和政策;便利公—私合作伙伴关系以加速应对气候变化技术的创新和扩散及鼓励南北合作研究等。气候技术中心的建立给政府带来了在地区、国家和国际层面与私营部门建立具体伙伴关系的机会。①德波尔先生自2006年10月任执行秘书以来,经历了气候变化国际合作等重大活动,他对问题本质的看法应更为深刻,也许几年的经验让他抓住了问题的要害。所以私营部门的参与、介入和与政府的合作,将是今后CDM中技术转让的重大议题,是CDM能否存在和发挥作用的保证。

东道国在CDM法律制度设计上,不仅要有助于实现减排目标,让跨国公司等私人获利,还要让它们转让技术。为此,除了政策支持扶持外,政府还需建立严格的审查机制。研究表明,东道国对CDM项目中的技术转让可以施加积极影响,在设立CDM项目标准时可以提高技术转让要求,如果项目要获得批准,技术转让必须达到一定的门槛才可以;如果只有设备进口,则在关税方面可以采取特定政策,防止只有设备买卖事情的发生。像玻利维亚、厄瓜多尔、危地马拉、洪都拉斯、印度尼西亚、马来西亚、南非、巴基斯坦等国的CDM项目中的技术转让远高于平均值的重要理由就是政府对CDM项目中的技术转让要求较高,审查较严;而像巴西、中国和印度的CDM项目远低于平均值的原因很大一部分在于CDM审核中对技术转让要求过于宽松所致。②当然,后三国技术转让率低的一个潜在原因是它们自然资源丰富,只要外方提供一些设备就能实现减排目标。但我们认为,如果这样的话,还不如留与本国企业开发,无需通过与外方合作的CDM来完成。既然CDM机制的一个重要功能是帮助发展中国家获得技术,发展中国家就要充分利用它。因此,

---

① See Yvo de Boer, *Technologies & Targets on the Road to Mexico*, http://unfccc.int/files/press/news_room/statements/application/pdf/100602_speech_climate_group.pdf.

② See Stephen Seres, *Analysis of Technology Transfer in CDM Projects (2008)*, p.18, [Online] Available: http://cdm.unfccc.int/Reference/Reports/TTreport/TTrep08.pdf.

对于技术转让项目比率较低的发展中国家，应当在自己国内的CDM项目审核和标准中提高技术转让要求，而不能为了所谓的项目多而放松要求。

有学者建议国际社会应采用“政策型CDM”与“行业型CDM”来加强CDM执行的效果，如前者可采取能源效率标准、资金和财政激励及其他经济措施如征收碳税等法律规范方式，而后者通过以行业而非项目为基础来运用CDM，这样可以避开所谓的“额外性”等问题，它是一个较为彻底的方法，能激励发展中国家制定政策使相关产业如能源、工业、森林业等始终在低碳情况下发展。①但我们认为，CDM能否在可持续发展方面收到预期效果，鼓励私营部门积极参与是最为根本的，不论是政策性还是行业性的，都离不开私营部门的加入和推动。所以，我们认为如何让掌握技术的私营部门在市场经济条件下加入到CDM活动中并愿意转让技术是最为关键的，发展中国家的政府在这方面应起主导作用。

3. 其他方面的建议

在知识产权保护方面，基于跨国公司对其权益受侵害的担忧，可以对涉及CDM项目或环境友好技术方面的知识产权采取专门立法的方式，或在有关能源法等具体法律中给予特别规定，以强调其保护的特殊性，同时对其应当作出的贡献也要有所体现。印度建议对设立一个基金对全球涉及环境友好技术的知识产权加以买断，然后无偿分配给发展中国家，②这一想法过于理想，估计难以实现，但可以作为一种努力的方向。较为现实的做法是各国具体的立法完善，以利于权利人愿意转让技术，推动技术转让的发展。

至于CDM制度的持续性，应在2012年之后继续保持并不断完善之。考虑到类似于市场机制的CDM对绿色投资和技术转让等起到的积极作用，正在进行的谈判中已经涉及了市场机制的新观点，

① Christiana Figueres, *Sectoral CDM: Opening the CDM to the yet Unrealized Goal of Sustainable Development*, p.8, http://figueresonline.com/publications/Sectoral_CDM_Intl_Journal_SD&Law.pdf.

② 李萍、郇公弟：《发展中国家呼吁发达国家尽快兑现资金和技术转让承诺》，载新华网，http://news.cqwin.com/news/contents/121/432592.html，2009年6月12日。

其中包括对与 CDM 相配套的新建议,可能出现更大规模上机制,即建立一个长久的 CDM 技术转让补偿或激励机制,在 2012 年之后,仍然可以进行,哪怕 CDM 届时没有被新的条约所肯定。①而且根据目前的趋势看,CDM 制度继续有效的可能性较大,不过其内容等可能会做较大的修改,以使该机制更为完善,如将可持续发展作为其首要目标,其次才是减排。恰如一些学者指出的那样:如果 CDM 关于环境完整性和可持续发展目标问题能被正确提出和强调的话,CDM 将会是继续应对气候变化的一个重要工具。②但对发展中国家而言,如何鼓励他国转让技术并让本国企业在引进技术的基础上消化、吸收、再创新,提升获得应对气候变化技术的能力,才是它们解决气候变化问题的根本之道。因此,我们认为有关国家政府应当明确其态度,CDM 将会延续,且在完善相关制度后,它会具有更强大的生命力,以真正推动环境友好技术转让。

发展中国家应当完善人才培养制度,以在技术、管理等方面能适应 CDM 项目发展的需求。研发方面,政府对国内公共研发平台开发的环境友好技术应给予更多的支持,以产生本土的应对气候变化技术,并促进其转让。在 CDM 管理人才培养方面,应形成特定的法律制度,将其与环境科学、经济管理、知识产权和可持续发展等诸多因素结合起来,以适应 CDM 发展的需求。

当然,意图通过 CDM 促进环境友好技术转让只是局部解决问题。如果要从根本上解决应对气候变化的技术转让难题,即使私人行为与政府国际承诺相协调一致,我们认为最好的方式是建立世界贸易组织框架下的国际技术转让协定。该方面笔者已在另外文章③中专门论述,此处不再延伸。

---

① See Yvo de Boer, *Technologies & Targets on the Road to Mexico*, http://unfccc.int/files/press/news_room/statements/application/pdf/100602_speech_climate_group.pdf.

② Christiana Figueres, *Sectoral CDM: Opening the CDM to the yet Unrealized Goal of Sustainable Development*, p.18, http://figueresonline.com/publications/Sectoral_CDM_Intl_Journal_SD&Law.pdf.

③ See Ma Zhongfa, The Effectiveness of the Kyoto Protocol and Consummating the Legal Institution for International Technology Transfer, *Journal of technology transfer*, 2012 (1): pp.75—97.

（三）完善气候变化领域的资金机制

有学者指出，如果北约(NATO)的军费预算每年只减少10%的话，将近1 000亿美元会被节省下来。如果每年将浪费在商业广告上的钱的四分之一用于粮食生产，有近2 500亿美元可以用来与饥饿和营养不良作斗争。①1996年卡斯特罗言：为什么每年有7 000亿美元投资到军事领域而没有把这些资源中的一部分用来减少饥饿、阻止土壤的恶化、每年上百万英亩的土壤沙漠化、森林的滥砍滥伐，控制或减缓增加飓风发生频率、引起降雨不均（或稀缺或过于频繁）的气候变暖及温室效应、臭氧层的破坏和其他给粮食生产与人类生活带来负面影响的自然现象？现在，每天都在为因饥饿濒临死亡的人而敲响的丧钟，明天也将为整个人类敲响，如果人类拒绝，或不能够，或没有足够的智慧来拯救自己的话。②完善资金机制对促进技术转让和发展中国家的技术能力意义十分重大。

2008年，美国发起建立数十亿美元清洁技术基金，旨在减少环境物品和服务贸易障碍。③美国前总统小布什指出：让发展中国家能够得到并用得起先进技术——减少贸易障碍、创造一个清洁能源技术的全球自由贸易市场、加强国际合作和技术投资……我们将向创设一个国际清洁技术基金迈进，以资助发展中国家低排放能源项目。我们要号召所有的国家通过立刻一致达成消除清洁能源物品和服务方面的贸易障碍的意见，来发起全球清洁能源革命。④真正的环境友好技术的集体实施在政治上是可行的，且也是急迫需要来防止气候的进一步恶化。⑤《框架公约》进程应当集中于制定经济激励措施、构建便利的市场机制并建立有助于发展中国家清洁技术的

---

① José Ramón Machado Ventura, *The Food Crisis Is Systemic and Structural*, Published Jun 15, 2008.

② Ian Angus, *Food Crisis*, http://readingfromtheleft.com/PDF/FoodCrisis.pdf.

③ *U.S. to Launch Clean Technology Fund in 2008*, Reuters, January 14th, 2008, http://www.reuters.com/article/2008/01/14/environment-usa-china-environment-dc-idUSN1443011220080114.

④ George W.Bush, *Speech on Climate Change*(April 16, 2008)(Wall. ST.J., April 16, 2008, at 1).

⑤ Elizabeth Burleson, *Energy Policy*, *Intellectual Property*, *and Technology Transfer to Address Climate Change*, *Transnational Law & Contemporary Problems*, Vol.18, 82.

创新、扩散和适应的环境。有效的政策是必须的，包括碳定价、有效的排放标准、促使发展中国家提升智力和提高技术吸收能力。支持穷国和易受气候影响国家特定技术和适应需求的融资机制十分关键。有学者建议建立一个或多个能够起到积极作用的多边或政府间基金来支持具体满足发展中国家需求的清洁技术的开发和传播。①向发展中国家转让环境技术的多边机制已经有些成功的先例——最显著的就是蒙特利尔多边基金。还有一些控制气候变化的多边资金机制——全球环境基金（GEF）、世界银行清洁技术基金——已经存在，并将获得进一步发展。在《框架公约》的谈判中，很多发展中成员方已经提出清洁技术合作、开发和转让的新的多边资金机制，以支持发展中国家当然清洁技术开发或向其转让的活动。考虑到温室气体排放的规模及发展中国家清洁技术的需求，这样的公共基金不能是唯一的渠道。如果能够适当地吸引一些私人资本投入到现存市场机制并能起到一定的杠杆作用，则多边资金机制将能够做出重大贡献。有效的知识产权管理在这方面的成功能起到重要作用。然而，现有多边资金机制在该方面几乎很难提供指导。《蒙特利尔议定书》多边基金等对它们的知识产权管理没有设定框架或公共政策等。②技术开发也不是它们努力的重点，知识产权在清洁技术的创造和扩散过程中，到目前为止也只是起到微不足道（modest）的作用。③对此，当我们在完善资金机制时，必须要将其与知识产权制度结合起来，并对基于基金资助所获得的专利等技术成果在知识产权制度下做出合理安排和分配，以真正发挥技术的作用。

知识产权在《蒙特利尔议定书》多边基金活动中，不是一个重要因素。《框架公约》成员方基金建议中的知识产权处理走向了两个极端，如墨西哥世界气候变化基金（绿色基金）完全避开了这一

---

① Thomas J.Bollyky, *Intellectual Property Rights and Climate Change: Principles for Innovation and Access to Low-Carbon Technology*, Dec., 2009, http://www.cgdev.org/files/1423378_file_IP_Climate_Change_FINAL.pdf.

② Charles Ebinger, "Transferring Environmentally Sound Technologies in an Intellectual Property Friendly Framework", *Energy Security Initiative Policy Brief* 09-08 (Brookings Institution, 2009), describes the role of IP in the GEF and CTFs.

③ ICTSD, *climate Change, Technology Transfer, and IPRs*, 2008.

主题,很多其他的建议如中国/77国集团关于多边气候基金的建议,要求对知识产权现有国际规定做出重大修正并提倡自由使用强制许可制度。其他成员方提议较为简单,不论具体的基金工具或形式,清洁技术的多边投资必然导致任何有结果的知识产权归属于公有领域。归纳上述原因,忽略知识产权的建议或修改TRIPs协议的提议都不可能是一方胜于另一方,分享清洁技术知识产权的笼统规定只会适得其反。①必须设计出一种新的方法或制度,以发挥资金、知识产权制度在技术转让方面的积极作用。作为谈判一部分的成员方,应当同意让现存新的框架公约附属的、多边基金机制通过"全球获取原则"——为激励具体满足发展中国家需求的清洁技术的研发和传播之目的而调整知识产权管理的指南。公私健康产品开发合作(PDPs),如疟疾药品企业(Medicines for Malaria Venture),就成功地使用了类似的公共指南作为工具来为潜在的合作者提供透明度,并确保使用前后一致的和具有战略性的知识产权管理方法。②大学和政府知识产权管理人员,如美国国家技术转让健康办公室机构就采纳通过了"人道主义许可条款"来调整它们的技术转让活动。③这些条款促进了贫穷和弱势群体特别是低收入国家的那些人对健康和农业产品的获取。对于这些国家的人员或企业而言,资金支持可能更为重要,因为高新技术对它们未必有意义,而适当技术才是问题的根本。实际上许多进入公有领域的技术就能帮助它们解决问题,它们需要的是普及和一般技术人员提供技术服务,而这不涉及跨国公司等私营部门的技术专有权问题,关键是有关费用和支出能够得到解决。有人建议,在TRIPs机制之外,可以通过签署关于气候有益技术信息获取和收益分享的协议,减少发达国家和发

---

① Thomas J.Bollyky, *Intellectual Property Rights and Climate Change: Principles for Innovation and Access to Low-Carbon Technology*, Dec., 2009, http://www.cgdev.org/files/1423378_file_IP_Climate_Change_FINAL.pdf.

② Medicines for Malaria Venture, *MMV and Intellectual Property Rights*, (*Medicines for Malaria Venture, 2007*), http://www.mmv.org/IMG/pdf/MMV_IP_Statement_FINAL_2_12june07_pdf.

③ Amanda Brewster et al., "Facilitating Humanitarian Access to Pharmaceutical and Agricultural Innovation", *Innovation Strategy Today*, 1(3):203—216.

展中国家过多的专利发明和知识产权保护。[①]这种想法有其合理因素,但我们认为,关键不在于是否“过多”保护,而在于基于保护的前提下,让他人更多或更易获得技术。

《框架公约》背景下,每一个基金应该形成自己的全球获取原则,以确保它们能够论及该机构面对的特定挑战、管理人员和授权规定等。论及该原则的主题,它应该包括管理现有开发出的知识产权的条件、基于基金资源产生的知识产权是否该申请专利还是进入公有领域,基金是否继续坚持持有排他的许可权或知识产权所有权、许可费、对最不发达国家的定价权及项目知识产权可转让性和专有性等。这些原则应该能确保知识产权管理的前后一贯与透明,确保《框架公约》成员方、潜在的非营利组织和私营部门合作者在基金的利于发展中国家未来清洁技术的开发和利用中作用的发挥。[②]这些内容的确定主要是由基金的来源及其性质所决定的。资金机制更多地体现了基金设立人的意志,其知识产权政策无疑要服务于环境友好技术转让,而非一般像知识产权那样,为了私人利益。当然,为使基金能够可持续发展,或为了更长远的利益,在适当范围内,收取合理的技术许可费,也是值得研究的;或鼓励受益人赠送、回馈基金,以帮助更为需要的国家或人群,也未尝不可。全球获取原则应当确立公私合作者知识产权管理的战略性框架,但也需为私人合作方提供从市场上获利的战术性灵活度和空间——特别是那些来自发达国家的。私营部门的参与、资源、专有技术是支持发展中国家创新的清洁技术开发与使用的多边努力成功的关键。知识产权管理技能能够对私营部门在发展中国家技术开发和使用方面进行投资创造激励动因。诸如专利、商业秘密、版权、植物培育人权利等知识产权界定了权利归属、控制和责任,驱动了技术从发明到传播,在价值链实现的每一步确定它们的作用、关系并激励多数成

---

① 参见张建平:《气候变化谈判框架下的国际技术转让机制研究》,《国际贸易》2010年第5期。

② Thomas J.Bollyky, *Intellectual Property Rights and Climate Change: Principles for Innovation and Access to Low-Carbon Technology*, Dec., 2009, http://www.cgdev.org/files/1423378_file_IP_Climate_Change_FINAL.pdf.

员方提供投资、专有技术、服务等。①知识产权获取、所有权和运用的契约性协议(涉及投资资金、技术和专有知识)可以给私营部门合作方提供开发和传播清洁技术所必须的激励措施、明确性和可预见性。协议约定知识产权专有性的地区和地理限制能够切分市场来进行有区别的价格安排,以使独占的高利润的市场交叉补贴那些非独占的、较少获利的市场。许可和合作协议可能包括诸如进入市场权、临时发展目标,或里程碑式付款以确保私人合作者对研发清洁技术产品、产品质量、充足供应和可获取性等持续的投入和关注。

《框架公约》应当就资金机制及各基金的运行监督等的进一步谈判设定一个截止日期,此前各附属基金必须形成并向 COP 提交全球获取原则,以争取获得通过。COP 需设立一个外在独立的知识产权、清洁技术和技术转让专家构成的委员会来评估那些获取原则、必要时提出修改请求并批准它们。一旦通过,这些原则必须公之于众。每个基金应该定期向 COP 委员会汇报以确信该原则的充分实施和贯彻。这种定期的、集中报告机制将会带来额外的好处:为《框架公约》基金提供一种方法,即从其他基金最成功的知识产权管理实践中学习并调整它们自己的全球获取原则。该原则并不仅仅是能够有用地适用于任一根据《框架公约》形成的、支持清洁技术开发和向发展中国家转让的基金的工具,它们也是推动公约就知识产权问题谈判走出泥沼最佳路径。如果这样,它们就避开了公约谈判中的关于修改 TRIPs 协议或强制许可达成一致意见的需求。这些原则并不调整所有的知识产权,只涉及基于多边基金资源形成的知识产权。私人实体不被要求进行合作或接受基金的资源。但一旦它们接受,则必须遵守该原则。必须明确,多边基金不是一国政府控制的,不能发布强制许可;一经同意,《多哈宣言》模式也可以适用于知识产权和气候变化。该原则可以帮助设立控制知识产

① Thomas J.Bollyky, *Intellectual Property Rights and Climate Change: Principles for Innovation and Access to Low-Carbon Technology*, Dec., 2009, http://www.cgdev.org/files/1423378_file_IP_Climate_Change_FINAL.pdf.

权框架以促进发展中国家清洁技术的扩散和运用，同时仍保持有激励私人融资创新的特性。①

目前，就应对气候变化的资金机制涉及的基金不止一个，它们都有各自的运行机制、使命、资金来源和资助项目选择程序和标准等；如何扩大各基金的资金来源，并建立一种协调机制来平衡彼此之间的关系，确定各自资助的重点，使资助项目均衡分布于最需要的国家或地区，以发挥资金机制的最大作用，实现资金机制的最佳效果，是资金机制今后面对的一大难题。

（四）远期措施：制定世界贸易组织框架下的国际技术转让协议

经济危机、金融危机是短时的，而气候变化危机处理不当则是永久性的困扰。气候变化对人类的影响无处不在，没有哪一个国家、哪一个自然人能够独处其外。同时，在这个巨大挑战面前，任何国家都不可能独善其身，也没有哪一个国家能够单独承担起应对气候变化的重任。马克思认为，利益不仅不是自然人的那种生物性的需要，还应与当时社会生活条件……相联系；②他还认为，包含着特殊利益的普遍利益本身就是国家的目的这一论断抽象地规定了国家的现实性、国家的生存。③由此我们可以推断：现在面对着气候变化和全球污染的严峻挑战，在全球化日益深入的时代，人类应对气候变化的普遍利益将决定“地球村”上所有人的存在和发展。“既然正确理解的利益是整个道德的基础，那就必须使个别人的利益符合于全人类的利益”。④当下寻求到积极应对气候变化的措施是我们应当“正确理解的利益”，私营部门的利益必须符合人类的共同利益。为此，全球必须采取务实合作的行动，才能实现人类的和谐发展、各国的互利共赢。国际社会应当依据《框架公约》和《京都议定书》的原则与规定，牢固树立帮助别人就是帮助自己、损害别人就

---

① Thomas J.Bollyky, *Intellectual Property Rights and Climate Change: Principles for Innovation and Access to Low-Carbon Technology*, Dec., 2009, http://www.cgdev.org/files/1423378_file_IP_Climate_Change_FINAL.pdf.

② ［苏］尼·拉宾：《马克思的青年时代》，三联书店 1982 年版，第 146 页。

③ 马克思、恩格斯：《马克思恩格斯全集》第 1 卷，人民出版社 1956 年版，第 260 页。

④ 《马克思恩格斯选集》第 2 卷，人民出版社 1995 年版，第 167 页。

是损害自己的理念，积极应对气候变化，共同建设美好家园。故而全球合作是应对气候变化的基本前提，各国需要充分考虑自己的具体国情、发展阶段、历史责任、人均排放等因素，正视历史，立足当前，着眼长远，开展长期、广泛的对话和务实合作。①技术转让无疑是合作的重要领域，发达国家与发展中国家之间的合作尤其显得重要。长久性的问题需要长久性的对策，如何长远地从根本上解决环境友好技术国际转让问题，是本节讨论的重点。

坚持联合国千年发展目标，是一个长久之计。目前世界上仍有约十亿人口生活在贫困线以下，距离实现联合国提出的千年发展目标还有很大的差距。让全球广大贫困人口享受人类发展和现代文明的成果，是各国政府的应尽责任。国际社会必须认识到，如果没有发展中国家的经济社会进步，不仅无法实现应对气候变化的目标，也无法确保世界的繁荣与稳定。全球应对气候变化的行动，应当促进而不是阻碍各国尤其是发展中国家发展经济和消除贫困，应当有助于缩小而不是扩大各国之间的贫富差距和技术鸿沟，应当维护而不是损害国际社会的公平正义和社会和谐。②现在全球90%的温室气体排放是没有任何代价的，事实上很多国家继续补贴化石能源而非征税，尽管这些补贴对社会的贫穷成员（无车或无力使用电力的）几乎无任何益处，③只是增加他们的负担，让他享受不到便利，但环境污染等恶劣的后果却要与享受者共担。④要改变这种很不公平的现象，就必须认识到：穷国和富国共同走可持续发展⑤之

---

①② 温家宝：《加强国际技术合作积极应对气候变化（2008）》，载百度文库 at wenku.baidu.com/view/f508ae05bed5b9f3f90f1c12.html，2008 年。

③ Min Zhu, Paying the Price for the Future We Want, *iMFdirect*, June 19, 2012, http://blog-imfdirect.imf.org/2012/06/19/paying-the-price-for-the-future-we-want/.

④ 对易受影响、技术相对落后的小国：它们不是排放者，却要与排放者一道吞咽污染、气候变化带来的苦果，甚至单独吞咽这种苦果。

⑤ 1987 年世界环境和发展委员会在《我们共同的未来》中将“可持续发展”定义为“既满足当代人的需求，又不对后代人满足其自身需求的能力构成危害的发展”；它包含着两个关键概念：“需求”的概念，特别是世界上穷人的需求，压倒性的优先权应当给予他们；由技术状况和社会组织施加于满足当代和将来需求的环境能力之限制理念。（*Report of the World Commission on Environment and Development: Our Common Future*, http://upload.wikimedia.org/wikisource/en/d/d7/（转下页）

路是应对气候变化的重要途径，而可持续发展之路显然需要技术的支持。可持续发展是本世纪各国要追求的发展路径，要实现它，要依赖政府、私人企业、个人及各种组织的共同努力。可持续发展依赖于更清洁、更有效的技术（尽可能使能源的使用接近"零排放"或"密封式"）与工艺方法（尽可能减少能源和其他自然资源的消耗）。如果能够做到可持续发展，则气候变化显然会得到有效控制，人类与自然的关系会回复到原来的和谐状态。而这一切离不开对应对气候变化技术的开发和充分使用。在今天技术研发能力严重不均的世界里，要充分发挥此类技术的作用，与它们相关的技术转让法律制度无疑将起到十分关键的作用。而这种制度必须将公共主体和私营部门紧密地结合起来。

1. 建立促进私营部门转让技术的国际长效机制

本章第一节所述内容不能从根本上解决问题，因为总体上它们还是以零散、不成系统的方式存在，可能缺乏内在的协调性、持久性，短期内可以在一定程度上解决问题，但如果要从根本上解决，长远地看，我们认为在现有的制度下应建立一个有效的、统一的国际技术转让协议。虽然近期看来，多哈回合谈判陷入僵局，WTO 争端解决机制

（接上页）Our-common-future.pdf, p.41.）。1996 年 3 月，江泽民同志在中央计划生育工作座谈会上的讲话中指出："所谓可持续发展，就是既要考虑当前发展的需要，又要考虑未来发展的需要，不要以牺牲后代人的利益为代价来满足当代人的利益。可持续发展，是人类社会发展的必然要求，现在已经成为世界许多国家关注的一个重大问题。"（转引自郝铁川：《论"三个代表"重要思想对当代西方思想理论的借鉴》，《马克思主义与现实》2004 年第 2 期）。1989 年第 15 届"联合国环境发展会议"（UNEP）专门对"可持续发展"的定义和战略进行了界定，理事会认为可持续发展的实现涉及国内及跨国合作，其定义和战略主要包括四个方面的含义：（1）走向国家和国际平等的进步，包括根据发展中国家发展规划、优先领域和目标等向它们提供帮助；（2）结果是促使所有国家特别是发展中国家可持续经济增长和发展的支持性的国际经济环境，其中最为关键的是环境的合理管理；（3）维护、合理使用并加强支撑生态恢复和经济增长的自然资源基础；以及（4）在发展规划和政策中纳入对环境的关注和考虑，并在援助或形成发展融资方面不要附加任何新形式的限制条件。（See *Implementation of General Assembly Resolution 421186*, *On the Environmental Perspective to the Year 2000 and Beyond*, *and 421187*, *On the Report of the World Commission on Environment and Development*, http://www.unep.org/Documents.multilingual/Default.asp?DocumentID = 71&ArticleID = 932&l = en）上述理念现在已经形成共识，问题的关键是如何实现。

中的上诉机构面临着停摆的风险，但这并不能否认WTO在贸易方面的积极作用和未来的生命力。在没有找到一个更为有效的机制或平台来解决技术转让问题背景下，它仍不失为一个较为可行的出路。

在过去40多年里，在联合国框架范围内（包括《框架公约》和《京都议定书》）就解决国际技术转让问题所发生的一切证明在其范围内要找到有效路径来促进技术转让较为困难。①2012年11月28日至12月7日在多哈召开的COP18会议，技术转让问题，再次陷入困境：发达国家以保护知识产权为由，对向发展中国家转移绿色技术设置重重障碍，美国甚至在会上明确表示技术转让已经不用再谈。②前文已析，其中主要原因是没有掌握了多数技术的发达国家私人部门的参与，条约规定的技术转让义务和机制在实际中难以得到履行和实施，③而政府又不能强迫它们基于联合国框架下的条约而转让技术，因为在发达国家，政府的承诺（以批准条约的方式）与私人商行为是完全不同的：私人商行为决策的最主要的依据是利润最大化（即市场规则下的“理性经济人”利益最大化），而涉及公共利益的温室气体减排对它们而言，是抽象乏力的。尽管2010年12月通过的《坎昆协议》与《哥本哈根协定》相比，在关注私营部门参与技术转让方面有了较多的规定，它强调了私营部门在技术转让方面的重大作用，但它还只是一个初步形成的共识，何时可成为有法律约束力的条约的内容，尚难预期。而且，即使它变成对各缔约方有法律拘束力的条约，如果无有效的法律实施制度作保障，也很难保证它不像《京都议定书》等条约或协议那样难以得到有效的执行。此外，就是在联合国框架内，缺少有效的争端解决机制，《京都

① 历次COP会议的结果表明，各国可能会就减排规模、公平和效率等结论性判断方面达成共识，但关于技术转让和资金支持等问题依赖它们来解决十分困难。这可看作是一个侧面的反映。

② 《多哈气候谈判第一周无果：发达国家不愿转让技术》，《人民日报》2012年12月3日。

③ 有学者已从私人参与多边贸易体制角度对私人在相关国际法的创制和实施中的地位和作用进行了可贵探索，并提出了很有新意的分析和见解（参见蔡从燕：《私人结构性参与多边贸易体制》，北京大学出版社2007年版）。这些对有关国际环境友好技术转让的法律规制和实施有着较强的借鉴意义。

议定书》等的实施主要依赖于各国及其私营部门的努力和意愿，在缔约方不履行义务时，它们难以受到惩罚或被追究法律责任。多哈气候变化会议中国代表团气候谈判首席代表、国家发改委应对气候变化司司长苏伟感慨地指出：技术转让的问题谈了20多年，至今没有结果。其中要解决的关键问题在于，因技术转让表面上涉及各国利益，而实质上涉及的是企业私人利益，如何在保护知识产权和减排（涉及公共利益）之间找到平衡点，以及如何让发展中国家用得起、用得上环境友好技术。①在坎昆会议之前，发展中国家认为当时的技术转让法律制度已经无法有效推动技术转让，因而要求建立一个新的技术转让机制（如中国和77国集团建议在公约下建立一个附属执行机构来专门负责技术转让的各项事宜）以及用于支持该机制的专项基金（如77国集团和中国建议成立一个多边技术获取基金）；印度还呼吁成立一个"均衡管理结构"，使发展中国家在技术转让过程中与发达国家能享有同等的协商与决定权。美国、欧盟等发达国家则坚持现有技术转让机制上做出改进，小修小补。②坎昆会议和德班会议最终形成的技术机制一定程度上反映了发展中国家的意图，但在我们看来，没有美国、欧盟等发达国家的支持和合作，这种机制完全有可能与以往的机制一样，是一种一厢情愿的行为，发达国家及其拥有环境友好技术的私营部门如果不积极参与，在缺乏有效约束机制情况下，技术转让依然会难以有效进行。

这些表明，通过联合国及其体系来解决技术转让问题已经进入死胡同。而相比较而言，WTO成立以来所取得的成就表明它能较为有效地促使成员方将其规则变成国内法并使私营部门积极参与国际贸易活动；而且其争端解决机制能较为有效地解决成员方之间的争端，对不履行WTO义务者，可采取一定的强制措施。以上两点保证了WTO框架下的协议能得到较好实施。

---

① 苏伟：《多哈气候会议日程过半几无进展》，《南方都市报》2012年12月3日。

② 邹骥、王克、傅莎等著：《环境有益技术开发与转让国际合作创新机制研究》，经济科学出版社2009年版，第7—8页。Pelin Zorlu, Shane Tomlinson, etc. WRI, *Institutional Options to Enhance Technology Development and Transfer in the UNFCCC context*, 2009.

最有效的方法是如何通过有效的法律制度,调动起企业在应对气候变化技术转让方面的积极性。企业既是清洁技术的主要创新者,又是使用者和转让者。这种双重身份决定了它们在技术转让中的技术供方和受方的双重角色。大量事实表明,任何一个企业都不可能拥有它在经营过程中所需的一切技术,技术转让和分享是很多企业经营过程中必须要有的经历。通过良好制度促使企业间的技术共享和转让,尤其让技术为那些缺乏研发能力但急需减排技术的企业而言,意义十分重大。西方发达国家的跨国公司已经意识到谁先使用低碳技术,谁就获得市场先机。如高盛公司(Goldman Sachs)提出了利用气候战略增加公司价值的三种方法:保护名誉、增强竞争地位和开发新产品。[①]西方跨国巨头已经认识到应对气候变化是一种负责任的商业决策,企业如果不着手规划气候变化带来的风险和机遇将会被那些考虑到这些问题的竞争者所打败;将气候问题融入公司战略之中也是管理风险和把握机遇的必要方面,[②]也会让它们获得各种商业机遇并在变化的市场竞争中获得优势。[③]能够使用限制温室气体排放的生产方式、找到创造性的方法来使用可再生能源及通过产品和技术改变社会行为的公司将会成为赢家。[④]如何通过立法将企业自身的营利行为与应对气候变化等公共问题融合起来,激励跨国公司及其他私人主体的社会责任和技术转让,是应对气候变化背景下的法律成功的重要标志。在国内如此,在国际社会,我们也需要用自己的市场优势真正获得环境友好技术,转让和分享是有效路径。

因此,针对应对气候变化方面国际环境友好技术转让面对的困境,如何以履行《框架公约》、《京都协议书》设定的技术转让义务为切入点,以《哥本哈根协定》的具体落实及《坎昆协议》内容的国际

---

① M.Moran, A.Cohen, etc., The Growing Interest in Environmental Issues Is Important to Socially Responsible and Fundamental Investors, *Portfolio Strategy. Goldman Sachs*, August 26, 2005:5.

② [美]安德鲁·霍夫曼等著:《碳战略:顶级公司如何减少气候足迹》,李明等译,社会科学文献出版社2012年版,前言。

③ 同上书,第9页。

④ 同上书,第17页。

法制化为契机来催生在环境保护领域技术转让制度的新发展，打破目前国际技术转让领域立法的僵局，为国际技术转让制度的完善提供一个突破口，并将其推广到其他领域，进而促成国际技术转让统一协议的形成，最终为温室气体减排和控制气候变化创制一个可操作的国际协定，是极其有意义的。如能在技术转让和应用的国际机制上有所创新和突破，将环境友好技术转让、应用和推广于正在发展的发展中国家，减少温室气体排放，则会对保护人类环境和气候起到积极作用。笔者认为充分利用分散于现有环境保护条约中的技术转让规定，制定 WTO 框架下的国际技术转让协定比依赖于联合国体系来解决技术转让问题可能更为现实和有效，而且其制定在必要性和可能性方面已经具备了一定的条件。

2. 制定世界贸易组织框架下的国际技术转让协议的必要性

（1）理论上解决应对气候变化技术转让不畅问题的需要。

气候问题的外部性和气候变化框架公约的多边性，决定了政府间合作仍将是低碳技术国际转让的主要驱动力，同时应结合市场机制的作用，共同推动技术的国际转让。①这是制定技术转让国际协议的基本理论出发点。清洁技术转让和许可对应对气候变化能够起到积极作用。②知识产权许可为清洁公司提供了一个有价值且多重功能的工具，技术转让和许可自身可以成为一个商业模式，消除或减少进入某一个行业昂贵的障碍，也可以减少研发费用、时间及生产成本等。③温室气体减排离不开各国之间的合作，而这种合作体现在有关国际环境立法和实施的全过程。④基于现有有关环境保护条约中关于技术转让的规定过于原则，缺乏有效的执行机制保证各国履行技术转让义务，以至于现有条约中关于技术转让规定并没能真正得到执行并收到预期效果之现实，我们认为应以哥本哈根会

---

① 参见张建平：《气候变化谈判框架下的国际技术转让机制研究》，《国际贸易》2010 年第 5 期。

② Eric L.Lane, *Clean Tech Intellectual Property: Eco-marks, Green Patents, and Green Innovation*, Oxford University Press, 2010, pp.58—85.

③ Therese Murphy, *New Technologies and Human Rights*, Oxford University Press, 2009, pp.80—81.

④ 王曦编著：《国际环境法》，法律出版社 2005 年版，第 112—113 页。

议为契机，各国开展广泛而深入的合作，推动WTO框架下以有关贸易、发展和环境为主题和核心的多哈会议进程，尽快制定WTO框架下的统一国际技术转让协议，特别是涉及环境方面，让环境友好技术得到广泛的推广和应用，以涉及国际贸易的国家公权力及国家条约等来约束各国，促使跨国公司转让环境友好技术是较为有效的举措，对解决涉及环境、贸易和可持续发展这一重大议题有着深远的历史意义。

WTO主要是通过各成员方政府或行政当局来协调全球范围内的贸易问题。历史上以自由贸易为代表的市场机制是较为有效的组织生产和配置资源的方法，但是市场经济存在着难以克服的先天性缺陷，如在限制垄断、约束个人极端自私行为、提供公共产品、克服生产的无政府状态及市场活动负外部性影响等方面难有作为，不能实现社会整体资源的最佳配置，也无法实现可持续发展；①特别是涉及贸易、生产中的环境保护、污染治理问题，自由市场经济体制无法解决。今天的气候变化、环境污染问题主要是由过去过分强调贸易自由化等原因所致。因此，国际社会应对国际贸易活动进行环境管理和控制，以实现贸易生态化，已成为各国共识。涉及环境的贸易目前已被纳入WTO框架下，且其制度在日渐完善，为此，与环境、气候变化更为密切的国际技术转让（知识经济时代国际贸易的一种重要方式）在理论上被纳入WTO体系中是十分必要的。

而且，尽管《框架公约》生效已近20年，《京都议定书》生效也已8年，尽管各国领导人在2009年联合国气候峰会上就技术转让和资金支持在减少温室气体排放方面已达成共识，②但环境友好技术仍没有像预期的那样得以充分转让，很重要的一个原因是因为它们没有与有关贸易方面的国际条约直接挂起钩来。③2001年的多哈

① 蔡守秋、常纪文：《国际环境法学》，法律出版社2004年版，第304页。

② *Summary by the Secretary-General*（*22 September 2009*），at http://www.un.org/wcm/webdav/site/climatechange/shared/Documents/Chair_summary_Finall_E.pdf，2010年9月25日访问。

③ 虽然2010年12月《坎昆协议》强调了私人部门在技术转让方面的地位与作用，但它要变成一个有法律约束力且可有效实施的国际法文件尚需时日，而且其所规定的技术转让也需借助相关国际贸易制度。

会议将"发展"列为本回合的中心论题，而涉及发展的关键内容——技术转让——也就成为了其关注的焦点之一。但目前纯商业渠道对许多减排技术的转让和扩散是不可行的，即使发展中国家要求在公平有偿情况下获得、使用技术也不现实。因为，虽然许多环境无害技术可通过商业渠道扩散，但它们的扩展可能会被诸如法律保护不力、有关国家规章制度不健全而引起的风险所阻碍。此外，由于许多环境友好技术掌握在以牟取高额利润为目的的跨国公司手中，这些以私利为导向的主体对公共利益常考虑较少，想通过私人间的商业技术转让来实现温室气体减排的想法无异于异想天开。这也是 COP 会议至今对技术转让议题一直在空谈的主要原因。因此，在理论上，将技术转让纳入 WTO 框架下，使企业技术转让义务通过国际贸易这个桥梁及其国内法的规定，与企业私人利益联系起来，是十分必要的。

西方学者认识到，可持续的气候战略不可能独立于公司的竞争战略而附加在现有的商业模式之上。①这一点可谓一针见血。但它需要反映到国际国内的立法中。不过发达国家公司更多地关注的是减排指标分配、碳排放交易体系及自身技术的研发和运用等。②这可以理解，但在全球体系下，我们需要考虑到发展中国家及其企业自身研发能力的薄弱，技术分享和转让应该是它们关注的重点。从全球气候应对的角度而言，技术转让应该是国际法和国内法都应予以规定。

有人认为，政府间合作机制的主要目的应当是推动非商业性技术转让。③我们不赞同，由于技术多掌握在私人手中，政府间合作的主要目的在于为商业性技术转让提供较好的平台和环境；技术转让本质上还是一个交易，商业利益无疑是根本的驱动力，政府间合作的主要任务是如何促使私人营利目的与人类公共利益的维护最大

① ［美］安德鲁·霍夫曼等著：《碳战略：顶级公司如何减少气候足迹》，李明等译，社会科学文献出版社 2012 年版，第 17 页。

② 同上书，第 25—42 页。

③ 参见张建平：《气候变化谈判框架下的国际技术转让机制研究》，《国际贸易》，2010 年第 5 期。

可能地统一起来。对于非商业性的技术转让,可以作为政府间合作的辅项。为此,如何让私人拥有权利的环境友好技术通过政府公共权力这个平台,真正地服务于温室气体减排这一目标,是国际社会面对的一大难题,而其解决路径主要还是将这类技术转让与贸易联系起来,使技术权利人的利益受到法律强制力的影响。政府(包括技术供方和技术受方各自所在国的政府)应通过其内部合理的经济政策和法律框架,增强透明度和政治稳定性,营造有利于私营企业和公共部门进行技术转让的环境;对于私人如跨国公司和工商界等,政府则应采取必要的措施鼓励其环境技术的推广。此外,通过WTO框架下的有关制度,也可促使非政府组织和各社会中的主要团体积极参与,与有关政府部门、私营企业展开合作,促进环境友好技术的使用和转让,来共同遏制全球变暖的趋势;它们还可参与国内国际立法或起诉有关对温室气体排放作出过多"贡献"的私营企业,以引起它们对环境友好技术开发与转让的关注并承担起它们应该承担的责任。如此才能真正形成政府主导、企业参与、市场运作的良性互动机制,促进环境友好技术的高效转让和应用。

将应对气候变化技术转让与一般国际贸易制度挂起钩来:一方面可分享WTO的其他机制,特别是争端解决机制①,增强有关环境条约中技术转让规定的可执行性,如果有关当事方不履行义务,可利用WTO争端机制强制执行;另一方面技术转让常与投资、货物和服务贸易、公平竞争等相关,便于各领域的协调。因为无偿的纯粹技术转让或援助不可能产生法律义务和积极效果,不论是技术拥有国政府还是其企业,都不会心甘情愿地将技术无偿拿出来为他人分享,它必须在利益的作用下通过公平有偿的制度才可实现。这已为《框架公约》生效以来发生的事实所证明。再次,可以将技术转让与国家间的贸易挂起钩来,如同知识产权和有关贸易救济措施制度

① 乌拉圭回合谈判之前,多数国家意识到WIPO管理下的《巴黎公约》和《伯尔尼公约》等存在两个显著弱点即在一国司法行政权威机关之前的权利实现的具体规则的缺失和有约束力及有效争端解决机制的缺失,因此有必要建立一个弥补上述缺点的公约,这就是TRIPs协议产生的一个这样原因。See Daniel Gervais, *The TRIPs Agreement: Drafting History and Analysis*, Sweet & Maxwell Limited, 1998, pp.9—10.

中有关国家对知识产权保护不力的国家或反倾销、反补贴中有关国家违反国际协定时,可以采取贸易救济措施一样,对有关国家如果不履行环境友好技术转让义务,可以通过有关贸易规则给予制裁,如征收高额关税或禁止该国商品进口等,迫使有关国家及其国内的公司转让有关环境友好技术;当然这种转让是在公平合理的环境下转让,而非无偿转让。这样把那些掌握技术的跨国公司和其他私人主体的商业活动与减排、环境友好技术转让就紧密结合起来,能最大程度地发挥环境友好技术的作用。通过规定,让有关国家真正意识到技术转让是它们的一项实实在在的义务,而非虚有的、毫无约束力的表态,或是一种依赖于道德自觉的软性呼唤。当然,即使是政府资助研发环境友好技术,在国际社会间进行转让时,最终也会产生利益冲突。各国之间可否为了鼓励环境友好技术转让而通过一个条约来约定对此类活动采取特殊的政策、给予一定的优惠等,也是在制定这样的条约时值得研究的。

在适当国际协议义务引导下,借助于各国国内立法,在应对气候变化的商业环境下,一个公司的行动会对其他公司产生积极影响。如沃尔玛对那些实现温室气体减排的供应商给予优先权,①这将鼓励一些企业积极采取减排行动;丰田公司等通过生产更为节能的汽车将从其他汽车公司处获得市场份额等。②政府通过立法对这些行为的肯定、鼓励甚至给予更多的优惠,无疑将增强各类私人主体整体上的减排能力,特别是在技术转让和分享方面。

(2)实践中解决应对气候变化技术转让不畅问题的需要。

几乎没有一个人能够自己造一辆现代汽车、计算机或手机,因为每个人都仅是很狭窄的一个领域内的专家。但现代的技术市场体系把这些领域全都统一起来,让它们全速前进。③和平号空间站是一个例子;我国神舟系列航天航空技术是另外一个例子。在环保

① Jonathan Birchall, Wal-Mart sets out stall for a greener future, *Financial Times*, October 26, 2005.

② Oliver Bennett, "Sustainability" Used to Be Just for Hippies. In America, It's Now Big Business, *The Daily Telegraph*, 25 Mar 2006.

③ [瑞典]克里斯蒂安·阿扎:《气候挑战解决方案》,杜珩、杜珂译,社会科学文献出版社2012年版,第151页。

和应对气候变化领域一样,先进复杂的技术需要多个公司来合作完成。以太阳能和风能为代表的可再生能源技术的潜力十分巨大,人类完全有能力兼顾发展与排放的矛盾,走出一条能源发展的道路,既整合全球的福祉又能降低甚至实现 CO_2 的零排放。①这一条路就是技术开发和转让,即让更多的人能够分享到先进技术。为此,制定和完善技术转让和分享法律制度就不可避免。

气候变化涉及政治、经济和社会正义,如果不在引起这场危机的社会制度方面做出相应的变化,就不可能解决。②全球变暖是压迫、剥削和不正义之议题。为此,发展中国家、土著居民及全球饱受气候变化之害的任何个人和群体要通过各种形式的斗争来赢得正义,这其中包括在谈判桌上和各种会议中,并要形成相对公平的法律制度来保障这种正义。

现在尽管有些非政府组织对某些大的跨国公司提起申诉(如德国的发展和环境组织——德国观察——向联邦经济部控诉德国大众,因后者违反《OECD 多国公司指南》而应对温室气体排放负有法律责任,要求后者采取措施承担社会责任③),或一般公众对公司生产经营过程中排放的温室气体提起诉讼(如美国密西西比海湾沿岸的居民、土地与财产的所有者以集体诉讼的形式向密西西比南区法院起诉那些住所不在但营业场所却在密西西比州的公司,他们以这些公司因侵权、不当得利和虚假陈述等活动带来的温室气体排放导致气候变化和"卡特里娜飓风"给他们带来的损失为由,要求公司赔偿),④

---

① IPCC's *Special Report on Renewable Energy Available*, http: srren.ipcc-wg3.de.

② Lan Angus, *The Global Fight for Climate Change*, Resistance Books, 2009, p.10.

③ See *Germanwatch Raises Complaint Against Volkswagen*,载德国观察网,http://www.germanwatch.org/presse/2007-05-07e.htm, 2010 年 9 月 25 日访问。

④ 被告提出动议要求法院基于原告没有充分的证据支持他们的诉求及他们也不能证明他们的诉求不是非公正的政治问题之理由,对原告的诉求不予支持;地区法院支持了被告的动议,驳回原告的诉求。原告不服,上诉到第五地区巡回法院。上诉法院认为,原告提出的侵权、疏忽大意等诉因是成立的,但对于不当得利、虚假陈述等诉因不予支持,上诉法院推翻了地区法院的判决,要求地区法院重审此案。See Hurricane Katrina Public Nuisance Case (Comer v. Murphy Oil, No. 07-60756), October 16, 2009, http://www.climatelaw.org/cases/case-documents/us/katrina.oct09.pdf, 2010 年 9 月 25 日访问。

但国际社会还没有一例因为不转让环境友好技术而引起的诉讼案件，不论是国家与国家之间，还是私人企业之间。就目前国际社会有关经济、社会、环境和发展的国际条约执行情况来看，毫无疑问WTO框架下的条约执行效果应是最好，这与该制度的设计（通过“一揽子”协议方式将争端解决机制变成WTO制度的一部分，不允许保留且该机制对成员方享有强制管辖权）有很大的关系。为此，从强制实施有关技术转让规定的实践角度考虑，一旦应对气候变化技术转让义务进入WTO框架下，对有关国家不履行义务的行为，就可通过争端解决机制来解决。

企业的行为包括公司通过自身的工艺流程实现直接和间接的减排（如能效措施），低碳生产和相关过程的技术研究、开发与投资，与气候有关的金融和商业服务，通过排放补偿和交易实现减排，减少价值链上游和下游排放的行动，适应机制等。①在这些行为中，我们认为技术开发、运用及其转让是最为关键的：企业可以运用自身拥有的技术，也可运用其他企业的技术，这就需要转让。对整个企业界而言，相互利用最为环保的技术，是减少温室气体排放的根本路径。现有的国际制度和国内法在如何发挥企业这方面的作用，有很大空间。因为现有制度更多关注的是政府之间的承诺，而对于像技术转让、减排指标最终落实的依赖者——企业——规定较少。如何在国际条约中规定企业技术转让及其他社会责任等内容是非常现实的实践问题。

在国内，因气候变化问题引起的法律纠纷已有大量的司法实践，它引起人们对气候变化带来的不利影响的重视，同时，通过诉讼是各国公民迫使其政府来认真对待气候变化的一个十分重要的机制。②在国际上，有因为污染而带来的国际争端案例。但目前在国际社会尚无一例因为应对气候变化的技术转让而引起的诉讼。发达国家没有履行自己在有关国际条约中承诺的义务，但发展中国家

---

① ［美］安德鲁·霍夫曼等著：《碳战略：顶级公司如何减少气候足迹》，李明等译，社会科学文献出版社2012年版，第10页。

② William C.G.Burns, Hari M.Osofsky, *Adjudicating Climate Change: State, National, and International Approaches*, Cambridge University Press, 2011, pp.70—71.

没有因他们违反国际义务的行为而起诉。导致这种现象的原因有:此类诉讼中权利主张过于抽象,诉因难以确定,如何证明跨国公司的温室气体排放量?气候变化带来消极影响到底是什么,对具体个人或团体的损害结果是什么?举证很困难,而论证因果关系也并非易事。

只有来自所有国家的贡献和承诺,才是能够避免重走《京都议定书》令人失望的失败之路的态度。①这其中最重要的承诺就应该是技术转让。这种承诺客观上需要以国际协议的形式确定和体现。它有双边和多边之分。目前,签订双边的或区域性的技术转让协议在一些地区正在酝酿。如根据欧洲议会环境委员会主席的话语,欧盟成员国可能也正在试图寻求起草建立在双边协议基础上的技术转让协议。②有学者建议在未来的气候协议中,应当考虑强化与清洁技术的研发、运用和转让相关的规定,甚至也可以以清洁技术议定书的形式,其中包含技术转让的规定。③我们认为这种设想很有道理,但如果涉及研发和运用则内容过广,短期内难以形成一致意见,还不如更为集中地规定技术转让,让有一定基础的发展中国家在自己已有的技术基础上用得起已有的清洁技术。

有学者认为,应对气候变化似乎走入了死胡同,已经很难在原有的政治体制框架内解决问题,需要有新的政治智慧去探索新的解决路径。④据近几年的COP会议形成的决议和技术转让的实践,可以看出这种判断是有道理的。经济全球化、人类面临的日益增多的公共问题及世界贸易组织的成立等,各国还坚持"主权绝对"已不可能,主权分割和让渡变为日益常见的现象。在此种背景下,加强

① See Joao Sampaio, *Climate Change: Brazil's contribution and commitment*, http://www.businessgreen.com/bg/opinion/1807256/climate-change-brazils-contribution-commitment.

② "Bilateral deals mushroom as climate treaty falters", *EurActive.com*, October 1, 2010, available at: http://www.euractiv.com/en/climate-environment/bilateral-deals-mushroom-climate-treaty-falters-news-498187(last visited April 30, 2011).

③ *Friedrich Soltau*, *Fairness in International Climate Change Law and Policy*, Cambridge University, 2009, p.226.

④ 杜受祜:《气候变化及其应对的非气象学思考》,载[瑞典]克里斯蒂安·阿扎:《气候挑战解决方案》,杜珩、杜珂译,社会科学文献出版社2012年版。

全球治理成为一种趋势,但在主权国家依然以“利益单元”存在的情况下,如何协调全球治理与国家主权的关系是一难题。然而,我们在考虑这一问题时,我们不能忽略私人主体、非政府组织和其他社会团体在人类面临共同问题中的作用,尤其是在技术转让领域。要全方位做到全球气候治理中的全球治理与国家主权间的相辅相成和协调一致是不现实的。我们在此章中欲探讨在环境友好技术领域,各国可否抓住技术这一应对气候变化的关键来建立技术转让法律机制,促使掌握技术的主体(主要是掌握技术的发达国家及其辖区内的私人主体)让渡部分利益,以期收到有效遏制气候变化的效果。短期地看,它似乎只有利于发展中国家,但长期地看,它最终是有利于全人类。就此点而言,制定这样的协议,实践中也是有需求的。

总之,所有的国家都应该促进可持续发展,改变消费和生产模式,在发展中尽可能地节能减排。政府、国际组织、私有企业和所有的主要团体都应该建立合作伙伴关系,在改变非可持续性的消费和生产模式及促进技术转让方面发挥积极作用。我们不能只在国家层面采取行动,还必须把企业(特别是握有技术的企业)、各种团体也发动起来,让企业积极参与温室气体减排和环境友好技术转让,才有可能实现目标。因为国际技术转让,并非一国政府单方面就可以完成,它必须借助于企业等社会组织体和个人的行为才能完成。在现今条件下,在所有的国际组织中,只有 WTO 能够满足这样的要求,为前述各主体提供较好的谈判和交流的场所,最终用“一揽子协议”的方式使各成员方受到 WTO 规则和其争端解决机制的约束,从而推动环境友好技术的转让。未来是未知的,但科技在很多领域都会引起令人瞩目的变化——有些甚至会以想象不到的方式改变我们的能源利用。我们的决定会塑造未来。①我们希望基于这样的认识,各国能够尽快决定通过这一有着深远意义的协定,以为人类的美好未来奠定条件。

---

① [瑞典]克里斯蒂安·阿扎:《气候挑战解决方案》,杜珩、杜珂译,社会科学文献出版社 2012 年版,第 159 页。

二、推进并完善政府和社会资本合作(PPP)制度

PPP(Public-Private Partnership),又称PPP模式,即政府和社会资本合作,是公共基础设施中的一种项目运作模式。在该模式下,鼓励私营企业、民营资本与政府进行合作,参与公共基础设施的建设。PPP模式在各个方面都发挥过巨大的作用,而在环境友好技术转让中,它会起到不同于传统知识产权模式的作用。对于PPP在应对气候变化技术转让方面的作用,范史密斯(Van Simith)有过非常深入的研究。PPP模式下,激励技术转让的动力不同于知识产权模式。在知识产权保护的方法中,TRIPs协议通过创造有吸引力的商业环境来促使环境友好技术从发展中国家转移至发达国家。而PPP模式则有一种双重的激励方法。PPP模式不仅创造市场,使开发者能从目标技术中盈利,从而产生创新,同时还提供公共投资,以进行项目和承担部分研究风险,从而推动私人部门的创新。①

(一) 实施模式与运作流程

对于环境友好技术转让,PPP有两种模式可供选择:风险投资模式(venture capital model)和联合研发模式(joint research model)。风险投资模式是使用公共资金为进行研究的私人公司提供投资,而联合研发模式则是由政府支持公共研究机构和私营部门伙伴发展可市场化的技术。②

风险投资模式的风险投资是提供给有创新与成长潜力的年轻公司的投机资金。这些投资所投给的对象往往难以从传统银行那里拿到融资,因为它们威胁了现有公司提供的产品与服务,而且一般需要五到八年才能投入市场。因为风险投资的周期比较长,所以它能为研发不间断地提供资源。

联合研发模式则旨在将技术转让从公共部门手中转移到私营部门手中,而私营部门会将它商业化并产生用处。美国政府在自有

---

① Van Smith, Enabling Environments or Enabling Discord: Intellectual Property Rights, Public-Private Partnerships, and the Quest for Green Technology Transfer, 42 *Geo. J. Int'l L.*817(2011), p.840.

② Ibid., p.841.

实验室中进行研究，同时还支持了公立与私立的大学、非营利机构和私营部门的研究，并因此持有一系列的知识产权。但是，这些权利若不由私人部门运用于市场，它们的价值就被浪费了。对此问题，美国有两个重要的立法保证运用政府资金研发的技术可以被转化入私营部门并被有效利用：拜杜法（Bayh-Dole Act）和斯怀法（Stevenson-Wydler Act）。拜杜法适用于使用政府资金进行研究的美国大学、小企业、非营利机构和大公司。①

在美国，根据"拜杜法案"，研发部门会获得其以政府提供投资研发的技术的有限的知识产权，作为交换，政府得到了将这些技术商业化并引入市场的好处。为防止滥用知识产权与促进公共利益，政府保留被称为"介入权"的强制许可权力。②若该权利未被合理许可，或为公共利益，或遇到许可第三方会更好促进拜杜法政策与目的的"例外情形"时，政府可以将其强制许可给第三方。但是，目前为止，美国政府尚未用过此介入权。③斯怀法的思路与拜杜法相似，它允许政府拥有并运营的实验室将技术许可给私营部门。④与拜杜法相似，斯怀法也保留了政府干预的权力。在"例外情形"下，或为达到合作方未合理满足的健康与安全需求有必要时，斯怀法授权政府，要求私人部门将许可转让给第三方。⑤政府同样保留为政府目的实施技术的非排他许可。⑥但是，与拜杜法不同的是。斯怀法也允许政府实验室和"与实验室任务一致的"私营部门之间签订合作研发协议（Cooperative Research and Development Agreements，CRADAs）。⑦合作研发协议是美国最流行的技术转让协议因为它允许私营部门为政府支持的项目提供资金。斯怀法保证公司在合作研发协议中拥有足够的权利，包括"就合作研发协议下开展联合研发产生的发明，在某一提前商定的使用领域选择排他或非排他许可

---

① See Benton C. Martin, The American Models of Technology Transfer: Contextualized Emulation by Developing Countries? 6 *Burs. INrELL. PRop. L.J.* 104(2009).

②③ Ibid., p.109.

④ Ibid., p.111.

⑤ 15 U.S.C. § 3710a(b)(1)(C)(i)(2006).

⑥ 15 U.S.C. § 3710a(b)(1)(A)(2006).

⑦ 15 U.S.C. § 3710a(d)(1)(2006).

的权利”。[①]美国的拜杜法与斯怀法共同提供的联合研发模式的PPP为私营部门资金进入气候变化研究和环境友好技术的研发提供了重要的机会。

（二）评价与前景

史密斯认为，相比传统的知识产权保护，即TRIPs体系，PPP模式至少有三点优势：第一，PPP模式反应快而且可行。气候变化问题急切地需要国际社会的行动，但是目前国际社会采取的行动还是远远不够的。PPP模式可以在非常短的时间中展开。一旦公共投资到位，私人的资本市场会迅速跟进投资。获得这些投资后，国际社会很容易就能建立能够有效利用大笔资金的研究网络。PPP模式去中心化的特点使其不需要多边共识。而相比之下，利用传统的知识产权保护模式来促进技术转让可能会需要修订TRIPs协定，TRIPs协定的修订需要WTO全体成员的共识，这是比较困难的。[②]第二，PPP模式更加有效。气候变化的挑战要求能够产生高效技术转让的解决方案。国际间的协调需要加强，世界能源基础设施的建设需要重塑，在这方面，PPP模式更加有效，因为PPP模式更能够克服目前环境友好技术投资缺少需求的问题，更能够克服多种技术转让的市场障碍，给投资者提供不断增长的回报。[③]第三，PPP模式能够促进多变气候变化谈判。条约的修改和签订会带来强制性的义务，谈判者就必须小心翼翼地审查每一项改动可能会对自己国家的竞争力、经济增长和安全等造成的影响。PPP这样一种相对独立的政策在直接解决技术转让问题的同时不会直接造成伤害性后果，因此能够帮助谈判者减少不确定性。[④]

因此，在国际社会，通过有关国际条约及制度设计，将PPP模

---

① Benton C.Martin, The American Models of Technology Transfer: Contextualized Emulation by Developing Countries? 6 *Burs. INrELL. PRop. L.J.* 104(2009), pp.112—113.

② Van Smith, Enabling Environments or Enabling Discord: Intellectual Property Rights, Public-Private Partnerships, and the Quest for Green Technology Transfer, 42 *Geo. J. Int'l L.* 817(2011), pp.848—849.

③ Ibid., pp.850—851.

④ Ibid., p.852.

式运用于应对气候变化的技术转让领域，应该能够发挥出该模式的积极作用，以利于世界，特别是发展中国家（尤以最不发达国家为代表）的环境保护和气候变化的应对。

第三节　中国促进私营部门积极参与应对气候变化技术转让法律制度完善的路径

气候变化引发的危险是“民主”的，通过环境友好技术转让以求提升全球对抗气候变化能力提升，需要良好的制度环境和平台。作为负责任的大国，中国提出、倡导并践行“人类命运共同体”理念，以推进实施“一带一路”倡议为契机，通过完善国内知识产权交易、保护法律制度，健全技术交易合同法律制度，规范竞争法律制度等措施，在创造促进环境友好技术跨国流动的良好制度环境方面积极作为且卓有成效，未来也将以更大力度、更开放的姿态推动私营积极参与应对气候变化技术转让事业的发展。为此，我们应在以下四个方面完善以促进私营部门积极参与技术转让的法律制度。

一、构建和完善国内的技术转让法律制度，突出私营部门的积极作用

完善国内技术转让法律制度，已成为诸多学者的共识。设立技术转让的合理法律制度，如设立适当的标准、完善许可制度等，[①]对国内应对气候变化很关键。解振华曾经指出的应对气候变化的有效技术开发与转让机制应包括的四点内容[②]可以说点中了问题的要害，我们相应法律制度的完善也需要围绕这些来展开。

首先，从技术转让法律制度完善的内容方面说，目前应重视环境友好技术转让或引进的立法与执法问题。我们在利用现有国际

① 邹骥、王克、傅莎等著：《环境有益技术开发与转让国际合作创新机制研究》，经济科学出版社2009年版，第94页。

② 具体内容参见本书第四章第一节。

条约的有关规定、开展各种合作①及提升企业自主研发能力的同时,应根据其有关技术转让的规定,协调和完善国内环境友好技术的转化和转让及鼓励科技创新立法,特别是国内技术转让和技术进出口方面的法律法规的协调与统一,建立和逐步完善技术交易机制,成立专门进行技术贸易的交易所,推动技术转让和转化,让技术发挥其应有的作用。虽然中国大陆已有相关法律体系,但它们满足不了现实需求,我们可以借鉴美国的做法,将科技法和知识产权法的立法重点放在促进技术流转和转让上,在2009年全国人大常委会《应对气候变化决议》及其他相关政策指导下,坚持充分发挥科学技术的支撑和引领作用,②制定统一的《技术转让法》,③首先明确规定技术转让的目标(不是为了转让而转让,而是为了提升创新能力),促进和加快技术在国内的转让和扩散,以加速提升创新能力。

我国在打击盗版、侵权等方面立法已日趋完善,执法力度也在不断加大,但在涉及技术转让的立法、执法方面尚需作出很多努力。通过立法对"技术转让"做出较为准确且适合中国经济发展需求的定义,而不应采取过于宽泛的定义。在执法方面,严格执法,如对外合作技术引进方面,完善认定外资企业高新技术的规定并严格执行,禁止技术转让合同中不公平条款,尤其是合同中限制性条款、后续研发及环境保护、能源耗费等的约定不能违反我国强行性规定,等等。这是我们需要重点努力改进的地方。

---

① 如在利用清洁发展机制(CDM)方面,中国政府成立了由相关部门组成的清洁发展机制审核理事会,并于2004年6月发布了"中国清洁发展机制项目暂行管理办法",规定了项目申报和许可程序。目前已经正式批准了两个清洁发展机制项目,有很多项目正在进行前期准备。在《京都议定书》生效之际,国家发改委副主任刘江表示,中国政府已经采取了七项措施应对气候变化。详细内容参见《中国政府已采取七项措施应对气候变化》,http://www.lznews.cn/show.aspx?id=75185&cid=18。

② 张梓太:《中国气候变化应对法框架体系初探》,《南京大学学报》(哲学·人文科学·社会科学版)2010年第5期。

③ 发展中国家的阿根廷(1981)、蒙古(1998)、越南(2006)和韩国(2006)等国都先后制定过《技术转让法》或《技术转让和商业化法》,对促进本国经济发展起到过积极作用。*WIPO Lex*, www.wipo.int/wipolex/en/。

中国在引进外资的40年历史中，成绩很显著，但带来的负面影响也是不容忽视的，如环境保护问题、关键技术创新能力形成问题等没有较好解决。在技术引进方面我们同样犯了“盲目追求GDP和发展压倒一切”极端主义错误，将技术引进和转让视为一般的商品买卖，没有充分发挥它在技术能力提升方面的作用。经济发展了，但人们的福利和生活质量等却在受到威胁。其实早在20多年前，联合国文件就指出，“发展不应仅体现为GNP总值的单纯功能，它应被理解成人与集体一致的和谐发展”。①这也是外企对中国环保法不够重视的原因之一。因此，政府应适当积极介入，通过立法，堵塞这方面的漏洞，要求我国企业在与外国企业合作时，不能重短期利益，片面强调发展，而忽略可能带来的严重污染；应当积极鼓励企业引进环境友好技术，发展无烟工业。因为引进外资的最终目的是要服务于本国利益，促进本国经济持续、稳定、健康发展。作为大气、土壤、水等环境保护的基础性法律《环境保护法》于2014年4月下旬由全国人大常委会进行了修改，修改后的法律规定其立法目的是“为保护和改善环境，防治污染和其他公害，保障公众健康，推进生态文明建设，促进经济社会可持续发展”②，并进一步明确环境保护依靠科学技术进步，“国家支持环境保护科学技术研究、开发和应用，……提高环境保护科学技术水平”。③它还规定，“国家鼓励和引导公民、法人和其他组织使用有利于保护环境的产品和再生产品，减少废弃物的产生。国家机关和使用财政资金的其他组织应当优先采购和使用节能、节水、节材等有利于保护环境的产品、设备和设施”。④“国家促进清洁生产和资源循环利用。国务院有关部门和地方各级人民政府应当采取措施，推广清洁能源的生产和使用。企业应当优先使用清洁能源，采用资源利用率高、污染物排放量少的工

---

① 参见克里斯蒂安·托穆沙特：《发展权》，载《当代联邦德国国际法律论文集》编辑委员会：《当代联邦德国国际法律论文集》，北京航空航天大学出版社1992年版。

② 《环境保护法》（2014年）第1条。

③ 《环境保护法》（2014年）第7条。

④ 《环境保护法》（2014年）第36条。

艺、设备以及废弃物综合利用技术和污染物无害化处理技术,减少污染物的产生。"①这些都是非常可喜的进步,说明立法者十分重视科技及技术转让在环境保护和经济发展中的决定性作用。它们无疑也将会对应对气候变化的相应法律制度的完善提供强有力的基础。

我们在协调、统一不同法律之间关系方面,可以做出更多努力。20世纪七八十年代,发展中国家都曾经主张技术转让方面,由于技术受方与技术供方所处的地位不平等,处于弱势的一方,往往在技术转让中易遭受到一些不公待遇,故政府应该进行适当的干预,以使双方的技术转让尽量做到公平合理条件下的双赢。但今天语境不同了,多数发展中国家放弃了这一方面的要求:由于一些国家国内市场狭小,外商投资没有太大兴趣,它们引进外资本身就很困难,不得不在技术转让等方面委曲求全。加上美国等国家加大对敏感技术出口的管制,尤其是20世纪80年代后,加强知识产权保护,发展中国家在技术转让方面,就政府适当干预的规定均有所减弱,这在客观上阻碍了后进国家技术进程。我国作为一个发展中的大国,有着庞大的市场,对外方投资有较大的吸引力,在技术转让方面进行适当的干预是必要的。然而,另一方面,由于我国企业自身力量的不断强大,对于一些在实务中较少甚至从来没有使用的管制技术转让条款,可以废除,以免授人以柄。如在2018年3月、2018年6月美国、欧盟分别在WTO争端解决机构诉中国的"中国—相关知识产权保护措施案"②及"中国—技术转让措施案"③指控我国相关技术转让的条款违背了TRIPs协议的国民待遇原则和相关条款,我们可以根据具体情况作出相应调整。如《技术进出口管理条例》(2011年)规定的"技术进口合同的受让人按照合同约定使用让

---

① 《环境保护法》(2014年)第40条。

② 详见 *China—Certain Measures Concerning the Protection of Intellectual Property Rights*, WT/DS542/1, IP/D/38。

③ 详见"China—Certain Measures on Technology Transfer", WT/DS549/1, G/L/1244, IP/D/39, 6 June 2018。

与人提供的技术，侵害他人合法权益的，由让与人承担责任"[①]与《合同法》(1999)规定的"受让人按照约定实施专利、使用技术秘密侵害他人合法权益的，由让与人承担责任，但当事人另有约定的除外"[②]有所区别，即合同法规定针对这种情况，允许当事人自有约定。在实务中，我们了解到技术进出口管理条例的这一款，几乎没有人使用过，最终责任的承担还是依赖双方当事人的约定。如果这样的话，不如将该款取消，直接适用合同法的规定。再如美国指出的我国《中外合资经营企业法实施条例》规定的"合营企业订立的技术转让协议，应当报审批机构批准。技术转让协议必须符合下列规定：……(三)技术转让协议的期限一般不超过10年；(四)技术转让协议期满后，技术输入方有权继续使用该项技术"[③]违反了TRIPs协议第28条的规定，侵害了专利权人的利益。实际上，现在发达国家的跨国公司更多地倾向于设立独资企业，新设立的中外合资企业数量呈下降趋势，而且在合资企业中，大量的证据表明，合资的中方鲜有机会获得实质性的技术，中方仍然在合营企业中从事较为低端的工作，如上海大众汽车有限公司和上海通用汽车有限公司，中方在核心技术的掌握和获取方面就乏善可陈；甚至于像原先发展很好的上海贝尔电话设备制造有限公司后来在几次并购和合资规模扩张中，由于无法从外方真正获得核心技术，加上自身的创新能力不足，被迫于2017年被诺基亚收购。这些都是鲜活的例子。而且更主要的是，技术转让中，专利技术并不占主导地位，占主导地位的、决定能否生产出符合市场需求的产品更多地依赖于专有技术，而专有技术的保密性使上述规定在现实中很难操作。因此，这些条款与其在现实中难以发挥作用，还不如将其废除。

为此，我们可以在总结我国现有有关技术转让规定的基础上，

---

① 《技术进出口管理条例》(2011年)第24.3款。

② 《合同法》(1999)第353条。

③ 《中外合资经营企业法实施条例》(2014)第43条。

吸取美国[①]、欧盟[②]、日本[③]及越南、蒙古等国家的立法经验，采纳合理内容制定出符合中国发展需求的《技术转让法》，[④]重点突出清洁能源技术转让内容，以满足我国应对气候变化之需要；注重鼓励和吸引发达国家的拥有环境友好技术的私有企业和中国的政府、企业和机构（例如大型电力设施机构）开展能源技术转让方面的合作。[⑤]

其次，立法应完善技术转让合作方面的内容。这里的合作不仅指国际上与其他国家在无害环境技术转让方面的合作，还应包括国际、国内各相关主体间（尤其是政府与企业间、企业与企业间）的合作。该方面法律规定的核心是充分调动私营部门在技术转让中的核心作用。韩国作为后进的国家在技术转让、促进外国投资方面是随着时代的变化做出不同的调整，但其核心是如何充分发挥私人主

---

① 如美国1995年4月由其司法部和联邦贸易委员会发布了《知识产权许可反托拉斯指南》，内容有六个部分：知识产权保护和反托拉斯法；一般原则（标准反托拉斯分析适用于知识产权，知识产权和市场力量，许可利于竞争的益处）；反托拉斯的关注及分析模式（关注的性质，被许可安排影响的市场——货物市场，技术市场及研发：创新市场，横向和纵向关系，评估许可限制框架）；与机构评估许可安排相关的一般原则（反竞争效果的分析——市场结构、协调及排斥、涉及排他性的许可安排，效率和合理性，反托拉斯"安全区"）；一般原则的运用（横向限制，转售价格的维持，捆绑安排，独占性交易，交叉许可与联营协议，回授及知识产权获取）与无效知识产权的实施等。See *Antitrust Guidelines for the Licensing of Intellectual Property*, at www.justice.gov/atr/public/guidelines/0558.htm.

② 为规制技术转让方面的不公平现象，欧共体委员会于2004年4月27日颁布《关于条约第81条第3款适用于技术转让协议的772/2004号条例》，含有：定义、豁免、市场份额门槛、无条件限制、排他限制、个案撤回、不适用本条例情形、市场份额门槛适用情形、撤销、过渡期和有效期等11条，其中核心是前8条。具体内容See *Commission Regulation*（*EC*）No 772/2004 of 27 April 2004 on the application of Article 81（3）of the *Treaty to Categories of Technology Transfer Agreements*, *Official Journal of the European Union*, 2004.4.27。

③ 日本公平贸易局在2007年颁布《反垄断法下的知识产权运用指南》（具体内容See *Guidelines for the Use of Intellectual Property under the Antimonopoly Act*, http://www.jftc.go.jp/en/legislation _gls/imonopoly_guidelines.html），取代1999年颁布的《专利和技术秘密许可协议中的反垄断法指南》。

④ 该法内容可以成为本书研究的延续，限于篇幅和精力，本书不做展开。

⑤ 如澳大利亚、法国和美国的一些私有企业，已经和中国的政府和机构（例如大型电力设施机构）就煤炭和核能展开了双边合作。See See Robert O.Keohane, David G.Victor, *The Regime Complex for Climate Change*, *Perspectives on Politics*, Vol.9（1）, 2011。

体的作用。韩国在20世纪60年代后，技术转让的政策分三个阶段：早期控制—调控（1960—1971年）、中期放松—解除调控（1972—1977年）、后期完全自由（1978年之后）。[①]中国也是随着时代的变化在不断修改自己的相关法律，但由于中国通过技术转让获得技术创新能力的步伐较缓，技术转让方面的政策变化不大，由此引起美国的不满。我们改革开放40年了，在民用关键领域的核心技术仍然在他人手中。我们的法律制度虽然没有像韩国那样变化大，至今仍然在技术转让领域已经做到完全放开、自由，但在众多关键领域技术创新能力没有获得重大突破，值得我们反思。

法律制度应注重私人主体在技术转让方面作用的发挥。[②]不仅国外公司与国内公司，而且国内公司之间的技术转让都应当被法律所涵盖。发达国家的公司之间实际上也是需要技术转让的；如美国辛辛那提公司[③]一位负责人尽管认识到解决气候变化问题需要精炼技术和能源利用技术，但他指出：我们不是技术开发者或所有者。我们是新技术的用户，这种新技术可以使我们更经济地经营我们的工厂。[④]字里行间告诉我们：他们也是在使用别人的技术；而这种技术肯定是通过转让获得的。该公司最终于2006年被杜克能源收购，其中一个重要因素可能就是能够更好地使用后者的创新技术。

---

① 宋钟谷、苏诸海、陈丽玲：《韩国私营部门和政府在技术转让中的地位和作用》，《学术研究》1996年第4期。

② 有人建议在应对气候变化方面，“要推动跨国公司承担企业社会责任，其主动放弃一些技术专利保护”（参见张建平：《气候变化谈判框架下的国际技术转让机制研究》，《国际贸易》2010年第5期）。企业承担社会责任可以，但要求他们主动放弃专利保护，不足取。实际上，社会责任、专利保护和转让三者之间不矛盾；我们不主张要求私人公司放弃专利保护，而主张权利可以依法行使，只是在涉及应对气候变化和公共健康等问题时，要求权利受到限制。

③ 该公司（Cinergy Corp.）成立于1994年10月24日，由辛辛那提天然气和电气公司（CG&E）、肯塔基附属统一照明、热能和电力公司（subsidiary Union Light, Heat & Power, ULH&P）与印第安纳州公共服务能源公司（Indiana-based PSI Energy）等合并而成。它于2006年4月3日被杜克能源公司所收购。它规模不大，却被研究人员认为是美国第49大空气污染制造者（公司类的），每年排出约2 900万磅的有毒化学物质。See “Cinergy”, en.wikipedia.org/wiki/Cinergy.

④ ［美］安德鲁·霍夫曼等著：《碳战略：顶级公司如何减少气候足迹》，李明等译，社会科学文献出版社2012年版，第116页。

实际上,技术转让的最彻底的方式就是被有技术特长的公司合并或合并有自己所需技术的公司,这样可以在公司内部分享到技术。这一点对我们很有启示意义。我们可以通过法律政策等的制定,让私人主体认识到气候变化正在变成一个更像是业务开发的议题,[①]控制温室气体排放不仅是伦理上正确的事情,也是一个精明的商业决策。[②]如此,可以充分发挥私人主体在应对气候变化和技术转让方面的主动性与积极性,而非单靠所谓的公司社会责任、法律责任等强制性的规定让其被动转让技术。

立法时应当注意,不鼓励企业盲目引进所谓的高尖精技术,因为最尖端的先进技术未必适合中国,我们应引进、应用与本国环境、技术发展水平相适应的技术。实际上,成功的技术转让标准是引进到适合受方的吸收能力、做出适应性改进并较好服务本国的技术。[③]而且引进技术不能重复引进,在国内形成浪费,甚至是恶性竞争。我们应该通过立法确保在无害环境技术转让领域避免 20 世纪 80 年代在彩电、冰箱、汽车制造业等领域盲目、重复引进所带来的消极现象,即把技术交易看成是货物贸易,“以市场换技术”不但没有得到技术(这里的“技术”是指在引进技术基础上经过消化吸收再创新后获得自主知识产权的创新了的“技术”)反而是丢掉了市场。[④]此外,还应注意适应气候变化方面的技术转让;在目前无法从根本上减少气候变化,适应技术的引进、开发和转让不容忽视,特别是农业、海洋产业等容易受气候变化直接影响的相关产业。[⑤]

这里需要强调的一点是,在涉及经济发展的负外部性因素方面,国家的积极干预是减少其带来消极影响的一种较为有效的手

---

① [美]安德鲁·霍夫曼等著:《碳战略:顶级公司如何减少气候足迹》,李明等译,社会科学文献出版社 2012 年版,第 107 页。

② 同上书,第 134 页。

③ [芬兰]伯格霍尔·欧蒂(Outi Berghall):《促进全球环境的技术研发与转让》,载刘燕华主编:《气候变化与科技创新》,科学出版社 2009 年版,第 313—314 页。

④ 具体分析参见马忠法:《初探技术流转法律制度与建设创新型国家战略之关系》(上下),《科技与法律》2007 年第 4、5 期。

⑤ 潘家华、郑艳:《适应气候变化的分析框架及政策涵义》,《中国人口·资源与环境》2010 年第 10 期。

段。我国在应对、处理气候变化这一问题时,有较好的政治、经济和法律制度保障。我国的政权机构完全不同于西方的三权分立,议行合一的人民代表大会制度能保证立法、行政和司法机关代表的是人民的利益,而非大公司或部分利益集团的代言人的利益,它们能集中利用全国资源,立法、行政等中央机构有较高权威,它们制定的政策能在全国各地方、各企业及社会各阶层得到统一的执行,以确保中央节能减排政策和以可持续发展为核心的科学发展观之落实。这一点是多为特定利益集团代言人的西方国家政府所无法做到的。

再次,通过立法着力消除技术转让障碍,建立技术转让基金等。消除障碍是为技术转让打开畅通之道,最大程度发挥技术的作用和潜力;建立基金等是在自己方面为技术转让助一臂之力。我们必须重视技术转让在创新方面的积极作用并通过立法给予体现。它主要体现在两点:一是引进技术方面的消化吸收再创新的法律制度构建,特别是引进技术基础上的后续研发法律制度,它直接关系到我们引进技术的目的能否实现,也是技术转让这一商业行为与一般商品交易不同的最根本的地方。①二是技术转化方面的法律制度完善和构建,这直接关系到科技成果能否转化为现实生产力,关系到清洁技术的创新能否在温室气体减排方面发挥积极作用。政府的立法等行为要让企业认识到:气候变化带来的重要转变——既会改变现有的市场也会创造新的市场。②目前,技术转让障碍的表现之一是我们高质量的无害环境技术来源不足。因此,技术研发是克服障碍的重要方面,特别是开发出高质量的环保技术,以为技术转让提供良好的源头。③对于我国诸多无研发能力的企业而言,在国际、国内各主体的帮助下,通过各种渠道获得较好技术的来源,通过技术转让这一根本途径,会充分利用一切可以利用的现有技术,是跨越

---

① 参见马忠法:《试论我国技术引进后续研发问题及其完善》,《知识产权》2009 年第 6 期。

② [美]安德鲁·霍夫曼等著:《碳战略:顶级公司如何减少气候足迹》,李明等译,社会科学文献出版社 2012 年版,摘要,第 9 页。

③ 相关内容可以参见马忠法著:《科技成果流转法律制度与上海创新型城市建设研究》,知识产权出版社 2012 年版,第 260—265 页。

障碍的第一步。

建立和完善技术流转制度,促进技术转让和扩散,特别是技术中介服务机构、技术交易市场等是打开技术转让畅通的大门;为此该方面的法律制度要尽快健全起来。①2013 年商务部、国家知识产权局及上海市人民政府等决定在上海每年开展一次国际技术交易会无疑在实践中迈出了非常有意义的一步,它必将对我国技术转让产生很多积极影响。目前,在类似法律制定前,基于现有的规定,我国可建立专门的知识产权保护服务中心,提供气候有益技术国际开发与转让过程中的专门的知识产权保护服务,并提供信息调查与相关的法律服务。②

基金方面,如果说国际社会因涉及不同国家利益,各种国际基金的作用较为有限,我们可以理解。但在国内,通过国家法律和政策的引导,基金对促进技术转让应该能够起到巨大的推动作用。因此,我们应探索资金问题,包括私营部门、合资企业、公私伙伴关系的作用以及碳融资和出口信贷的潜在作用,③在做好研究的基础上,通过该方面的制度构建和实施,发挥出其在技术转让方面的辅助作用。

对于"确定技术开发与转让的重点领域和关键技术"更多是一个具体操作问题,不宜由法律等直接规定,它可以通过部门规章或效力等级更低的规范性文件、政策等加以说明;而且,随着技术的进步,不同阶段重点或关键技术的内容可能有很大不同,这决定了它也不可能由法律给予明确规定。对此本书不予讨论。

至于不少学者认为当下的知识产权制度一定层面上构成的技术转让障碍之克服,参见后文。还有,针对"碳排放交易体系",我们认为如果在中国实施的话,会在一定程度上阻碍技术转让。因为,对发达国家而言,各公司之间通过建立"碳排放交易体系"来实

---

① 相关内容可以参见马忠法著:《科技成果流转法律制度与上海创新型城市建设研究》,知识产权出版社 2012 年版,第 280—303 页。

② 参见张建平:《气候变化谈判框架下的国际技术转让机制研究》,《国际贸易》2010 年第 5 期。

③ 中欧气候变化伙伴关系滚动工作计划(2006),http://www.fmprc.gov.cn/chn/pds/ziliao/tytj/zcwj/t283033.htm。

现减排目标可能是个有效路径,[①]但对中国等发展中国家而言,技术转让、获取和分享制度可能更为重要。而且从根本上说,即使对发达国家而言,通过合理法律制度分享先进技术也是最终出路。[②]因为确定碳排放的限量标准是一个十分复杂的问题,根据什么分配有关主体的排放量?在国内如此,在国际社会也如此。此外,如何测定碳排放也是一个难以解决的棘手问题。因此,中国目前可以暂缓碳排放交易市场的建立,[③]重点应放在技术开发和转让的法律制度构建方面。

在一个有法律的社会里,自由仅仅是一个人能够做他应该做的事情,而不被强迫去做他不应该做的事情。自由是做法律所许可的一切事情的权利。[④]但这个法律必须是反映特定领域规律的法律。我们希冀中国在应对气候变化技术转让方面制定出这样的法律,给技术供方和受方均提供充分享有自己在转让技术方面的自由空间,以最大程度发挥出技术及其转让机制应有的作用,对中国也对全球气候应对做出积极贡献。

二、完善中国 CDM 制度,充分发挥私营部门在技术转让方面的潜力

对中国这样一个 CDM 项目占理事会注册项目近一半的国家,更应当注重自身相关制度完善问题,以真正通过 CDM 项目获得清洁技术或提高清洁技术的创新能力。因此,我们应当在总结我国 CDM 机制实施和执行经验的基础上,分析技术转让方面存在的问题,提升该机制的立法效力等级,完善其制度,在保障私营部门利益

---

① 美国学者调研的 30 多个公司均提到“碳排放交易体系”,且有的公司把它作为公司的战略重点,当然多数公司也将精力和时间集中在基础技术的转变上(参见[美]安德鲁·霍夫曼等著:《碳战略:顶级公司如何减少气候足迹》,李明等译,社会科学文献出版社 2012 年版)。我们认为,这可能是个误区,也可能是个阴谋。因为碳排放向来只是结果而非原因,最终原因是技术不当使用而引起的。

② 具体参见马忠法等:《气候变化的法律思考及其应对措施》,《上海财经大学学报》2012 年第 3 期。

③ 但本书并非反对建立这种体系,而是说目前对中国而言,建立该体系条件还不成熟,如果建立它带来的消极影响会远大于积极影响。

④ [法]孟德斯鸠:《论法的精神》上册,张雁深译,商务印书馆 1961 年版,第 154 页。

不受到损害的情况下促使它们积极参与，真正发挥出 CDM 在推动中国技术转让方面的重大作用。

1. 提升 CDM 机制立法的效力等级

在有关法律如能源法、环境法等中规定 CDM 机制的内容，将 CDM 机制实施的法律等级提升到行政法规层面。现有关于 CDM 的法律规制主要体现在由国家发改委、科技部等联合发布的《清洁发展机制项目运行管理办法》和 2010 年 9 月《中国清洁发展机制基金管理办法》中。这两个法规均属于部门规章，效力等级较低。而且在其他法律中，也无直接规定 CDM 的内容。我们认为，首先，为了充分发挥 CDM 在技术转让方面的作用，可以在《环境保护法》、《节约能源法》、《循环经济法》及正在制定的能源法等中作出原则性的规定，以为国务院制定相关行政法规提供法律依据。其次，将目前的两个部门规章的内容进行提炼和整合，制定法律效力等级更高的行政法规《清洁发展机制条例》，还保留目前的两个规章。这样从法律体系上说，就构成了法律规定、行政法规再到部门规章一个较为完整的相对独立的体系，同时也利于相关规定的执行。如《清洁发展机制项目运行管理办法》规定清洁发展机制项目合作应促进环境友好技术转让，在中国开展合作的重点领域为节约能源和提高能源效率、开发利用新能源和可再生能源、回收利用甲烷。①这一规定较为合理，但在实施中出现了并不理想的情况，没有带来预期的技术转让和能力提高。我们如果将其法律效力等级提升，它将具有更高的法律权威，情况可能会有较大不同。

在内容方面，除了在目标方面规定“重点突出 CDM 促进可持续发展与技术转让之目的”外，在其他具体条款方面不能仅重视所谓的“减排配额的交换”而对技术转让有所忽略，特别是在 CDM 项目在审核时，应将技术转让看做是审核通过的基本前提之一。目前的《清洁发展机制项目运行管理办法》规定项目审核理事会召开会议对国家发展改革委提交的项目进行审核，提出审核意见；其审核的内容主要有十个方面，其中 8 个实质项中有 4 个直接与减排相关

① 《清洁发展机制项目运行管理办法》(2011)第 4 条。

（即温室气体减排量计算、可转让减排量的价格、减排量购买资金的额外性和预计减排量的转让期限），而技术转让只用“技术转让情况”及“预计促进可持续发展的效果”一笔带过。①这显然与其规定的目标是促进环境友好技术不太相称，至少对技术转让的种类、性质、先进性、使用先例与效果等内容要求列出，以便于审核。此外，对 CDM 中的技术转让应该做出较为狭窄的定义，对于仅有设备提供或一般设备说明等内容的 CDM 不能看做是技术转让，应该让我们给予外国合作方的减排量换取我们应当获得的技术，避免出现类似于在其他领域采取“以技术换市场”战略最终导致“市场丢了”技术却没有获得的现象。

2. 鼓励私营部门积极参与

中国在 CDM 项目上具有极大的数量上的优势，我们应充分发挥该机制带来的技术转让的潜力和可能，推动发达国家履行资金和技术转让的承诺，为我国的经济发展服务。②这种作用发挥程度如何，主要取决于技术转让的双方，即掌握技术的供方和需要技术受方。其中供方处于主导地位，而供方主要是私营部门。因此，如何通过一系列的法律法规和政策促进它们转让技术是 CDM 机制有效实施的核心。CDM 项目中技术转让成功与否取决于发达国家的合作方。发达国家的政治体制、政府机构与中国不同，其政府在国内的影响力小于中国。很多场合发达国家政府经济贸易等领域的承诺往往具有象征性或宣言性的特点，能否实施常取决于私人经营行为，我们要意识到是它们而非其所在国政府最终将转让技术。注意到这一点后，利用私法行为公法化理论，我们应在法律制度和政策制定方面，将重点放在发达国家私营部门身上，对它们直接施加影响，吸引它们来转让技术，③而不必将其所在国政府的态度作为重点。如为促进先进技术转让，借鉴级差地租的方式，对 CDM 项目产

① 《清洁发展机制项目运行管理办法》（2011）第 20 条。

② 李盛：《全球气候治理与中国战略选择》，吉林大学博士学位论文 2012 年，第 122、143—144 页。

③ 该部分内容与本书第四章第二节“二、完善现有环境友好技术国际转让规定”密切相关，请参阅。

生的减排额度根据使用技术先进程度及技术对减排的贡献情况采取不同的税率标准（“级差税率”）：属于我国紧缺且能够促进国内清洁技术发展的技术，可以减免；对于一般但能够带来减排效果的技术，征收比率较低的税；对于只是提供设备不能带来技术进步但会产生一定减排效果的，正常征税。

此外，在其他相关政策和合作环境营造方面，如土地使用、交易程序、CDM 排放核算流程等事务性或行政管理等方面提供便利，减少交易成本和时间等，政府可以根据具体情况采取不同措施，吸引私人部门在 CDM 项目中转让技术。

三、完善知识产权和税收法律制度，为私营部门积极转让技术提供良好的法治环境

TRIPs 协议规定促进技术转让和扩散是其“目标”之一，它还要求实施知识产权制度以不影响国际技术转让为原则。这些内容告诉我们知识产权制度的重要功能在于促进技术的应用和分享，而非纯粹的确权和保护。2008 年我国《国家知识产权发展战略纲要》将知识产权运用作为知识产权制度的重要内容，它无疑将对技术转让产生积极影响。为此，在履行国际义务的同时，我国应依据《纲要》适时修改相应的知识产权法，突出知识产权运用（含技术转让）的重要地位，①并对无害环境技术的知识产权制度可以做出适当修改，以利于相关技术的转让。②在遵循权利利益平衡原则下，对于无害环境技术给予专利的条件、保护期限、强制许可、合理使用等可以做出不同于一般专利技术的规定。如对清洁能源技术的专利申请

---

① 相关论述参见马忠法、孟爱华：《论我国〈著作权法〉立法宗旨的修改》，《同济大学学报》（社科版），2013 年第 3 期。

② 该方面问题笔者已有多篇论文和两部专著进行了论述，这里不再探讨。具体可参见马忠法：《知识产权制度设立之目的》，《电子知识产权》（2006 年第 11 期）；《对知识产权制度设立的目标和专利的本质及其制度使命的再认识》，《知识产权》（2009 年第 5 期）；“TRIPs 协议规则下政府可以享有的知识产权立法选择——兼论以促进技术转让为重点”，《重庆理工大学学报》（2010 年第 10 期）；《国际技术转让法律制度理论与实务研究》，法律出版社 2007 年版，第 118—119 页，第 226—231 页；《科技成果流转法律制度与上海创新型城市建设之研究》，知识产权出版社 2012 年版，第 10—11 页，第 256—260 页。

可以学习英国、美国等国家的做法，开辟绿色通道，加快审查过程，以尽早授予专利或公开技术信息；①并采取不同于一般专利申请的信息披露制度，而采取透明政策，让社会公众及时知晓，为转让创造条件；在专利授予条件的"实用性"方面，"环境保护"未必是其重要内容，但应该由特定的环保机构从政策的角度进行审查，并基于相关当事人和公众利益，形成特定的认证制度来提供具有较好商业价值的环境友好技术，为转让创造条件。如加拿大、欧盟、日本、韩国和美国等正在进行类似的运作。②

为促进环境友好技术转让的广泛展开，可以进一步完善我国的税收法律制度，如增加征收落后技术使用税，或超标准能源税，③促使有关企业积极淘汰旧技术，通过转让等路径使用新技术。同时积极落实和完善税法关于转让减缓排放或适应气候变化技术所得的税收规定。特别是对于国家税务总局、财政部等关于《企业所得税法》中关于技术转让税收减免优惠的落实。此外，可以考虑增加新税种。20 世纪 90 年代瑞典通过征收碳税让化石能源使用更加昂贵，促使人们使用大量生物质能源。这样，在既没有要求人们改变生活方式也没有从道德上追究企业责任，而使温室气体减排收到了一定的效果。这被认为是世界上最成功的气候政策。④德国通过直接的资金投入和间接的政策与税收保障，使环境保护等工作具有充足的资金、先进的技术等支持。以收费和征税为杠杆，加强调控引导，鼓励企业对无害环境技术的持续投入和发展，保持产业的低碳竞争力以及经济向低碳方向发展的潜力。⑤在投资、税收等方面进

① Hee-Eun Kim, *The Role of the Patent System in Stimulating Innovation and Technology Transfer for Climate Change*(*Including Aspects of Licensing and Competition Law*), Auflage, 2011, pp.44—45.

② See EPA, *Fact Sheet*: *EPA's Environmental Technology Verification Program* (Oct. 2008), at http: www.epa.gov/nrmrl/std/etv/pubs/600f08012.pdf.

③ 邹骥、王克、傅莎等著：《环境有益技术开发与转让国际合作创新机制研究》，经济科学出版社 2009 年版，第 94 页。

④ ［瑞典］克里斯蒂安 · 阿扎：《气候挑战解决方案》，杜珩、杜珂译，社会科学文献出版社 2012 年版，第 45 页。

⑤ 陈洋勤等编著：《气候变化应对战略之国别研究》，气象出版社 2010 年版，第 137 页。

一步完善相应的法律制度,吸引清洁能源技术对中国的转让。形成相应的税收政策工具,并最终以法律形式确定:形成针对不同领域和发展阶段技术及利益相关者的政策,如征收落后技术使用税、能源税或碳税,对开发或转让环境友好技术的行为进行税收豁免。①对都是发达国家、都有相应技术的世界发展水平而言,这的确有效,然而世界上有很多发展中国家,它们没有技术,无法仅靠碳税来解决问题。对日益发展起来的中国,将碳税与技术转让结合起来,可以作为促进技术转让的一个思路。此外,在税收优惠方面,针对前文分析我国相关税收法律制度方面的不足,应进一步完善相关法规,增加相关规定的合理性和可操作性,以有效落实《企业所得税法》对技术转让优惠的规定。

另外,我们还可以通过立法引导企业自身在技术转让活动中注重细节。如我们可以鼓励或提醒它们向韩国的有些企业学习,在先进设备购买或技术引进中,不仅仅要知道和掌握技术转让中的专利技术和专有技术,还需要供方能够现场演示(show-how)。但实际中,供方往往为了不让中方获得技术,在安装或操作设备的重要场合,不让中方人员接近。如:哈尔滨电气集团引进 GE 公司 F 级燃气轮机在安装时,凡涉及技术难度大、技术含量高的环节,外方工作人员禁止中方人员靠近。②对此,我们的法律可以有所作为,但更主要的还是依赖于企业在实际合同中与技术供方的谈判。

四、其他方面制度的完善

(一)“一带一路”倡议与中国在促进私营部门间环境友好技术转让制度方面的努力

“一带一路”倡议的重要目标之一就是实现沿线各国“多元、自主、平衡、可持续的发展”,进而打造“政治互信、经济融合、文化包容的利益共同体、命运共同体和责任共同体”,共同聚力应对气候变化、推进绿色“一带一路”建设当然是题中之义。可以进一步认为,

---

① 邹骥、王克、傅莎等著:《环境有益技术开发与转让国际合作创新机制研究》,经济科学出版社 2009 年版,第 94 页。

② 同上书,第 51 页。

"一带一路"倡议为沿线不同发展程度国家间实现优势互补,共同应对气候变化的危机提供了良好契机和平台。跨国公司等私人主体是全球化的主力军,也是研发、应用环境友好技术的主要力量,因此也必然是环境友好技术转让最重要的主体。以跨国公司为代表的私营部门在这种共同体建设中的地位和作用理应得到更多的重视。①

2017年5月,环保部、外交部、国家发改委和商务部联合发布《关于推进绿色"一带一路"建设的指导意见》(下称《指导意见》),该文件是绿色"一带一路"建设的纲领性文件。《指导意见》将"搭建沟通对话、信息支撑、产业技术合作平台,推动构建政府引导、企业推动、民间促进的立体合作格局"列入总体思路中,把"加强政企统筹,鼓励行业和企业采用更先进、环境更友好的标准"作为基本原则之一。《指导意见》提出推进绿色基础设施建设,强化生态环境质量保障的任务,并进一步指出"加强生态环保标准与科技创新合作,引领绿色发展"。具体来说,就是要建设绿色技术银行,加强绿色、先进、适用技术在"一带一路"沿线发展中国家转移转化,鼓励相关行业协会制定发布与国际标准接轨的行业生态环保标准、规范及指南,促进先进生态环保技术的联合研发、推广和应用。加强环保科技人员交流,推动科研机构、智库之间联合构建科学研究和技术研发平台,为绿色"一带一路"建设提供智力支持。②由此可见,在推进绿色"一带一路"建设的规划及实施中,私人企业间的无害技术转让得到了重视。

为认真落实《推动共建丝绸之路经济带和21世纪海上丝绸之路的愿景与行动》、《"十三五"生态环境保护规划》和《关于推进绿色"一带一路"建设的指导意见》,切实做好"一带一路"建设中的生态环境保护工作,2017年5月我国环保部发布了《"一带一路"生态环境保护合作规划》(下称《合作规划》)。为"一带一路"沿线国家深化环保合作,加大生态环境保护力度,实现经济绿色转型提供了

① 马忠法:《私人部门在国际法规范形成和发展中的作用》,《厦门大学学报》(哲学社会科学版)2016年第5期,第68页。

② 环境保护部、外交部、国家发展和改革委员会、商务部四部委联合发布《关于推进绿色"一带一路"建设的指导意见》,《中国环境报》2017年5月9日第3版。

较为具体的行动计划。《合作规划》提出了政府引导多元参与的原则,就是要完善政策支撑,搭建合作平台,落实企业环境治理主体责任,动员全社会积极参与,发挥市场作用,形成政府引导、企业承担、社会参与的生态环保合作网络。《合作规划》确立了在铁路、电力等重点领域树立一批优质产能绿色品牌,以及建成一批环保产业合作示范基地、环境技术交流与转移基地、技术示范推广基地和科技园区等国际环境产业合作平台等具体发展目标。在具体措施方面,《合作规划》提出要加强生态环保合作机制和平台建设,建设政府、企业、智库、社会组织和公众参与的多元和合作平台,尤其重视推动生态环保信息产品、技术和服务合作。《合作规划》专门强调要发挥企业环境治理主体作用,推动企业自觉履行企业环境责任,建立企业海外投资生态环境行为准则。值得注意的是,《合作规划》规定要扩大环境产品和服务进出口,即分享环境产品和服务合作的成功实践,推动提高环境服务市场开放水平,鼓励扩大大气污染治理、水污染防治、危险废物管理及处置等环境产品和服务进出口,探索促进环境产品和服务贸易便利化的方式。《合作规划》还专章规定,开展生态环保项目和活动,并将加强生态环保科技创新合作列为重要内容之一,以推动环保技术研发、科技成果转化和推广应用。此外《合作规划》计划实施 25 个重点项目,6 个能力建设项目与环境技术有关联,其中"'一带一路'环保产业与技术合作平台"以及"'一带一路'环保交流与转移中心(深圳)"为环境友好技术转让提供了优渥的合作机制和便捷的交易服务。①显而易见,《合作规划》为促进以企业为主体的私人积极参与环境友好技术转让提供了制度性框架和保障,并为有关技术转让初步构建了良好的平台。

上海合作组织②作为"一带一路"沿线国家的主要国际组织,将

① 环保部发布《"一带一路"生态环境保护合作规划》,载《资源再生》2017 年第 5 期,第 46—50 页。

② 上海合作组织(上合组织)于 2001 年 6 月 15 日在上海正式成立,其成员当时有俄罗斯、中国、塔吉克斯坦、哈萨克斯坦、乌兹别克斯坦和吉尔吉斯斯坦等 6 国,2017 年 6 月 9 日上合组织进行了第一次扩容,印度和巴基斯坦正式成为上海合作组织成员。至 2018 年 6 月 15 日,它还有 4 个观察员国、6 个对话伙伴,这些国家均在"一带一路"沿线上。

来不可避免地要在技术转让方面发挥作用。2018 年 6 月 10 日，习近平主席在上海合作组织成员国元首理事会第十八次会议上的讲话指出，我们要提倡创新、协调、绿色、开放、共享的发展观，实现各国经济社会协同进步，解决发展不平衡带来的问题，缩小发展差距，促进共同繁荣。①其核心在于指出，未来相关国家经济、社会发展，必然要走低环境污染、少温室气体排放等路径，以避免老牌资本主义国家在工业化过程中曾经走过的“先污染后治理”严重损害生态环境的老路。而掌握了无害环境技术所有权的跨国公司等私营部门愿意在公平合理的基础上分享及转让技术无疑起到至关重要的作用。

有学者认为，我国应当在“一带一路”倡议下，积极开展南南合作，一方面联合其他发展中国家在国际谈判中争取普遍达成共识的环境友好技术转让，另一方面作为一些技术的输出国，通过资金支持、项目合作等方式为其他发展中国家提供帮助。②毫无疑问，积极发挥政府在环境友好技术转让中的作用，通过加强南南合作共同应对气候变化，是值得赞许的。但是，环境技术开发、应用的主体是以跨国公司等为代表的私营部门，如果将政府作为技术转让的主导力量，显然是不符现实、舍本逐末之举。本书认为，在推进绿色“一带一路”建设中私人主体应当且可以发挥更加积极的作用，尤其是在无害技术转让、有关行业技术标准以及绿色产业发展方面更是大有作为空间。为此可以考虑，在沿线各国政府牵头组织下，由有关行业的主导性企业以有关交流合作平台为基础，通过对话沟通形成环境友好技术转移规范，破除技术转让壁垒。

（二）健全合同法律制度促进私营部门间环境友好技术转让

环境友好技术的转让终究要通过技术转让合同实现，因此合同法律制度的规定应当以促进技术转让为重要价值目标。我国《合同法》第十八章就技术合同作了专门规定，并就技术转让合同作了较

---

① 习近平在上海合作组织成员国元首理事会第十八次会议上的讲话，at：www.gov.cn/xinwen/2018-06/10/content_5297652.htm。

② 马文：《后巴黎时代环境友好技术转让研究》，《中国海洋大学学报》（社会科学版）2017 年第 4 期，第 113 页。

为详细的规定。《合同法》第 323 条规定技术合同的订立应当有利于科学技术的进步,加速科学技术成果的转化、应用和推广。2009 年商务部颁布了新的《技术进出口合同登记管理办法》(下称办法),对旧办法中不合时宜、不便宜于技术转让的有关规定作了修改。具有特别意义的是,《办法》对合同标的、支付方式、技术价格以及技术改进和权利归属等条款作了较为细致且具有很强操作性的规定。①

鉴于气候变化是全球性危机,不区分先发国家与后发国家,不区分大国与小国,更考虑到在应对气候变化上“共同但有区别的责任”,我们认为我国技术合同法律制度有必要作进一步的适应性修改。我国目前实施的技术合同实行认定登记制度,所有技术合同须经认定登记才能发生效力、享受有关优惠政策,虽有利于维护核心技术安全,但却严重阻碍了技术的自由、高效流动。为此,有学者提出应当全面取消技术合同认定登记制度,实行备案制。②我们认为在技术合同各环节、各层面全方位取消合同认定等级制度的时机尚不成熟,特别是在关乎国家安全、重大发展战略的核心技术领域,取消认定登记制度意味着将技术进步、技术的权杖授予他国。但是,在环境友好技术转让合同中的确应取消合同认定登记制度。原因在于,环境友好技术更加关乎公益甚至人类命运,认定登记制既不利于先进技术在我国落地生根,也不利于我国先进的环境友好技术走向世界,进而参与国家标准的建立和绿色产业向域外延伸。此外,技术转让合同转移的是技术所有权而非仅使用权,在环境友好技术转让后的开发、改造限制上,《合同法》可以考虑设定强制性条款取消这种限制,并且就后续开发技术权益分配作合理规定,尤其是要注意保护我国企业对后续技术的权益。一方面有利于实现技术进步,应对气候变化,另一方面调动让出企业同意、受让企业改善现有技术的积极性。

---

① 马忠法:《关注技术进出口合同的关键条款》,《国际商报》2009 年 3 月 6 日第 7 版。

② 杜蓓蕾:《我国技术合同制度的反思与重构》,《牡丹江大学学报》2016 年第 9 期,第 46 页。

（三）构建和完善技术转让领域的公私合作(PPP)法律制度

目前中国在公私合作领域的法律法规规章已经有一个庞大的体系,如何结合技术转让的特征,将其中所有领域普遍适用的规范与技术转让领域特有的特征结合起来形成技术领域公私合作的法律制度,是发挥私人部门在转让技术方面积极作用的重要保证。中国是一个经济转型国家,多种所有制企业并存,各种规模的企业在社会主义市场经济下共同推动中国社会、经济的发展。在今天鼓励大众创业、万众创新的时代,不同企业之间的技术分享和转让十分关键。多数国有企业也是市场中平等竞争的主体,它们与一般的私营企业(投资者来自非国家或非集体的成分)一样,都具备企业属性(以营利为目的的市场主体,主要以公司的形式存在)。政府等履行社会公共职能的部门,往往需要企业的合作,来共同应对气候变化和减少温室气体排放。PPP 在这一领域大有作为,如果没有相应、健全的法律制度,PPP 将很难收到预期效果。因此,可以结合中国的国情,构建和完善技术转让方面的 PPP 法律制度,这也是立法者应当加以解决的迫切问题。限于其复杂性和本课题的篇幅,我们不做详细讨论。总体上,是在现有的涉及 PPP 三部法律的基础上,制定相应的行政法规和部门规章,来促进应对气候变化领域的行动。

结 束 语

气候变化是当今人类面对的重大挑战，它给人类带来了诸多灾难和不确定性，而无害环境技术及其转让是应对气候变化的关键。20 世纪 70 年代以来国际社会已经对环境问题有了深刻的认识，并采取行动来保护环境；80 年代后半叶，人类开始普遍注意到温室气体排放引起的气候变暖会给人类带来更为可怕长远的不利影响，特别是给沿海国家或小岛国带来越来越严峻的问题，甚至威胁到部分国家的生存。积极寻求对策，是此后 20 多年来人类社会共同努力的重要内容。然而，全球还在快速升温，它所带来的消极结果之一是穷人和富人之间差距在进一步拉大，彼此间的关系进一步恶化。它促使我们反思：当下以温室气体减排指标分配为核心的应对气候变化策略是否得当。本书认为这是不恰当的。因为温室气体排放是“因”而不是“果”，技术不当使用才是导致气候变暖的根本原因；而今，人类掌握的低碳技术，在很大程度上可以帮助人类有效遏制气候变化，然而由于不公平的贸易制度和技术转让制度本身的缺陷和不足，这样的技术没有通过公平合理的转让被更多的人分享和使用。究其原因，主要是因为这些优良技术往往掌握在私人手中，而在应对气候变化的斗争中，私营部门的活力没有释放、作用没有发挥。笔者认为，如果不能让私营部门有效地参与到应对气候变化的进程中，则一切目标都不可能实现，目前的困境也不会改变。

为了实现这一目的，本书采取跨法学、环境科学和政治学等多学科研究手段和系统分析与比较研究的研究方法，在对有关理论进行深入探讨和基于有关国际、国内法等系统分析后阐释现有制度不足及其存在的原因并尝试提出完善现有制度的对策建议后，在以下四个方面提出自己的独立见解：

第一，系统阐释“私法行为公法化”理论的历史发展及其在国际贸易领域的重大表现，对其概念进行了界定，即私人行为披上国家意志的外衣，干预国际贸易，目的在于追求自己利益最大化，其实质是以所谓国家利益与其利益的一致性来扩张一己之利。就其本意而言，私法行为公法化是一个中性词，但目前其消极作用表现明显，客观上造成对与其交易者不公或阻碍某些交易进行，架空政府维护公共秩序和人类利益的职能。如何利用该理论的积极成分，完善国际国内法律制度，让私人在获取自己恰当短期利益的同时，维护人类公共利益（实质上也最终有利于个人的长期利益），以促使私人积极参与技术转让是解决应对气候变化技术转让不畅的根本之所在。这也是本书论述和立论的理论基础。

第二，总结梳理了现有的私营部门参与应对气候变化技术转让的法律规范。现有的法律规范可以分为国际法规范和国内法规范。与私人参与应对气候变化技术转让有关的国际法规范散见于各国际条约和国际会议文件中，而相关的国内法规范主要包括知识产权法、贸易投资法、调整性法律和节能环保法。在国际层面，目前的技术转让尚无统一的技术转让条约来加以调整，更多的是依靠分散在不同条约及有关软法性质国际法文件中的规定。由此使国际技术转让行为更多地依赖相关国家的国内法进行调整。我国在技术转让方面已经有较为丰富的法律规定，但没有统一的《技术转让法》。

第三，基于对国际国内现有技术转让的规定，本书指出技术转让制度的不足。国际层面的私营部门参与应对气候变化技术转让的法律规范的不足之处在于其缺乏强制性，多为软法性规定。而其根本原因则在于发达国家掌握技术的私人主体维护自身利益的意志甚于对人类公共利益和弱国利益的关注。而国内层面的私人参与应对气候变化技术转让的法律规范的不足之处在于其结构上不健全、对私人部门利益关照不足、缺乏对私营部门的监管、有关国际技术转移的规范不完善等。

第四，提出私营部门参与应对气候变化技术转让的法律规范的完善路径。在国际层面上，应当完善现有多边、区域性和双边协定，并利用政府和社会资本合作（PPP），吸引私人参与应对气候变化。而在国内，则应以充分发挥私营部门在技术转让方面的积极作用为宗旨，完善我国的相关技术转让和清洁发展机制（CDM）方面的法律规范，完善知识产权和相关税法制度，顺应“一带一路”倡议，构建和完善相关的国际技术转让制度以促进私人间环境友好技术转让，同时还需健全相应的合同法律制度以及公私合作（PPP）制度，以从各个角度发挥私营部门推动和促进技术转让的能动性。

马克思早在170多年前曾言：“……人们必须像善良家父（*boni patres familias*-good heads of the household）一样，把这个地球以更好的状态传给后代。”①这句话其实蕴含了丰富内容，其中最重要的就是我们必须以可持续的发展方式让我们的地球一代一代以更好的状态传给我们的后人。但目前的气候变化、环境污染已经在很大程度上把地球变得更为糟糕，而引起这种结果的主要原因恰恰是我们人类活动所导致。如果我们不再对改善这种状况作出努力，减少温室气体排放与环境污染，则地球的状况会进一步恶化，那我们将愧对后代。要改变这种状况，无害环境技术的开发和运用至关重要。人类尽管在环境友好技术方面还需更多的投入和开发，但当下已有的相关技术能很大程度上遏制这种恶化，问题在于如何让他们进一步扩散和使用，以发挥出现有技术的潜能，并为新技术在更大范围内的研发和使用创造条件，以形成良性循环。由于私营部门拥有主要的环保技术，而它们无一例外地均是以“营利”为自己的主要目的。这种目的，常常使人类容易遗忘历史上曾经有过的惨痛教训。英国的工业革命曾经使英伦三岛处于严重污染之中，以至于伦敦很长一段时间被称为“雾都”；历史上曾出现的十大典型污染事件给人类带来过深重灾难；曾经的“先污染后治理”带来的消极结果让我们认识到这种理念是多么的愚蠢和错误：因为被污染的环境等要恢复到原来的状态是多么的艰难，甚至有些不具可回复性资源或环境再也不会回到原来的状态。我们能够做到最理性的方式，就是预防，使灾难性的后果不要出现。为做到这一点，人类理性的选择应该是：完善当下国际无害环境技术转让法律制度使相关技术在更广的范围内能够得到充分使用，它是我们通往控制气候变化和适应的

---

① Karl Marx, *Capital Vol.III Part VI*, On-Line Version: Marx.org 1996, p.546.

捷径。为此,我们需要立刻采取行动,让相应的技术转让和分享在科学、合理、兼顾私营部门正当利益的法律制度下顺畅进行。基于这样的考虑,本书在应对气候变化的技术转让中私人部门作用的发挥进行了初步探讨,希望有更多的学者、政府官员、社会团体,特别是企业等私人主体等对该问题给予高度关注,以发挥技术转让法律制度的优势,让技术转让及技术的合理使用成为人类解决气候变化等问题福音,让我们把这个健康的蓝色星球以更好的状态传给我们的后人。就此而言,我们需要更多的共同努力。

主要参考文献

一、中文文献

[1] [美]E.博登海默:《法理学:法哲学与法律方法》,邓正来译,中国政法大学出版社2004年版。

[2] [意]阿奎那:《阿奎那政治著作选》,马清槐译,商务印书馆1963年版。

[3] [美]安德鲁·霍夫曼等著:《碳战略:顶级公司如何减少气候足迹》,李明等译,社会科学文献出版社2012年版。

[4] [澳]彼得·德霍斯:《知识财产法哲学》,周林译,商务印书馆2008年版。

[5] [芬兰]伯格霍尔·欧蒂(Berghall Outi),《促进全球环境的技术研发与转让》,载刘燕华主编:《气候变化与科技创新》,科学出版社2009年版。

[6] 蔡守秋、常纪文:《国际环境法学》,法律出版社2004年版。

[7] 陈泮勤等编著:《气候变化应对战略之国别研究》,气象出版社2010年版。

[8] 陈淑芬:《清洁发展机制技术转让法律困境及其应对》,《哈尔滨师范大学社会科学学报》2017年第4期。

[9] 陈一鸣:《美国众议院认定华为中兴可能危害美国家安全》,《环球时报》2012年10月8日。

[10] 陈贻健:《气候变化技术机制专门化的困境及其克服》,《当代法学》2018年第1期。

[11] 程明道:《气候变化与社会发展》,社会科学文献出版社2012年版。

[12] [美]道格拉斯·C.诺思:《经济史中的结构与变迁》,陈郁、罗华平译,三联书店1994年版。

[13] 杜蓓蕾:《我国技术合同制度的反思与重构》,《牡丹江大学学报》2016 年第 9 期。

[14] 杜受祜:《气候变化及其应对的非气象学思考》,载[瑞典]克里斯蒂安·阿扎:《气候挑战解决方案》,杜珩、杜珂译,社会科学文献出版社 2012 年版。

[15] 杜元清:《美国对华高技术出口管制新政策正式发布》,《军民两用技术与产品》2007 年第 7 期。

[16] 恩格斯:《反杜林论》,《马克思恩格斯全集》第 3 卷,人民出版社 1960 年版。

[17] 谷德近著:《多边环境协定资金机制》,法律出版社 2008 年版。

[18] 郭冬梅:《应对气候变化法律制度研究》,法律出版社 2010 年版。

[19] 郭红岩:《美国联邦应对气候变化立法所涉重点问题研究》,《中国政法大学学报》2013 年第 5 期。

[20] 兰花:《简析 2009 年美国气候变化法案——兼论对中国的挑战和借鉴》,《武大国际法评论》2010 年第 2 期。

[21] 黄以天、罗天宇:《气候友好型技术转让与国际法:挑战与应对》,《复旦国际关系评论》第二十一辑,2017 年。

[22] 黄玉烨:《知识产权利益衡量论——兼论后 TRIPs 时代知识产权国际保护的新发展》,《法商研究》2004 年第 5 期。

[23] 蒋佳妮、王灿:《气候有益技术 Know-how 转让之知识产权立法障碍及应对》,《兰州大学学报》(社会科学版)2015 年第 1 期。

[24] 金明浩、闫双双、郑友德:《应对气候变化问题的专利制度功能转变与策略》,《情报杂志》2012 年第 4 期。

[25] 金彧:《华为否认放弃美国市场》,《新京报》2013 年 4 月 25 日。

[26] [瑞典]克里斯蒂安·阿扎:《气候挑战解决方案》,杜珩、杜珂译,社会科学文献出版社 2012 年版。

[27] 李静:《中国清洁发展机制的冲动与尴尬》,《瞭望东方周刊》2009 年 12 月 23 日。

[28] 李盛:《全球气候治理与中国战略选择》,吉林大学博士学位论文2012年。

[29] 李淑娟:《国际低碳技术转让法律问题研究》,南昌大学硕士学位论文2013年。

[30] 李威:《论中国在气候谈判中有关资金技术的博弈策略》,《绿叶》2009年第10期。

[31] 李威:《气候友好型技术转让国际法的冲突与协调》,《南通大学学报》(社会科学版)2011年第5期。

[32] 李艳芳、武奕成:《我国低碳经济法律与政策框架:现状、不足及完善》,《中国地质大学学报》(社会科学版)2010年第6期。

[33] 梁西主编:《国际法》,武汉大学出版社2004年版。

[34] 林立:《波斯纳与法律经济分析》,三联书店2005年版。

[35] 林曦、华为:《寄望发达国家成为主要市场》,《羊城晚报》2013年4月25日。

[36] 马克思、恩格斯:《马克思恩格斯全集》第1卷,人民出版社1956年版。

[37] 马文:《后巴黎时代环境友好技术转让研究》,《中国海洋大学学报》(社会科学版)2017年第4期。

[38] 马煜婷:《周宏春:气候问题的核心是国家利益》,《经济》2012年第1期。

[39] 马忠法:《初探技术流转法律制度与建设创新型国家战略之关系》(上下),《科技与法律》2007年第4、5期。

[40] 马忠法:《从自由资本主义时期国际技术转让的特点反思现行国际技术转让法律制度》,《知识产权论丛》第14卷,知识产权出版社2009年版。

[41] 马忠法:《关注技术进出口合同的关键条款》,《国际商报》2009年3月6日第7版。

[42] 马忠法:《美国对中国反倾销案例研究:轻工业含家电、电子及纺织品类产品案例》,复旦大学出版社2009年版。

[43] 马忠法:《论应对气候变化的国际技术转让法律制度完善》,《法学家》2011年第4期。

[44] 马忠法:《气候正义与无害环境技术国际转让法律制度的困境及其完善》,《学海》2014 年第 2 期。

[45] 马忠法:《应对气候变化的国际技术转让法律制度研究》,法律出版社 2014 年版。

[46] 马忠法等:《气候变化的法律思考及其应对措施》,《上海财经大学学报》2012 年第 3 期。

[47] 马忠法等:《知识经济与企业知识产权管理》,上海人民出版社 2011 年版。

[48] 马忠法、孟爱华:《论我国〈著作权法〉立法宗旨的修改》,《同济大学学报》(社科版)2013 年第 3 期。

[49] 马忠法、张啸:《"中国——与原材料出口相关措施案"评析及对我国的启示》,《上海海关学院学报》2012 年第 2 期。

[50] 马忠法著:《国际技术转让法律制度理论与实务研究》,法律出版社 2007 年版。

[51] 毛锐:《经济学视角下绿色专利国际转让与许可制度研究》,《经济问题探索》2015 年第 12 期。

[52] [法]孟德斯鸠:《论法的精神》上册,张雁深译,商务印书馆 1961 年版。

[53] [苏]尼 · 拉宾:《马克思的青年时代》,三联书店 1982 年版。

[54] [日]美浓部达吉:《公法与私法》,黄冯明译,中国政法大学出版社 2003 年版。

[55] [英]帕特莎 · 波尼等著:《国际法和环境》,那力等译,高教出版社 2007 年版。

[56] 潘家华、郑艳:《适应气候变化的分析框架及政策涵义》,《中国人口 · 资源与环境》2010 年第 10 期。

[57] 乔晓楠、张欣:《东道国的环境税与低碳技术跨国转让》,2012 年第 3 期。

[58] 任重远等:《明争环保法修订》,《财经新世纪》2012 年第 44 期。

[59] 沈宗灵著:《比较法总论》,北京大学出版社 1987 年版。

［60］史学瀛：《国际技术转让法新论》，天津人民出版社 2000 年版。

［61］宋钟谷、苏诸海、陈丽玲：《韩国私营部门和政府在技术转让中的地位和作用》，《学术研究》1996 年第 4 期。

［62］王保树：《中国商事法》，人民法院出版社 2001 年版。

［63］王军：《全球气候变化与中国的应对》，《学术月刊》2008 年第 12 期。

［64］王磊著：《选择宪法》，北京大学出版社 2003 年 12 月版。

［65］王立达：《从 TRIPs 协定与公众健康争议论专利强制授权之功能与局限》，《科技法学评论》（台湾）2004 年第 1 卷。

［66］王曦编：《国际环境法》，法律出版社 2005 年版。

［67］韦经建、王小林：《论国际经济法与国际商法的学科分立》，《吉林大学社会科学学报》2005 年第 6 期。

［68］苏伟：《多哈气候会议日程过半几无进展》，《南方都市报》2012 年 12 月 3 日。

［69］文薇娜：《我国气候友好技术专利制度构建研究》，湘潭大学硕士学位论文，2016 年。

［70］吴勇：《建立因应气候变化技术转让的国际知识产权制度》，《湘潭大学学报》（哲学社会科学版）2013 年第 3 期。

［71］吴勇：《论应对气候变化条约体系下技术转让的知识产权制度建设》，《生态文明的法制保障——2013 年全国环境资源法学研讨会论文集》（2013 年 6 月 4~6 日，乌鲁木齐）。

［72］习近平：《弘扬“上海精神” 构建命运共同体——在上海合作组织成员国元首理事会第十八次会议上的讲话》，《人民日报》2018 年 6 月 11 日。

［73］习近平：《决胜全面建成小康社会 夺取新时代中国特色社会主义伟大胜利》，人民出版社 2017 年版。

［74］习近平：《顺应时代前进潮流 促进世界和平发展》，《人民日报》2013 年 3 月 24 日。

［75］习近平：《携手构建合作共赢新伙伴，同心打造人类命运共同体》，《人民日报》2015 年 9 月 29 日。

[76] 肖夏:《绿色专利法律问题研究》,武汉大学博士学位论文,2011 年。

[77] 解振华:《绿色发展:实现“中国梦”的重要保障》,《光明日报》2013 年 4 月 15 日。

[78] 徐祥民、孟庆垒等:《国际环境法基本原则研究》,中国环境科学出版社 2008 年版。

[79] 颜昕:《气候变化知多少之四:应对气候变化的技术革命》,《中国气象报》2010 年 11 月 18 日。

[80] 杨紫烜等:《经济法》,北京大学出版社、高等教育出版社 2010 年版。

[81] [美]詹姆斯 · M.布坎南:《自由、市场和国家》,吴良健等译,北京经济学院出版社 1988 年版。

[82] 张建平:《气候变化谈判框架下的国际技术转让机制研究》,《国际贸易》2010 年第 5 期。

[83] 张建平:《气候变化谈判框架下的国际技术转让机制研究》,《国际贸易》2010 年第 5 期。

[84] 张磊:《联合国气候变化框架公约下气候技术国际转让促进机制研究》,《理论界杂志》2013 年第 10 期。

[85] 张梦衡等:《国际环境保护公约中技术转让障碍问题的探讨》,《自然资源学报》2001 年第 3 期。

[86] 郑书前:《国际环境技术转移中的知识产权问题刍议》,《南京工业大学学报》2013 年第 12 期。

[87] 郑爽:《国际 CDM 现状分析》,《中国能源》2005 年第 6 期。

[88] 周冯琦:《应对气候变化的技术转让机制研究》,《社会科学》第 6 期。

[89] 周枏著:《罗马法原论》上册,商务印书馆 1994 年版。

[90] 邹骥、王克、傅莎等著:《环境有益技术开发与转让国际合作创新机制研究》,经济科学出版社 2009 年版。

主要中文法律文件

[1]《草原法》(2002 年)。

[2]《促进科技成果转化法》(2015 年修订)。

[3]《大气污染防治法》(2016 年修订)。

[4]《环境保护法》(2014 年修订)。

[5]《环境保护税法》(2016 年)。

[6]《节约能源法》(2016 年修订)。

[7]《可再生能源法》(2009 年)。

[8]《企业所得税法》(2007 年)。

[9]《企业所得税法实施条例》(2007 年)。

[10]《清洁发展机制项目运行管理办法》(2005 年)。

[11]《清洁生产促进法》(2012 年)。

[12]《全国人大常委会关于积极应对气候变化的决议》(2009 年)。

[13]《森林法》(1998 年)。

[14]《循环经济促进法》(2008 年)。

[15]《中外合资经营企业法》(2016 年修订)。

[16]《中外合资经营企业法实施条例》(2014 年)。

[17]《中小企业促进法》(2002 年)。

[18]《专利法》(2008 年)。

二、英文文献

[1] A. Karmali, "Best Practice in Strategies for Managing Carbon", in Kenny Tang(ed.), The Finance of Climate Change: A Guide for Governments, Corporations and Investors, *Risk Books*(July 2005), pp.259—270.

[2] Aaditya Mattoo & Marcelo Olarreaga & Kamal Saggi, "Mode of Foreign Entry, Technology Transfer, and FDI policy," *Journal of Development Economics*, Elsevier, vol.75(1).

[3] Abraham Lincoln, *Lecture on Discoveries and Inventions*, http://showcase.netins.net/web/creative/lincoln/speeches/discoveries.htm.

[4] Adil Najam, the Case Against a New International Environmental Organization: *Global Governence*, 2003(9):370.

[5] Ahmed Abdel Latif, Keith Maskus, Ruth Okediji, etc., Overcoming the Impasse on Intellectual Property and Climate Change at the UNFCCC: A Way Forward, *Policy Brief*, No.11, Nov.2011.

[6] Alireza Naghavi, Strategic Intellectual Property Rights Policy and North-South Technology Transfer, *Review of World Economics*, Vol.143, No.1, 2007.

[7] Amanda Brewster et al., "Facilitating Humanitarian Access to Pharmaceutical and Agricultural Innovation", *Innovation Strategy Today*, 1(3):2005.

[8] Antoine Dechezleprêtre, Matthieu Glachant, Yann Ménière: Technology Transfer by CDM Projects: a Comparison of Brazil, China, India and Mexico, *Energy Policy*, Vol.37, No.2, 2009.

[9] Arnaud Brohé, Nick Eyre, Nicholas Howarth, *Carbon Markets: an International Business Guide*, Earthscan publications ltd., 2009.

[10] B. Pearson, Market Failure: Why the Clean Development Mechanism Won't Promote Clean Development, *Journal of Cleaner Production*, Vol.15, pp.247—252.

[11] Benton C. Martin, The American Models of Technology Transfer: Contextualized Emulation by Developing Countries? 6 *Burs. INrELL. PRop. L.J.* 104(2009).

[12] Bernard Hoekman, Beata Smarzynska Javorcik, *Global Integration and Technology Transfer*, the World Bank and Palgrave Macmillan, 2006.

[13] Bernard M. Hoekman & Keith E. Maskus & Kamal Saggi, "Transfer of technology to developing countries: Unilateral and multilateral policy options", World Development, Elsevier, vol.33(10).

[14] Bryan A.Garner, *Black's Law Dictionary*(8th edition), West Group Publishing, 2004.

[15] Byung-Nak Song, *The Rise of the Korean Economy*, Oxford Univerity Press, 1997.

[16] C.Streck and J.Lin, "Making Markets Work: A Review of

CDM Performance and the Need for Reform", *European Journal of International Law* 19(2).

[17] Carlos Correa, *IP in LDCs: Strategies for Enhancing TT and Dissemination*, UNCTAD, 2007.

[18] Chang Ha Hoon, *Rethinking Development Economics*, Anthem Press, 1st edition, 2003.

[19] Charles Ebinger, Transferring Environmentally Sound Technologies in an Intellectual Property Friendly Framework", *Energy Security Initiative Policy Brief* 09-08 (Brookings Institution, 2009), describes the role of IP in the GEF and CTFs.

[20] Christiana Figueres, *Sectoral CDM: Opening the CDM to the yet Unrealized Goal of Sustainable Development*, http://figueresonline.com/publications/Sectoral_CDM_Intl_Journal_SD&Law.pdf.

[21] Cynthia Cannady, *Access to Climate Change Technology by Developing Countries: A Practical Strategy*, ICTSD's Programme on IPRs and Sustainable Development, Issue Paper No.25, ICTSD, Geneva, Switzerland, 2009.

[22] D.J.Teece, *The Economic Journal*, Vol.87, No.346, Jun., 1977.

[23] Daniel Gervais, *The TRIPs Agreement Drafting History and Analysis* (3rd Edition), Thomson Sweet and Maxwell, 2008.

[24] Daniel M.Firger, Michael B.Gerrard, Harmonizing Climate Change Policy and International Investment Law, in Karl P.Sauvant, ed., *Yearbook on International Investment Law & Policy* 2010—2011, 2012.

[25] David Adam, *Leading Climate Scientist: "Democratic Process Isn't Working"*, www.guardian.co.uk/science/2009/mar/18/nasa-climate-change-james-hansen.

[26] David Kappos, *Remarks to AIPLA Annual Meeting*, October 15th, 2009, available at http://www.uspo.gov/news/speeches/2009/2009oct16.jsp.

[27] David Popp, International Technology Transfer Climate Change and the Clean Development Mechanism, *Rev Environmental Economics and Policy*, Volume 5, Issue 1, 2011.

[28] Department of Foreign and Trade Affair of Australia: *Strategy for Australia's aid investments in private sector development, October 2015*, http://dfat.gov.au/about-us/publications/Documents/strategy-for-australias-investments-in-private-sector-development.pdf.

[29] Diane Bartz, IBM, Pitney Bowes, Others Give Free Green Patents, *REUTERS*, January 15, 2008, at 1, http://www.reuters.com/article/2008/01/14/environment-patents-dc-idUSN1430042220080114.

[30] Donatella Alessandrini, *Developing Countries and the Multilateral Trade Regime: The Failure and Promise of the WTO's Development Mission*, Hart Publishing House, 2010.

[31] Dr. T. Miyake, International Technology Transfer, *CACCI Journal*, Vol.2, 2005.

[32] Duncan Austin and Amanda Sauer, Changing Oil: Details of the Methodology, Assumptions and Results, *WRI*. November 2002, http://pdf.wri.org/changingoil_methodology.pdf.

[33] *ECOSOC 2000 Ministerial Declaration: Development and International Cooperation in the Twenty-first Century: the Role of Information Technology in the Context of a Knowledge-based Global Economy*, E/2000/L.9.

[34] Elizabeth Burleson, Energy Policy, Intellectual Property, and Technology Transfer to AddressClimate Change, *Transnational Law & Contemporary Problems*, Vol.18.

[35] Elizabeth Burleson, Energy Policy, Intellectual Property, and Technology Transfer to Address Climate Change, *Transnational Law & Contemporary Problems*, Vol.18. Megan Rowling, Climate refugees in political pass-the-parcel, Reuters, Mar 13, 2008, http://uk.reuters.com/article/2008/03/13/us-climate-refugees-idUKL1084229020080313.

[36] Emmett William Redbone Leighton, *The Impediments of In-*

ternational Technology Transfer from Developed to Least Developed Countries, *Publication*, *Distribution*, etc. Seoul: Graduate school of international studies, Korea university, 2010.

[37] Eric A.Posner & David Weisbach, *Climate Change Justice*, Princeton University Press, 2010.

[38] Erich Vranes, *Trade and Environment*, Oxford University Press, 2009.

[39] Erickson, Peter, etc., *Greenhouse Gas Mitigation in Developing Countries Promising Options*, Stockholm Environment Institute Working Paper WP-US-0903, 2009.

[40] Eric L.Lane, *Clean Tech Intellectual Property*: *Eco-marks*, *Green Patents*, *and Green Innovation*, Oxford University Press, 2010.

[41] Fidel Castro, Tomorrow Will Be Too Late, Fidel Castro at Earth Summit, June 24, 1992.

[42] Franco Praussell, *Country Case Studies on Unequal Technology Transfer*, tradeinservices.mofcom.gov.cn/.../1219037376938_4630, 2005.

[43] Frederick M.Abbott, *Innovation and Technology Transfer to Address Climate Change*: *Lessons from the Global Debate on Intellectual Property and Public Health*, ICTSD, Issue Paper No.24, 2009.

[44] Friedrich Soltau, *Fairness in International Climate Change Law and Policy*, Cambridge University, 2009.

[45] Gaetan Verhoosel, Beyond the Unsustainable Rhetoric of Sustainable Development: Transferring Environmentally Sound Technologies, 11 *Georgetown International Environmental Law Review* (1998—1999).

[46] *Georgetown International Environmental Law Review*, 1998.

[47] George W. Bush, *Speech on Climate Change* (April 16, 2008) (Wall. ST. J., April 16, 2008, at 1).

[48] Gerhard Fuchs, Philip Shapira, Rethinking Regional Innovation and Change: Path Dependency or Regional Breakthrough?,

Springer 2004.

[49] Gerhard von Glahn, etc., *Law Among Nations: An Introduction to Public International Law*, Pearson, 2010.

[50] Ian Lienert, *Where Does the Public Sector End and the Private Sector Begin?* IMF Working Paper, WP/09/122, 2009.

[51]Immanuel Maurice Wallerstein, Geopolitics and Geoculture: Essays on the Changing World-System(Studies in Modern Capitalism), Duke Cambridge University 1991.

[52] *Integrating Intellectual Property Rights and Development Policy*, *Report of the Commission on Intellectual Property Rights*, London September 2002, http://www.iprcommission.org/graphic/documents/final_report.htm.

[53] Itaru Nitta, Proposal for a Green Patent System: Implications for Sustainable Development and Climate Change, V., *Sustainable Development Law & Policy*(2005).

[54] Ivan Haščič, Nick Johnstone, etc., *Climate Policy and Technological Innovation and Transfer: An Overview of Trends and Recent Empirical Results*, OECD Environment Working Papers No.30, ENV/WKP(2010)16.

[55] J.D.Sarnoff, The patent system and climate change, *Va. JL & Tech.*, 2011, 16:301.

[56] J.Howard-Grenville etc., The Importance of Cultural Framing to the Success of Social Initiatives in Business, *Academy of Management Executive*, 2003, 17(2).

[57] Jernej Letnar Černič, *Human rights law and Business: Corporate Responsibility for Fundamental HRs*, Europa Law Publishing, 2010, Forward.

[58] J-M. Burniaux et al., "The Economics of Climate Change Mitigation: How to Build the Necessary Global Action in a Cost-Effective Manner, Economics Department Working Papers No.701", http://appli1.oecd.org/olis/2009doc.nsf/linkto/eco-wkp%282009%2942.

[59] Joel Bakan, *The Corporation: The Pathological Pursuit of Profit and Power*, Post Hypnotic Press Inc., 2004.

[60] *Johannesburg Declaration on Sustainable Development*, 2002.

[61] John Baylis, Steve Smith & Patrica Owens(Eds.), *The Globalization of world politics*, Oxford University Press, 2008.

[62] John DeCicco, Freda Fung, *Automakers' Corporate Carbon Burdens*, UPDATE FOR 1990—2003, New York: Environmental Defense, 2005.

[63] John Rawls, *A Theory of Justice*, Oxford University Press, 1999.

[64] K.Ravi Srinivas, *Climate Change, Technology Transfer and Intellectual Property Rights*, http://www. eaber. org/intranet/documents/26/2213/RIS_Srinivas_2009.pdf, 2009.

[65] Karl Marx, *Capital* Vol.III Part VI, On-Line Version: Marx. org 1996.

[66] Keith E.Maskus, Jerome H.Reichman, *International Public Goods and Transfer of Technology Under a Globalized Intellectual Property Regime*, Cambridge University Press, 2005.

[67] Keith Maskus, *Differentiated Intellectual Property Regimes for Environmental and Climate Technologies*, OECD Document ENV/EPOC/WPNEP(2009)6; James Shepherd, The Future of Technology Transfer under Multilateral Environmental Agreements, *Environmental Law Review* 10547(2007).

[68] Keith Maskus, *Encouraging International Technology Transfer*, UNCTAD/ICTSD Project on Intellectual Property and Sustainable Development, Issue Paper No.7(UNCTAD and ICTSD, 2004).

[69] Kenneth J. Arrow, *American Economic Review*, 1969, Vol. 59, Issue 2.

[70] Kenneth J.Arrow, *Classificatory Notes on the Production and Transmission of Technological Knowledge*, The American Economic Review, 1969(2).

[71] Ken Shadlen, *Exchanging development for market access? Deep Integration and Industrial Policy under multilateral and regional-bilateral trade agreements*, *Review of In'l Political Economy*, 12(5), 2005.

[72] Klaus Bosselmann, Poverty Alleviation and Environmental Sustainability through Improved Regimes of Technology Transfer, V.2/1 *Law, Environment and Development Journal*(2006).

[73] Lan Angus, *The Global Fight for Climate Change*, Resistance Books, 2009.

[74] Lawrence A.Kogan, *Climate Change: Technology Transfer or Compulsory License?*, Washington, DC: National Press Club, 2010.

[75] Lei Yang, Keith E. Maskus, Intellectual Property Rights, Technology Transfer and Exports in Developing Countries, *Journal of Development Economics* 90(2009).

[76] Linsu Kim, *Imitation to Innovation*, Harvard Business School Press, 1997.

[77] M.Grubb, "The Economics of the Kyoto Protocol", *World Economics* 4(3)(July-September 2003), http://www.econ.cam.ac.uk/rstaff/grubb/publications/J36.pdf.

[78] M.Moran, A.Cohen, etc., The Growing Interest in Environmental Issues Is Important to Socially Responsible and Fundamental Investors, Portfolio Strategy, *Goldman Sachs*, August 26, 2005.

[79] Malcolm N. Shaw, *International Law* (5th edition), Cambridge University Press, 2005.

[80] Mammo Muchie and Angathevar Baskaran, *The National Technology System Framework: Sanjay Lall's Contribution to Appreciative Theory*, 2009, http://dcsh.xoc.uam.mx/eii/globelicswp/wp0901.pdf.

[81] Marcel P. Timmer, Climbing the Technology Ladder Too Fast? New Evidence on Comparative Productivity Performance in Asian Manufacturing, *Journal of the Japanese and International Economies*, 2001.

[82] Maria Anna Corvaglia, *South-South Technology Transfer Addressing Climate Change and Its (Missing) International Regulatory Framework*, 2014 CCLR 125(2014).

[83] Martin Khor, *Intellectual Property, Biodiversity and Sustainable Development: Resolving the Difficult Issues*, Zed Books Ltd., 2002.

[84] Martin Parry, *Climate Change 2007: Impacts, Adaptation and Vulnerability*, http://www.ipcc.ch/pdf/assessment-report/ar4/wg2/ar4-wg2-intro.pdf.

[85] Matthew Burns, A Sustainable Framework for International Green Technology Transfer, *Colorado Journal of International Environmental Law and Policy*, 2012(2).

[86] Ma Zhongfa, TRIPs Agreement and Enforcement of Intellectual Property Rights in China, *Journal of East Asia and International Law*, 2012(3).

[87] Medicines for Malaria Venture, *MMV and Intellectual Property Rights*(Medicines for Malaria Venture, 2007), http://www.mmv.org/IMG/pdf/MMV_IP_Statement_FINAL_2_12june07_pdf.

[88] Michael A. Carrier, An Antitrust Framework for Climate Change, *Northwestern Journal of Technology and Intellectual Property*, 2011(2).

[89] Michael Porter, *On competition*, Harvard Business School press, 1st edition, 1988.

[90] Michael R.Raupach et al., "Reversal of the trend in Global anthropogenic Sulfur Emissions," *Global Environmental Change*, 2006. http://www.pnas.org/cgi/content/abstract/0700609104v1.

[91] Michael Z.Brooke and John M.Skilbeck, *Licensing—The International Sale of Patents and Technical Knowhow*, Gower Publishing Limited, 1994.

[92] Min Zhu, Paying the Price for the Future We Want, *iMFdirect*, June 19, 2012, http://blog-imfdirect.imf.org/2012/06/19/paying-the-price-for-the-future-we-want/.

[93] *Monterrey Consensus*, March 2002. Source: http://www.un.org/esa/ffd/aac257L13-E.doc.

[94] *National Level Exercise 2012 Private Sector Participant Guide*, at https://www.fema.gov/media-library/assets/documents/25800#.

[95] *OECD Principles for Private Sector Participation in Infrastructure(2007)*, http://www.oecd.org/daf/inv/investment-policy/38309896.pdf.

[96] Patrick Low, *International Trade and the Environment*, by Patrick Low(Editor), 1992.

[97] *Private Sector*, at https://en.wikipedia.org/wiki/Private_sector.

[98] *Private-sector Partner Guide*, Febuary 10, 2010, https://www.fema.gov/pdf/emergency/nrf/PartnerGuidePrivateSector.pdf.

[99] Robert D.Putnam, "Diplomacy and Domestic Politics: The Logic of Two-Level Games", *International Organization* 42(Summer 1988):427—460.

[100] Sanjaya Lall, *Reinventing Industrial Strategy: the role of Government Policy in Building Industrial Competitiveness*, Geneva. UN Publication, 2004.

[101] Sanjaya Lall, *Reinventing Industrial Strategy: The Role of Government Policy in Building Industrial Competitiveness*, No.28, April 2004, http://www.g24.org/Publications/Dpseries/28.pdf.

[102] Sanjaya Lall and Shujiro Urata, *Competitiveness, FDI and technological activity in East Asia*, Edward Elgar, 2003.

[103] Shane Tomlinson etc., *Innovation and Technology Transfer Framework for a Global Climate Deal*, An E3G report with contributions from Chatham House, November 2008.

[104] Smita Narula, "The Right to Food: Holding Global Actors Accountable Under International Law", *Columbia Journal of Transnational Law*, 691—779(2006).

[105] Socrates Kypreos, From the Copenhagen Accord to efficient

technology protocols, *Energy* Policy 44, 2012.

[106] Stephanie Sides, *The Private Sector's Promising Progress on Climate Change*, https://citizensclimatelobby.org/private-sector-promising-progress-climate-change/.

[107] Stephen Seres, *Analysis of Technology Transfer in CDM Projects*(2008).

[108] Steve Lohr, New Economy—The Intellectual Property Debate Takes a Page from 19th Century America, *The New York Times*, C4, Oct.14, 2002.

[109] Susan K.Sell, *Private Power*, *Public Law*: *The Globalization of Intellectual Property Rights*, Cambridge University Press, 2003.

[110] Susan Sell, North South environmental Bargaining: Ozone, climate change, and biodiversity. *Global Governence*, 2(1):102, 1996.

[111] *Technology Transfer by Multinational Firms*: *The Resource Cost of Transferring Technological Know-How*.

[112] Therese Murphy, *New Technologies and Human Rights*, Oxford University Press, 2009.

[113] The United Nations and Private Sector, the Global Compact Office, United Nations, September 2008.

[114] Thomas J.Bollyky, *Intellectual Property Rights and Climate Change*: *Principles for Innovation and Access to Low-Carbon Technology*, Dec., 2009, http://www.cgdev.org/files/1423378_file_IP_Climate_Change_FINAL.pdf.

[115] Timothy Forsyth, *International Investment and Climate Change*: *Energy Technologies for Developing Countries*, Earthscan and the Royal Institute of International Affairs, 1999, pp.17—19.

[116] Trade Union to Guide to Globalization: "*The Private Sector and Development Effectiveness* (2014)", https://www.ituc-csi.org/IMG/pdf/Private_Sector_briefing_paper.pdf.

[117] UNEP, EPO ICTSD(2010). *Patents and Clean Energy*, *Bridging the Gap between Evidence and Policy*, http://ictsd.org/i/pub-

lications/85887.

[118] UNFCCC, *Barriers and Opportunities Related to Transfer of Technology*, FCCC/TP/1998/1.

[119] UNFCCC, *Innovative Options for Financing Development and Transfer of Technologies*, FCCC/TP/2006/1.

[120] *United Nations Development Program*, *Human Development report 2007/2008: Fighting Climate Change: Human Solidarity in a Divided World*, Palgrave Macmillan, 2007:4.

[121] Vandana Chandra, *Technology*, *Adaption and Exports*, http://siteresources.worldbank.org/INTEXPCOMNET/Resources/Chandra_2006.pdf.

[122] Van Smith, Enabling Environments or Enabling Discord: Intellectual Property Rights, Public-Private Partnerships, and the Quest for Green Technology Transfer, 42 *Geo. J.Int'l L.*817(2011).

[123] Victor A.Kremenyuk, *International Negotiation: Analysis*, *Approaches*, *Issues*, Volume 16, Issue 1, March 2002, pp.50—72.

[124] Werner Smolnv, *Endogenous Innovations and Knowledge Spillover*, Physica-Verlag HD, 2000.

[125] William C. G. Burns and Hari M. Osofsky, *Adjudicating Climate Change*, Cambridge University Press, 2009.

[126] World Bank, *Global Economic Prospects 2008: Technology Diffusion in the Developing World*, the World Bank, 2008.

[127] Yi Shin Tang, International Trade Policy for Tech Transfer: Legal and Economic Dilemmas on Multilateralism V.Bilateralism, *Wolters Kluwer law & Business*, 2009.

[128] Yvo de Boer, *Technologies & Targets on the Road to Mexico*, http://unfccc.int/files/press/news_room/statements/application/pdf/100602_speech_climate_group.pdf.

主要国际条约

[1] *Agenda 21*(1992).

[2] *Agreement on Trade-Related Aspects of Intellectual Property*

Rights(1994).

[3] *Agreement on Trade-Related Investment Measures*(1994).

[4] *Amendment of the TRIPs Agreement*, WT/L/641, December 6th(2005).

[5] *Bali Action Plan*(2007).

[6] *Cartagena Protocol Biosatety to the Convention on Biological Diversity*(2000).

[7] *Charter of United Nations*(1945).

[8] *Convention on Biological Diversity*(1992).

[9] *Dispute Settlement Understanding*(1994).

[10] *Draft International Code of Conduct on the Transfer of Technology*(1985 version).

[11] *Johannesburg Declaration on Sustainable Development: From our origins to the future*(2002).

[12] *Kyoto Protocol*(1997).

[13] *Minamata Convention on Mercury*(2013).

[14] *Paris Agreement*(2015).

[15] *Rio Declaration on Environment and Development*(1992).

[16] *The Copenhagen Accord*(2009).

[17] *The Energy Charter Treaty*(1994).

[18] *The future we want, Resolution adopted by the General Assembly*(A/66/L.56), 66/288, 2012.

[19] *The United Nations Convention to Combat Desertification*(1994).

[20] *United Nations Framework Convention on Climate Change*(1992).

后　记

世界气象组织（WMO）2019年7月初发表声明称，鉴于当前全球温室气体浓度仍在不断上升，导致气温升高和海洋酸化，2015年至2019年很有可能成为有气温记录以来的最热5年。极端高温事件每年都会导致上千人死亡，并经常引发类似野火肆虐等次级事件。2000年至2016年间，全球遭热浪侵袭的人数增加了1.26亿；而城市化让这一问题加剧，由此还造成了健康风险，包括中暑、脱水、心血管疾病等。该组织秘书长彼得里·塔拉斯表示，人们越来越多地听到"气候紧急状态"这个词，这已经不只是一个气候问题。①每次见到各种气候灾难的报道，如阿尔匹斯山山顶的白雪消融、格陵兰岛冰川一天融化120亿吨等消息时，心中总是一沉：如果再这样下去，人类还会有多长时间的将来？

对本书主题的研究表示出浓厚的兴趣始自我博士毕业论文写作期间，当时主要研究国际技术转让的法律制度协调问题，原因是在一家外商投资公司工作期间碰到的技术定价及外方借助于技术许可、技术转让等控制整个合资企业，当时想通过研究看可否在国际层面对技术转让的法律制度作出协调，以使技术受方和技术供方能够得到一个相对公平的交易结果。但随着研究的深入，我发现技术转让不仅仅涉及当事人之间的利益平衡问题，它在环境保护和气候变化应对方面问题更为突出：由于发展中国家的受方不能在公平条件下获得人类已经拥有的无害环境技术（多数为发达国家的跨国公司所拥有），他们在重复着西方发达国家在工业化革命时期曾经走过的老路：破坏环境，进行过度的温室气体排放等，让人类本可以改善的环境无法改善，并朝着进一步恶化的方向发展；地球上的环

① 《世界气象组织：近5年是史上最热5年》，《科技日报》2019年7月2日。

境还是否适合人类生存让人堪忧。有人常说:“要保护我们的地球”,其实地球可能不这么认为,因为谁在它上面生存,它是无所谓的,几亿年前,地球上的恐龙不是在一瞬间很快消失了,但地球不是继续存在?而且存在和发展得更好,在若干年后,它上面不是产生了更为高等的动物,特别是集贪欲与智慧于一身的人类吗?地球要你保护什么?反倒是人类应该思考:如果他不再通过合作来解决气候变化等公共问题,也许他将和恐龙一样在一个特定的时刻,瞬间从地球上因为严重的灾难而消失;同样地,过了若干年之后,更为高等的生存物在地球上出现了,他们通过考古发现人类灭亡的原因,然后以此作为反面教材,教育他们的同类要规制、约束自己的行为,否则不纳前车之鉴,他们也将消亡。因此,人类现在在积极应对气候变化、减少温室气体排放,与其说是在拯救地球,不如说是在拯救自己。

尽管仍有少部分人质疑,人类的行为是否为导致气温升高的直接原因;但工业革命以来的全球气温升高是一个不争的事实,而气温升高与温室气体的集聚和增加有直接关系;如果温室气体进一步增加,气温仍会升高。因此,为了减缓甚至避免气温的升高,我们能够做得就是“宁愿信其有”,并进而采取有效措施来减少温室气体的排放;否则,等到大难临头,再去想对策,估计也将是无力回天了。

我一直认为,温室气体排放是“果”而不是“因”,是人类诸多无害环境的先进技术没有得到充分使用而导致的。而这些先进的技术长期以来主要由发达国家的跨国公司所拥有;公司以获取利润为导向,并非为了解决公共问题和维护人类整体利益为其追求:唯利是图是对他们最好的概括。为何会这样?那是因为贪欲是人类最大的诅咒,发达国家的跨国公司为了维护自己的竞争优势,以继续获取暴利,他们不愿以较为公平、合理的价格条款向落后的国家转让或分享技术;长此以往,人类在应对气候变化等公共问题解决方面将永无出路。所以,要从根本上解决气候变化问题,掌握先进技术的私营部门不积极参与,不以更长远的、人类整体利益为出发点,来与处于相对落后的、在进行工业化革命的国家,以公平合理的条件分享技术,人类可能真的会进一步滑向深渊,进而走入毁灭的不归之路。

以上是本书写作的最初动机。2012 年，以其核心观点为基础，我和团队申请上海市哲学社会科学规划一般课题，所幸得到上海市哲学社会科学办公室的支持立项，但因此后出国交流等事项影响，使本该三年完成的课题拖至 2017 年年底才完成课题报告。2018 年在出版此书的过程中，我和团队成员又以包括了应对气候变化等人类公共危机解决的国际法机制等内容的构建人类命运共同体国际法理论与实践或国际法治创新为题目的国家社科基金重点和重大课题的申请，又先后得到资助和支持。在过去近一年的时间里，结合国家社科基金重大与重点项目的研究进程，我们在原初研究报告的基础上进行了完善和补充，完成了此书。在此，对国家社科基金办公室、上海市哲学社会科学办公室给予的立项和支持表示诚挚的感谢。

该书写作过程中，还得到了有关组织机构和专家的帮助与支持。复旦大学法学院一直以来提供的良好研究学习环境与支持，是本书完成最强有力的后盾，她还汇聚了很多英才，而其中的一些英才是课题组的主要成员。上海市哲学社会科学办公室立项时，在韩国高等财团（财团）资助下，我还在高丽大学访学；之前的申请书的完成及之后的资料搜集，也得到了财团图书馆和高丽大学图书馆及高丽大学法学院图书馆的帮助。2013 年 8 月—2014 年 8 月在国家留学基金委的资助下，我到哥伦比亚大学法学院访学，在阿瑟·W.戴蒙德（Arthur W. Diamond）法律图书馆我也搜集到诸多资料。2018 年 6 月—8 月，受马克斯普朗克创新和竞争法研究所的资助，我又到该所做了为期两个多月的访学，也从其图书馆收集诸多了资料。这些访学经历及资料为本书完成奠定了扎实的基础。在这些经历中，高丽大学法学院国际法学朴基甲教授（2011 年起，连续当选联合国国际法委员会委员）、当时该院院长国际法学教授朴鲁馨先生，哥伦比亚大学法学院迈克尔·吉拉德教授（环境法学）、李本教授（中国法专家）及福德汉姆大学兼职教授马克·科恩（Mark Cohen）先生，马克斯普朗克创新与竞争法研究所的雷托·希尔泰（Reto Hilty）教授、阿克塞尔·沃尔兹（Axel Walz）研究员等给予了诸多帮助和指点。在此对上述机构和所有的专家学者表示衷心的感谢!

本书是在课题研究报告的基础上完成,对课题组所有的成员表示感谢,特别是以下六位:彭亚媛(2014 级国际法学硕士生 2017 级国际法学博士生)、葛淼(2017 级国际法学博士生)、马明远(2016 级国际法学硕士生)、张弛(2017 级国际法学硕士生)、任成(2017 级国际法学硕士生)和茅迪群律师(浙江波宁律师事务所);其中,茅迪群律师完成了本书中与中国法律制度相关 3 万多字的内容(主要在第二章第三节及第三章第三节中)。

感谢上海人民出版社提供的出版机会,感谢该社编辑徐晓明博士的细致工作和很有价值的建议,让我很受启发,使本书增色很多。

尽管自己尽了很多努力,但我们深知自己能力有限和学术的永无止境;本书的问题可能还存在不少,甚至也有谬误,恳望能够得到各位读者的批评、指正,我们将感激不尽。

马忠法

2019 年 9 月 30 日

图书在版编目(CIP)数据

应对气候变化的技术转让法律制度/马忠法等著
.—上海:上海人民出版社,2019
ISBN 978-7-208-16118-4

Ⅰ.①应… Ⅱ.①马… Ⅲ.①气候变化-环境保护-技术转让-法律-研究 Ⅳ.①D912.604

中国版本图书馆 CIP 数据核字(2019)第 253376 号

责任编辑 徐晓明
封面设计 傅惟本

应对气候变化的技术转让法律制度
马忠法 等 著

出　版 上海人民出版社
(200001 上海福建中路 193 号)
发　行 上海人民出版社发行中心
印　刷 常熟市新骅印刷有限公司
开　本 635×965 1/16
印　张 20.25
插　页 3
字　数 276,000
版　次 2019 年 11 月第 1 版
印　次 2019 年 11 月第 1 次印刷
ISBN 978-7-208-16118-4/D·3500
定　价 68.00 元